21世纪国际经济与贸易学专业精品教材

国际贸易学

（第3版）

主编◎王秋红　　副主编◎陈开军　耿小娟

清华大学出版社
北京

内 容 简 介

本书主要介绍国际贸易理论、国际贸易政策和措施等方面的知识，内容新颖，兼顾理论性与实践性。为了体现"国际贸易学"这门课程与实践的紧密联系，本书除了在每章前面设有"引导案例"和"教学目标"栏目、后面设有"阅读案例"栏目之外，还特别配有与各章贸易理论或政策密切相关的"理论联系实际"栏目，以便读者根据现实中的实际材料结合所学的理论进行分析，以提高其分析问题的能力。

本书既可作为国际经济与贸易专业及其他经济与管理专业本科生的教材，也可作为国际经济与贸易领域工作者的学习参考用书。

本书封面贴有清华大学出版社防伪标签，无标签者不得销售。
版权所有，侵权必究。举报：010-62782989，beiqinquan@tup.tsinghua.edu.cn。

图书在版编目（CIP）数据

国际贸易学 / 王秋红主编．—3 版．—北京：清华大学出版社，2019.12（2022.7重印）
21 世纪国际经济与贸易学专业精品教材
ISBN 978-7-302-54622-1

Ⅰ.①国… Ⅱ.①王… Ⅲ.①国际贸易－高等学校－教材 Ⅳ.①F74

中国版本图书馆 CIP 数据核字（2020）第 001948 号

责任编辑：邓　婷
封面设计：刘　超
版式设计：文森时代
责任校对：马军令
责任印制：朱雨萌

出版发行：清华大学出版社
网　　址：http://www.tup.com.cn，http://www.wqbook.com
地　　址：北京清华大学学研大厦 A 座　　邮　编：100084
社 总 机：010-83470000　　邮　购：010-62786544
投稿与读者服务：010-62776969，c-service@tup.tsinghua.edu.cn
质 量 反 馈：010-62772015，zhiliang@tup.tsinghua.edu.cn
印 刷 者：北京富博印刷有限公司
装 订 者：北京市密云县京文制本装订厂
经　　销：全国新华书店
开　　本：185mm×260mm　　印　张：19.25　　字　数：464 千字
版　　次：2010 年 1 月第 1 版　　2019 年 12 月第 3 版　　印　次：2022 年 7 月第 3 次印刷
定　　价：54.80 元

产品编号：081401-01

第 3 版前言

进入 21 世纪后，全球贸易模式发生了很大变化。2018 年伊始，特朗普政府对华贸易摩擦趋于升级。美国不仅加紧实施"反补贴""反倾销"等常规性的贸易救济调查，也同步实施了"301"条款、"201"条款以及试图向贸易对手征收"互惠税"等非常规性的贸易保护措施。由此可见，现阶段国际上贸易摩擦与贸易冲突的形势日趋复杂，为了适应新时期国际贸易发展的形势，更好地为高校和社会服务，我们对《国际贸易学（第 2 版）》进行了修订。

本书是在《国际贸易学（第 2 版）》的基础上修订而成的，保留了该书原有的特点及基本体例结构。本次修订主要是对章节前的引导案例、章节后的阅读案例、理论联系实际和复习思考题部分进行了调整，对正文中的部分数据资料和文献资料进行了更新，对部分章节的内容进行了更新、调整。

参加本书修订的老师主要有：西北师范大学经济学院的王秋红、陈开军，甘肃农业大学财经学院的耿小娟，具体写作分工为：第一、二、三、四、五、六章由王秋红负责修订，第七、八、九章由耿小娟负责修订，第十、十一、十二章由陈开军负责修订。

本书在修订过程中得到了西北师范大学经济学院领导和老师们的支持和帮助，在此对他们表示感谢。

此外，清华大学出版社邓婷老师及其他老师对本教材的修订工作给予了热情帮助和大力支持，衷心感谢他们为本教材出版付出的辛勤劳动。同时，也感谢清华大学出版社为本书出版提供的帮助和支持。

《国际贸易学》第 1 版于 2010 年 1 月出版，之后于 2015 年 12 月又修订出版了第 2 版，该书出版后，得到了出版社、同行专家、兄弟院校的大力支持，我们在此对大家表示衷心的感谢！

本书在修订过程中参阅了大量国内外有关国际贸易的著作和文献资料，在此也对这些作者、编者及出版社表示感谢。

由于编者水平有限，书中不妥之处在所难免，恳请同行专家、学者及读者朋友批评指正。

编　者
2019 年 10 月

第 2 版前言

《国际贸易学》第 1 版于 2010 年 1 月出版，该书出版后，得到了出版社、同行专家、兄弟院校的大力支持，有数十所学校以该书作为学生教材，我们在此对大家表示衷心的感谢！

为了更好地满足高校和社会的需要，我们对原书进行了修订，除对原来的内容做了细致的修改外，对原书的内容也进行了补充和更新。

本书是在 2010 年 1 月出版的《国际贸易学》基础上修订而成的，保留了该书原有的特点及基本体系结构。本次修订主要增加了引导案例、教学目标，对部分数据资料和文献资料进行了更新。本次修订变动的内容主要包括以下几部分。

1. 增加了引导案例。章节前面增加了引导案例，通过案例，引出本章主要讲述的内容，引起学生的兴趣，引发思考。

2. 增加了教学目标。章节前面增加了教学目标，列出本章的主要教学内容，便于学生了解和掌握。

3. 对教材中的部分数据资料进行了更新。

4. 对章节后的案例、理论联系实际和复习思考题部分进行了调整。

参加本书修订的有西北师范大学经济学院的王秋红、陈开军，甘肃农业大学经管学院的耿小娟和绵阳师范学院商学院的韩剑萍，具体分工为：第一、二、三章由王秋红负责修订，第四、五、八章由韩剑萍负责修订，第六、七、九章由耿小娟负责修订，第十、十一、十二章由陈开军负责修订。

本书在修订过程中得到了西北师范大学经济学院领导和老师们的支持和帮助，在此对他们表示感谢。

本书在修订过程中得到了清华大学出版社苏明芳和王文珠两位编辑的热情帮助和大力支持，衷心感谢她们为本教材付出的辛勤劳动。同时，也感谢清华大学出版社为本书出版提供的帮助和支持。

本书在修订过程中参阅了大量国内外有关国际贸易的著作和文献资料，在此也对这些作者、编者及出版社表示感谢。

由于编者水平有限，书中不妥之处在所难免，恳请同行专家、学者及读者朋友批评指正。

编　者
2015 年 6 月

第1版前言

国际贸易学作为经济学中的学科之一，是随着国际贸易的长期实践而逐渐发展和成熟起来的，它主要包括国际贸易理论、国际贸易政策措施和国际贸易组织等方面内容。

本书是为高等院校经济和管理类专业本科生、专科生编写的教材，同时也可作为相关研究机构和业务部门工作人员的学习用书。本书的编写包含着我们多年来国际贸易教学实践的经验积累，与其他同类书相比，它具有以下几个特点。

第一，理论性强。本书用四章篇幅详细阐述了各种贸易理论，这些理论既有自由贸易理论，也有保护贸易理论，既包括古典、新古典贸易理论，也包括当代新贸易理论。对理论的阐述，我们力求完整、详细、深入。

第二，实践性强。本书在对各种贸易理论、政策措施进行论述的同时，还注重将这些理论与实际相结合，在每章内容后面都配有"案例分析"和"理论联系实际"，让学生通过"案例分析"和"理论联系实际"，学会运用所学理论分析现实问题，提高其分析问题和解决问题的能力。

第三，内容新颖。本书在写作过程中，将新的贸易理论、贸易知识都尽可能地加进去，力求做到知识最新。

本书配有电子课件，方便教师进行多媒体教学。

本书由王秋红教授负责总体编写框架、编写大纲的拟定，并负责对全书进行统稿、总纂和最终定稿。参加本书写作的有西北师范大学经管学院的王秋红、韩剑萍、陈开军老师和甘肃农业大学经管学院的耿小娟老师，具体分工为：第一、二、三章由王秋红撰写，第四、五、八章由韩剑萍撰写，第六、七、九章由耿小娟撰写，第十、十一、十二章由陈开军撰写。

本书在编写过程中得到了学院领导和老师的支持和帮助，在此对他们表示感谢。

本书在编写过程中参阅了大量国内外有关国际贸易的著作和文献资料，在此也对这些作者、编者及出版社表示感谢。

由于编者水平有限，书中不妥之处在所难免，恳请同行专家、学者及读者朋友批评指正。

编　者
2009 年 10 月

目　录

第一章　导论 1
第一节　国际贸易的产生与发展 2
第二节　国际贸易理论的产生和发展 9
第三节　国际贸易的基本概念与分类 12
第四节　国际贸易学的研究对象和内容 20
阅读案例 22
理论联系实际 23
复习思考题 24

第二章　古典国际贸易理论 25
第一节　绝对优势理论 26
第二节　比较优势理论 33
第三节　相互需求理论 40
第四节　比较优势的度量指标 46
阅读案例 48
理论联系实际 49
复习思考题 51

第三章　新古典国际贸易理论 53
第一节　赫克歇尔—俄林的要素禀赋理论 54
第二节　对赫克歇尔—俄林模型的验证 62
第三节　对"里昂惕夫之谜"的解释 67
第四节　赫克歇尔—俄林模型的拓展 72
阅读案例 77
理论联系实际 78
复习思考题 78

第四章　当代新国际贸易理论 80
第一节　产品生命周期理论 81
第二节　产业内贸易理论 86
第三节　规模经济理论 90
第四节　需求偏好重叠理论 96
第五节　国家竞争优势理论 98

  阅读案例 ... 103
  理论联系实际 ... 104
  复习思考题 ... 104

第五章 保护贸易理论 ... 105
  第一节 重商主义贸易理论 ... 106
  第二节 幼稚产业保护理论 ... 109
  第三节 超保护贸易理论 ... 113
  第四节 战略性贸易政策理论 ... 117
  第五节 其他贸易保护理论 ... 120
  阅读案例 ... 126
  理论联系实际 ... 127
  复习思考题 ... 128

第六章 关税措施 ... 129
  第一节 关税概述 ... 130
  第二节 关税的分类 ... 132
  第三节 关税的征收 ... 139
  第四节 关税的经济效应 ... 144
  第五节 关税的保护程度 ... 147
  阅读案例 ... 151
  理论联系实际 ... 151
  复习思考题 ... 152

第七章 非关税措施 ... 153
  第一节 非关税壁垒措施概述 ... 154
  第二节 直接限制进口的非关税壁垒措施 ... 156
  第三节 间接限制进口的非关税壁垒措施 ... 163
  第四节 新型非关税壁垒措施 ... 170
  阅读案例 ... 174
  理论联系实际 ... 175
  复习思考题 ... 176

第八章 出口鼓励与出口管制措施 ... 177
  第一节 出口鼓励措施 ... 178
  第二节 主要出口鼓励措施的经济效应分析 ... 187
  第三节 出口管制措施 ... 191
  阅读案例 ... 195
  理论联系实际 ... 197

复习思考题 197

第九章　世界贸易组织 198
第一节　关税与贸易总协定 199
第二节　世界贸易组织 204
第三节　中国与世界贸易组织 214
　　阅读案例 218
　　理论联系实际 220
　　复习思考题 220

第十章　区域经济一体化 221
第一节　区域经济一体化概述 222
第二节　关税同盟理论 228
第三节　区域经济一体化的其他理论 232
第四节　区域经济一体化的实践 237
　　阅读案例 242
　　理论联系实际 243
　　复习思考题 244

第十一章　国际资本流动、跨国公司与国际贸易 245
第一节　国际资本流动概述 246
第二节　国际直接投资与国际贸易 252
第三节　跨国公司与国际贸易 258
　　阅读案例 267
　　理论联系实际 268
　　复习思考题 269

第十二章　国际服务贸易 270
第一节　国际服务贸易的产生与发展 271
第二节　国际服务贸易的内涵、分类与统计 274
第三节　国际服务贸易理论 280
第四节　《服务贸易总协定》 286
　　阅读案例 291
　　理论联系实际 292
　　复习思考题 293

参考文献 294

第一章 导　　论

 引导案例

中国对外贸易情况

据海关统计，2017年我国进出口总额27.79万亿元人民币，同比（下同）增长14.2%；其中，出口15.33万亿元，增长10.8%；进口12.46万亿元，增长18.7%；顺差2.87万亿元，收窄14.2%。2017年我国对外贸易主要呈现以下几方面特点。

一是增速好于世界主要经济体。世界贸易组织（WTO）最新数据显示，2017年1—10月（按美元计），我国出口增速比美国和德国分别高出1.3和0.5个百分点，2017年有望连续9年保持全球货物贸易出口第一大国地位。进口增速比美国、德国、日本和全球分别高出10.4、8.1、7.6和6.5个百分点，为促进世界经济和贸易增长发挥了重要作用。

二是贸易结构不断优化。国际市场更加多元，我国在巩固美国、欧盟、日本等传统市场的同时，对巴西、印度、俄罗斯、南非、马来西亚等"金砖国家"和"一带一路"沿线国家出口实现快速增长，增幅分别达35.2%、19.8%、17.7%、18.5%和13.6%。商品结构进一步升级，技术含量和附加值高的机电产品出口增长12.1%，占比提高0.7个百分点至58.4%，快于总体增速1.3个百分点，其中，汽车、计算机和手机出口分别增长27.2%、16.6%和11.3%。各经营主体共同发展，民营企业出口增长12.3%，继续保持出口第一大主体的地位，占比提高0.6个百分点至46.5%。贸易方式进一步优化，一般贸易出口增长11.7%，占比提高0.4个百分点至54.3%。

三是外贸创新发展的新旧动能转换加快。跨境电子商务、市场采购贸易等新业态快速增长，成为我国外贸增长的新亮点，新动力培育成效显著。2017年1—11月，跨境电子商务综合试验区进出口增长一倍以上，市场采购贸易出口增长超过三成。一大批外贸企业持续创新，从供给侧发力，转型升级，不断提升国际竞争力。

四是对国民经济社会发展贡献增强。2017年1—11月，我国进口环节税收1.73万亿元，增长25.8%，增加了财政收入。进出口较快增长也为改善国际收支、增加外汇储备、保持人民币汇率稳定做出积极贡献。全年我国进口原油、铁矿砂、天然气等十类大宗商品数量增长0.6%～26.9%，保障了国内市场需求，也缓解了国民经济发展的资源瓶颈制约。

五是对全球经济贸易复苏发挥重要作用。2017年以来，中国经济稳中向好带动进口持续快速增长，为世界各国提供更广阔的市场和更宝贵的合作契机。根据WTO统计数据，2017年前三季度，中国进口增加对全球进口增长贡献率达17%，进口占全球份额的10.2%。

资料来源：中国对外贸易形势报告[EB/OL]. [2018-01-15]. http://www.mofcom.gov.cn.

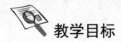 **教学目标**

通过本章的学习，了解国际贸易的产生与发展，熟悉第二次世界大战后国际贸易的特点，掌握国际贸易的基本概念和国际贸易的主要分类。

第一节 国际贸易的产生与发展

一、国际贸易的产生

国际贸易是指国与国之间所进行的商品和劳务的交换活动，它是世界各国对外贸易的总和。对外贸易是指一个国家或地区与另一个国家或地区之间的商品和劳务的交换活动。

国际贸易不是人类社会一开始就有的，而是在一定历史条件下产生和发展起来的。国际贸易的产生必须具备两个基本条件：一是有剩余的产品可以作为商品进行交换；二是商品交换要在各自为政的经济实体之间进行。因此，没有剩余产品，没有阶级和国家（或独立的经济体），也就没有对外贸易。从根本上来说，社会生产力的发展和社会分工的扩大是国际贸易产生和发展的基础。

原始社会初期，人类处于自然分工状态，生产力水平极其低下，人们在共同劳动的基础上获取有限的生活资料，仅能维持自身生存的需要，没有什么剩余产品可以用作交换。那时，没有剩余产品，没有私有制，没有阶级，没有国家，当然也就没有对外贸易和国际贸易。

随着社会的发展，出现了第一次社会大分工——原始畜牧业和原始农业的分工。第一次社会大分工后，原始社会的生产力得到了发展，产品除了能维持自身需要外，还有了剩余。人们为了得到自己不生产的产品，就产生了氏族或部落之间的交换。那时的交换还只是偶然发生的、原始的物物交换。

随着生产力的继续发展，出现了第二次社会大分工——手工业从农业中分离出来。随着社会生产分为畜牧业、农业、手工业几个部门，就产生了以直接交换为目的的生产——商品生产。商品生产和商品交换的不断扩大，产生了货币。此时，商品交换由物物交换变成了以货币为媒介的商品流通。

第二次社会大分工以后，商品交换日益频繁，交换的地理范围也不断扩大。生产者为了买卖方便和缩短贩卖商品的时间，就需要有专门从事贩运商品和商品交换业务的人——商人，于是就出现了第三次社会大分工。商人的出现使远距离商品交换，甚至海外贸易成为可能。

三次社会大分工，每次都促进了社会生产力的发展和剩余产品的增加；也促进了私有制的发展和奴隶制的形成，使原始社会逐渐过渡到奴隶社会。国家的出现替代了过去的氏族公社，此时，氏族间的商品交换就成了跨越国界的国际贸易。

二、国际贸易的发展

(一) 资本主义出现以前的国际贸易

1. 奴隶社会的国际贸易

奴隶社会制度最早出现在古代东方各国,如古埃及、古巴比伦、中国,但是,以欧洲的古希腊、古罗马的奴隶制度最为典型。

奴隶社会时期从事国际贸易的国家主要有腓尼基、古希腊、古罗马等,这些国家在地中海东部和黑海沿岸地区主要从事贩运贸易。中国在夏商时代进入奴隶社会,贸易集中在黄河沿岸。

奴隶社会虽然出现了手工业和商品生产,但在一国整个社会生产中显得微不足道,进入流通的商品数量很少。因为,在奴隶社会,自然经济占主导地位,生产的目的主要是为了消费,而不是为了交换。同时,由于社会生产力水平低下和生产技术落后,交通工具简陋,道路条件恶劣,严重阻碍了人与物的交流,对外贸易局限在很小的范围内,其规模和内容都受到很大的限制。

奴隶社会是奴隶主占有生产资料和奴隶的社会,奴隶社会的对外贸易是为奴隶主阶级服务的。当时,奴隶主拥有财富的重要标志是其占有多少奴隶,因此奴隶社会国际贸易中的主要商品是奴隶。据记载,古希腊的雅典就曾经是一个贩卖奴隶的中心。此外,粮食、酒及其他专供奴隶主阶级享用的奢侈品(如宝石、香料和各种织物等)也是当时国际贸易交易的重要商品。

总的来说,奴隶社会商品生产在整个生产中占的比重很小,能用来进行国际交换的商品更少,对外贸易的范围仅限于在邻近国家之间进行。但是,尽管如此,有限的国际贸易对商品经济的发展还是起到了一定的推动作用,尤其是促进了手工业的发展。

2. 封建社会的国际贸易

随着生产力的发展,人类社会由奴隶社会进入封建社会,商品经济得到了进一步发展,极大地推动了国际贸易的发展,国际贸易也由最初的以物易物的贸易形式,转变为以货币交易的形式,同时由于交通工具的改进和马车的出现,使国际贸易更趋活跃,国际贸易的规模、范围也在不断地扩大。

中世纪,欧洲国家普遍实行封建制度,国际贸易有了较大发展。在欧洲封建社会的早期,国际贸易活动很少,其中心位于地中海东部,这时的国际贸易除了盐、酒之类必需品的交易外就是买卖奴隶;到封建社会的中期,商品生产取得了一定进步,加之基督教在西欧已十分盛行,教会通过促进国际贸易的发展来获取和维护自身利益;公元11世纪以后,随着意大利北部和波罗的海沿岸城市的兴起,国际贸易的范围扩大到了地中海、北海、波罗的海和黑海沿岸;封建社会后期,随着城市的兴起和城市手工业的发展,推动了国际贸易的进一步发展,交易品已从香料和奢侈品扩展到呢绒、葡萄酒、羊毛和金属制品等。

亚洲各国之间的贸易由近海逐渐扩展到远洋。早在西汉时期,中国就开辟了从长安经中亚通往西亚和欧洲的陆路商路——丝绸之路,把中国的丝绸、茶叶等商品输往西方各国,换回良马、种子、药材和饰品等。到了唐朝,除了陆路贸易外,还开展了通往波斯湾以及朝鲜和日本等地的海上贸易。在宋、元时期,随着造船技术的进步,海上贸易得到了进一步发展。

在明朝永乐年间，郑和曾率领商船队七次下"西洋"，经东南亚、印度洋到达非洲东岸，先后访问了三十多个国家，用中国的丝绸、瓷器、茶叶、铜铁器等与所到的国家进行贸易，换回各国的香料、珠宝、象牙和药材等。

然而，封建社会自给自足的自然经济仍然占统治地位，社会分工和商品经济仍然不很发达，能够进入商品流通的只有少量剩余农产品、土特产品和手工业品。此时的对外贸易在各国国民经济中还不占重要地位，对各国经济的发展没有显著影响，通过贸易往来，主要是实现了各国之间的经济文化交流。

（二）资本主义社会的国际贸易

国际贸易的发展与资本主义生产方式的建立与发展紧密相关。马克思曾经指出："对外贸易的扩大，虽然在资本主义生产方式的幼年时期是这种生产方式的基础，但在资本主义生产方式的发展中，由于这种生产方式的内在必然性，由于这种生产方式要求不断扩大市场，它成为这种方式本身的产物。"马克思这一科学论断，揭示了国际贸易与资本主义生产方式之间的本质联系。与封建制度不同，资本主义制度在本质上具有扩张性。资本的无限扩张决定它必须以大规模生产为前提，同时也必须以大规模的销售为前提。在资本主义形成以前，国际贸易为资本主义生产方式的产生提供了必要的劳动力、资本和市场，帮助其完成了资本的原始积累，是其基础。在资本主义生产方式确立后，由资本主义制度的本质所决定，国际贸易成了这种生产方式的产物，这在近代表现得尤为突出。

人类社会从封建社会发展到资本主义社会以后，国际贸易发展非常迅速，贸易规模、贸易商品种类、贸易地理范围以及贸易在各国国民经济中的地位，都得到了空前的扩大和提高。国际贸易之所以得到迅速发展，是因为两方面原因：一是地理上的新发现；二是主要资本主义国家产业革命的完成。这两方面的原因促使资本主义的商品经济获得了极大的发展，这对国际贸易的迅速发展也起到了决定性作用。

在资本主义生产方式准备时期，1492年，意大利航海家克里斯托弗·哥伦布横渡大西洋，发现了美洲大陆。1498年，葡萄牙的瓦斯哥·达·迦马绕过南非的好望角发现了到达印度的新航线。这两个重大发现，使欧洲的对外贸易在地理范围上扩大了。在此之前，欧洲国际贸易的地理范围主要是在地中海、北海、波罗的海，与亚洲的贸易主要是通过阿拉伯商人间接进行的。在地理大发现之后，欧洲对外贸易的范围就直接扩大到大西洋彼岸的美洲和亚洲的印度、中国以及南洋群岛。

欧洲的几个贸易大国为了争夺海上的贸易霸权，曾经进行过几次商业战争，这些国家也因此经历了几度兴衰。伴随着贸易大国的兴衰，国际贸易的中心也曾发生多次转移。最初，由于西班牙、葡萄牙的兴起，使得伊比利亚半岛诸城市成为国际贸易的中心；之后，荷兰兴起，安特卫普和阿姆斯特丹取代前者成为国际贸易的中心；17世纪，英国取得国际贸易的霸权，伦敦就成为国际贸易的中心。以上所述说明，地理大发现促使国际贸易迅速发展。

同样，这一时期的产业革命也促进了国际贸易的迅速发展。18世纪后半期和19世纪，资本主义国家相继发生并完成了产业革命。所谓产业革命，是以机器为主的工厂制度代替以手工技术为基础的手工工场制的革命。它既是一场技术革命，又是一场生产关系的变革。这次产业革命发源于18世纪60年代英国的棉纺织业。当时，哈格里夫斯发明的珍妮纺纱机、瓦特研制的蒸汽机，在这次技术革命中起到了突出的作用。英国的产业革命在19世纪30年代基本完成。继英国之后，法国在 19 世纪初开始产业革命，19 世纪 60 年代末基本完成，之后，美国、德国、日本也相继开展并完成了产业革命。

随着蒸汽机的出现和应用范围的扩大，特别是机器制造业的形成，使机械化生产普遍应用于工业、交通运输业、采矿业等部门，改变了整个工业生产的面貌。机器大工业的建立，迅速提高了社会生产力，极大地丰富了社会产品，这就为国际贸易奠定了物质基础。另外，交通运输和通信联络工具也取得了很大进步，火车代替了马车，轮船代替了帆船。这些都使得运费降低、运输时间减少，这实际上缩短了各国之间的地理距离，使过去不可能发生的国际贸易成为可能。

关于这一段时间的生产与贸易情况，下面有一组数据可以说明：1850—1913 年，世界工业生产增加了 10 倍，国际贸易量也增加了 10 倍。这说明，产业革命使世界经济得到了迅速发展，也使国际贸易得到了迅速发展。

从总的情况看，资本主义社会与封建社会相比较，国际贸易无论在内容上还是形式上，都发生了显著变化。具体来讲，这些变化主要表现为以下几个方面。

（1）贸易的商品种类已不像封建社会那样只限于少量的奢侈消费品，而是品种越来越多，工业品、原料、谷物也成为大宗的贸易商品。

（2）贸易方式由过去的现场看货成交，发展成为凭样品成交。

（3）由于国际贸易的日益频繁，产生了为国际贸易服务的运输、保险、借贷金融等专业化企业。

（4）国家之间为了稳定贸易渠道，从而实现经常贸易，或为了争取到贸易对方国的优惠待遇，国与国之间签订贸易条约、贸易协定等现象也普遍出现。

（三）二战后国际贸易发展的特点

第二次世界大战（以下简称二战）后，由于第三次科技革命的发生、国际分工和生产国际化的深化和扩大、贸易自由化的加强和跨国公司的加速发展，国际贸易取得了巨大发展。国际贸易额从 1950 年的 607 亿美元增加到 1990 年的 34 700 亿美元，1999 年为 68 000 亿美元，其增长速度（4.5%）超过了世界经济的增长速度（3.3%）。在这一时期，国际贸易出现了以下几个新的特点。

1. 国际贸易增长迅速，呈波浪形变化

1945 年，第二次世界大战结束。1948 年，世界生产基本上恢复到二战前的水平，因此，一般都将这一年作为分析二战后世界经济发展的起点。

二战前国际贸易发展较快的两个阶段是：1870—1900 年，年均增长率为 3.2%；1900—1913 年，年均增长率为 3.8%。二战后国际贸易各个阶段的发展速度均大大高于二战前，但是，在整体高速增长的同时，各阶段的增长速度又不均衡，呈现出波浪式变化的特点，如表 1-1 所示。

表 1-1　1950—1990 年国际贸易年均增长情况　　　　　　　　　　单位：%

年　份	1950—1990	1950—1960	1960—1970	1970—1980	1980—1990
年均增长率	11.4	6.5	9.2	20.3	6.0

资料来源：联合国贸易与发展会议《国际贸易和发展统计手册 1991》。

2. 各类国家在国际贸易中发展不平衡

（1）各类国家在国际贸易中地位的变化。发达国家在国际贸易中的地位在加强，其贸易额在国际贸易总额中所占的比重在上升。1938 年，发达国家的出口额在世界出口总额中所占比重为 65.9%，1950 年所占比重为 60.8%，1980 年所占比重为 62.6%，1989 年所占比重为 71.4%。

发展中国家在国际贸易中的地位呈下降趋势。1950—1990 年，发展中国家出口年均增长率为 11.2%，低于世界平均水平（11.4%），因此，发展中国家的贸易额在国际贸易总额中所占的比重逐渐下降，由 31.1%下降为 21.6%。

（2）发达国家内部经济发展不平衡。这种不平衡可以用三个指标来反映：出口增长率、在世界出口中所占比重、对外贸易差额。从出口增长率看，1950—1990 年，日本、德国、美国的年均出口增长率情况是：日本为 16.7%，德国为 13.3%，这两个国家的增长率超过 11.4%的世界平均水平；美国为 9.8%，低于世界平均水平。从各国在世界出口中所占比重看，1950—1990 年，日本、德国、美国的出口在世界出口中所占比重的变化情况是：美国从 1950 年的 16.7%下降为 1990 年的 11.8%，日本从 1950 年的 1.4%上升为 1990 年的 8.4%，德国从 1950 年的 3.2%上升为 1990 年的 11.2%。从对外贸易差额变动情况看，美国在 20 世纪五六十年代为顺差，到七八十年代变为逆差，而且，近几年逆差数额越来越大。德国在二战后一直保持顺差。日本在 20 世纪 70 年代以前，基本上是逆差，20 世纪 80 年代以后，一直保持顺差，而且顺差数额逐渐增大。

（3）发展中国家内部经济发展不平衡。二战后，发展中国家在国际贸易额中所占比重总体呈下降的趋势，但是，各国之间的发展也不平衡，具体表现为：石油出口国对外贸易发展迅速，所占比重上升，非石油出口国所占比重下降；在非石油出口国中，工业制成品出口国（一些新兴的工业化国家）所占比重上升。

在世界燃料出口中，发展中国家出口额所占比重很大，上升也很快。1955 年，发展中国家燃料出口额占世界燃料出口总额的比重为 57.4%，1980 年上升为 72.4%。这说明，发达国家在燃料上对发展中国家依赖性很强。正因为这个原因，石油出口国对外贸易增长速度快于非石油出口国，特别是 1973 年以后，石油价格上涨，使石油出口国的贸易额在国际贸易额中所占比重从 1950 年的 6.3%剧增到 1980 年的 16.4%。但是，在此之后，由于石油价格回落等原因，这个比重又有所下降，1990 年降到 6.0%。在非石油出口国中，工业制成品出口国在国际贸易中地位上升的原因，是因为在国际贸易中，制成品贸易所占比重呈上升趋势，而这些国家是以出口制成品为主的，所以贸易增长较快，所占比重上升。

3. 国际贸易中商品结构发生变化

（1）工业制成品与初级产品所占比重发生变化。商品按其加工程度不同，可分为初级产品和工业制成品两大类。初级产品，也叫基本产品或原始产品，是指未经加工或只进行过简单加工的农（包括农、林、牧、渔）矿产品。工业制成品，也叫制成品，是指在工业企业内已完成全部生产过程，可供销售的合格产品。

二战后，国际贸易中初级产品与工业制成品所占比重的变化表现为：工业制成品所占比重增加，初级产品所占比重减少。二战前，国际贸易的商品结构（工业制成品与初级产品的比例）保持在初级产品占 61%，工业制成品占 39%。在 1876—1938 年的六十多年中，这个比例基本上保持稳定，没有发生大的变化。二战后，工业制成品贸易额增长非常迅速，所占比重不断上升；而初级产品贸易增长额相对缓慢，所占比重有所下降。1955年，工业制成品与初级产品在国际贸易中所占比重大体相等；1960年，工业制成品所占比重增加到55%，而初级产品所占比重下降到45%，工业制成品所占比重开始超过初级产品。到了1980年，二者原来的地位恰好颠倒过来：初级产品占39%，而工业制成品占61%。

为什么会发生这种变化呢？一方面是因为发达国家对初级产品的需求下降。二战后，随着科学技术的进步，原材料的深度开发，知识密集型产业的发展，减少了对天然原材料的消耗；另外，各种合成材料的出现和大量生产，也替代了一部分天然原料；再者，二战后，发达国家为了摆脱对其他国家初级产品的依赖，也开始大力发展农业，提高了粮食和原料的自给率。以上两方面的因素导致发达国家对初级产品的需求下降。另一方面，发展中国家的初级产品的供给减少。由于发展中国家的初级产品与发达国家的工业制成品之间存在不等价交换，初级产品的出口价格或趋于下降，或有增长但增幅很小，而工业制成品出口价格趋于上升，这就造成两类产品的价格差不断扩大，这种情况很不利于初级产品的生产和出口；另外，发展中国家随着生产力的发展，已经可以在国内对很多原料进行不同程度的加工。这些因素导致了发展中国家初级产品出口量相对减少。因为供给与需求的同时下降，使得初级产品在国际贸易中所占的比重下降，工业制成品所占比重上升。

（2）工业制成品内部结构发生变化。二战后，世界工业制成品内部商品结构发生了变化，具体表现为：机械、运输设备及化工产品在贸易中所占比重上升；纺织品、轻工业品在贸易中所占比重下降。这种变化实际上体现了世界工业生产结构的变化。

在工业制成品贸易中，化工产品贸易增长速度最快，其次是运输机械和机械产品贸易。1960—1980年，世界工业制成品贸易额增长了15.6%，而化工产品贸易额增长了18.7倍；运输机械和机械贸易增长了17.4倍。同期，纺织品和轻工业品在贸易中所占的比重下降，由1960年的40.6%下降为1980年的9.1%。

世界工业制成品贸易结构发生这种变化的主要原因是：①二战后发达国家工业化程度越来越高，发展中国家工业化建设进展很快，对机械、运输设备、化工产品需求量增大；②由于国际分工的深化和跨国公司的快速发展，机械制造业和化工业的中间产品实行专业化生产，因此，这类产品的国际交换日益频繁；③由于科技进步，新产品、新材料不断涌现，产品生产周期缩短，产品的更新速度加快，对此类产品的需求增加；④在经济发展的基础上，人们的收入增加，支付能力提高，高档消费品、家用机械和电器等普遍进入消费领域。以上几方面原因使得化工产品、机械、运输设备等生产资料的贸易增长速度加快，而消费品贸易增长速度相对减缓。

（3）初级产品内部结构发生变化。在世界初级产品贸易中，食品、烟草、农业原料、矿业原料的贸易增长缓慢，所占比重下降，而燃料（如石油）贸易一直增长很快，所占比重上升。1955—1981年，世界商品出口总额增长了20.3倍，非燃料初级产品出口总额增长了8.4倍，而燃料出口总额增长了46.5倍。在世界初级产品出口总额中，燃料所占比重在1955年为22.2%，1970年增长到27.6%，1980年已超过50%。

造成初级产品内部结构发生变化的原因主要有两点：一方面世界经济的发展对能源（石油）的消耗增加，另一方面石油化工业的发展也增加了对石油的需求；1973年以后，石油价格大幅度上涨，提高了石油贸易在初级产品贸易总额中所占的比重。

（4）服务贸易迅速发展，成为国际贸易的重要组成部分。二战后科技的发展使发达国家劳动生产率大大提高，不仅农业和其他初级产品生产中使用的劳动力越来越少，制造业的就业比重也逐渐由上升转为停滞或下降。与此同时，人们的收入不断提高，在主要耐用消费品得到满足后，人们对服务的需求越来越大，服务业在各国经济中所占的比重越来越大，服务贸易也相应地得到了发展。二战后初期，服务贸易在国际贸易中的影响微乎其微，但从20世纪70年代开始，服务贸易日益成为国际贸易中的一个重要组成部分。1970年，世界服务业出口总额为800多亿美元，1980年增加到4 026亿美元，1990年又翻了一番，为8 962亿美元，2000年则达到16 136亿美元。服务贸易在国际贸易中所占的比重也从20世纪80年代的17%左右增加到90年代末的22%左右。目前，服务贸易已上升到与货物贸易同等重要的地位。

4. 贸易区域集团化趋势加强

为了促进国际贸易的增长，二战后，世界各国通过贸易谈判，签署各种贸易条约和协定，建立区域性的自由贸易区、关税同盟，以及采取自主的单边措施等各种形式，以求逐步实现贸易自由化，其结果是贸易集团化趋势不断被强化。

二战后，贸易区域一体化的主要表现是区域贸易集团的成立。二战后初期，最早成立的区域一体化组织有两个：一个是经济互助委员会，简称经互会；另一个是欧洲经济共同体，简称欧共体。20世纪90年代以来，各种形式的区域性经济合作越来越多，其中最常见的是自由贸易区，包括欧洲联盟（EU，1993年）、中欧自由贸易区（CEFTA，1993年）、北美自由贸易区（NAFTA，1994年）、美洲自由贸易区（FTAA，1994年）等。合作程度稍高的有关税同盟、共同市场以及经济同盟（如欧盟）。几乎所有的关贸总协定（世贸组织）成员都参加了一个或数个区域性自由贸易协定。从1948年到1994年，关贸总协定成员共签订124项区域性自由贸易协议，而从1995年世贸组织成立到2000年，世贸组织共收到100项成员参加区域自由贸易的申请，区域性或局部性自由贸易发展迅速。

（四）21世纪国际贸易发展的特点及趋势

进入21世纪，随着全球经济的高速发展，国际贸易的发展也相应地表现出了新的特点和趋势。

1. 国际贸易步入新一轮高速增长期

伴随世界经济较快增长和经济全球化的纵深发展，当前国际贸易增长速度明显加快，已经进入新一轮高速增长期。全球贸易的高速增长既是科技进步、生产力提高、国际分工深化的共同结果，同时又促进了世界生产。20世纪90年代以来，国际贸易的增长率连续超过世界生产的增长率，导致世界各国的外贸依存度均有不同程度的上升。

2. 国际贸易商品结构走向高级化

国际贸易商品结构走向高级化表现为服务贸易和技术贸易的快速发展。国际贸易结构的高级化与产业结构的升级互为依托，其变化趋势表现为两点：一是伴随着各国产业结构的优化升级，全球服务贸易发展迅猛。在行业结构上，服务贸易日益向金融、保险、电信、信息、咨询等新兴服务业倾斜，传统的运输业、旅游业所占份额持续下降；在地区分布上，发展中国家服务贸易所占份额继续扩大，东亚地区的增长尤其显著。二是高技术产品在制成品贸易中的地位大大提高，尤以信息通信技术产品出口增长最快。

3. 全球范围的区域经济合作势头高涨

近年来，经济全球化与区域经济一体化已成为世界经济发展的重要趋势。区域化和全球化的相互促进、互为补充乃至阶段性的交替发展，凸显了社会生产力发展的必然要求及当代世界经济贸易发展的本质特征。

4. 跨国公司对全球贸易的主导作用日益增强

在经济全球化的推动下，生产要素（特别是资本）在全球范围内更加自由地流动，跨国公司通过在全球范围内建立生产和营销网络，推动了贸易投资日益一体化，并对国际经济贸易格局产生了深刻影响。该影响具体表现为：一是跨国公司已成为全球范围内资源配置的核心力量，其发展直接推动了国际贸易和国际资本流动的发展；二是国际贸易竞争从以比较优势为主，转变为以跨国公司内部贸易以及在国际范围内整合配置资源为主。

5. 国际贸易交易方式网络化

随着知识经济时代多媒体技术和网络技术的发展，国际贸易交易日益借助国际互联网来完成，出现了所谓的网络贸易。国际贸易的整个交易过程包括交易磋商、签约、货物交付、货款收付等大都在全球电信网络上进行。

6. 贸易自由化和保护主义的斗争愈演愈烈

在经济全球化的推动下，世界各国经济交往愈加频繁，贸易自由化已是不可逆转的潮流，但是随着国际贸易规模不断扩大，贸易摩擦产生的可能性也就越大。当前，各国经济发展的非均衡性、区域贸易集团的排他性、贸易利益分配的两极化等都是造成贸易保护主义层出不穷的重要原因。

第二节　国际贸易理论的产生和发展

一、国际贸易理论的产生

16 世纪，在资本主义的原始积累阶段，英国经济学家托马斯·孟提出了最早的关于国际贸易的理论，即重商主义，也称贸易差额论。重商主义认为财富即金银，金银的多少是衡量一国富裕程度的唯一尺度，一切经济活动的目的就是获得金银，而获得金银的主要手段就是开展国际贸易，在其中求得顺差，这样，国家就富裕；反之，一国贸易逆差，金银外流，国家就贫穷。早期重商主义的政策主张是国家应干预贸易，采取"奖出限入"的贸易政策；晚期重商主义的政策主张为最终的顺差，应允许中间的逆差，以防止对方采取同样的报复性措施而使国际贸易终止。

18 世纪末，重商主义的贸易观点受到古典经济学派的挑战。1776 年，古典经济学的创始人亚当·斯密（Adam Smith）在其著作《国民财富的性质和原因的研究》（即《国富论》）中，对重商主义进行了批判，认为社会财富应以商品劳务的生产来衡量，贸易的利益应是双方的，反对政府干预贸易，提出并详细阐述了绝对优势理论。

虽然重商主义对国际贸易做过系统研究，但是，直到斯密提出绝对优势理论之后，国际贸易理论才真正产生。国际贸易理论于 18 世纪产生，迄今已有两百多年的历史。

二、国际贸易理论的发展

从亚当·斯密在《国富论》中第一次系统提出国际贸易理论至今已经有两百多年的历史，期间经历了古典国际贸易理论、新古典国际贸易理论和当代新国际贸易理论三个阶段。

（一）第一阶段：古典国际贸易理论阶段

英国古典经济学家亚当·斯密首次提出绝对优势原理，并论证了自由贸易的合理性与可行性，被后人公认为自由贸易理论的先驱。大卫·李嘉图继承和发展了亚当·斯密的绝对优势理论，建立了以自由贸易为前提的比较优势理论。李嘉图比较优势理论的问世，标志着国际贸易学说总体系的建立，该理论以无可比拟的逻辑力量揭示了国际贸易领域客观存在的经济运行的一般原则和规律。美国当代著名经济学家萨缪尔森称其为"国际贸易不可动摇的基础"。

从1776年亚当·斯密在《国富论》中提出绝对优势理论，到1817年大卫·李嘉图在《政治经济学及赋税原理》中提出比较优势理论，前后共41年。这一阶段是国际贸易理论的创立阶段，即古典国际贸易理论阶段。

（二）第二阶段：新古典国际贸易理论阶段

1919年，赫克歇尔（Eli F. Heckscher）在其《对外贸易对收入分配的影响》一文中初步提出两国之间产生比较优势差异必须具备两个前提条件：一是两国的要素禀赋不一样；二是不同产品生产过程中所使用的要素比例不一样。俄林（Bertil Ohlin）继承了赫克歇尔的观点，1933年在其出版的《区间贸易与国际贸易》一书中对比较优势形成的原因这一理论重新做了清晰而全面的解释，并系统提出了要素禀赋理论，该理论奠定了新古典国际贸易理论的基石。赫克歇尔—俄林要素禀赋理论（H-O 理论）无论在理论分析上还是在实际应用中，都取得了巨大成功，成为从20世纪上半叶到20世纪70年代末国际贸易理论的典范。

20世纪50年代初，美国学者里昂惕夫对H-O理论进行了检验，其检验结果与H-O模型推论完全相反。里昂惕夫的验证结果引发了人们对二战后国际贸易新现象的深入探索，并成为国际贸易理论发展史上的一个重大转折点。

为揭开"里昂惕夫之谜"，一些学者在20世纪40年代对国际贸易中的特殊要素进行了研究，提出国际贸易"新"要素学说，试图从更宽泛的角度解释"里昂惕夫之谜"及国际贸易格局的新变化。基于"新"要素的指导思想，人力资本说、研究与开发要素说、技术要素说等在此时期纷纷问世。

但是，这些对"悖论"进行解释的学说都没有完全否定H-O理论，而是对二战后国际贸易理论的补充和发展，相关学者们采用的定性分析和定量分析相结合、理论分析和实证分析相结合、比较利益的静态分析和动态分析相结合的方法，大大推动了国际贸易理论的研究。

（三）第三阶段：当代新国际贸易理论阶段

二战结束后，特别是20世纪80年代以来，国际贸易出现了与传统贸易理论不相符的三个显著特征：一是发达国家之间的贸易迅速增长，成为国际贸易的主流；二是产业内贸易大大增加；三是知识密集型产品在国际贸易中所占的比重不断上升。国际贸易的这些变化引起了一些经济学家对贸易理论的反思，当代国际贸易理论就是这个阶段经济学家们反思的结果。

1977 年，狄克西特和斯蒂格利茨联名发表了一篇名为《垄断竞争与最优产品多样化》的论文，建立了一个规模经济和多样化消费之间的两难选择的模型。在习惯上，人们经常把狄克西特—斯蒂格利茨模型称为新贸易理论的开端。该模型一经发表，就成为研究新贸易理论极为有用的工具。保罗·克鲁格曼等人就是采用狄克西特和斯蒂格利茨的研究方法将垄断竞争模型推广到开放条件下而提出规模经济贸易理论，从而使国际贸易理论获得了极大的丰富，对传统贸易理论也做出了很大的补充。1961 年，瑞典经济学家林德在其《论贸易和转变》一文中提出了需求偏好相似理论，从需求角度解释国际贸易产生的原因。此外，这一阶段对国际贸易理论做出突出贡献的还有雷蒙德·弗农、赫尔普曼、格罗斯曼、兰卡斯特和诺曼等一大批现代经济学家。

国际贸易理论的发展过程可以用框图加以归纳，如图 1-1 所示。

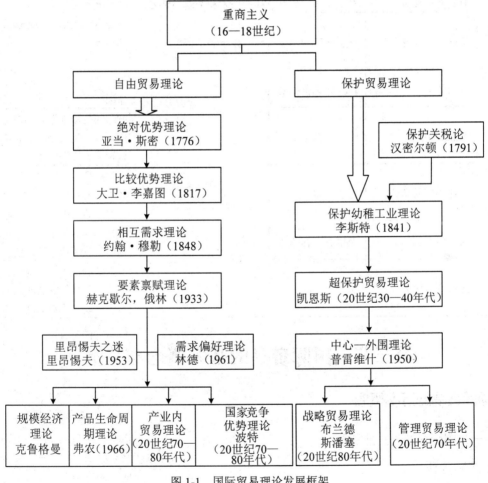

图 1-1 国际贸易理论发展框架

三、国际贸易理论的体系结构

国际贸易理论从创立并发展至今，经历了不同的发展阶段，理论研究的假设条件已发生了改变，理论研究的内容也被不断地补充、完善和发展。根据前面的论述，可以将该理论的体系结构按照不同阶段出现的主要贸易理论的代表人物、理论的主要观点及其基本假设条件等进行归纳，如表 1-2 所示。

表 1-2　国际贸易的主要理论

主　要　理　论		理论提出者	假　设　条　件	主要理论观点
古典国际贸易理论	绝对优势理论	亚当·斯密	• 劳动一种投入要素 • 完全竞争市场 • 规模报酬不变	绝对劳动生产率差异是产生国际贸易的原因
	比较优势理论	大卫·李嘉图		相对劳动生产率差异是产生国际贸易的原因
	相互需求理论	约翰·穆勒		两国的需求强度决定两国的交换比例
新古典国际贸易理论	要素禀赋理论	赫克歇尔，俄林	• 资本和劳动两种投入要素 • 完全竞争市场 • 规模报酬不变	资源禀赋不同是产生国际贸易的原因
	特殊要素理论	保罗·萨缪尔森		
当代新国际贸易理论	规模经济理论	保罗·克鲁格曼	• 不完全竞争市场 • 规模报酬递增	规模经济是产生国际贸易的原因
	产品周期理论	雷蒙·弗农		产品的生命周期分为产品开发期、市场引入期、成长期、成熟期和衰退期
	产业内贸易理论	格鲁贝尔		同类产品的异质性、规模经济、经济发展水平的相似性是产业内贸易的原因
	需求偏好理论	斯塔芬·林德		产品的国内需求、两国需求结构的相似性决定两国的贸易
	国家竞争优势理论	迈克·波特		要素禀赋、需求状况、相关和辅助产业及行业战略结构竞争是保持竞争优势的基本因素

第三节　国际贸易的基本概念与分类

一、国际贸易的基本概念

（一）国际贸易与对外贸易

1. 国际贸易

国际贸易（International Trade）也叫世界贸易，是指世界各国和地区之间商品和劳务（或货物、知识和服务）的交换。

2. 对外贸易

对外贸易（Foreign Trade）也叫国外贸易或进出口贸易，是指一个国家（地区）与另一个国家（地区）之间商品和劳务的交换。有一些海岛国或者对外贸易活动主要依靠海运的国家（地区），如英国、日本等，将对外贸易称为海外贸易。

国际贸易与对外贸易同属一类活动，只是从全世界范围看时，称其为国际贸易，而从一个国家或地区的角度看时，则称其为对外贸易。

（二）出口与进口

1. 出口

出口（Export）是指一个国家向其他国家输出商品、劳务或技术的贸易活动。一个国家出口所收入的全部金额称为出口总额或出口总值（Gross Export Value）。

2. 进口

进口（Import）是指一个国家从其他国家输入商品、劳务或技术的贸易活动。一个国家进口所支出的全部金额称为进口总额或进口总值（Gross Import Value）。

（三）复出口与复进口

1. 复出口

复出口（Re-export）是指外国商品进口以后未经加工制造又出口，也称再出口。复出口在很大程度上同经营转口贸易有关。

2. 复进口

复进口（Re-import）是指本国商品输往国外后，未经加工又输入国内，也称再进口。复进口多由偶然原因（如出口退货、未售掉的寄售商品的退回等）造成，但也可能是由于价格或其他非偶然原因造成。从经济效益角度讲，复进口是不利的，应尽量避免。我国前几年出现过复进口，因为出口产品的出口补贴或低价策略使国外市场上的中国产品比国内同类产品价格还低，从而导致复进口。

（四）贸易值与贸易量

1. 贸易值

贸易值（Trade Value）也叫贸易额，是用货币表示的反映贸易规模的指标。各国一般都用本币来表示贸易值，但是，为了便于国家间进行比较，许多国家又同时使用国际上通用的货币（美元）来表示该指标。联合国编制和发表的世界各国对外贸易值的统计资料都是用美元表示的。贸易额通常分为对外贸易额和国际贸易额两种。

对外贸易额或对外贸易值（Value of Foreign Trade）是指一个国家在一定时期内（通常为一年）的出口总额与进口总额之和。

国际贸易额或国际贸易值（Value of International Trade）是指世界各国的出口贸易额或进口贸易额的总和。把世界上所有国家的进口总额或出口总额换算为同一种货币后加在一起，即得世界进口总额或世界出口总额。

国际贸易额不等于各国对外贸易额的总和，因为就国际贸易来看，一国的出口就是另一国的进口，如把各国进出口额相加作为国际贸易总额就会发生重复计算，一般是把各国的出口贸易额相加来表示国际贸易规模的大小。因此，国际贸易额是指世界出口贸易总额。

既然一国的出口就是另一国的进口，按理说，所有国家进口额合计数应该等于所有国家出口额合计数,但实际上这二者并不相等。这是因为各国一般是按"离岸价"(FOB,启运港船上交货价)计算出口额,按"到岸价"(CIF,成本、保险费加运费)计算进口额,因此,世界出口总额总是略小于世界进口总额。

2. 贸易量

贸易量(Quantum of Trade)是指用进出口商品的计量单位表示的反映国际贸易规模的指标。用货币表示国际贸易值,常因物价变动,而不能确切反映国际贸易的实际规模,以国际贸易量来表示则能弥补这个不足。但是国际贸易商品的计量单位各异,无法用统一计量单位来表示。因此,在实际工作中人们想出了一个替代办法,即以某年的价格为不变价格,计算出各年的进出口商品价格指数,用各年的进出口贸易值除以该年的进出口商品价格指数,就得到以不变价格计算的贸易值,它可以近似地代替贸易量;然后以某年为基期的贸易量同各个时期的贸易量相比较,就可以得出较准确的反映贸易实际规模变化的贸易量指数。这样就可以把价格因素造成的贸易值变化消除掉,知道实际进出口商品量是增加还是减少了。

贸易量分为对外贸易量和国际贸易量两种。

对外贸易量(Quantum of Foreign Trade)是指用进出口商品的实物计量单位表示的、反映一国对外贸易规模的指标。对外贸易量是按一定时期的不变价格为标准来计算各个时期的贸易值,即用以固定年份为基期计算的当期进口或出口价格指数去除当期的进口额或出口额的方法,剔除价格变动因素,得到相当于按不变价格计算的进口额或出口额,二者之和即为对外贸易量。

国际贸易量(Quantum of International Trade)是指用进出口商品的实物计量单位表示的、反映国际贸易规模的指标。按照对外贸易量的计算办法,同样可以用不变价格计算出国际贸易值,即为国际贸易量。

举例:假定 2000 年国际贸易额(出口额)为 12 000 亿美元,2010 年国际贸易额为 30 000 亿美元;2000 年出口价格指数为 100,2010 年出口价格指数为 160。

试计算:2010 年与 2000 年相比国际贸易规模的增长情况。

分析:

(1)按国际贸易值计算 2010 年国际贸易规模的增长情况:

$$(30\,000 \div 12\,000) \times 100\% - 100\% = 150\% = 1.5（倍）$$

2010 年与 2000 年相比,贸易规模增长了 1.5 倍。

(2)按国际贸易量计算 2010 年国际贸易规模的增长情况

$$2010 \text{ 年的贸易量} = 30\,000 \div \frac{160}{100} = 18\,750（亿美元）$$

$$(18\,750 \div 12\,000) \times 100\% - 100\% = 56\%$$

2010 年与 2000 年相比,贸易规模增长了 56%。

(五)贸易差额与国际收支

1. 贸易差额

贸易差额(Balance of Trade)是指一个国家或地区在一定时期(通常为一年)内出口总额与进口总额之间的差额。

贸易差额是衡量一个国家对外贸易状况的重要指标之一。当出口总值大于进口总值时,称为贸易顺差、贸易盈余或出超（Trade Surplus）；当出口总值小于进口总值时，称为贸易逆差、贸易赤字或入超（Trade Deficit）；当出口总值等于进口总值时，称为贸易平衡（Balanced Trade）。

贸易顺差以正数表示，贸易逆差以负数表示。当一国出现贸易顺差时，反映这个国家在对外贸易收支上处于有利地位；当一国出现贸易逆差时，反映这个国家在对外贸易收支上处于不利地位；不过，长期顺差不一定是好事，逆差也并非绝对是坏事，从长期趋势来看，一国的进出口贸易应该基本保持平衡。

2. 国际收支

国际收支（Balance of Payment）是指一个国家或地区在一定时期（通常为一年）内对外国的全部经济交易所引起的收支总额对比。如果收入大于支出就叫国际收支顺差（或黑字）；支出大于收入，叫国际收支逆差（或赤字）；收支相等叫国际收支平衡。国际收支集中反映在国际收支平衡表中，能从一个侧面反映一国的经济实力以及对外经济活动状况。一国的进出口贸易收支是其国际收支项目中最重要的组成部分，故贸易差额状况对一国的国际收支有重大的影响。

（六）对外贸易依存度

对外贸易依存度（Ratio of Dependence on Foreign Trade）又称对外贸易系数，是指一国在一定时期内的对外贸易总额在该国国民生产总值（GDP 或国内生产总值）中所占的比重。用公式表示为

$$Z = \frac{X+M}{\text{GDP}} \times 100\% \tag{1-1}$$

式中：Z 为对外贸易依存度；X 为出口总值；M 为进口总值。一国的对外贸易依存度用以反映一国经济发展对对外贸易的依赖程度或反映该国的对外开放程度。一般来说，依存度越大，开放度越高；依存度越小，则开放度越低。同时，依存度也表明对外贸易在该国国民经济发展中的地位与作用。一国的对外贸易依存度直接受经济发展水平、自然资源拥有状况、对外经济政策以及国内市场容量等因素的影响。随着国际分工的扩大与深化，世界各国的对外贸易依存度均有不同程度的提高。

外贸依存度可以分为出口贸易依存度和进口贸易依存度。出口贸易依存度是指一国在一定时期内的出口贸易额占国民生产总值（或国内生产总值）的比重；进口贸易依存度是指一国在一定时期内的进口贸易额占国民生产总值（或国内生产总值）的比重。用公式表示为

$$Z_X = \frac{X}{\text{GDP}} \times 100\%, \quad Z_M = \frac{M}{\text{GDP}} \times 100\% \tag{1-2}$$

式中：Z_X 为出口贸易依存度；Z_M 为进口贸易依存度。有人认为，对外贸易依存度这个指标不能确切地反映一国经济对外部经济的依赖程度，如进口值不是该国在一定时期内的 GDP，因此，他们主张使用出口依存度这个指标，即用该国出口值占同期 GDP 的比重来表示该国经济对外部经济的依赖程度。其实，出口总值也不是都算作 GDP，只有净出口才算作 GDP。因此，对外贸易依存度和出口依存度指标都有其不足之处，不过在没有找到更好的指标以前，我们用这两个指标来大体反映一国经济对外部经济的依赖程度，特别是，通过这两个指标的变化程度来反映一国经济对外部经济依赖程度的变化趋势，还是可取的。

（七）贸易条件

贸易条件（Terms of Trade，TOT）又称交换比价或进出口比价，是指出口商品价格与进口商品价格之间的比率。贸易条件表示出口一单位商品能够换回多少单位进口商品。很显然，此数值越大，表明换回的进口商品越多，对该国贸易越有利，或者说，该国贸易条件有所改善；反之，则表明对该国贸易不利，或者说，该国贸易条件恶化。贸易条件是反映一国进出口价格对该国是否有利的一项重要指标。

贸易条件在不同时期的变化，通常用贸易条件指数反映。贸易条件指数是用出口价格指数与进口价格指数的对比值表示。用公式表示为

$$\text{TOT} = \frac{P_X}{P_M} \times 100 \tag{1-3}$$

式中：TOT 为贸易条件指数；P_X 为出口商品价格指数；P_M 为进口商品价格指数。如果贸易条件指数大于 100，说明出口价格与进口价格相比上涨，该国的该年度贸易条件比基期好，即得到改善（贸易条件改善度=贸易条件指数-100）；如果贸易条件指数小于 100，说明出口价格与进口价格相比下跌，该国的该年度贸易条件比基期差，即恶化了。所谓贸易条件改善，是指进出口时期与基期相比较而言，交换比价上升，即同等数量的出口商品能换回比基期更多的进口商品；反之，则称为贸易条件恶化。

贸易条件有四种不同的形式：价格贸易条件、收入贸易条件、单要素贸易条件和双要素贸易条件，它们从不同的角度衡量一国的贸易所得。

（八）贸易地理方向

1. 对外贸易地理方向

对外贸易地理方向（Direction of Foreign Trade）又称对外贸易地区分布或国别结构，是指一定时期内各个国家或区域集团在一国对外贸易中所占有的地位，通常以它们在该国进口总额、出口总额或进出口总额中的比重来表示。对外贸易地理方向表明一国出口商品的去向和进口商品的来源，反映一国与其他国家或区域集团之间经济贸易联系的程度。一国的对外贸易地理方向通常受经济互补性、国际分工的形式与贸易政策的影响。例如，2012 年中国对外贸易地理方向（排前十的国家和地区）依次为欧盟（14.12%）、美国（12.53%）、东盟（10.35%）、中国香港（8.83%）、日本（8.52%）、韩国（6.63%）、中国台湾（4.37%）、澳大利亚（3.16%）、俄罗斯（2.28%）、巴西（2.22%）。

2. 国际贸易地理方向

国际贸易地理方向（Direction of International Trade）又称国际贸易地区分布，用以表明世界各洲、各国或各个区域集团在国际贸易中所占的地位。计算各国在国际贸易中所占的比重，既可以计算各国的进、出口额在世界进、出口总额中所占的比重，也可以计算各国的进出口总额在国际贸易总额（世界进出口总额）中所占的比重。

在 20 世纪 40 年代末，美国、德国、日本、法国、英国、意大利、加拿大，这七个主要发达国家的出口额占世界出口额的 48%，20 世纪 70 年代末、20 世纪 80 年代初，分别占 58%、52%。从这些数字可以看出，半个世纪以来，国际贸易总额的一半集中在这七个发达资本主义国家手中，而世界上其他一百多个国家和地区的进出口额加起来占国际贸易总额的另一半。

（九）贸易的商品结构

1. 对外贸易商品结构

对外贸易商品结构（Composition of Foreign Trade）是指一定时期一国各类商品在对外贸易中所占的比重，即某大类或某种商品的进出口贸易额与该国进出口贸易额之比，以份额表示。一个国家对外贸易商品结构主要是由该国的经济发展水平、产业结构状况、自然资源状况和贸易政策决定的。

一国对外贸易商品结构可以反映出该国的经济发展水平、产业结构状况、科技发展水平等。一国出口制成品的比重越大，反映该国的生产水平越高，该国在国际分工中就占有优势。发达国家对外贸易商品结构是以进口初级产品、出口工业制成品为主；而发展中国家的对外贸易商品结构的特征则是以出口初级产品、进口工业制成品为主。

2. 国际贸易商品结构

国际贸易商品结构（Composition of International Trade）是指一定时期内各大类商品或某种商品在整个国际贸易中的构成，即各大类商品或某种商品贸易额与整个世界出口贸易额之比，用比重表示。国际贸易商品结构可以反映出整个世界的经济发展水平、产业结构状况和科技发展水平。

（十）服务贸易

《服务贸易总协定》对服务贸易（Services Trade）所下的定义："自一成员领土内向任何其他成员领土内提供服务；在一成员领土内向任何其他成员的服务消费者提供服务；一成员的服务提供者通过在任何其他成员领土内的商业存在提供服务；一成员的服务提供者通过在任何其他成员领土内的自然人存在提供服务。"

二、国际贸易的分类

（一）按商品形态划分

国际贸易按商品形态的不同可分为有形贸易和无形贸易。

1. 有形贸易

有形贸易（Visible Trade；Tangible Trade）是指贸易双方所进行交易的商品是有形的、看得见的，又被称为有形商品贸易（Tangible Goods Trade）。

国际贸易中的有形商品种类繁多，关于商品的分类方法主要参考联合国的《国际贸易标准分类》和海关合作理事会的《商品名称及编码协调制度》。

《国际贸易标准分类》（Standard International Trade Classification，SITC）于1950年7月12日由联合国统计委员会正式通过，该标准分类经历了四次修订，最新版本为2006年第四版。SITC第四版将国际贸易商品分为十大类，分别是：（0）食品和活动物；（1）饮料及烟草；（2）非食用原料（不包括燃料）；（3）矿物燃料、润滑油及有关原料；（4）动植物油、脂和蜡；（5）未另列明的化学品和有关产品；（6）主要按原料分类的制成品；（7）机械及运输设备；（8）杂项制成品；（9）《国际贸易标准分类未另分类》的其他商品和交易。通常，人们一般把SITC的（0）～（4）类商品称为初级产品，把（5）～（8）类商品称为制成品。但需注意的是，这种初级产品和制成品的分类是一种粗略的分法，严格的区分还需做细类的调整。

《商品名称及编码协调制度》(The Harmonized Commodity Description and Coding System，HS)是由原海关合作理事会（现名世界海关组织）主持制定的一部供海关、统计、进出口管理及与国际贸易有关各方共同使用的商品分类编码体系。从 1973 年 5 月开始，海关合作理事会成立了协调制度临时委员会，以《海关合作理事会税则商品分类目录》（CCCN）和 SITC 为基础，编制了一套国际通用的协调统一商品分类目录。1983 年 6 月，海关合作理事会第 61 届会议上通过了《商品名称及编码协调制度国际公约》及其附件《协调制度》，HS 编码涵盖了 CCCN 和 SITC 两大分类编码体系，于 1988 年 1 月 1 日正式实施。《商品名称及编码协调制度》每 4 年修订一次。在 HS 的类章总表中，全部商品分为 21 类，97 章。

2. 无形贸易

无形贸易（Invisible Trade）又称无形商品贸易，是指非实物形态劳务和技术的进出口。无形贸易可以分为服务贸易和技术贸易，无形贸易的收支主要包括以下两个方面。

（1）和商品进出口有关的一切从属费用的收支，如运输费、保险费、商品加工费、装卸费等。

（2）和商品进出口无关的其他收支，如国际旅游费用、外交人员费用、侨民汇款、使用专利特许权的费用、国外投资汇回的股息和红利、公司或个人在国外服务的收支等。

以上各项中的收入，称为"无形出口"；以上各项中的支出，称为"无形进口"。

有形贸易因要结关，故其金额显示在一国的海关统计上；无形贸易不经过海关办理手续，其金额不反映在海关统计上，但显示在一国国际收支表上。

（二）按商品流向划分

国际贸易按商品流向不同可分为出口贸易、进口贸易和过境贸易。

1. 出口贸易

出口贸易（Export Trade）也叫输出贸易，是指一国把自己生产的商品输往国外市场销售。如果商品不是因外销而输往国外，则不计入出口贸易的统计之中，如运往境外使馆、驻外机构的物品，或者个人携带自用物品到境外等。

2. 进口贸易

进口贸易（Import Trade）也叫输入贸易，是指购入外国或其他地区生产的商品。外国使领馆运进供自用的物品、旅客个人携带的自用物品一般不列入进口贸易的统计之中。

3. 过境贸易

过境贸易（Transit Trade）是指某种商品从甲国经由乙国输往丙国销售，对乙国来说，这项买卖就是过境贸易。例如，内陆国与不相邻的国家之间的商品交易，就必须通过第三国国境，对第三国海关来说，就会把这类贸易归为过境贸易。

（三）按统计境界标准划分

国际贸易按统计境界标准不同可分为总贸易和专门贸易。

1. 总贸易

总贸易（General Trade）是以国境为标准统计的进出口贸易。凡因购买输入国境的商品一律计入进口，凡因外销输出国境的商品一律计入出口。总贸易可以分为总进口和总出口。总进口是指一定时期内（如一年内）跨国境进口的总额。总出口是指一定时期内（如一年内）跨国境出口的总额。将这两者的总额相加，即总进口和总出口之和，称作总贸易额。世界上某些国家，如英国、日本、加拿大、澳大利亚等，采用计算总贸易额的方式来统计本国的国际贸易额。

2. 专门贸易

专门贸易（Special Trade）是以关境为标准统计的进出口贸易。凡因购买输入关境的商品一律计入进口，凡因外销输出关境的商品一律计入出口。专门贸易可以分为专门进口和专门出口。专门进口是指一定时期内（如一年内）跨关境进口的总额，专门出口是指一定时期内（如一年内）跨关境出口的总额。专门贸易额就是专门进口额与出口额的总和。这样，外国商品直接存入保税仓库（区）这一类贸易活动不再列入进口贸易项目之中。显然，专门贸易与总贸易在数额上不可能相等，但两者都是指一国在一定时期时（如一年）对外贸易的总额。世界上某些国家，如美国、法国、意大利、德国、瑞士等，采用计算专门贸易额的方式来统计本国的国际贸易额。

各国都按自己的统计方式公布对外贸易的统计数据，并向联合国报告。联合国公布的国际贸易统计数据一般注明总贸易或专门贸易，过境贸易列入总贸易，不列入专门贸易。

（四）按是否有第三国参加划分

国际贸易按是否有第三国参加可分为直接贸易、间接贸易和转口贸易。

1. 直接贸易

直接贸易（Direct Trade）是指商品生产国与商品消费国直接买卖商品的行为。

2. 间接贸易

间接贸易（Indirect Trade）是指商品生产国与商品消费国通过第三国进行买卖商品的行为。其中，生产国是间接出口，消费国是间接进口，第三国是转口。

3. 转口贸易

转口贸易（Entrecote Trade）是指生产国与消费国之间通过第三国所进行的贸易。需要注意的是，即使商品直接从生产国运到消费国去，只要两者之间并未直接发生交易关系，而是由第三国转口商分别同生产国与消费国发生交易关系，仍然属于转口贸易范畴。

从事转口贸易的国家和地区大多是地理位置优越、运输方便、贸易限制较少的国家和地区，如伦敦、鹿特丹、新加坡、中国香港等，它们都具备上述条件，便于货物集散，所以转口贸易都很发达。

（五）按贸易参加国数量划分

国际贸易按贸易参加国的数量不同可分为双边贸易和多边贸易。

1. 双边贸易

双边贸易（Bilateral Trade）是指两国（或地区）之间通过协议在双边结算的基础上进行的贸易。其基本特点是：双方保持贸易收支平衡，即各以向对方的出口支付从对方的进口，不用向对方的出口来支付从其他国家的进口。这种方式多用于实行外汇管制国家，另外，也泛指两国间的贸易往来。

2. 多边贸易

多边贸易（Multilateral Trade）又称多角贸易，是指三个或三个以上国家（或地区）通过协议在多边结算的基础上进行贸易，相互间保持贸易收支平衡，即在贸易往来中，每个国家都可以用对某些国家的出超来支付对另一些国家的入超，以实现整体的平衡。在多边贸易中，若在三国（或地区）间发生则称三角贸易。例如，两国进行贸易磋商时，由于商品不适合而无法在两国间达成进出口平衡，而外汇支付上又存在一定困难无法达成协议，于是就把磋商范围扩大到由第三国介入，在三国间，互相搭配商品，实现贸易平衡，解决外汇支付上的困难。

（六）按清偿工具划分

国际贸易按清偿工具不同可分为自由结汇贸易和易货贸易。

1. 自由结汇贸易

自由结汇贸易（Free Liquidation Trade）也叫现汇贸易（Spot Exchange Trade），是指在国际贸易中，以货币作为清偿（结算）工具的贸易。当今国际贸易中，能充当国际支付手段的货币主要有美元、英镑、日元、瑞士法郎、欧元等。

2. 易货贸易

易货贸易（Barter Trade）也叫换货贸易，是指在国际贸易中，以经过计价的商品货物作为清偿（结算）工具的贸易。采用这种方式大多数情况下是由于某些国家外汇紧缺，无法以正常的自由结汇方式与他国进行贸易，另外，有时也应用于边境贸易中。易货贸易的特点是，进口与出口直接相联系，以货换货，进出基本平衡，可不用现汇支付。这就解决了那些缺乏外汇的国家开展对外贸易的问题，加上现在各国之间经济依赖性加强，有支付能力的国家也不得不接受这种贸易方式。因此，易货贸易在国际贸易中十分兴盛。

（七）按经济发展水平划分

国际贸易按贸易国经济发展水平不同可分为水平贸易和垂直贸易。

1. 水平贸易

水平贸易（Horizontal Trade）是指经济发展水平比较接近的国家之间开展贸易活动。例如，北北之间、南南之间以及区域性集团内的国际贸易，一般都是水平贸易。

2. 垂直贸易

垂直贸易（Vertical Trade）是指经济发展水平不同的国家之间的贸易。这两类国家在国际分工中所处的地位相差甚远，其贸易往来有着许多与水平贸易大不一样的特点，南北之间贸易一般就属此类。了解这两者的差异，对一国确定其对外贸易的政策和策略具有重要作用。

第四节　国际贸易学的研究对象和内容

一、国际贸易学的研究对象

国际贸易学是经济学中最古老的学科之一。对外贸易问题历来是经济学研究的重要内容，从重商主义、古典经济学派到现代西方经济学家，几乎都把对外贸易作为他们经济学理论研究的一个重要组成部分。

国际贸易学作为一门独立的学科，也必然有自己独立的研究对象。国际贸易学是研究不同国家或地区之间的商品和服务的交换活动，通过研究这些商品和服务交换活动的产生、发展过程，以及贸易利益的产生和分配，揭示这种交换活动的特点和规律。

二、国际贸易学的研究内容

根据国际贸易学的研究对象，可以把国际贸易学的研究内容概括为以下四个方面。

（一）各个历史发展阶段的国际商品流通的一般规律

国际贸易是个历史的范畴，是社会生产发展的必然结果，因为它是在一定历史条件下，随着生产力的发展而出现的。因此，国际贸易学首先要研究国际贸易的历史及现状，包括原始社会末期对外贸易产生的条件，奴隶社会和封建社会对外贸易发展的特点，资本主义生产方式下对外贸易的发展和真正意义的国际贸易的形成，以及第二次世界大战后国际贸易发展的新特点、新趋势，重点研究和分析当代国际贸易发展的新特点及其规律。

（二）国际贸易理论与学说

在社会经济发展过程中，理论与实践总在相互影响和产生作用。理论是对实践的总结，同时又服务于实践，使实践有新的发展。在国际贸易的形成和发展中，各个时期的经济学家们都十分重视对国际贸易各种问题与规律的研究探讨，因此就推动了国际贸易理论的发展。国际贸易理论与学说包括各位著名经济学家对国际贸易理论的研究与探讨。例如，资本主义自由竞争时期的古典政治经济学派创始人亚当·斯密（Adam Smith）和大卫·李嘉图（David Ricardo）探讨了国际分工形成的原因和分工的依据，论证了国际分工和国际贸易的利益；如前所述，20世纪以来瑞典经济学家赫克歇尔（Eli F. Heckscher）和俄林（Bertil Ohlin）提出了按照生产要素进行国际分工的学说，他们都倡导实行自由贸易，而保护贸易理论的代表人物——德国的弗里德里希·李斯特（Friedrich Liszt）则倡导保护幼稚工业的理论，以期在英国商品的强大冲击下，保护国内市场；资本主义进入垄断时期以后，英国经济学家约翰·梅纳德·凯恩斯（John Maynard Keynes）及其追随者把有效需求理论与对外贸易结合起来，在投资乘数理论的基础上提出对外贸易乘数理论，为超保护贸易政策提供了重要的理论依据。20世纪中叶以后，当代经济学家对产业内贸易、公司内贸易现象等进行了深入研究，使国际贸易分工理论发展到一个崭新的阶段。

（三）国际贸易政策与措施

为了通过对外贸易促进本国的经济发展，各国都制定了有利于本国对外贸易的政策。对外贸易政策是随着时代的发展而不断变化的。各国对外贸易政策基本上有两种类型，即自由贸易政策和保护贸易政策。在资本主义原始积累时期，出现了重商主义；在资本主义自由竞争时期，自由贸易政策和保护贸易政策并存；在资本主义垄断时期，出现了超保护贸易政策；第二次世界大战后，出现了贸易自由化和新贸易保护主义。为执行这些贸易政策，各国都采取了相应的措施，如关税和非关税措施、鼓励出口的措施等。

（四）与国际贸易有关的各种理论与现实问题

国际贸易的发展引起了生产的国际化发展，出现了许多对国际贸易有重大影响的跨国公司，有关这些跨国公司活动的理论和实际问题，以及由生产国际化引起的区域经济一体化问题，都是国际贸易学十分关注的问题。同时，世界各国为了推进国际贸易自由化的发展而建立起的世界贸易组织，已成为各国从事国际贸易活动的法律框架和活动平台，无论是发达国家还是发展中国家，都希望世界贸易组织的规则向着更有利于自己的方向发展，有关世界贸易组织的一系列问题，自然也是国际贸易学科所要研究的。

阅读案例

都铎王朝的对外贸易对资本主义生产关系确立的影响

都铎王朝（1485—1603）历时118年，共经历了五代君主。都铎王朝虽然历时不长，但是却处于英国从封建社会向资本主义社会转型这样一个关键时代，因而其实施的各项政策也极具时代特色，特别是它实行的重商主义政策，对英国社会的各个方面都产生了极大的影响。

一、重商主义政策振兴了英国的民族工业，为英国资本主义工业腾飞提供了前提条件

英国是一个偏离欧洲大陆的岛国。在都铎王朝以前，英国是一个经济落后、工商业不发达的"农业附庸国"。在整个国民经济中，羊毛和粮食的输出占有重要的地位。毛纺织业作为英国的支柱工业，虽然有所发展，但也远远落后于佛兰德尔、尼德兰、佛罗伦萨。为了改变这种状况，重商主义者认为必须大力发展工商业，为此，都铎王朝的历代君主都实行重商主义政策。首先，都铎王朝扶植、鼓励发展呢绒制造业，以出口呢绒换取货币；其次，大力发展海外商业，鼓励发展造船业。在纺织业、造船业等行业的带动下，各种金属制造、制革、制皂、染料等行业也以前所未有的速度向前发展，国内市场急剧扩大。可以说，都铎王朝卓有成效的重商主义政策是英国资本主义工业化的前奏。

二、重商主义政策揭开了英国农业资本主义革命的序幕，推动了英国封建农奴制度的瓦解

从15世纪的最后30年开始，英国发生了圈地运动，这是英国农村土地所有权的重大变革，随之而来的还有经营方式和耕作方法的变革，这就是英国农业资本主义革命的主要内容。如果说圈地运动是英国农业资本主义革命的序幕，那么揭开这一序幕的便是都铎王朝的重商主义政策。因为：第一，都铎王朝的重商主义政策是引发圈地运动的主要原动力。重商主义政策刺激了毛纺织业的突飞猛进，因此，对羊毛的需求量激增。贵族和乡绅为了追求高额利润，便掀起了全国性的圈地养羊运动。第二，重商主义政策加速了寺院土地所有制的崩溃。寺院土地所有制是英国中世纪封建土地所有制的重要组成部分。都铎王朝的第二代君主亨利八世（1491—1547）曾先后颁布了两道查封寺院的法令，将其全部财产包括土地在内均收归国有。第三，重商主义政策也瓦解了封建贵族的领地所有制，导致了土地所有权的再分配。在重商主义政策的影响下，一方面是高度繁荣的商品货币的引诱，使得封建贵族不惜重金购买供享乐用的昂贵商品；另一方面是"价格革命"所造成的货币贬值，通货膨胀，使得那些靠固定地租生活的封建贵族实际收入下降。到16世纪末，靠亨利八世宗教改革分地而显赫一时的38家贵族中，其直接继承人有22家负债累累。一些贵族不得不采取先质押而后变卖土地的办法来还债。都铎王朝的重商主义政策使英国农村发生了巨大变化，这是一场为"资本主义生产方式奠定基础的变革的序幕"。

三、重商主义政策促使英国建立起外向型经济模式，推动英国经济走向世界

重商主义者认为：货币是财富的唯一形态，是衡量国家富裕程度的标准，而对外贸易是国民财富的源泉。在这种思想指导下，都铎王朝的统治者放眼世界，把目光从狭小的海岛移往遥远的海外，把本国经济纳入世界经济范畴，以海外市场作导向，建立起外向型经济模式，积极推动本国经济走向世界，努力开拓世界市场。

英国对外开拓市场是全方位的：向西，它开拓了美洲市场；向北，英国与俄罗斯建立商业贸易联系，并以此为基地开辟中亚市场；向南，英国与北非、西非国家发展商业往来；向东，英国恢复了与地中海地区的贸易往来，打通了与印度等东方国家的贸易。

到17世纪，英国商人的足迹几乎遍及世界各地，空前地突破了封建农本经济的闭塞状态，将英国经济纳入了世界经济运行的轨道。尽管他们是以强盗的身份、以暴力掠夺的方式进行贸易，但是他们所开辟的广阔市场以及所获得的大量廉价的原料和金银财富，为英国经济注入了活力。来自海外的金银财富源源不断地流入英国，变成资本，极大地推动了英国经济飞速发展，使英国经济迅速壮大，成为世界首富。

资料来源：节选、改编自刘义程. 浅析都铎王朝的重商主义政策的影响[J]. 井冈山师范学院学报，2001（4）.

理论联系实际

中国的"复进口"现象

【实际资料】

据中国海关统计，1980年，我国复进口只有0.24亿美元，到2011年，就达到了1 226.14亿美元，31年间增长了5 108倍。1995年，中国复进口只占当年进口总额的1.7%，2001年，中国复进口占当年进口总额的3.6%，到2011年，中国复进口占当年进口总额的7.03%。

在联合国Comtrade数据库中，大部分国家没有复进口数据，自2006年至2011年有连续复进口数据的国家仅有12个。作为贸易大国且复进口大国的法国、英国、加拿大、澳大利亚以及巴西，只有法国的复进口占进口总额比重超过1%，且在2009年达到最高值为1.22%，与中国2001年的最低值3.6%之间仍有很大差距。在复进口规模上，中国也远远超过其他国家，以2011年为例，中国复进口规模是其他所有国家复进口的5.4倍，是排名第2位的法国的15倍。

显然，如此大数额的复进口，不是出口退货所能解释的。如此大的数额，也对我国的外贸发展产生着较大的影响，因此值得深入探讨。

资料来源：刘强，范爱军. 我国国货复进口成因的理论解析[J]. 国际贸易，2010（11）.；高云龙，中国"复进口"现象的独特性分析[J]. 现代经济探讨，2013（06）：19-23+77.

【理论分析】

1. 什么是复进口？它有什么危害？

2. 我国"国货复进口"的成因及解决对策是什么？

复习思考题

1. 国际贸易产生的基本条件是什么？
2. 第二次世界大战后国际贸易有何特点？
3. 第二次世界大战后世界贸易中商品结构发生了哪些变化？主要原因是什么？
4. 国际贸易理论的发展大致经历了哪几个阶段？
5. 国际贸易和对外贸易有何关系？
6. 贸易顺差和贸易逆差的含义是什么？如何正确看待贸易顺差和贸易逆差？

第二章 古典国际贸易理论

 引导案例

美国为什么要从其他国家进口滑雪板

2005年,美国以每块44美元进口了134万块滑雪板,表2-1列出了对美国出口滑雪板金额最大的12个国家和地区。

表2-1 2005年美国滑雪板进口情况

排名	国家/地区	进口额/百万美元	滑雪板数量/千	平均价格/(美元/块)
1	中国	18.1	355	51
2	奥地利	17.8	186	95
3	加拿大	9.1	123	74
4	墨西哥	5.0	565	9
5	西班牙	2.2	25	84
6	波兰	1.9	25	74
7	突尼斯	1.3	7	163
8	法国	1.1	9	118
9	德国	1.0	8	119
10	中国台湾	0.5	20	24
11	保加利亚	0.3	4	57
12	瑞士	0.2	1	135
13~20	各国	0.3	6	60
	合计	58.8	1 334	44

表2-1的第一行是中国,向美国出口了价值超过1 800万美元的滑雪板,紧随其后的是奥地利,出口额略少于1 800万美元。这两个国家滑雪板的出口额大大超过了由加拿大和墨西哥组成的第二大集团(加拿大出口额为900多万美元,墨西哥为500万美元)。其他主要出口国是由欧洲(西班牙、波兰、法国、德国)以及位于非洲北部海岸线的法国前殖民地国家突尼斯组成的大集团,它们每个国家对美国的出口额均为100万~200万美元。中国台湾、保加利亚、瑞士和其他8个国家和地区的出口额在100万美元以下。美国完全拥有制造所有滑雪板的能力,为什么还要从这些国家和地区进口而不是自己生产滑雪板呢?

资料来源:[美]罗伯特·C. 芬斯特拉,艾伦·M. 泰勒. 国际贸易[M]. 北京:中国人民大学出版社,2011.

教学目标

通过本章的学习，了解比较优势理论产生的背景，了解相互需求理论的内容，熟悉绝对优势理论和比较优势理论的基本假设，掌握绝对优势理论和比较优势理论的主要观点及思想，掌握比较优势的度量指标。

第一节　绝对优势理论

一、绝对优势理论产生的背景

绝对优势理论（Theory of Absolute Advantages）也叫绝对利益理论或绝对成本理论（Theory of Absolute Cost），是由英国古典经济学家亚当·斯密在其著作《国富论》中提出的。亚当·斯密是英国古典经济学派的主要奠基人，也是国际分工理论的创始人。他是工场手工业向机器大工业过渡时期的英国经济学家，其代表著作是《国民财富的性质和原因的研究》（*An Imquiry into the Nature and Causes of the Wealth of Nations*），简称《国富论》。

18世纪，英国资本主义正处于成长时期，第一次工业革命出现，英国工场手工业有了很大发展，正开始向机器大工业过渡。另外，随着工业革命的逐步深入，商品经济也迅速发展。18世纪末，英国的经济力量已经超过欧洲大陆的法国、西班牙。当时的大英帝国呈现出的是：新技术发明不断出现，国内生产规模进一步扩大；"圈地运动"使得农民破产，农村人口不断涌向城市，城市人口倍增，资本主义工业拥有了广大的廉价劳动力；工场手工业中的分工日益发达，家庭手工业相继沦为资本主义大工业的附庸；殖民地的不断开拓及海外市场的陆续扩张等。英国新兴资产阶级迫切要求扩大对外贸易，以便从国外获得所需的廉价原材料，并且为其产品寻找更大的海外市场。但是，在重商主义制度下建立的经济上的特许和垄断制度，阻碍了新兴资产阶级愿望的实现，为了适应时代的要求，在经济思想上需要经济自由主义。

当时，法国重农学派首先提出了"自由放任"的口号，接着，亚当·斯密于1776年发表了他著名的代表作《国富论》。斯密在《国富论》中，一方面猛烈抨击重商主义的经济思想，另一方面创立了自由放任的自由主义经济理论。在国际贸易理论方面，亚当·斯密首次提出了自由贸易理论的主张，为西方国际贸易理论奠定了基础。

人物简介 2-1

亚当·斯密

亚当·斯密（Adam Smith，1723—1790），1723年6月出生于苏格兰寇克卡迪的一个海关官员的家庭。在他出生前两个月父亲就去世了。1737年，斯密14岁时进入格拉斯哥大学学习，1740年，斯密作为斯内尔奖学金获得者进入牛津大学深造6年。1746年，斯密回到寇克卡迪，当时他没有固定工作。1748年，斯密应邀去爱丁堡做讲座并由于演讲名声大振。1751年，斯密被推举为格拉斯哥大学逻辑学教授,1752年转任道德哲学教授。

1759年,斯密发表了他的第一部科学巨著《道德情操论》,这部著作为斯密树立了威望,他因此被聘为年轻的巴克卢公爵的私人教师。1764年,斯密正式辞去大学教授工作,并与巴克卢公爵到法国旅行,在旅行的两年里,斯密有幸认识了阿郎贝尔(Alembert)、奥尔巴克(Holbach)和爱尔维修(Helvetius)等哲学家,还认识了重农学派的创始人弗朗索瓦·魁奈(Francois Quesnay)。斯密曾对政治经济学有过兴趣,他到达巴黎之时正是法国重农学派的影响和成就达到高峰的时候。斯密逗留巴黎期间在学术方面收获颇丰,但是,由于休谟(David Hume,1711—1776)和卢梭(Jean-Jacques Rousseau,1712—1778)之间争吵的加剧,以及休·斯科特的去世,1766年11月,斯密悲伤地返回伦敦。1767年,斯密回到寇克卡迪,开始了近六年的研究工作,他在为写作《国民财富的性质和原因的研究》而努力,1776年5月,《国民财富的性质和原因的研究》一书正式出版,该书出版后非常畅销。1778年,斯密被任命为海关专员,与此同时,他不断地进行着《国民财富的性质和原因的研究》和《道德情操论》的修订工作。1790年7月,斯密去世。

资料来源:[英]约翰·伊特韦尔,[美]默里·米尔盖特,彼得·纽曼. 新帕尔格雷夫经济学大辞典:第四卷[M]. 北京:经济科学出版社,1996:384-404.

二、绝对优势理论的基本假设

在研究国际贸易时,经济学家常常将许多不存在直接关系和并不重要的变量假设为不变,并将不直接影响分析的其他条件尽可能地简化。绝对成本理论的基本假设主要包括以下几个方面。

(1)世界上有两个国家,两个国家只生产两种可贸易产品,两种产品的生产都只有一种要素投入——劳动。

(2)两国产品生产技术不同,存在着劳动生产率上的绝对差异。

(3)规模报酬不变。

(4)两国的生产要素(劳动)可以在国内不同部门间流动,但不能在国家之间流动。

(5)完全竞争市场。

(6)无运输成本,无贸易障碍。

(7)两国之间的贸易是平衡的。

三、绝对优势理论的基本内容

(一)亚当·斯密对重商主义的批评

亚当·斯密并非提出自由贸易的第一人,在他之前,配第(W. Petty)、巴本(N. Barbon)、诺思(D. North)、休谟(D. Hume)等人已有关于自由贸易的言论,他们的言论可被视为自由贸易理论的萌芽。在亚当·斯密之前并无系统的关于自由贸易的理论,均为针对重商主义贸易保护而提出的一些要求贸易自由的政策主张,只有到了亚当·斯密,一种系统的自由贸易理论在古典经济学的基础上才建立起来。

亚当·斯密在《国富论》中，对重商主义进行了全面的理论清算，并在此基础上建立了古典国际贸易理论的基本框架。亚当·斯密对重商主义的批评主要包括以下几个方面。

1. 对重商主义财富观的批评

亚当·斯密首先批评了重商主义将金银等贵金属同财富等同起来的错误财富观，认为"一个国家的财富并不仅仅由黄金和白银构成，而是还应该包括该国拥有的土地、房产和各种可供消费的商品"。开展对外贸易固然可以获得黄金和白银，但对外贸易更具意义的作用在于开拓国际市场，增强本国的生产能力，促进商品生产，进而增加"一个国家拥有的真正的财富"（Real Wealth of the Nation）。由此可见，亚当·斯密已经正确地认识到了商品与货币的关系，所谓"真正的财富"，其实就是一国所掌握的与别国交换商品的能力。

2. 对重商主义借贸易顺差聚敛财富观点的批评

亚当·斯密依据大卫·休谟提出的"硬币流量调整机制"（Specie-flow Adjustment Mechanism）的原理，批评重商主义者希望通过持续的贸易顺差聚敛金银财富的企图是一厢情愿、徒劳无益的。建立在货币数量论基础上的"硬币流量调整机制"认为，一国商品交换中，商品的一般价格水平恰为该国金银货币的存量同商品总量的比值。据此可以看到，倘若重商主义者真能如愿以偿地从对外贸易中取得大量金银，在社会商品总量不变的前提下，势必引起本国物价上涨。在这种情况下，本国商品将丧失同外国商品竞争的价格优势，不仅本国的贸易顺差难以为继，还必须对外支付金银货币以弥补随之而来的贸易入超。

3. 对重商主义"零和游戏"规则的批评

亚当·斯密指责重商主义大力倡导的"零和游戏"是不能成立的。因为按照"天赋权力"的主张，各国都有权通过对外贸易获取利益。但若真是如此，"一国于贸易之所得，恰为他国于贸易之所失"的"零和游戏"规则就必须改一改了。其实说到底，重商主义的贸易理论根本就无所谓互利互惠可言，只是体现着重商主义者极端利己主义的心态。诚如斯密所批评的那样，"重商主义最为强调的与其说是财富，还不如说是强权"。贸易的真正经济基础只能是某种普遍的贸易利益，即"只要各国按照拥有的特定优势开展贸易，则双方通过这种自愿基础上的贸易，都能从中获取贸易利益"。正是因为"一国具有这种优势，另一国无此优势，后者向前者购买，总比自己制造有利"，才使各国都普遍具备了参与国际贸易的动因。

4. 对重商主义贸易政策的批评

从"自由放任"的经济思想出发，亚当·斯密严厉批评了重商主义的保护贸易政策，大力倡导自由贸易，主张政府应该减少直至放弃对对外贸易的垄断与管制。因为在斯密看来，即便是在国际贸易领域中，那只神奇的"看不见的手"依然在冥冥中支配着人们的经济行为，对于如何通过对外贸易实现自身的经济利益，"每一个人从其所处的地位出发所能做出的判断，显然比任何政治家或法典制定者为他们做出的判断要高明得多"。政府只有改弦易辙，推行自由贸易的政策，才能加快本国生产与对外贸易的发展，并从中获取最大的贸易利益。

（二）亚当·斯密的国际分工观点

著名的分工理论是斯密体系的重要组成部分，而斯密也是首先从劳动分工开始论述国际贸易问题的。他认为，国民财富的增长有两条途径，一是提高劳动生产率，二是增加劳动数量，其中前者的作用最大。

亚当·斯密认为提高劳动生产率是增加国民财富的重要条件之一，而分工能极大地提高劳动生产率，其理由有以下三个。

（1）分工能提高劳动者的熟练程度，故可以提高劳动生产率。

（2）分工使每人专门从事某项作业，可以节省与生产没有直接关系的时间。

（3）分工使专门从事某项作业的劳动者比较容易改良工具和发明机械。

斯密用制针业中工人分工的例子来说明分工对提高劳动生产率的重要作用。假定制针业共有 18 道操作工序，在没有分工的情况下，一个粗工每天最多只能制造 20 根针，有的可能连一根针也制造不出来。而在按工序进行了分工以后，10 个人每天可以制造 48 000 根针，平均每人每天可制造 4 800 根针。每个工人的劳动生产率有了极大提高，这显然是与分工密切相关的。可见，分工后每个人只从事一个工序的工作，然后进行交换，所有人都能获得更多的利益。斯密指出，分工能提高劳动生产率，降低产品成本，促进财富的增加。

斯密采用由个人和家庭推及整个国家的方法论证了"地域分工"的合理性。他认为，适合于一国内部的不同职业之间、不同工种之间的分工原则，也适用于各国之间。他指出，各国都应根据各自有利的自然条件去进行国际分工，这样，不仅各国生产出来的商品必然比其他国家同类商品的成本低、生产效率高和价格便宜，而且会使各国的土地、劳动和资本等资源得到最充分的利用，并增加社会物质财富。据此，他得出结论，国际贸易应该遵循国际分工的原则，使各国都能从中获得更大的好处。

（三）亚当·斯密绝对优势理论的基本观点

斯密用国际分工有益的论点给自由贸易政策以理论上的支持。他认为，只有在自由贸易的条件下，一种适宜的国际分工体系才能建立起来。在这种体系下，各个国家都将会更合理地使用资本和劳动力，从事最有利的生产事业，并将所生产的更多、更便宜的商品在彼此之间进行有利的交换。

斯密认为，国际分工是各种形式分工中的最高阶段，也是他的全部国际贸易理论所追求的目标。因此，他主张如果外国的产品比自己国内生产的要便宜，那么最好是输出本国在有利的生产条件下生产的产品去交换外国的产品，而不要自己去生产。

斯密举例说，在苏格兰，人们可以利用温室种出很好的葡萄，也可以酿造出同国外进口的一样好的葡萄酒，但要付出高 30 倍的代价。他认为如果真的这样做，那就是明显的愚蠢行为。斯密认为每一个国家都有其适宜于生产某些特定产品的绝对有利的生活条件。如果每一个国家都按照其绝对有利的生产条件（即生产成本绝对低）去进行专业化生产，然后彼此交换，则对所有交换国家都是有利的。各国按照各自有利的条件进行分工和交换，会使各国的资源、劳动力和资本得到最有效的利用，将会大大地提高劳动生产率和增加物质财富。

因此，斯密认为，国际贸易和国际分工的原因和基础是各国之间存在的劳动生产率和生产成本的绝对差别。一国如果在某种产品上具有比别国高的劳动生产率，该国在这一产品上就具有绝对优势；相反，劳动生产率低的产品，就不具有绝对优势，而是具有绝对劣势。各国应该集中生产并出口其在劳动生产率和生产成本上具有"绝对优势"的产品，进口其不具有"绝对优势"的产品，其结果比自己什么都生产更有利。这就是"绝对优势理论"或"绝对成本理论"的基本观点。

四、绝对优势理论中的基本概念

斯密认为,两国间贸易的基础是绝对优势。那么,什么是绝对优势?所谓绝对优势,是指一国(人)生产一个单位的某种商品所使用的资源少于另一国(人)同类商品的生产,则称该国(人)在生产该商品上具有绝对优势。或者说,一国拥有的绝对优势意味着该国可以比其他国家以更低的成本生产某种商品。

斯密将导致各国积极参与国际贸易取得贸易利益的所谓"优势"区分为自然优势(Natural Advantages)和获得性优势(Acquired Advantages)两类。

自然优势是一国固有的天赋优势,如一国所处的地理位置、自然环境、土壤质量、气候条件或矿产资源等方面的优势。"有时,在某些特定产品生产上,某一国占有那么大的自然优势,以致全世界都认为,跟这种优势抗衡是枉然的。"获得性优势是后天获得的优势,如通过接受教育与训练,以及大量的生产实践,一个工匠的生产技艺可以日臻精湛。"拥有一种技艺的工匠同拥有另一种技艺的工匠相比的优势,只是后来获得的。"

衡量一个国家具有绝对优势产品的方法有两种:劳动生产率法和劳动成本法。

1. 用劳动生产率衡量

劳动生产率是指单位要素投入的产出率。其计算公式为

$$L'_j = Q_j / L_j \tag{2-1}$$

式中:L'_j 为 j 产品劳动生产率;Q_j 为 j 产品产量;L_j 为 j 产品劳动投入量。

设 L'_{Aj} 为 A 国生产 j 产品的劳动生产率;L'_{Bj} 为 B 国生产 j 产品的劳动生产率。如果 $L'_{Aj} > L'_{Bj}$,我们称 A 国生产 j 产品的劳动生产率高于 B 国生产 j 产品的劳动生产率,或称 A 国 j 产品具有较高的劳动生产率,则 A 国在 j 产品上具有绝对优势;反之,如果 $L'_{Bj} > L'_{Aj}$,我们称 B 国生产 j 产品的劳动生产率高于 A 国生产 j 产品的劳动生产率,或称 B 国 j 产品具有较高的劳动生产率,则 B 国在 j 产品上具有绝对优势。

2. 用生产成本(劳动成本)衡量

生产成本是指生产一单位产品所需的要素投入数量。其计算公式为

$$C_j = L_j / Q_j \tag{2-2}$$

式中:C_j 为单位 j 产品的生产成本;L_j 为 j 产品劳动投入量;Q_j 为 j 产品产量。

设 C_{Aj} 为 A 国单位 j 产品的生产成本;C_{Bj} 为 B 国单位 j 产品的生产成本。如果 $C_{Aj} < C_{Bj}$,我们称 A 国生产 j 产品的生产成本低于 B 国生产 j 产品的生产成本,或称 A 国 j 产品具有较低的劳动成本,则 A 国在 j 产品上具有绝对优势;反之,如果 $C_{Bj} < C_{Aj}$,我们称 B 国生产 j 产品的生产成本低于 A 国生产 j 产品的生产成本,或称 B 国 j 产品具有较低的劳动成本,则 B 国在 j 产品上具有绝对优势。

3. 举例

(1)假设两个国家是中国和美国;两国生产的两种产品是大米和小麦。

(2)假设两国具有相同的劳动力资源——100 人。

(3)假设两国生产技术不同:如果两国所有的劳动力都用来生产大米,中国可以生产 100

吨，美国可以生产 80 吨；如果两国所有的劳动力都用来生产小麦，中国可以生产 50 吨，美国可以生产 100 吨。中国和美国的生产可能性如表 2-2 所示。

表 2-2　中国和美国两种产品的生产可能性　　　　单位：吨/(人·年)

国　别	大　米	小　麦
中国	100	50
美国	80	100

根据以上资料，试判断中国和美国在哪种商品上具有绝对优势？

首先，用劳动生产率来判断。利用劳动生产率计算公式，计算出中国和美国两种产品的劳动生产率，如表 2-3 所示。

表 2-3　中国和美国两种产品的劳动生产率　　　　单位：吨/(人·年)

国　别	大米（人均产量）	小麦（人均产量）
中国	1.0	0.5
美国	0.8	1.0

从表 2-3 可以看出，中国每人每年可以生产 1 吨大米，而美国每人每年可以生产 0.8 吨大米，中国大米的劳动生产率高于美国大米的劳动生产率，因此，中国在生产大米上具有绝对优势。

美国每人每年可以生产 1 吨小麦，而中国每人每年可以生产 0.5 吨小麦，美国小麦的劳动生产率高于中国小麦的劳动生产率，因此，美国在生产小麦上具有绝对优势。

其次，用生产成本来判断。利用生产成本计算公式，计算出中国和美国两种产品的生产成本，如表 2-4 所示。

表 2-4　中国和美国两种产品的生产成本　　　　单位：(人·年)/吨

国　别	大米（生产成本）	小麦（生产成本）
中国	1	2
美国	1.25	1

从表 2-4 可以看出，中国生产 1 吨大米需要 1 个单位的劳动投入，美国生产 1 吨大米需要 1.25 个单位的劳动投入，中国大米的生产成本小于美国大米的生产成本，因此，中国在生产大米上具有绝对优势。

美国生产 1 吨小麦需要 1 个单位的劳动投入，中国生产 1 吨小麦需要 2 个单位的劳动投入，美国小麦的生产成本小于中国小麦的生产成本，因此，美国在生产小麦上具有绝对优势。

从上面的分析可以看出，用劳动生产率法和劳动成本法来判断绝对优势，得出的结论是一样的。

五、绝对成本理论的基本模型

下面利用两个国家、两种产品的贸易模型来说明亚当·斯密的绝对优势理论。

假设：进行贸易的两个国家是美国、英国，两国都生产的两种产品是小麦和布匹。

(1) 分工前,两国两种产品的生产情况如表 2-5 所示。

表 2-5　分工前两国两种产品的生产情况

国　别	小　麦		布　匹	
	劳动时间/天	产量/吨	劳动时间/天	产量/匹
美国	100	120	100	100
英国	150	120	50	100

表 2-5 显示,在国际分工发生以前,英美两国所使用的劳动日数各为 200 天,总数为 400 天。两国小麦的总产量为 240 吨、布匹为 200 匹。

(2) 按照绝对优势分工原则,两国进行劳动分工,美国专门生产小麦(美国在生产小麦方面具有绝对优势),英国生产布匹(英国在生产布匹方面具有绝对优势)。分工后两国两种产品的生产情况如表 2-6 所示。

表 2-6　分工后两国两种产品的生产情况

国　别	小　麦		布　匹	
	劳动时间/天	产量/吨	劳动时间/天	产量/吨
美国	200	240		
英国			200	400

表 2-6 显示,在国际分工发生以后,这两个国家所耗费的劳动天数仍各为 200 天,小麦的总产量仍为 240 吨,但布匹的总产量增加到 400 匹,比过去增加了 200 匹。这就是国际分工所带来的好处。

(3) 在国际分工的基础上,两国实行自由贸易,美国以 120 吨小麦(100 天劳动)交换英国 200 匹布(100 天劳动),双方均获利。国际贸易前后两国的消费情况如表 2-7 所示。

表 2-7　贸易前后两国的消费情况

项　目	美　国		英　国	
	分 工 前	分 工 后	分 工 前	分 工 后
小麦/吨	120	120	120	120
布匹/匹	100	200	100	200

表 2-7 显示,国际分工和贸易发生前,美国国内的消费情况是 120 吨小麦和 100 匹布,国际分工和贸易发生后,美国国内的消费情况是 120 吨小麦和 200 匹布,比分工前多了 100 匹布;同样,英国国际分工前和国际分工后相比,也多消费了 100 匹布。这就是分工和贸易的好处。

六、对绝对优势理论的评价

(一) 绝对优势理论的贡献

亚当·斯密关于国际分工和国际贸易利益的分析基本上是正确的,而且第一次运用劳动价值论说明国际贸易的基础和利益所在,为科学的国际贸易理论的建立提供了一个良好的开端。亚当·斯密的绝对优势理论解释了产生贸易的部分原因,也首次论证了贸易双方都可以

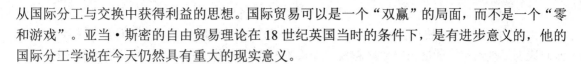

从国际分工与交换中获得利益的思想。国际贸易可以是一个"双赢"的局面,而不是一个"零和游戏"。亚当·斯密的自由贸易理论在18世纪英国当时的条件下,是有进步意义的,他的国际分工学说在今天仍然具有重大的现实意义。

(二)绝对优势理论的局限性

亚当·斯密的绝对优势理论的确描绘了一幅自由贸易的动人画卷,但同时也存在着严重的理论缺陷。

斯密的贸易理论,是在未作论证的情况下,假定国际贸易要求出口商品的生产具有绝对利益,也就是说,生产出口商品的产业用一定量的资本和劳动必须能生产出比任何一个对手都多的产品。斯密的那个"未作论证情况下的假定"就是著名的"斯密假定"(Adam Smith's Assumption)。根据斯密假定,如果某个国家连一个具有绝对优势的产品都没有,处于全面的绝对劣势(Absolute Disadvantages),这个国家是否会在外界有力的竞争压力下被迫与世隔绝?在这种情况下是否还应该进行贸易?如果还进行贸易,是否还存在普遍的贸易利益?各国是否还应该坚持自由贸易的政策取向?这样一系列尖锐的理论问题和实践问题都不能从亚当·斯密的绝对优势贸易理论中求得答案。

由此可见,亚当·斯密的贸易理论还只是局限于对国际贸易实践中的某个特例展开的研究,带有极大的局限性,还不是一种具有普遍指导意义的贸易理论。

第二节 比较优势理论

一、比较优势理论产生的背景

大卫·李嘉图于1817年出版了《政治经济学及赋税原理》(*Principles of Political Economy and Taxation*)一书,在书中,他集中讨论了国际贸易问题,提出了著名的比较优势理论(Comparative Advantage Theory)。

比较优势理论是在英国资产阶级争取自由贸易的斗争过程中产生和发展起来的。李嘉图所处时代与亚当·斯密所处时代没有本质区别,都处于产业革命的过程中,资本主义社会化大生产方式远没有稳固确立。但英国工业革命迅速发展,这时英国成了"世界工厂",但地主贵族阶级在政治生活中还起着重要作用。

从1789年法国大革命初期到1815年拿破仑滑铁卢战败这一段时期,英国几乎一直和法国处于战争状态。战争影响了英国的贸易:私掠船(战时获外国政府批准的海盗船)袭击英国货船,法国也企图封锁英国的物品供应。

战后英国的粮食价格下跌,为避免利益受损,英国政府于1815年修订实行了《谷物法》,以阻止谷物进口。《谷物法》颁布后,英国粮价上涨,地租猛增,它对地主贵族有利,而严重地损害了产业资产阶级的利益。昂贵的谷物迫使工人货币工资提高,成本增加,利润减少,削弱了工业品的竞争能力。同时,昂贵的谷物也扩大了英国各阶层的吃粮开支,减少了对工业品的消费。《谷物法》还招致外国以高关税阻止英国对他们出口工业品。出于发展资本、提高利润的需要,英国工业资产阶级迫切要求废除《谷物法》,与地主贵族阶级展开了激烈的斗争。为了废除《谷物法》，工业资产阶级在全国各地组织"反谷物法同盟"，广泛宣传《谷物法》的危害性，鼓吹谷物自由贸易的好处。而地主贵族阶级则千方百计维护《谷物法》，他们认为，既然英国能够自己生产粮食，就根本不需要从国外进口，反对谷物自由贸易。

为了斗争，工业资产阶级迫切需要从理论上论证谷物自由贸易的优越性。于是，作为工业资产阶级代言人的李嘉图提出了"比较优势理论"。他认为，英国不仅要从外国进口粮食，而且要大量进口，这是因为英国在纺织生产上所占的优势比在粮食生产上所占的优势更大，因此，英国应专门发展纺织品的生产，并以纺织品的出口来换取本国所需要的粮食。为此李嘉图在1817年出版了其主要代表作《政治经济学及赋税原理》，提出了以自由贸易为前提的比较优势理论，这种更加一般化的国际贸易理论，将自由贸易置于更加坚实的理论基础之上，奠定了西方国际贸易理论的核心基石，也为工业资产阶级提供了理论武器。

人物简介 2-2

大卫·李嘉图

大卫·李嘉图（David Ricardo，1772—1823），1772年4月出生于英国伦敦的一个犹太移民家庭，他的父亲是一个富裕的证券经纪人。李嘉图年轻时并未进入正规学校接受教育，但是，他没有错失他的家庭环境所能提供的机会，在年轻时就显露出对抽象和一般性推理的嗜好。14岁时，他随父亲工作，开始步入商界。21岁时，李嘉图开始独立从事股票经纪人的活动，没有几年就发了财。在25岁时，他开始关心数学、矿物学和地质学。1799年，在李嘉图27岁的时候，他偶尔借到一本《国富论》，此时，恰逢英镑汇率下跌、黄金升值、英国脱离金本位制的特定环境，促使李嘉图对政治经济学产生了很大的兴趣。因此，有人说，不是李嘉图选择了政治经济学，而是政治经济学选择了他。

李嘉图对经济理论的研究和发表的著作，几乎涉猎了经济学中的所有方面。他首先研究的是货币，在1809年、1811年发表的几篇文章和几个小册子中，他批判了当时的货币流通制度。之后，他出版了《论谷物低价对资本利润的影响》，书中他主要研究了价值理论。

李嘉图是古典政治经济学的集大成者，1817年4月，他的名著《政治经济学及赋税原理》出版。该书包含了他丰富的经济思想，在经济史上有着很重要的地位。1819年，李嘉图成为一名议员，积极参与讨论银行改革、税收提议等问题，并成为伦敦政治经济俱乐部的奠基人。1823年9月，李嘉图死于格洛斯特郡盖特孔公园自己的乡村别墅。

资料来源：[英]约翰·伊特韦尔，[美]默里·米尔盖特，彼得·纽曼. 新帕尔格雷夫经济学大辞典：第四卷[M]. 北京：经济科学出版社，1996：196-214.

二、比较优势理论的基本假设

李嘉图及其追随者关于比较优势的分析隐含了以下假设，这些假设与绝对优势理论的假设相比较，除了强调两国之间生产技术存在相对差异而非绝对差异之外，其余的基本相同。

（1）世界上只有两个国家，生产两种产品，只有劳动一种要素，即"2×2×1模型"。

（2）两国产品生产技术不同，存在着劳动生产率上的相对差异。

（3）两国的生产要素（劳动）可以在国内不同部门间流动，但不能在国家之间流动。
（4）规模报酬不变。
（5）完全竞争市场。
（6）无运输成本。
（7）两国之间的贸易是平衡的。

三、比较优势理论的基本内容

（一）比较优势理论的分工原则

大卫·李嘉图在其著作《政治经济学及赋税原理》中提出了比较优势理论，它是在亚当·斯密绝对优势理论的基础上发展起来的。其分工原则是："两优相权取其重，两劣相权取其轻"。例如，两国生产两种相同的产品，一国的成本均高于另一国，但高出程度不同，此时，两国仍可进行分工：成本均低的国家生产成本最低的商品，而成本均高的国家生产成本次高的商品。据此分工，在资源总量不变的情况下，可使产品产量增加。两国通过交换，均可获利，节约社会劳动。为此，李嘉图主张实行自由贸易政策。

（二）比较优势理论的基本观点

亚当·斯密认为国际分工应按照由地域、自然条件不同形成的商品成本绝对差异而形成分工，即一个国家输出的商品一定是生产上具有绝对优势的商品。李嘉图发展了这个观点，他认为在国际分工——国际贸易中起决定作用的，不是绝对优势，而是比较优势，并且把比较优势理论作为国际分工的理论基础。他还认为每个国家不一定要生产各种商品，而应集中力量生产那些利益较大或不利较小的商品，然后通过对外商品交换，在资源总量不变的情况下，产品总量将增加。如此形成的国际分工对贸易各国都有利。

比较优势理论的基本思想是：即使一国与外国相比，所有产品在生产上都存在劣势，但是，仍然可以按照"两优取重，两劣取轻"的原则进行分工，生产并出口本国优势较大或劣势较小的产品，进口优势较小或劣势较大的产品，其结果会在资本与劳动力不变的情况下增加产出总量，使贸易各国均获其利。

（三）比较优势理论中的基本概念

李嘉图认为，两国间贸易的基础是比较优势。所谓比较优势，是指一国生产单位某产品的机会成本低于另一个国家，则该国在该产品的生产上具有比较优势。或者说，如果一国在两种商品的生产上都处于绝对优势（或绝对劣势）地位，但只要两者的有利程度（或不利程度）不同，则在有利程度大（或不利程度小）的那种产品的生产上，该国具有比较优势。

怎样才能知道一国是否具有生产某种产品的比较优势呢？判断比较优势的方法有三种：相对劳动生产率法、相对成本法、机会成本法。

1. 用产品的相对劳动生产率来判断

（1）相对劳动生产率。相对劳动生产率（Relative Labor Productivity）是指不同产品劳动生产率的比率，或两种不同产品的人均产量之比。其计算公式为

$$L'_{j/i} = L'_j / L'_i \tag{2-3}$$

式中：$L'_{j/i}$ 是 j 产品（相对于 i 产品）的相对劳动生产率；L_j 是 j 产品的劳动生产率；L_i 是 i 产品的劳动生产率。

由此可以得出结论：如果一个国家某种产品的相对劳动生产率高于其他国家同样产品的相对劳动生产率，则该国在这一产品上就拥有比较优势；反之，则具有比较劣势。

（2）举例。

① 假设两个国家是中国和美国；两国生产的两种产品是大米和小麦。

② 假设两国具有相同的劳动力资源——100 人。

③ 假设两国生产技术不同：如果两国所有的劳动力都用来生产大米，中国可以生产 100 吨，美国可以生产 80 吨；如果两国所有的劳动力都用来生产小麦，中国可以生产 50 吨，美国可以生产 100 吨。试判断两国的比较优势产品。

根据假设条件计算出的两国大米和小麦的劳动生产率数据，如表 2-8 所示。中国大米的劳动生产率是 1，美国大米的劳动生产率是 0.8；中国小麦的劳动生产率是 0.5，美国小麦的劳动生产率是 1。

表 2-8 中国和美国两种产品的劳动生产率　　　　　　　　　　　单位：吨/（人·年）

国　　别	大米（人均产量）	小麦（人均产量）
中国	1	0.5
美国	0.8	1

根据两国两种产品的劳动生产率，可以计算出两国两种产品的相对劳动生产率，如表 2-9 所示。

表 2-9 中国和美国两种产品的相对劳动生产率

国　　别	大米的相对劳动生产率	小麦的相对劳动生产率
中国	2.0	0.5
美国	0.8	1.25

从表 2-9 可以看出，中国大米的相对劳动生产率是 2.0，美国大米的相对劳动生产率是 0.8，中国大米的相对劳动生产率大于美国大米的相对劳动生产率，因此，中国具有生产大米的比较优势；中国小麦的相对劳动生产率是 0.5，美国小麦的相对劳动生产率是 1.25，美国小麦的相对劳动生产率大于中国小麦的相对劳动生产率，因此，美国具有生产小麦的比较优势。

2. 用产品的相对成本来判断

（1）相对成本。相对成本（Relative Cost）是指一个产品的单位要素投入与另一个产品的单位要素投入的比率。其计算公式为

$$C_{j/i} = C_j / C_i \tag{2-4}$$

式中：$C_{j/i}$ 为 j 产品（相对于 i 产品）的相对成本；C_j 为单位 j 产品的要素投入量，即 j 产品的生产成本；C_i 为单位 i 产品的要素投入量，即 i 产品的生产成本。

由此可以得出结论：如果一个国家某种产品的相对生产成本低于其他国家同样产品的相

对生产成本,则该国在这一产品上就具有比较优势;反之,则具有比较劣势。

(2)举例。还以本节所举的中国和美国生产大米和小麦的例子为例。

根据假设条件计算出两国大米和小麦的生产成本,如表 2-10 所示。

表 2-10　中国和美国两种产品的生产成本　　　　　　　　单位:(人·年)/吨

国　别	大　米	小　麦
中国	1.0	2.0
美国	1.25	1.0

根据表 2-10 结果,可以计算出中国和美国两种产品的相对成本,如表 2-11 所示。

表 2-11　中国和美国两种产品的相对成本

国　别	大　米	小　麦
中国	0.5 (1.0/2.0)	2.0 (2.0/1.0)
美国	1.25 (1.25/1.0)	0.8 (1.0/1.25)

从表 2-11 可以看出,中国大米的相对成本是 0.5,美国大米的相对成本是 1.25,中国大米的相对成本低于美国大米的相对成本,因此中国具有生产大米的比较优势;美国小麦的相对成本是 0.8,中国小麦的相对成本是 2.0,美国小麦的相对成本低于中国小麦的相对成本,因此美国具有生产小麦的比较优势。以上结论与使用相对劳动生产率判断的结果相同。

3. 用产品的机会成本来判断

(1)机会成本。机会成本(Opportunity Cost)是指在资源一定的条件下,多生产一个单位 j 产品,必须放弃一定数量另一种 i 产品的生产,所放弃的另一种产品的数量即为 j 产品的机会成本。或者说,是指为了多生产某种商品而必须放弃的生产其他产品的数量。其计算公式为

$$C_j^o = \frac{|-\Delta Q_i|}{\Delta Q_j} \tag{2-5}$$

式中:C_j^o 为 j 产品的机会成本;Q_j 为 j 产品产量;Q_i 为 i 产品产量;$-\Delta Q_i$ 为 i 产品减少的量;ΔQ_j 为 j 产品增加的量。

由此可以得出结论:如果一个国家某种产品的机会成本小于其他国家同样产品的机会成本,则该国在这一产品上就拥有比较优势;反之,则具有比较劣势。

(2)举例。仍以前面的例子为例,两国生产的两种产品的劳动生产率如表 2-12 所示。

表 2-12　中国和美国两种产品的劳动生产率　　　　　　　　单位:吨/(人·年)

国　别	大米(人均产量)	小麦(人均产量)
中国	1	0.5
美国	0.8	1

从表 2-12 可以看出:在给定的时间里,每 1 个中国人可以生产 1 吨大米,也可以生产 0.5 吨小麦,但不能同时生产 1 吨大米和 0.5 吨小麦。也就是说,在中国,一个人要想多生产 1 吨

小麦，他就不得不少生产 2 吨大米，因此，中国每吨小麦的机会成本是 2 吨大米。

同样，在给定的时间里，每 1 个美国人可以生产 0.8 吨大米，也可以生产 1 吨小麦，但不能同时生产 0.8 吨大米和 1 吨小麦。也就是说，在美国，一个人要想多生产 1 吨小麦，他就不得不少生产 0.8 吨大米，因此，美国每吨小麦的机会成本是 0.8 吨大米。

同样方法可以计算出：中国每吨大米的机会成本是 0.5 吨小麦，美国每吨大米的机会成本是 1.25 吨小麦。

由于中国生产大米的机会成本低于美国生产大米的机会成本，故中国具有生产大米的比较优势。同样，由于美国生产小麦的机会成本低于中国生产小麦的机会成本，故美国具有生产小麦的比较优势。

四、比较优势理论的基本模型

作为古典政治经济学的重要人物，李嘉图与斯密一样，主张自由贸易，认为国际贸易对所有的参加国都是有利的，因此，政府应该采取支持自由贸易政策或不干预的对外贸易政策。不过，李嘉图没有重复斯密关于自由贸易的好处，而是提出了更加系统的自由贸易理论。

在斯密的理论中，鞋匠有制鞋的绝对优势，裁缝有做衣服的绝对优势，两者的分工比较明确。但假如两个人都能制鞋和做衣服，而其中一个在两种职业上都比另一个人强，那么应该怎样分工呢？李嘉图对此做了举例说明。他假设有两个人都能制鞋和帽，其中一个人在两种职业上都比另一个人强一些，不过此人在制帽时只比另一个人强 20%，而在制鞋时则强 33%，此时该如何分工呢？李嘉图认为，两项都较强的人专门制鞋，而两项都较差的人专门制帽，这样对双方都有利。接着，李嘉图从个人推及国家，举了一个现在已经成为经典的例子来说明其国际分工与贸易观点。

李嘉图假定英国和葡萄牙都生产呢绒和葡萄酒，英国的情形是生产 1 单位呢绒需要 100 人劳动一年，而如果要酿制 1 单位葡萄酒则需要 120 人劳动同样长的时间。因此，英国发现对自己有利的办法是输出呢绒以换取葡萄酒。葡萄牙生产葡萄酒可能只需要 80 人劳动一年，而生产呢绒却需要 90 人劳动一年。因此，对葡萄牙来说，输出葡萄酒以交换呢绒是有利的。虽然葡萄牙能够以 90 人的劳动生产呢绒，但它宁可从一个需要 100 人的劳动生产呢绒的国家输入。因为对葡萄牙来说，与其挪用种植葡萄的一部分劳动力去生产呢绒，还不如用这些劳动来生产葡萄酒，因为由此可以从英国换得更多的呢绒。

李嘉图认为，劳动力在国际上不能自由流动的情况下，按照比较优势理论的原则进行国际分工，可使劳动配置更加合理，可增加生产总额，对贸易各国均有利，但其前提必须是完全的自由贸易。英国和葡萄牙生产一单位呢绒和葡萄酒所需的劳动量如表 2-13 所示。

表 2-13　英国、葡萄牙分工前生产一单位呢绒和葡萄酒所需的劳动量　　　单位：人/年

国　别	呢　绒	葡　萄　酒
葡萄牙	90	80
英国	100	120

按照斯密的绝对优势理论，在上述情况下，英国、葡萄牙两国之间不会发生贸易。这是

因为葡萄牙生产两种产品的成本耗费都比英国少,即它在这两种商品的生产方面都具有绝对优势;英国则相反,它不能提供任何一种可以比葡萄牙更便宜的产品。但是,李嘉图认为,即使在上述情况下,两国之间仍然能够进行对双方均有利的贸易活动。

李嘉图认为,对葡萄牙来说,与其让每人用 90 天生产一单位的呢绒,不如用 80 天生产一单位的葡萄酒去交换英国的一单位的呢绒,因为能节约 10 天劳动时间,如果把这 10 天也用来生产葡萄酒,一定能得到更多的葡萄酒;而对英国来说,与其让每人用 120 天生产一单位葡萄酒,还不如用 100 天生产一单位呢绒去交换葡萄牙的一单位的葡萄酒,这样可以节省 20 天劳动时间,如果把这 20 天用于生产呢绒,一定能得到更多的呢绒。

李嘉图首先计算了两个国家生产两种产品的劳动成本比例,结果表明,对于葡萄牙来说,呢绒的劳动成本比例为 90/100=0.9;葡萄酒的劳动成本比例为 80/120=0.67。也就是说,葡萄牙两种产品成本都比英国低,呢绒成本为英国的 0.9,葡萄酒的成本为英国的 0.67,两相比较,葡萄酒的成本相对于英国更低,因而优势更大。对英国来说,其在两种产品的生产成本上都比葡萄牙高,呢绒的劳动成本比例为 100/90=1.1,葡萄酒的劳动成本比例为 120/80=1.5,两相比较,呢绒的生产成本相对低一些,因而具有相对优势。

接着,李嘉图根据"两优取其重,两劣取其轻"的分工原则指出,葡萄牙应分工生产葡萄酒,英国应分工生产呢绒,这样,两国都能从国际分工中获得好处。分工后两国的生产情况如表 2-14 所示。

表 2-14 英国、葡萄牙分工后两种产品的产量   单位:单位

国 别	呢 绒	葡 萄 酒
葡萄牙		(80+90)/80=2.125
英国	(100+120)/100=2.2	

由表 2-14 可以看出,分工后,英国专门生产呢绒,即把生产葡萄酒的时间也用来生产呢绒,共生产了 2.2 单位;葡萄牙专门生产葡萄酒,共生产了 2.125 单位。可见,产品总量比分工前增加了,呢绒增加了 0.2 单位,葡萄酒增加了 0.125 单位。尽管两国总的劳动量投入没有增加,但是由于实行国际分工,世界总产出增加了,这再一次证明了分工对于提高劳动生产率的作用。

最后,李嘉图还指出,国际贸易可以使分工导致的产量的增加转变为各国消费水平的提高,当然这还取决于交易条件。按照李嘉图的假定,两种商品的国际交换比例为 1∶1。据此,如果葡萄牙以 1.1 单位的葡萄酒与英国 1.1 单位的呢绒相交换,那么两国国内消费量的变化情况如表 2-15 所示。

表 2-15 英国、葡萄牙相互交换后拥有的产品数量   单位:单位

国 别	呢 绒	葡 萄 酒
葡萄牙	1.1	2.125-1.1=1.025
英国	2.2-1.1=1.1	1.1

由表 2-15 可以看出,两国在交换后,英国得到 1.1 单位呢绒和 1.1 单位葡萄酒,葡萄牙得到 1.1 单位呢绒和 1.025 单位葡萄酒,两国两种产品的消费量都比分工前的消费量增加了。可

见，按照"两优取重，两劣取轻"的原则分工和交换，对两国都是有利的。

五、对比较优势理论的评价

（一）比较优势理论的贡献

（1）比较优势理论在历史上曾起过进步作用。它为自由贸易政策提供了理论基础，推动了当时英国资本积累和生产力的发展。在这个理论影响下，1846 年，英国废除了《谷物法》。这是 19 世纪英国自由贸易政策所取得的最伟大的胜利。因此，比较优势理论在 19 世纪加速社会经济发展方面所起的作用是不容置疑的。

（2）李嘉图的比较优势理论较圆满地解决了开展国际贸易的一般基础，比斯密的绝对优势理论更具普遍意义。李嘉图认为，即便一国在两种商品生产上均处于绝对劣势，另一国在两种商品生产上均处于绝对优势，两国间仍可开展国际分工和国际贸易，并且双方都能从中获得利益。这说明，不仅发达国家之间可以进行自由贸易，发达国家与欠发达国家之间也可以进行自由贸易。

（二）比较优势理论的局限性

（1）比较优势理论的假设前提过于苛刻，不符合国际贸易的实际情况。

（2）比较优势理论不能解释当今主要发生在发达国家之间的国际贸易。

（3）按照比较优势理论，在自由贸易条件下，贸易双方都可获利，所有国家都应积极实行自由贸易，但实际中，各国都在不同程度实行保护主义。

（4）比较优势理论的分析方法属静态分析。李嘉图提出了诸多假设作为其论述的前提条件，从而把多变的经济状况抽象成静止的状态，与现实有一定的差距。

（5）比较优势理论未能揭示出国际商品交换所依据的规律，即价值规律的国际内容。李嘉图认为等量劳动相交换的原则在国家间贸易时行不通，对商品的交换比例，即国际贸易理论中的"贸易条件"问题也缺乏研究。

第三节　相互需求理论

一、相互需求理论产生的背景

约翰·斯图亚特·穆勒是英国经济学界的重要人物，他是李嘉图的追随者，也有人称他是"最后一个古典主义者"。1848 年，穆勒出版了其代表作《政治经济学原理》（*Principles of Political Economy*）。在这本书中，穆勒论述了他的"相互需求理论"（Theory Of Reciprocal Demand）（或如其自称的"相互需求方程式"）。

相互需求理论的产生是与当时英国资产阶级争取自由贸易运动相联系的，是对李嘉图比较优势理论的补充和发展。亚当·斯密的国际贸易理论批判了重商主义的理论谬误，揭示了贸易天生的互利互惠性质，第一次将贸易理论建立在了科学的基础之上。大卫·李嘉图成功地跳出了"斯密假定"的陷阱，论证了参加国际贸易的国家以具有相对优势的产品进行交换，各方都会获得贸易利益。但无论是斯密还是李嘉图，都没有解决贸易双方利益的具体分配问题，特别是没有解决进出口商品交换比例应如何确定的问题。

李嘉图逝世后，英国经济学界展开了一场关于关税报复问题的辩论。拥护自由贸易的 R. 托伦斯在论战中提出，国际交换条件（指国际价值）并不决定于生产成本，而决定于供求原理。约翰·斯图亚特·穆勒在 R. 托伦斯观点的基础上，针对李嘉图留下的这种贸易利益划分问题，创立了相互需求理论，从而补充和发展了比较优势理论。

人物简介 2-3

约翰·斯图亚特·穆勒

约翰·斯图亚特·穆勒（John Stuart Mill，1806—1873），1806 年 5 月出生于伦敦的彭顿维尔，英国著名改良主义经济学家和哲学家，李嘉图国际贸易学说的著述者与补充者，是历史学家、经济学家詹姆斯·穆勒（James Mill，1773—1836）之子。穆勒是在其父、弗朗西斯·普莱斯（Francis Place）和耶利米·边沁（Jeremy Bentham）的指点和帮助下培养起来的，从孩提时期其父即授以严格教育，3 岁学希腊文，8 岁习拉丁文，在少年时代已熟读大量哲学、社会科学、自然科学名著，13 岁时已完成相当于大学的学业，并开始攻读政治经济学。13 岁时，在父亲的指导下，穆勒开始阅读李嘉图的《政治经济学及赋税原理》和亚当·斯密的《国富论》。其父与李嘉图交往甚密，小穆勒常到李嘉图家当面受教。1820 年，穆勒在其 14 岁时到了法国，颇受萨伊（Say Jean-Baptiste，1767—1832）和圣西门（Claude Henri de Saint Simon，1760—1825）的影响。

1823 年，穆勒在其父供职的东印度公司任低级职员，他在那里工作了 36 年，直到 1858 年英国政府最终接管印度政府为止。穆勒早在 1824 年即为《威斯敏斯特评论》撰稿人，任《伦敦评论》主编；1865—1868 年，任威斯敏斯特区的国会议员；1844 年出版《政治经济学中若干未解决的问题》，1848 年出版《政治经济学原理》，还出版过《论自由》《逻辑体系》等书。1873 年，穆勒在阿维尼翁去世。

资料来源：[英]约翰·伊特韦尔，[美]默里·米尔盖特，彼得·纽曼. 新帕尔格雷夫经济学大辞典：第三卷[M]. 北京：经济科学出版社，1996：500-510.

二、相互需求理论的内容

（一）相互需求理论的基本内容

穆勒认为国际贸易可以带来巨大的贸易利益，包括直接利益和间接利益。直接利益在于利用国际分工以实现资源的最合理使用和输入本国进行生产所必需的短缺原材料或机器设备。国际贸易在经济上和道德上的间接利益要比直接利益更大，一方面是国际贸易扩大了一国的市场范围，实现更广泛的分工以及享受世界技术进步的成果，从而提高劳动生产率，并且可以促进新的经济理念的形成；另一方面是国际贸易可以通过传播文化知识、思维方式来促进经济发展，营造一个和平的国际环境，为各国经济发展提供一个良好的外部条件。

穆勒完全赞成李嘉图的比较优势理论，认为"有些商品自己是完全可以生产出来的，为什么也要进口呢？这是因为从国外进口比自己生产便宜"。正是基于这样一个"真正的原因"，"尽管英国同波兰相比在毛呢和玉米生产上都具有优势，英国还是应该用它生产的毛呢从波兰进口玉米；尽管葡萄牙同英国相比可以用较少的劳动与资本生产棉花，英国还是应该用它的棉花交换葡萄牙的葡萄酒"。各国"进口其优势最小的商品可以使它们把更多的资本和劳动用于生产其优势最大的商品"。

与亚当·斯密和大卫·李嘉图强调供给对于贸易的作用不同，穆勒对需求在对外贸易中的作用给予了充分关注。

穆勒认为，一个国家可以从国际贸易中获得两大利益：第一，国际贸易可以使一个国家获得它自己完全不能生产的那些商品，因而提高该国的总体消费水平和社会福利；第二，国际贸易可以使全世界各个国家的生产力都得到更为有效的利用。穆勒提出了一个明显不同于前人的结论，他认为，"对外贸易唯一的直接利益寓于进口之中，通过进口，一个国家得到了要么它自己不能生产的商品；要么它必须耗费更多资本和劳动才能获得，而它本来可以用耗费较少成本生产出来的东西与之交换而来的商品"。"对外贸易唯一的直接利益寓于进口之中"，这是穆勒区别于斯密和李嘉图的一个重要的理论观点，也是穆勒论述相互需求原理的基础。

穆勒对贸易理论的一个重要贡献是他提出了决定国际贸易商品的价值法则，即相互需求理论。穆勒认为，商品的国际价值是受国际上需求均衡规律支配的，而国内贸易商品的价值则取决于该商品的生产费用，两者是不相同的。"外国商品的价值，取决于国际交换的条件"，即进口商品的价值取决于为了换取该项进口商品所需出口的商品的数量，而这种"国际交换的条件"，即贸易条件，又取决于贸易双方对对方商品的需求强度和需求弹性。

具体地说，两国商品交换比例恰好是进口国在这种比例下愿意接受的商品数量等于出口国在这种比例下愿意提供的商品数量。如果 A 国对 B 国商品的需求强度越大，那么 B 国商品的国际价格会越高，这样 B 国相对于 A 国，从国际贸易中获利就相对较大；反之，B 国的获利就会相对较小。

（二）国际交换比例的上下限

李嘉图在研究比较优势理论时，只是假定了一个两国之间的商品交换比例，但对于为什么是这个比例却没有做进一步说明，穆勒对这一问题进行了分析。穆勒认为，这一比例（国际交换比例）与各国国内的交换比例不同，但是与其有着密切的联系，即两国的国内交换比例构成了国际交换比例的上下限。

穆勒用国际交换比例的上下限来说明国际贸易条件的范围，国际交换比例的上下限是由贸易国双方的国内交换比例来决定的。这就是说，两国互利性的贸易条件必定处在由两国的国内交换比例所确定的上下限之间。

现在通过一个例子来说明贸易条件的上下限。假定美国和英国都生产小麦（W）和呢绒（C），分工前，美国国内小麦和呢绒的交换比例是 2∶1，英国国内小麦和呢绒的交换比例是 0.5∶1。根据比较优势进行国际分工，美国生产并出口小麦，英国生产并出口呢绒，然后两国进行交换，两国的交换比例的上下限如图 2-1 所示。

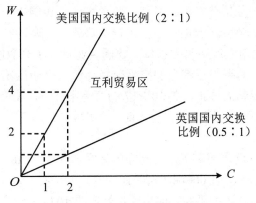

图 2-1 贸易条件的上下限

如图 2-1 所示,这两个国家的国内交换比例决定了两国贸易条件的上下限。只要贸易条件在这个界限内,贸易才可能发生,两国才都能获得贸易利益,超出这一界限,贸易就不会发生。

如果小麦和呢绒的国际交换比例是 0.5∶1,则英国同分工前完全一样,美国将获得全部利益;如果小麦和呢绒的国际交换比例是 2∶1,则美国同分工前完全一样,英国将获得全部利益;这两种情况下,两国就不会开展国际分工和对外贸易。如果小麦和呢绒的国际交换比例介于 0.5∶1 与 2∶1 之间,则利益将由两国分享,国际贸易可以发生。

(三)相互需求方程式

穆勒将需求因素引入国际贸易理论中,以说明贸易条件决定的原则。穆勒的国际贸易理论最终落脚在对相互需求方程式的分析上,他以此来说明商品交换中贸易条件的确定及变化,也以此来阐述国际贸易中商品价格的变动和贸易利益的分配。

1. 相互需求方程式的含义

相互需求方程式是指在国际分工的条件下,两个国家各自生产不同的产品并相互交换,这两种产品的交换比例必须等于两国相互需求对方产品总量的比例。穆勒认为,当这一相互需求方程式成立时,国际市场中商品的相对价格便由此确定。

2. 相互需求方程式的确定

穆勒以英德两国生产毛呢和亚麻布两种产品为例,分析说明了这一问题。在相同的劳动时间内,英国和德国生产毛呢和亚麻布的情况如表 2-16 所示。

表 2-16 英国、德国毛呢和亚麻布的生产可能性　　　　单位:码

项　目	英　国	德　国
毛呢	10	10
亚麻布	15	20

从表 2-16 可以看出,在相同的劳动时间内,英国可以生产毛呢 10 码或亚麻布 15 码,德国可以生产毛呢 10 码或亚麻布 20 码。如果没有对外贸易,英国国内毛呢与亚麻布的交换比例为 10∶15,德国国内毛呢与亚麻布的交换比例为 10∶20。

英国和德国在生产亚麻布时,同样多的投入,德国比英国多生产 5 码亚麻布;而两国在毛呢生产上,同样的投入得到相同的产出。可以看出,德国在两种产品的生产上具有优势,

而英国在两种产品的生产上具有劣势。但是，两者相比，德国生产亚麻布的优势程度较大，英国生产毛呢的劣势程度较小。于是，根据比较优势原则，两国在这两种产品的生产上分别形成专业化：英国专业化地生产毛呢并出口，德国专业化地生产亚麻布并出口。

在进行国际贸易时，毛呢与亚麻布的国际交换比例应介于两国国内交换比例之间，假定该比例为10：17。依据穆勒的分析，在10：17的贸易条件下，英德两国相互需求对方产品的总量必须是10：17的公倍数，两国的贸易才能达到均衡，两国的需求强度才能相等，相互需求方程式才能成立。

如果公倍数为1 000，就表明英国对亚麻布的需求量为17×1 000，即需要17 000码的亚麻布；德国对毛呢的需求量为10×1 000，即需要10 000码的毛呢。英国为换取自己所需的17 000码亚麻布，愿意出口10 000码的毛呢；而德国正好需要10 000码的毛呢，并愿意以17 000码的亚麻布相交换。此时的相互需求均衡，两种商品的交换比例稳定在了10：17上，这也可以被看作是商品的市场均衡价格。此时的相互需求方程式为

$$10：17=10\,000：17\,000$$

3. 相互需求方程式的失衡与恢复

市场上消费者对某些商品的需求常常会发生变化，这种需求变化会立即反映到商品的价格上来，引起价格的上升或下降，而价格的变化又会反过来影响商品的需求。假设受某种因素的影响，英国需求对方产品的强度发生了变化，在10：17的贸易条件下，英国对亚麻布的需求由17 000码降为13 600码，而德国对毛呢的需求强度不变，仍为10 000码。在此种交换比例和此种相互需求情况下，原来的相互需求方程式会失去平衡，因为

$$10：17 \neq 10\,000：13\,600$$

以前双方产品供求的均衡状态已经被打破，曾存在过的均衡价格就必然会发生倾斜。这种价格的倾斜对德国是不利的，因为在英德这两种产品的相互贸易中，德国对英国产品的需求更强烈。

由于英国只需求13 600码亚麻布，按照10：17的比例，它就只愿意向德国提供8 000码的毛呢，而德国在得到8 000码的毛呢后并没有满足国内10 000码的需求，为得到其余2 000码毛呢，德国就不得不出一个更高的价格向英国购买，如以10：18的比例用亚麻布交换毛呢。在这一新的交换比例下，由于毛呢的价格上涨了，德国国内对毛呢的需求可能会下降，如从10 000码下降到9 000码；反之，由于亚麻布的价格下降了，英国国内对亚麻布的需求可能会上升，如从13 600码上升到16 200码。这样，由于市场机制的自动调整，相互需求方程式在10：18的贸易条件下重新得以恢复：

$$10：18=9\,000：16\,200$$

如果相互需求强度呈现出相反的情况，英国的需求强于德国，则贸易条件就会变得对英国不利，如变为10：16。

可见，两种商品的贸易条件是根据两国消费需求情况的变动自行调整的，实际贸易条件就是使双方进出口都达到均衡时的那个交换比例。

（四）国际贸易利益的分配

根据比较优势理论，国际贸易会给参加贸易的各国带来利益，但是，贸易利益是如何在

两国之间进行分配的呢？穆勒认为，国际贸易利益的大小取决于国际交换比例上下变动范围的大小，两国国内交换比例间的差异越大，可能获得的贸易利益也越大。这种贸易利益在各贸易国间分配的多寡，则决定于具体的交换比例，即均衡贸易条件，而均衡贸易条件又取决于贸易国各自对对方产品需求的相对强度。一国对他国产品的需求越是强烈，其贸易条件就会越是对其不利；反之亦然。

现在仍然通过英国和美国的例子进一步说明贸易条件的界限，图2-2表明了这种关系。

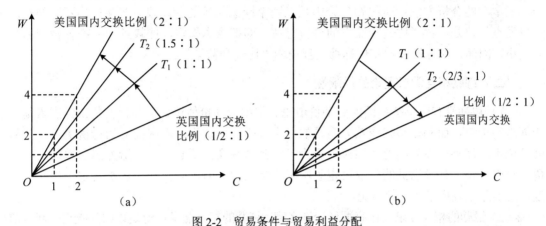

图 2-2　贸易条件与贸易利益分配

图 2-2 显示，两国的国际交换比例线（贸易条件线）越是靠近对方国内交换比例线，本国分享的贸易利益比重就越大；两国的国际交换比例线（贸易条件线）越是靠近本国国内交换比例线，本国分享的贸易利益比重就越小。

穆勒不仅说明了贸易条件决定于两国的相互需求状况，而且还进一步说明了相互需求状况对贸易利益的影响。

穆勒认为，国际交换比例取决于对方对本国产品的需求，两国对两种产品的进口需求决定了产品的相对价格。在国际贸易中，可以把出口视为对对方的供给，把进口视为本国的需求。穆勒将这种情况称为"相互需求"。商品的市场价格是由供求双方的力量共同决定的，市场价格也会自行调整，以使供求相等。因此，商品的国际交换比例就是由两国相互的需求来决定，并且将确定在双方各自对对方产品的需求相等的水平上。

综上所述，在两国间的贸易中，一国所获利益的大小取决于交易条件靠近哪个国家的国内交换比例，即靠近上限还是下限。国际商品交换比例越接近于本国国内交换比例，对本国越不利；反之，越接近于对方国内交换比例，对本国越有利。而交易条件是靠近上限还是下限，则是由两国的相互需求强度所决定的。简而言之，穆勒是用相互需求强度的大小来解释贸易条件的变动的。

三、对相互需求理论的评价

（一）穆勒相互需求理论的贡献

穆勒以李嘉图的比较优势理论为基础，解决了国际贸易为双方带来利益的范围问题。他认为，贸易双方得利的范围介于双方国内交换比例的上下限之间，超出这个客观界限，就会有一方利益受损并退出交易，使得国际贸易无法进行下去。穆勒在贸易双方利益分配问题上的论述，使得比较成本学说成为更加完整的理论。这也被人们称作是穆勒理论的一个"重大贡献"。

穆勒相互需求理论的分析方法有所创新。穆勒理论与李嘉图理论在分析方法上是不相同的。李嘉图理论是以两国生产单位产品所花费的劳动量不同为出发点的，是一种"比较（劳动）成本"的分析方法；而穆勒理论则是以两个国家相等的劳动投入量生产出不同的产品量为出发点的，是一种"比较利益"的分析方法，即把成本固定，比较各国生产各种产品利益的大小。因而，西方经济学家也称穆勒理论为"比较利益论"。

（二）穆勒相互需求理论的局限性

（1）穆勒没有坚持李嘉图的劳动价值论。根据劳动价值论，商品价格的决定因素是劳动所创造的价值，而穆勒却强调双方商品的供求关系。他认为，本国商品的价值决定于商品的劳动成本，而外国商品的价值则决定于为了得到这些商品所必须支付给外国的本国商品的数量。也就是说，外国商品的价值决定于国际交换比例，而国际交换比例则决定于相互需求强度，这实际上脱离了劳动价值论。

（2）穆勒的相互需求理论有循环论证之嫌。穆勒的相互需求理论是以国际收支平衡为前提来论证贸易条件，即国际交换比例，而国际交换比例是由相互需求决定的；反过来，相互需求的数量又是由国际交换比例决定的，这显然陷入了某个循环论证之中。另外，相互需求理论没有说明贸易收支平衡是从短期来看还是长期来看的平衡，如果是短期平衡，那显然不符合条件。如果是长期平衡，则有存在循环论证的嫌疑，因为贸易条件本身就是决定一国国际收支状况的一个重要因素，相互需求理论以国际收支平衡为前提来论证贸易条件，显然不合适。

（3）穆勒的相互需求理论用相互需求强度决定贸易条件是有缺陷的。相互需求理论只能运用于经济规模相当、双方的需求都能对市场价格产生显著影响的两个国家。如果两个国家经济规模较悬殊，小国的相对需求强度远远小于大国的相对需求强度，这样，小国就只能是价格的接受者，大国就可以利用其在进出口需求方面的强大影响力，使贸易条件朝着有利于本国的方向变动。

（4）穆勒的国际需求方程式缺乏充分的说服力。因为它的假定前提是物物交换下的供给等于需求，实际上各国的出口和进口不是同时进行的，而是彼此分离的。

第四节 比较优势的度量指标

自20世纪60年代起，经济学家开始运用计量经济模型分析每个国家的以比较优势理论为基础的国际竞争力。在分析过程中，人们遇到的首要问题是如何准确度量一个国家的比较优势。我们知道，比较优势理论是用相对劳动成本作为衡量一个国家比较优势的依据，但是，在现实中，一种产品的生产往往涉及包括劳动在内的许多生产要素，因此，用一种要素的相对成本来度量一个国家的贸易优势显然是不准确的。此外，如果采用多要素方法替代单一要素方法计量产品成本，我们会遇到搜集各国统计数据的困难。鉴于上述问题，匈牙利经济学家贝拉·巴拉萨（Bela Balassa）在其 1965 年发表的《贸易自由化与显示性比较优势》一文中，提出了度量一国比较优势的方法，即国际竞争力的显示性比较优势指数方法。随后该方法被许多经济学家广泛应用于比较优势和国际贸易分工的研究中，本节将对显示性比较优势指数、区域显示性比较优势指数和贸易竞争优势指数三个指标进行介绍。

一、显示性比较优势指数

显示性比较优势指数（Revealed Comparative Advantage Index，RCA）是指一个国家的某种产品出口值占该国出口总值的份额与该种产品的世界出口总值占所有产品的世界出口总值的份额的比率。它反映一国某种产品在世界出口贸易中的竞争强度和专业化水平。其计算公式为

$$\text{RCA}_{ij} = \frac{X_{ij}/X_{it}}{X_{wj}/X_{wt}} \tag{2-6}$$

式中：RCA_{ij} 表示 i 国第 j 种商品的显示性比较优势指数；X_{ij} 表示 i 国第 j 种商品的出口值；X_{it} 表示 i 国所有商品的出口值；X_{wj} 表示世界第 j 种商品的出口总值；X_{wt} 表示世界所有商品的出口总值。

如果 $\text{RCA}_{ij}>1$，表示 i 国 j 种产品在世界经济中具有显示性比较优势，其数值越大，显示性比较优势越明显；如果 $\text{RCA}_{ij}>2.5$，表示该产品具有极强的竞争优势；如果 $1.25 \leqslant \text{RCA}_{ij} \leqslant 2.5$，表示该产品具有较强的竞争优势；如果 $0.8 \leqslant \text{RCA}_{ij}<1.25$，表示该产品具有较为平均的竞争优势；如果 $\text{RCA}_{ij}<0.8$，表示该产品不具有竞争优势。一般情况下，如果 $0<\text{RCA}_{ij}<1$，则表示 i 国第 j 种产品具有比较劣势，其数值越是偏离 1、接近于 0，比较劣势越明显。

二、区域显示性比较优势指数

区域显示性比较优势指数（Region Revealed Comparative Advantage Index，RRCA）是指一个国家的某种产品出口总值占其出口总值的份额与该种产品的一个区域出口总值占该区域所有产品的出口总值的份额之比率。它反映一个国家的某种产品在某个经济区域内的相对优势，反映一个国家的某种产品在区域出口贸易中的竞争强度和专业化水平。其计算公式为

$$\text{RRCA}_{ij} = \frac{X_{ij}/X_{it}}{X_{rj}/X_{rt}} \tag{2-7}$$

式中：RRCA_{ij} 表示 i 国第 j 种商品的区域显示性比较优势指数；X_{ij} 表示 i 国第 j 种商品的出口值；X_{it} 表示 i 国所有商品的出口值；X_{rj} 表示一个区域第 j 种商品的出口总值；X_{rt} 表示一个区域的所有商品的出口总值。

如果 $\text{RRCA}_{ij}>1$，表示 i 国第 j 种产品在区域经济中具有显示性比较优势，其数值越大，显示性比较优势越明显；如果 $0<\text{RRCA}_{ij}<1$，则表示 i 国第 j 种产品在区域经济中具有比较劣

势,其数值越是接近于0,比较劣势越明显。

三、贸易竞争优势指数

贸易竞争优势指数(Trade Competitive Index,TC),也叫贸易竞争力指数,或净出口指数(Net Exports,NX),是指一国进出口贸易的差额占进出口总额的比重。它是用来判断一个国家的一种产品在国际市场上是否具备相对竞争优势的比较简单的度量指数。其计算公式为

$$TC_{ij} = \frac{X_{ij} - M_{ij}}{X_{ij} + M_{ij}} \tag{2-8}$$

式中:TC_{ij}为i国第j种产品的贸易竞争指数;X_{ij}为i国第j种产品的出口值;M_{ij}为i国第j种产品的进口值。

如果TC_{ij}的值大于0,表示i国是第j种产品的净出口国,表明该国这种产品的生产效率高于国际水平,具有贸易竞争优势,且数值越大,优势越大;如果TC_{ij}的值小于0,则表明i国为第j种产品的净进口国,i国的第j种产品的生产效率低于国际水平,处于贸易竞争劣势,且数值越大,劣势越大。

阅读案例

中美制造业进出口比较

随着全球化的深化与世界贸易的发展,工业制成品在出口商品总额中所占的比重不断提高,中国也逐渐由初级产品出口国发展为制成品出口大国。中国货物进出口总额由1992年的1 365.66亿美元增长到2014年的3 9570.18亿美元。中国制造业出口从20世纪90年代中期开始便以相对美国更快的速度增长着,进入21世纪后,发展速度更是惊人,中国制成品出口在2005年前后就超过美国了。

就贸易总额来说,中国早已经成为世界制造业的出口大国,但是由于中国的制成品出口很大程度上依靠零部件的进口,特别是关键部件的进口,先进行加工装配再出口,因此增加值不是很高,增加值的增长落后于贸易总额的增长。中国制造业的增加值出口额直到2010年才开始超过美国。

由于中国制造业总体上技术水平还不高,而美国制造业的产出和效率仍然在维持持续增长,因此中国在全球制造业中的地位还不高,特别是在高技术制造业中所占的比重还比较低。《2016 全球制造业竞争力指数》显示,无论是高端技术密集型出口占制造业出口的比例还是人均产出,中国都还远低于美国、德国、英国和日本。

中国制造业增加值和制成品出口增长很快,但是总体技术水平还比较低这一点可以明显地从机械设备制造业中看出。机械设备是制造业中最重要的行业之一,也是中国当前出口最大类的产品。中国机械设备制造业的增加值早已高于美国,但是中国的就业人数也远多于美国,从而中国的劳动生产率比美国要低得多。

如果把中美两国机械设备制造业出口与其劳动生产率和工资水平进行比较，就可以得到表 2-17（表中的贸易数据包括了机械和运输设备）。

表 2-17 中美机械制造业贸易、劳动生产率和工资比较

年 份	国 别	出口（百万美元）	进口（百万美元）	贸易流量	劳动生产率（美元/人/年）	工资水平（美元）
2007	中国	577 819	412 654	净出口	4 284.18	3 361.74
	美国	524 947	753 959	净进口	109 570.95	57 219.59
2012	中国	965 263	653 429	净出口	5 219.09	5 701.89
	美国	626 579	885 957	净进口	130 285.97	65 540.07

资料来源：中国国家统计局，中国统计年鉴；US Bureau of Economic Analysis；WTO statistics.

从表 2-17 中可以看到，2007 年，中国机械与运输设备制成品出口已超过美国，到 2012 年出口值达到近 9 653 亿美元，比 2007 年增加了 67%，而美国才增加了 19%。相应地，中国的工资水平提高了 69.9%，而劳动生产率只提高了 21.8%；美国的工资水平提高了 14.5%，而劳动生产率却提高了 18.9%。2007 年，美国工人的工资水平是中国工人的 17 倍，而劳动生产率是 25.6 倍；到 2012 年，美国工人的工资水平是中国工人的 11.5 倍，而劳动生产率是 25 倍。

资料来源：尹翔硕. 国际贸易理论与政策[M]. 北京：机械工业出版社，2018：37-40.

理论联系实际

与主要经济体相比中国劳动生产率增速较快

【实际材料】

将我国与世界主要经济体相比可发现，美欧日等发达经济体单位劳动产出水平远远高于我国，但增速持续回落。我国虽然单位劳动产出水平较低，但增速较快。

与世界、美国、欧元区、日本以及印度 1996—2015 年的劳动生产率比较发现，最近二十几年的时间里，我国劳动生产率的增速是最快的，如表 2-18 和表 2-19 所示。

表 2-18 世界及部分经济体劳动生产率增长率　　　　　　　　　　　单位：%

年 份	世 界	美 国	欧元区	日 本	印 度	中 国
1996 年	1.6	2.0	1.0	2.3	5.5	8.9
2000 年	2.8	2.9	1.5	2.8	2.1	7.0
2005 年	1.6	1.5	0.6	0.9	6.9	10.3
2010 年	2.9	2.7	2.6	4.5	9.1	10.1
2015 年	1.1	0.9	0.6	0.9	5.6	6.6

数据来源：世界、美国、日本、印度和中国的数据来自国际劳工组织，欧元区的数据来自欧洲央行。

表 2-19　平均劳动生产率增长率　　　　　　　　单位：%

年　份	世　界	美　国	欧元区	日　本	印　度	中　国
1996—2015 年	1.3	1.6	0.7	0.9	5.3	8.6
1996—2007 年	1.7	2.0	1.0	1.2	4.8	8.9
2008—2010 年	0.3	1.2	-0.2	-0.2	7.2	9.6
2011—2015 年	1.2	0.8	0.5	0.7	5.4	7.3

1996—2015 年，我国劳动生产率平均增速为 8.6%，比世界平均水平高 7.3 个百分点，明显高于美国 1.6%的水平，比增速较快的印度也高 3.3 个百分点。

印度的劳动生产率增长特点与我国相似，但增长水平低于我国。1996—2015 年，印度劳动生产率增速平均为 5.3%，比世界平均水平高 4 个百分点。

发达经济体中，美国劳动生产率增速大幅回落。美国劳动生产率在危机前相对稳定，1996—2007 年平均为 2%，不仅高于世界平均水平也大大高于其他发达国家；但 2011—2015 年仅为 0.8%，比危机前下降了一半多。

日本劳动生产率增速低、波动大。1996—2015 年，日本劳动生产率增速仅为 0.9%，比世界平均水平低 0.4 个百分点，属于较低的增长水平。由于日本经济外向度较高，日本劳动生产率增长波动与世界经济波动密切相关，1997 年的亚洲金融危机、2008 年的国际金融危机均导致日本劳动生产率负增长。

我国劳动生产率水平提高较快。2015 年，我国单位劳动产出提高至 7 318 美元，比 1996 增长了将近 4 倍；而印度单位劳动产出提高至 3 559 美元，增长了近 2 倍。我国与世界平均水平及发达国家的差距不断缩小，1996 年我国单位劳动产出只相当于世界平均水平的 10.6%，2015 年已达到 40%，相当于美国的比重也从 2.1%提升到 7.4%，如表 2-20 所示。

我国单位劳动产出仍然较低。2015 年，我国单位劳动产出只有 7 318 美元，明显低于世界平均水平的 18 487 美元。与美国的 98 990 美元相比，差距更大。

表 2-20　世界及部分经济体单位劳动产出　　　2005 年不变价 美元/人

年　份	世　界	美　国	日　本	欧元区	印　度	中　国
1996 年	14 453	73 880	65 648	54 768	1 340	1 535
2000 年	15 606	81 720	67 568	60 767	1 555	2 018
2005 年	16 497	90 072	72 209	64 992	1 872	3 088
2010 年	17 449	95 069	73 631	66 586	2 731	5 146
2015 年	18 487	98 990	76 068	68 631	3 559	7 318

数据来源：国际劳工组织。欧元区数据为 19 个成员国平均值。

资料来源：国家统计局国际统计信息中心．国际比较表明我国劳动生产率增长较快[EB/OL]．(2016-09-01)．http://www.stats.gov.cn/tjsj/sjjd/201609/t20160901_1395572.html．

【理论分析】

1. 一国劳动生产率的变动是否会影响该国的比较优势？是如何影响的？
2. 比较中国劳动生产率水平与发达国家的差距，并提出提高劳动生产率的途径。

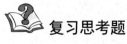 **复习思考题**

1. 试述比较优势理论的主要内容及其局限性。
2. 试述绝对优势理论和比较优势理论的异同点。
3. 在古典贸易模型中，假设 A 国和 B 国都拥有 100 名劳动力，如果两国将所有的劳动力都用来生产棉花，则 A 国的产量是 240 吨，B 国的产量是 120 吨；如果两国将所有的劳动力都用来生产大米，则 A 国的产量是 1 200 吨，B 国的产量是 1 000 吨。试分析：两国中哪一国拥有生产大米的绝对优势？哪一国拥有生产大米的比较优势？
4. 试述穆勒的相互需求理论的基本内容及其局限性。
5. 根据穆勒的相互需求理论如何确定互惠贸易的范围？如何分配贸易利益？
6. 比较优势的度量指标有哪些？各指标的经济含义是什么？

第三章 新古典国际贸易理论

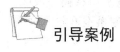
引导案例

要素禀赋的变化与出口模式的转变

改革开放以来,中国的要素禀赋、经济结构和需求状况都发生了巨大变化,出口大国面临着转型升级。FDI作为一种资本要素,它的流入改变了中国的要素禀赋结构,促进了中国经济的快速发展。在结构转型阶段FDI的流入放缓与工资水平的上升给出口企业造成了生存困难。当前,中国的出口增长面临来自国内外的因素变化而带来的压力,综合要素结构发生了变化,必须在出口上取得新的突破。

1. 出口知识劳动密集型产品

劳动密集型产品是从产品的要素投入构成中区分出来的产品类型,当产品的要素构成中劳动力占有较大比重时就属于劳动密集型产品。但是,随着知识的不断发展,知识在经济中的作用不断增强,知识作为一种要素和体力一样附着于劳动者身上,劳动力的属性出现了分化,有依靠体力的一般劳动力与依靠知识的知识型劳动力。里昂惕夫之谜的一个解释就是美国的劳动力附着有更多的人力资本,人力资本是对知识型劳动力付出的投入。中国劳动力从规模上看仍然具有较大的数值,在潜在劳动力供给下滑的状态下,劳动力内部也将发生结构性的变化,即一般劳动力减少而知识型劳动力增加。知识型劳动力主要集中体现在受高等教育水平的人数和研发人员数量上。从1995年起我国的高中毕业人数就开始快速增加,2001年起本科生和研究生的毕业人数也开始快速增加。其中,研究生年毕业人数从2001年的6.78万人增加到2012年的48.64万人,提高了6.17倍;同期,本科生年毕业人数也从103.63万人增加到624.73万人,提高了5.03倍。在高等教育阶段积累的大量劳动力将转化为未来的知识型劳动力,我国每10万人口的在校大学生人数也从2000年的723人逐步增加到2013年的2 335人。因此,中国具备了从出口一般劳动力密集型产品向出口知识劳动密集型产品转型的潜力。

2. 出口技术密集型产品

从要素密集性的角度看经济发展,可以发现从劳动密集型向资本密集型或技术密集型转型是经济发展的一般规律。中国的人均GDP在1978年是381.23元,约合149美元,属于落后国家,2013年人均GDP为6 767美元进入了中等收入国家之列。中国的出口战略不能停留在劳动密集型产品替代初级产品的阶段,必须向以技术密集型替代劳动密集型的阶段升级。因此,增加高新科技产品出口是实现出口可持续增长的关键。

随着中国要素禀赋结构的变化,科技要素的存量不断提高,中国当前的要素禀赋结构基本具备了实现转型升级的可能。一方面,因专利量的逐年增多积累了大量的专利技术,2012年中国的专利申请量超过美国成为世界第一大专利申请国;另一方面,中国的研发项目数量以及科技论文、著作等也都有了丰富的积累，这些条件为出口结构从劳动密集型向技术密集型转变奠定了基础。

综上所述，在劳动力供给潜力不足、外资流入增速下滑的情况下，支持中国出口增长的要素禀赋结构发生了变化。但是历经三十多年的发展，中国在知识与科技方面有了丰富的积累和进步，受教育人数、专利数量、研发投入等都有了较大的提高，在一般劳动力供给减少的同时知识型劳动力数量却在增加，在出口总量下滑的同时产品的科技含量有所提高。因此，基于要素禀赋结构的变化，中国出口增长依靠一般劳动密集型向知识劳动密集型和技术密集型产品转型是可行的选择。

资料来源：薛安伟. 中国出口大国转型的要素禀赋分析[J]. 世界经济研究，2015（02）：61-69.

教学目标

通过本章的学习，熟悉里昂惕夫之谜的内容，熟悉斯托尔珀—萨缪尔森定理、要素价格均等化定理、雷布钦斯基定理的核心内容，掌握要素禀赋的含义，掌握要素禀赋理论的内容。

第一节　赫克歇尔—俄林的要素禀赋理论

一、要素禀赋理论产生的背景

19 世纪，马克思和恩格斯在批判地继承古典劳动价值理论的基础上，创立了科学的劳动价值论。之后，资产阶级学者纷纷放弃了古典劳动价值理论，这种倾向在贸易理论领域集中表现为重新构建比较优势赖以建立的基础。

要素禀赋理论承认比较优势是国际贸易产生的现实基础，但却脱离古典劳动价值论的理论轨道，另辟"蹊"径，用各国的生产要素自然禀赋取代各国在商品生产与贸易中的劳动投入，开拓了国际贸易理论研究的"新"路子。因此，要素禀赋理论一经创立，就在国际经济学界广为传播，被普遍接受并奉为经典，成为现代国际贸易理论的主流以及之后国际贸易理论诸多流派的重要理论渊源。

另外，赫克歇尔—俄林理论始于对斯密和李嘉图贸易理论的质疑。在斯密和李嘉图的模型中，技术不同是各国在生产成本上产生差异的主要原因。可是，到了 20 世纪初，各国尤其是欧美之间的交往已比较频繁，技术的传播已不是一件非常困难的事。许多产品在不同国家的生产技术已非常接近甚至相同，但为什么成本差异仍然很大？而且，在现实生活中，斯密和李嘉图贸易理论只能部分地解释贸易产生的原因，有些贸易现象是它无法解释的。例如，加拿大向美国出口木材产品，不是因为加拿大木材产品的劳动生产率高于美国，而是在人口稀少的加拿大，人均森林面积高于美国。由此可知，各国的比较优势还受各国国内各种资源和生产技术之间相互作用的影响。当时一些学者试图用资源禀赋差异来解释贸易产生的原因，其中具有代表性的人物是瑞典经济学家赫克歇尔和俄林，人们称该理论为要素禀赋理论，也叫赫克歇尔—俄林模型，简称 H-O 模型或 H-O 定理。

人物简介 3-1

伊·菲·赫克歇尔

伊·菲·赫克歇尔（Eli F.Heckscher，1879—1952），1879年出生于瑞典斯德哥尔摩的一个犹太人家庭。1897年起，赫克歇尔在乌普萨拉大学（Uppsala University）学习历史和经济，并于1907年获得博士学位。毕业后，他曾任斯德哥尔摩大学商学院的临时讲师；1909—1929年，任经济学和统计学教授。此后，因他在科研方面的过人天赋，学校任命他为新成立的经济史研究所所长，他成功地使经济史成为瑞典各大学一门研究生课程。赫克歇尔对经济学的贡献主要是在经济理论上的创新和在经济史研究方面引入了新的方法论——一种定量研究方法。

赫克歇尔在经济理论方法最主要的贡献可以概括为其最著名的两篇文章：《外贸对收入分配的影响》和《间歇性免费商品》。赫克歇尔于1919年发表的《外贸对收入分配的影响》是现代赫克歇尔—俄林要素禀赋理论的起源；他于1924年发表的《间歇性免费商品》一文中提出的不完全竞争理论，比琼·罗宾逊和爱德华·张伯伦的早了9年。

在经济史方面，赫克歇尔更享有盛名，其主要著作有《大陆系统：一个经济学的解释》《重商主义》《古斯塔夫王朝以来的瑞典经济史》《历史的唯物主义解释及其他解释》《经济史研究》等。

赫克歇尔通过对史料提出更广泛的问题或假定，进行深入的批判性研究，在经济史和经济理论之间架起了桥梁，并把两者有机地结合起来。

资料来源：[英]约翰·伊特韦尔，[美]默里·米尔盖特，彼得·纽曼. 新帕尔格雷夫经济学大辞典：第二卷[M]. 北京：经济科学出版社，1996：666-667.

人物简介 3-2

戈特哈德·贝蒂·俄林

戈特哈德·贝蒂·俄林（Bertil Gotthard Ohlin，1899—1979），1899年4月生于瑞典南方的一个小村子克利潘（Klippan）。1917年，俄林在隆德大学获得数学、统计学和经济学学位；1919年，在赫克歇尔的指导下获得斯德哥尔摩大学（University of Stockholm）工商管理学院经济学学位；1923年，在陶西格（Taussig）和威廉斯（Williams）的指导下获得哈佛大学文学硕士学位；1924年，在卡塞尔（Cassal）指导下获得斯德哥尔摩大学哲学博士学位。1925年，俄林任丹麦哥本哈根大学经济学教授，5年后回瑞典在斯德哥尔摩大学商学院任经济学教授，1937年在加利福尼亚大学（伯克利）任客座教授。

俄林最杰出的贡献在于为国际贸易理论提供的现代分析，其主要著作有：1924年出版的《国际贸易理论》，1933年出版其名著，即美国哈佛大学出版社出版的《区际贸易和国际贸易论》，1936年出版《国际经济的复兴》等。俄林的理论受他的老师赫克歇尔关于生产要素比例的国际贸易理论的影响，在《区间贸易和国际贸易论》中最终形成要素禀赋理论。因此，俄林的国际贸易理论又被称为赫克歇尔—俄林理论。俄林也因此获得1977年的诺贝尔经济学奖。

> 俄林不仅是经济学家，而且是瑞典著名的政治活动家。1938年，他当选为议员；1944年，出任瑞典主要反对党自由党的主席，在联合政府中任贸易部长，连任自由党主席达23年之久。俄林1979年8月于书桌前逝世，享年80岁。
> 资料来源：[英]约翰·伊特韦尔，[美]默里·米尔盖特，彼得·纽曼. 新帕尔格雷夫经济学大辞典：第三卷[M]. 北京：经济科学出版社，1996：747-749.

二、要素禀赋理论的基本假设

在一般均衡分析框架内，要素市场与产品市场的供求关系、消费者的收入水平及其偏好等因素均影响要素价格与产品价格之间的关系，也就是说，影响各国的比较优势。为了将自由贸易中各国比较优势的差异及这种差异的成因有效地归结为各国的要素供给，即要素禀赋的差异，赫克歇尔—俄林理论也有如下一些简单但很严格的基本假定。

（1）世界经济中只有两个国家（A国和B国），使用两种生产要素（资本 K 和劳动 L）生产两种产品（X和Y），即这是一个典型的两国两要素两商品模型（2×2×2模型）。

（2）生产过程中的规模收益（Constant Return to Scale）不变，即单位生产成本不随着产量的增减而变化。

（3）两国生产同一产品的生产技术相同，生产函数相同。因此，如果要素价格在两国是相同的，两国在生产同一产品时就会使用相同的劳动资本比例。

（4）没有要素密集度逆转（Factor-intensity Reversal），即两种产品的要素密集度不随要素相对价格变化而变化。X产品始终是劳动密集型产品，Y产品始终是资本密集型产品。

（5）两国消费者的需求偏好相同，即两国无差异曲线的位置和形状是完全相同的。

（6）两国均为不完全的专业化分工，即假定两国在自由贸易条件下均生产两种产品，两国都不是"小"国。

（7）两国的商品和要素市场都是完全竞争的。这意味着商品的生产者和消费者数量众多，他们的行为都不会影响商品的价格。对于资本和劳动的使用者和供给者也是这样，他们都是价格的接受者。完全竞争也意味着，在较长的时期中，商品价格等于其生产成本，生产者不会获得任何超额利润。

（8）两国的生产要素都是给定的。生产要素在国内各产业间可以自由流动，在国与国之间不能自由流动。

（9）没有运输成本和交易成本，也没有任何限制贸易的关税和非关税壁垒。

由以上假设可知，A、B两国除要素禀赋不同外，其他一切条件都是完全相同的。

三、要素禀赋理论中的基本概念

（一）生产要素和要素价格

1. 生产要素

生产要素（Factor of Production）是指生产活动必须具备的主要因素或在生产中必须投入或使用的主要手段。它主要包括土地、资本、劳动三个基本要素，加上企业家的管理才能为四要素。有人把知识、信息也当作生产要素。

2. 要素价格

要素价格（Factor Price）是指生产要素的使用费用或要素的报酬。例如，土地的租金、劳动者的工资、资本的利息、管理的利润等。

（二）要素禀赋

要素禀赋（Factor Endowment）是指一个国家或经济体所拥有的可利用的各种生产要素的总量。它既包括自然存在的资源，如土地、矿产，也包括"获得性"资源，如技术、资本。依据要素禀赋的多寡（如劳动与土地资源的总供给量），我们可将国家区分为资源丰富的国家和资源贫乏的国家。

（三）要素密集度

要素密集度（Factor Intensities）是指生产一个单位某种产品所使用的生产要素的组合比例。在资本与劳动两种生产要素的情形下，要素的密集度就是指生产一单位某产品所使用的资本与劳动的比例。如果某种要素投入比例大，就称该要素密集程度高。这个概念是针对产品而言，与国家无关。

要素密集度也是一个相对的概念，与生产要素的绝对投入量无关。即使生产两种产品时投入的各种要素的数量不同，但只要所投入的各种要素的相对比例相同，那么这两种产品的要素密集度就是相同的。

在一个"2×2×2 贸易模型"中，要对一种商品的生产要素密集性质做出合乎实际的正确的判断，即认定此商品同彼商品相比较而言，是劳动密集型商品而非资本密集型商品；反之，彼商品同此商品相比较而言，是资本密集型商品而非劳动密集型商品，至关重要的是，要看在它们各自的生产过程中两种生产要素的投入比例。

假设某国生产 X 和 Y 两种商品，都使用两种生产要素 K 和 L，在生产过程中所需要的要素投入比例（资本/劳动）分别为 K_X/L_X 和 K_Y/L_Y。如果 $K_Y/L_Y > K_X/L_X$，则称 Y 为资本密集型产品（Capital-Intensive Good），X 为劳动密集型产品（Labor-Intensive Good）。

判断商品的要素密集程度时，重要的是一个单位的劳动配合多少单位的资本（K/L），而不是生产 1 单位 X 和 1 单位 Y 所需要的劳动和资本的绝对数量。例如，生产 1 单位 X 需要 3 单位 K 和 12 单位 L，而生产 1 单位 Y 需要 2 单位 K 和 2 单位 L，尽管生产 1 单位 X 需要 3 单位 K，生产 1 单位 Y 需要 2 单位 K，但商品 Y 仍然是资本密集型的，这是因为生产 Y 时，$K/L=1$，生产 X 时，$K/L=1/4$。

如果两个国家的 X 商品都是劳动密集型的，Y 都是资本密集型的，但并不是说，两国生产 X 时需要的 K/L 完全一样，或者说生产 Y 商品时所需的 K/L 完全一样。

例如，A 国生产 X 时，$K/L=1/4$；生产 Y 时，$K/L=3$，A 国的 Y 是资本密集型商品，X 是劳动密集型商品。B 国生产 X 时，$K/L=2$；生产 Y 时，$K/L=4$，B 国的 Y 是资本密集型商品，X 是劳动密集型商品。但是，A、B 两国在生产 X 商品时使用的 K/L 是不同的，在生产 Y 时使用的 K/L 也是不同的。

为什么 B 国在 X 和 Y 两种商品生产中比 A 国更多地使用了资本，即 B 国使用了资本密集度更高的技术？一般来讲，是因为 B 国的资本相对于 A 国来说比较便宜，因此，生产者为了降低成本而增加了资本的使用。但是，为什么 B 国的资本相对于 A 国比较便宜呢？那就是两国间存在要素丰裕程度差别的问题。

由此可见，生产中的要素配合比例取决于要素价格。如果资本的相对价格下降，生产者为了降低成本就会增加资本的使用数量，而使一个国家 X 商品和 Y 商品中的 K/L 的比例都提高。如果在任何可能的要素相对价格条件下，生产 Y 的 K/L 都高于生产 X 的 K/L，我们才能明确肯定地说 Y 是资本密集型商品，X 是劳动密集型商品。

（四）要素丰裕度

1. 要素丰裕度的含义

要素丰裕度（Factor Abundance）是指一国所拥有的两种生产要素的相对比例。要素丰裕度衡量的是一个国家所拥有的经济资源的相对丰富程度，或者说是一个国家资源的相对供给量。要素丰裕度是对国家而言的。

要素丰裕度是一个相对的概念，与该国绝对要素量无关。例如，中国相对美国来说，是一个资本稀缺而劳动丰裕的国家；但若相对越南来说，可能是一个资本丰裕而劳动稀缺的国家。

2. 判断要素丰裕度的方法

（1）实物法，即用两国所拥有的资本与劳动的总量比例来衡量。若一国拥有的资本总量为 T_K，劳动总量为 T_L，则其资本劳动总量比例为（T_K/T_L）。若 A 国的资本劳动总量比例为（T_K/T_L）$_A$，B 国的资本劳动总量比例为（T_K/T_L）$_B$，且有（T_K/T_L）$_A$＞（T_K/T_L）$_B$，则称 A 国是资本丰裕型国家，B 国是劳动丰裕型国家。

值得注意的是，这里对比的是两国的资本和劳动总量的比例，而不是资本和劳动的绝对数量，即使 A 国的资本绝对数量小于 B 国，而只要（T_K/T_L）$_A$＞（T_K/T_L）$_B$，A 国仍然是资本丰裕型国家。

（2）价格法，即用两国的资本与劳动的价格比例来衡量。资本的价格是利率 r，劳动的价格是工资 w，两国的要素丰裕度可用资本劳动价格比例（劳动的相对价格）来表示，即 r/w。若 A 国的资本劳动价格比例为（r/w）$_A$，B 国的资本劳动价格比例为（r/w）$_B$，且有（r/w）$_A$＜（r/w）$_B$，则称 A 国是资本丰裕型国家，B 国是劳动丰裕型国家。

同样要注意的是，一个国家的资本是否相对丰裕，并不是看其利率的绝对水平是否小于对方国家利率的绝对水平，即使 A 国的利率高于 B 国的利率，但只要（r/w）$_A$＜（r/w）$_B$，则 A 国就是资本丰裕型国家。

这两种要素丰裕程度的定义方法有区别，用实物比例方法仅仅考虑了要素的供给因素，没有考虑要素的需求因素，而用相对价格比例方法则同时考虑了供给和需求两方面的因素。

由于我们假定两国的需求偏好相同，所以在这种情况下，用这两种方法得出的结论是一致的。因为，如果（T_K/T_L）$_A$＞（T_K/T_L）$_B$，在相同的需求条件下和相同的生产技术条件下，必然有（r/w）$_A$＜（r/w）$_B$。

另外，各国的要素丰裕度还可以用生产可能性曲线的形状来判断，如图 3-1 所示。

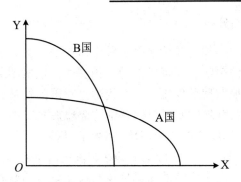

图 3-1 要素丰裕度与生产可能性曲线

图 3-1 中，X、Y 表示两种产品，X 为劳动密集型产品，Y 为资本密集型产品，图中两条曲线分别表示 A 国和 B 国的生产可能性曲线。

如图 3-1 所示，A 国的生产可能性曲线比 B 国的生产可能性曲线要平坦，而且在横轴上扩展得较宽，即更偏向于 X 轴，这反映了 A 国可以比 B 国生产更多的 X 产品，而 X 为劳动密集型产品，说明 A 国为劳动丰裕型国家。同理，B 国的生产可能性曲线比 A 国的生产可能性曲线要陡峭，更偏向于 Y 轴，反映了 B 国可以比 A 国生产更多的 Y 产品，而 Y 为资本密集型产品，说明 B 国为资本丰裕型国家。

四、要素禀赋理论的基本内容

（一）赫克歇尔关于要素禀赋理论的基本观点

要素禀赋理论最初是由瑞典经济学家赫克歇尔提出来的。赫克歇尔对贸易理论的贡献主要反映在他于 1919 年发表的《外贸对收入分配的影响》一文中。在这篇被萨缪尔森称为"天才之作"的文章中，赫克歇尔从李嘉图的各种假设条件出发，对比较优势的贸易产生原因进行了分析，认为如果两个国家的要素禀赋都一样，各个生产部门的技术水平也相同，再假定没有运输成本，那么两国进行贸易的结果，对任何一个国家既不会带来利益，也不会造成损失。由此可以看出，比较优势的产生必须有两个前提：一是两个国家的生产要素禀赋程度不同；二是不同的产品在生产过程中所使用的生产要素比例不同。只有满足这两个条件，才会存在比较优势的差异，各国之间才会产生贸易往来。

在这篇论文中，赫克歇尔提出了建立在相对资源禀赋情况和生产中要素比例基础上的比较优势理论。他写道，"产生国际贸易的前提条件可以概括为相互进行交换的国家之间生产要素的相对稀缺程度（即生产要素的相对价格）和不同产品中所用生产要素的不同比例"，并且，为了分析要素价格不同所产生的国际贸易，赫克歇尔假设"在不同的国家里，任何一种给定产品的生产技术是相同的。"从这一点出发，赫克歇尔又进一步推断出贸易对要素价格的可能影响："如果所有国家的生产技术都是相同的话……贸易就必然继续发展，直到各国相对稀缺的生产要素的价格出现均等化……下一步，我们必须考虑这种均等化是否既是相对的又是绝对的……虽然迄今为止这一命题还未被证明，但这是贸易中不可避免的结果。"

由此可见，赫克歇尔不仅从生产要素的禀赋和使用比例来阐述了贸易的基础，也揭示了贸易对要素价格的影响。

(二)俄林的一般均衡分析

俄林是赫克歇尔的学生,他曾就读于赫克歇尔所在的斯德哥尔摩大学的经济与企业管理学院,深受赫克歇尔教授的影响。在俄林的博士论文中,他试图运用一般均衡方法重新诠释国际贸易理论,但是后来他发现仅仅用一般均衡理论对国际贸易问题进行分析是不够的,于是,他把一般均衡论与赫克歇尔的要素禀赋理论结合起来进行研究。1933年,俄林把自己的贸易理论体系进一步加以充实、修改和提高后,出版了《区际贸易和国际贸易论》(*Interregional and International Trade*)一书。该书出版后立即在国际经济学界引起巨大轰动,被认为是现代国际贸易理论的重要著作。由于俄林的贸易理论与赫克歇尔的要素禀赋理论存在着密切的关系,因此,人们普遍将这一理论称为赫克歇尔—俄林的要素禀赋理论,或赫克歇尔—俄林模型(Hechscher-Ohlin Model,H-O 模型或 H-O 定理)。

俄林的一般均衡分析可以形象地用图 3-2 概括出来,图中清晰地表示出所有经济力量是如何共同确定最终商品价格的。

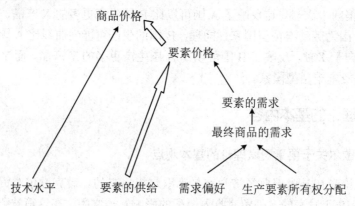

图 3-2 俄林的一般均衡理论分析

从图 3-2 的右下角出发,生产要素所有权分配和需求偏好共同决定了对最终商品的需求,对最终商品的需求派生出对生产要素的需求,要素的需求和要素的供给共同决定了要素价格,要素价格和技术水平决定了最终的商品价格,各国商品相对价格之间的差异决定了比较优势和贸易模式。图 3-2 中,由要素相对供给量的差异导致的要素价格差异和商品相对价格差异的过程用双线表示。

(三)要素禀赋理论的内容

按照赫克歇尔和俄林的分析论述,可对要素禀赋理论的内容进行如下概括:商品价格的国际绝对差异是国际贸易产生的直接原因。国际贸易之所以发生,是由于各国商品价格的不同。商品价格的绝对差异主要是由于成本的绝对差异导致的,而导致成本绝对差异的原因主要有两方面:第一,生产要素的供给不同,即两国的要素禀赋不同;第二,不同产品在生产过程中所使用的要素的比例不同。因此,各国生产要素自然禀赋的相对差异构成了比较优势和国际贸易的现实基础。在国际贸易中,一国的比较优势是由其要素丰裕度决定的。一个国家出口的应是那些在生产中密集地使用了该国最丰富的生产要素的商品,进口的应是那些在生产中密集地使用了该国最稀缺的生产要素的商品。国际贸易的流向应该是:劳动力资源相对丰富的国家应该集中生产劳动密集型产品,出口到劳动资源相对缺乏的国家去;资本丰富的国家应该集中生产资本密集型产品,出口到资本相对缺乏的国家去。

这一理论模型的基本结论是基于以下推理过程。

(1)商品价格的国际绝对差异是国际贸易产生的直接原因。所谓商品价格的国际绝对差异,是指不同国家的同种商品用本国货币表示的价格,按照一定的汇率换算成用同种货币表示的价格时出现的价格差异。

(2)各国国内商品价格比例不同是国际贸易产生的必要条件。俄林指出,并非只要存在商品价格国际绝对差异就会产生国际贸易,要产生国际贸易还必须具备一个必要的条件,即贸易双方国内价格(成本)比例必须不同,也就是说,必须符合比较成本优势的原则。

(3)各国商品价格比例不同是由各国要素价格比例不同决定的。土地、劳动、资本和技术知识、管理等生产要素的价格表现为地租、工资、利息和利润等,要素价格比例是指用本国货币表示的生产要素单位价格之比。

(4)各国要素价格比例的差异是由各国要素供给比例不同决定的。在不考虑要素需求的情况下,要素价格取决于要素的供给,丰裕要素的价格相对较低,稀缺要素的价格相对较高。

五、对要素禀赋理论的评价

(一)要素禀赋理论的贡献

(1)要素禀赋理论是对古典国际贸易理论的补充与完善。古典贸易理论认为国际贸易发生的原因是各个国家在生产各种商品时劳动生产率的差异,而且各国劳动生产率及其差异都是固定不变的,而要素禀赋理论则把各国间要素禀赋的相对差异以及在生产各种商品时利用各种生产要素的强度差异作为国际贸易的基础。

(2)要素禀赋理论将一般均衡论的方法引入国际贸易理论的分析中。俄林继承了瓦尔拉斯的一般均衡论,并将其运用到国际贸易理论的研究中,强调国际贸易的原因和结果不是孤立和偶然的现象,而是各国的各种商品与生产要素价格的相互依赖、相互作用的结果。这为国际贸易理论的研究提供了一个新的方向和角度。

(3)要素禀赋理论从多种生产要素的角度来解释国际贸易问题。要素禀赋理论运用多种生产要素的理论代替了古典学派的单一生产要素的理论。要素禀赋理论指出了生产要素拥有状况在各国对外贸易中的重要地位,指出了在各国对外贸易竞争中,土地、劳动力、资本、技术等要素的结合所起的重要作用。

(二)要素禀赋理论的局限性

(1)要素禀赋理论的一系列假设条件都是静态的,忽略了国际、国内经济因素的动态变化,使理论难免存在缺陷。

(2)要素禀赋理论主要是从供给角度分析贸易产生的原因,忽视了需求的作用,这也影响了其对于现实问题的分析。

(3)要素禀赋理论只能解释要素禀赋不同的国家的分工与贸易行为,而无法解释大量发生在要素禀赋相似、需求格局接近的工业国之间的国际贸易现象。

(4) 要素禀赋理论用要素比例说来反对李嘉图和马克思的劳动价值论，抹杀了劳动收入和财产收入的区别，使比较优势理论庸俗化了。

第二节　对赫克歇尔—俄林模型的验证

一、对 H-O 模型验证的背景

理论的意义在于能够真实地反映实践、科学地总结实践和有效地指导实践。如果某种理论与实践相去甚远，那么，这种理论要么已经失去了继续存在的价值，甚至沦为了"伪科学"，应当予以抛弃；要么这种理论赖以建立的诸多假定前提必须加以必要的修正与调整，使理论在更为科学的基础上保持其合理的内核。国际贸易理论研究的推陈出新、不断发展也应该遵循这一原则。各派贸易理论科学与否，必须以对其进行经验验证（Empirical Test）作为基本的前提。

自从 20 世纪初赫克歇尔与俄林提出了要素禀赋理论后，在很长一段时间，H-O 模型成为解释工业革命后贸易产生原因的主要理论。要素禀赋理论也是国际经济学中最具影响力的理论之一，从 1933 年到 1953 年的 20 年时间里，要素禀赋理论被公认为是经济学中的一颗"明珠"，经济学家惊异于其逻辑的严谨、模型的精巧，以及对诸多现实问题的解释能力。人们普遍认为，各国要素禀赋和生产中的要素使用比例的不同是产生国际贸易的主要原因。

但是，一个再好的模型也要经得起经验的检验，如果一个理论与经验检验的结论相矛盾，这一理论就没有了生命力。从 20 世纪 50 年代初开始，随着经济学家对要素禀赋理论所做的实证检验工作不断深入，这一理论的一些不足也开始暴露出来。

对 H-O 模型的第一次实证检验是在 20 世纪 50 年代初。美国经济学家瓦西里·里昂惕夫用美国 1947 年进出口行业所用的资本存量与工人人数数据来检验赫克歇尔—俄林理论，其结果引发了持续一代人时间的富有成效的争论。

人物简介 3-3

瓦西里·里昂惕夫

瓦西里·里昂惕夫（Wassily Leontief, 1906—1999），1906 年 8 月 5 日生于俄国圣彼得堡，是一个知识分子家庭的独子。最初他在列宁格勒大学学习，1925 年在该校获社会学硕士学位，并获该校的"优秀经济学家"称号。之后又求学于柏林大学，并于 1928 年获哲学博士学位。在攻读博士学位期间，他成为基尔大学的经济研究人员。1931 年，里昂惕夫前往美国，成为美国经济研究所的工作人员。几个月后，他接受了哈佛大学的任命，从此他在哈佛度过了 44 个春秋。

里昂惕夫在美国期间发明了投入—产出分析法，这种方法的发明和应用使他赢得了世界性声誉。他从 1931 年正式从事投入产出方法的研究，于 1936 年 8 月发表了《美国经济制度中投入产出数量关系》一文，这篇文章是世界上有关投入产出分析的第一篇论文，它标志着投入产出分析法的诞生。由于里昂惕夫在投入产出分析方面的卓越贡献，他于1973年获得了第五届诺贝尔经济学奖。

里昂惕夫曾获得过多种荣誉：1970年当选为美国经济协会会长；1975年接受了纽约大学的教授职位，不久后又出任该校经济分析学院院长。里昂惕夫于1999年去世。

资料来源：[英]约翰·伊特韦尔，[美]默里·米尔盖特，彼得·纽曼. 新帕尔格雷夫经济学大辞典：第三卷[M]. 北京：经济科学出版社，1996：177-179.

二、里昂惕夫对H-O模型的经验检验

（一）里昂惕夫对H-O模型的检验结果

对赫克歇尔—俄林模型的第一次经验检验是在1951年，是由里昂惕夫利用美国1947年的数据进行的。

赫克歇尔—俄林的要素禀赋理论自发表以来，经若干著名经济学家的再度解释，不断得到完善与扩展，已奠定了其在自由贸易理论中的主导地位，并被人们公认为继李嘉图比较优势理论之后，贸易理论史上的又一个里程碑。赫克歇尔—俄林理论给人们建立了这样的思维定式：只要知道贸易国要素丰裕度的差异，人们便可以准确地判定各国生产优势和贸易优势的差异或国际竞争力的差异，进而预见各国的专业化方向和贸易模式，也就是说，要素禀赋的差异是确定国际分工方向和建立贸易模式的充分且必要的条件。

里昂惕夫对赫克歇尔—俄林原理确信无疑，因此，他想通过美国的数据来检验赫克歇尔—俄林的理论是正确的，也就是说，里昂惕夫期望能得出美国出口资本密集型商品、进口劳动密集型商品的结论。

为了对H-O模型进行检验，里昂惕夫使用了自己创立的投入—产出分析方法，对美国200种产业的出口产品和进口替代品（所谓进口替代品就是美国自己可以制造，同时也可以从国外进口的商品）中所需的劳动和资本量进行了比较，计算结果如表3-1所示。

表3-1　1947年美国每百万美元出口商品和进口替代商品对国内资本和劳动的需求

项　　目	出 口 商 品	进口替代商品
资本/（美元/年）	2 550 780	3 091 339
劳动力/（人/年）	182.313	170.004
人均年资本量/（美元/人）	13 991	18 184

资料来源：里昂惕夫. 投入产出经济学[M]. 崔书香，等，译. 北京：中国统计出版社，1990：90.

从表3-1可以看出，在1947年，美国每百万美元出口商品的生产，平均需要2 550 780美元的资本和182.313个劳动力，即每个工人耗用的资本是13 991美元。同时，每百万美元进口替代商品的生产，平均需要3 091 339美元的资本和170.004个劳动力，即每个工人耗用的资本为18 184美元。这样，在每百万美元的商品中，进口替代商品人均资本量与出口商品之间的人均资本量之比为1.3∶1，进口替代商品的资本/劳动比例比出口商品的资本/劳动比例高出30%。这说明美国出口的是劳动密集型的产品，进口的是资本密集型的产品。

里昂惕夫以及当时一些经济学家们怀疑是否是因为二战刚刚结束，美国经济尚处在某种

非正常状态，故而影响到此次验证所采用的美国 1947 年统计资料的真实性，进而使验证结果发生了偏移。因此，在 1956 年，里昂惕夫又使用同样的方法，根据美国 1951 年的统计资料，再一次对要素禀赋理论进行了经验验证。然而，遗憾的是，里昂惕夫的第二次验证得出了同第一次验证几乎完全一样的结果，如表 3-2 所示。

表 3-2　1951 年美国每百万美元出口商品和进口替代商品对国内资本和劳动的需求

项　　目	出口商品	进口替代商品
资本/（美元/年）	2 256 800	2 303 400
劳动力/（人/年）	173.91	167.81
人均年资本量/（美元/人）	12 977	13 726

资料来源：[美]里昂惕夫. 要素比例和美国的贸易结构：理论经验再分析[J]. 经济学统计学季刊，1956（38）.

表 3-2 显示，在 1951 年，美国每百万美元出口商品的生产，平均需要 2 256 800 美元的资本和 173.91 个劳动力，即每个工人耗用的资本是 12 977 美元。同时，每百万美元进口替代商品的生产，平均需要 2 303 400 美元的资本和 167.81 个劳动力，即每个工人耗用的资本为 13 726 美元。这样，在每百万美元的商品中，进口替代商品人均资本量与出口商品之间的人均资本量之比为 1.06∶1，进口替代商品的资本/劳动比例比出口商品的资本/劳动比例高出 6%。结论仍然是：美国出口的是劳动密集型的产品，进口的是资本密集型的产品。

从对 1947 年和 1951 年两个年份数据的检验结果看，尽管两年资本/劳动比例的具体数字不同，但结论基本相同，即这两个比例都说明美国出口商品与进口替代商品相比，前者劳动密集型更为突出。由此，里昂惕夫得出的结论是："美国之参加分工是建立在劳动密集型生产专业化基础上，而不是建立在资本密集型生产专业化基础上。"

（二）里昂惕夫之谜

按照赫克歇尔—俄林要素禀赋理论的基本原理：各个国家都应该出口密集使用其充裕要素的产品，而进口密集使用其稀缺要素的产品。由于美国是世界上资本最丰裕的国家，因此，美国的贸易模式应该是：出口资本密集型商品，进口劳动密集型商品。

基于这样的认识，里昂惕夫根据美国 1947 年的统计资料，对美国出口商品和进口替代商品（Import Substitutes）生产中所使用的资本要素和劳动要素的数量进行了精心的计算。但是，计算结果却同要素禀赋理论的基本原理大相径庭：美国出口商品中的资本/劳动比例小于进口替代商品的资本/劳动比例。换句话说，尽管全世界都普遍认为美国是一个资本要素最为丰裕、劳动要素相对稀缺的国家，但美国并没有如要素禀赋理论所论证的那样，出口它具有比较优势的资本密集型产品，进口它处在比较劣势地位的劳动密集型产品，恰恰相反，美国是在出口劳动密集型产品，进口资本密集型产品。

里昂惕夫将他的检验结果发表出去后，在国际经济学界引起了不小的争论，因为他的检验结果彻底动摇了人们的思维定式。一些人试图对赫克歇尔—俄林理论进行重新评价，另一些人则怀疑里昂惕夫方法和数据上存在错误，他们开始收集新的数据进行新的验证。从理论上说，赫克歇尔—俄林模型的假设是合理的，逻辑是严谨的，H-O 模型本身并没有什么问题。里昂惕夫的研究方法也被复查了好几次，他自己也反复核对了这一研究的结果，无论方法和数据都被证明是准确无误的。

其他经济学家对美国其他年份的净出口产品的资本/劳动比例也做了分析。用 1899 年和 1972 年的数据检验时，美国出口产品中的资本/劳动比例高于进口产品中的资本劳动比例，基本符合美国是一个资本充裕国家的假设和 H-O 模型的预测。但是，用第二次世界大战后到 1971 年这段时间的数据来检验，美国出口产品与进口产品的资本/劳动比例之比都小于 1。

里昂惕夫对要素禀赋理论两度验证的结果都表明，美国对外贸易的结构和商品流向同历来被学术界奉为经典的要素禀赋理论明显相互矛盾，这样的验证结果无法用传统的贸易理论加以解释与说明，因此被称为"里昂惕夫悖论"或"里昂惕夫之谜"（Leontief Paradox）。

由于"里昂惕夫之谜"的出现，使 H-O 模型处于一种颇为尴尬的境地。问题究竟出在哪里？这吸引了许多经济学家试图从各个方面来解开这一令人困惑的现象，这种探索推动了第二次世界大战后国际贸易理论的巨大发展。

三、其他经济学家对 H-O 模型的经验检验

里昂惕夫的研究及其成果一方面对学术界造成了强烈的震动，另一方面也引起了各国经济学家的极大兴趣。在随后的二十多年内，他们或者仿效里昂惕夫的研究方法，或者采用其他的研究方法，对相关国家的对外贸易是否符合要素禀赋理论的基本原理进行了广泛的经验验证。

（一）建元正弘—市村真一的验证

1959 年年底，两位日本经济学家建元正弘（Tatemoto）和市村真一（Ichimura）采用类似于里昂惕夫的方法，对日本的要素比例和对外贸易商品结构进行了经验验证，发表了题为《要素比例与对外贸易：以日本为例》（*Factor Proportions and Foreign Trade: The Case of Japan*）的论文，公布了他们的研究结果。

当时的日本处在第二次世界大战以后的经济恢复期，人口相对过剩，资本供应不足。按照要素禀赋理论的基本原理，日本应该出口劳动密集型产品，进口资本密集型产品。但建元正弘和市村真一却发现，在日本的整个对外贸易中，出口商品的资本密集程度大于进口商品，再现了"里昂惕夫之谜"。不过，按照日本对外贸易的地区结构分析，他们发现，在日—美双边贸易中，日本自美国进口的商品的资本密集程度高于日本对美国出口的商品的资本密集程度，日—美双边贸易符合要素禀赋理论的基本原理；在日本对不发达国家的贸易中，日本则明显地是在出口资本密集型商品，进口劳动密集型商品。

建元正弘和市村真一认为，日本的对外贸易结构和商品流向同要素禀赋理论的基本原理是一致的，出现上述现象的主要原因是因为，同美国相比，日本表现为资本要素相对稀缺，劳动要素相对丰裕；同其他不发达国家相比，日本表现为资本要素相对丰裕，劳动要素相对稀缺。鉴于日本的资本/劳动比例在国际比较中处在这种"中间状态"，因此才出现上述结果。

（二）沃尔的验证

1961 年 8 月，加拿大经济学家沃尔（D. F. Wall）在《加拿大对外贸易的资本和劳动需求》（*Capital and Labour Requirements for Canada's Foreign Trade*）一文中公布了他对加拿大的对外贸易商品结构及其资本/劳动比例的研究结果。

沃尔发现，尽管加拿大同美国相比，明显是一个资本要素相对稀缺、劳动要素相对丰裕的国家，但是，在美—加双边贸易中，加拿大出口到美国去的商品中资本的密集程度相对较高，而加拿大自美国进口的商品中劳动要素的密集程度相对较高。美—加双边贸易不符合要素禀赋理论的基本原理，而同"里昂惕夫之谜"一致。

沃尔认为，当时加拿大对外贸易总额的 90%左右都是同美国的双边贸易，考虑到加拿大在对外贸易上对美国市场的严重依赖性，他在进行经验验证中发现的这种"反常"现象只应该被看作是某种"特例"，这种特例只是反映了美—加双边贸易中的某种"特殊现象"，不具备普遍意义，因而不足以据此动摇要素禀赋的基本原理。

（三）斯托尔珀—罗斯肯普的验证

美国经济学家斯托尔珀（W. Stolper）和罗斯肯普（K. Roskamp）利用里昂惕夫的"投入产出表"分析了前民主德国对外贸易的商品结构与资本和劳动要素的比例，并于 1961 年 11 月在《牛津大学统计学院院刊》上发表了题为《东德的投入—产出表及其在对外贸易中的应用》（*Input-Output Table for East Germany with Application to Foreign Trade*）的论文，公布了他们的验证结果。

当时，处在东、西方"冷战"最前沿的前民主德国的对外贸易对象基本上集中在以苏联为首的"经互会"国家，在整个东欧国家集团中，前民主德国的工业化程度相对较高，从生产要素的比例考察，它的资本要素相对丰裕，劳动要素相对稀缺。

斯托尔珀和罗斯肯普的验证结果恰恰表明，在当时前民主德国的出口商品中，资本要素的相对密集程度较高，在它的进口商品中，劳动要素的相对密集程度较高。在斯托尔珀和罗斯肯普的经验验证中，没有出现"里昂惕夫之谜"那样的"反常现象"。

（四）巴哈德瓦奇的验证

1962 年 10 月，印度学者巴哈德瓦奇（R. Bharadwaj）发表了《要素比例与印—美贸易结构》（*Factor Proportion and the Structure of Indo-US Trade*）一文，公布了他对印—美双边贸易进行经验验证的结果。

众所周知，印度同美国相比，毫无疑问的是一个资本要素极度稀缺而劳动要素极度丰裕的国家，印—美双边贸易本不应该存在任何有悖于要素禀赋理论基本原理的现象，但是，巴哈德瓦奇在其经验验证中却发现，在印—美双边贸易中，印度向美国出口的是资本密集型商品，从美国进口的是劳动密集型商品。这是一个令人不可思议的"谜"一样的结果。

巴哈德瓦奇同时又发现，如果考察印度对外贸易的总体状况，印度的对外贸易结构和商品流向又符合要素禀赋理论的基本原理，即印度进口商品中资本要素的相对密集程度高于出口商品，或出口商品中劳动要素的相对密集程度高于进口商品。也就是说，印度的确是在按照要素禀赋理论的基本原理，出口其具有比较优势的劳动密集型商品，进口其不具备比较优势的资本密集型商品。这里又看不到那个"谜"的痕迹了。

（五）鲍德温的验证

1971 年 3 月，美国经济学家鲍德温（R. E. Baldwin）发表了题为《美国贸易中商品结构的决定因素》（*Determinants of the Commodity Structure of American Trade*）的论文，公布了他采

用美国 1962 年的统计资料,对美国对外贸易进行经验验证的结果。

鲍德温所做的经验验证研究同过去的那些经济学家们不一样的地方在于,以上提到的经验验证都是在里昂惕夫的启发下,针对其他有关国家的贸易状况进行的研究,而鲍德温却是采用美国对外贸易新的统计资料,完全按照当年里昂惕夫的方法,重复了里昂惕夫的验证过程。鲍德温是希望了解随着时间的推移,在"正常的"年份里,美国的对外贸易中的"谜"是否还继续存在。

鲍德温对美国的对外贸易结构以及出口商品和进口替代商品中每人每年劳动要素的资本装备额进行了周密的计算,得出了同里昂惕夫几乎完全一样的结果。1962 年,美国进口替代商品中的资本/劳动比例高于出口商品,前者大约是后者的 1.25 倍,美国是在出口劳动密集型商品,以换取外国资本密集型商品。"里昂惕夫之谜"的"谜"踪依旧。

第三节 对"里昂惕夫之谜"的解释

一、针对里昂惕夫检验方法的解释

(一)人力资本说

人力资本说(Human Capital Theory)的主要代表人物有克拉维斯(Irving Kravis)、凯南(Peter Kenen)等人。他们认为,一个国家或某一个人为其未来的长远发展所进行的投资,并不仅仅表现为企业、厂房、机器、设备、技术发明等物质形态上的投入,在很大程度上也表现为教育、训练、医疗、保健、卫生、社区服务等各种人力资源开发(Development of Human Resources)上的投入。前者为物质形态的实物资本(Physical Capital),后者可以概括为人力资本(Human Capital)。由于劳动存在着质的差异,一般可以将劳动区分为熟练劳动和非熟练劳动两类。其中,熟练劳动是指具有一定技能的劳动,这种技能不是先天具备的,而是通过后天的教育、培训等手段积累起来的。这种后天的努力类似于物质资本的投资行为,即为人力资本。因此,广义的资本既包括有形的物质资本,也包括无形的人力资本。

克拉维斯等人认为,美国劳动力的受教育程度普遍高于其他国家,美国的平均工资也高出其他国家。这在相当程度上反映了美国同其他国家相比,在人力资源投资及其回报上的相对差异,进而也证明了美国是一个人力资本要素相对丰裕的国家。美国出口商品中理所当然地包含着相对密集程度较高的人力资本要素。

克拉维斯等人认为,里昂惕夫的统计检验中存在着明显的缺陷,即只考虑了物质资本,而忽略了人力资本。如果在计算美国的出口商品的资本/劳动比例时,将出口商品中所含的人力资本也计算进去,则美国出口商品的资本/劳动比例就会大于进口替代商品的资本/劳动比例。这样,"里昂惕夫之谜"就消失了。

当然,要相对准确地测算人力资本投资的数量,的确存在技术上的困难。较为粗略的方法是直接将从事较为复杂劳动的"白领员工"的平均收入,同从事较为简单劳动的"蓝领员工"的平均收入的差额作为人力资本投入的参考指标。较为精细的方法是将实际发生的教育费用、职业培训费用、医疗保健费用、社区服务费用等加以汇总,测算出人力资本投资的约数。无论采取何种测算方法，人力资本在美国的对外贸易中都占有相当重要的地位，已经成为决定美国发挥比较优势进而决定美国对外贸易结构和商品流向的重要因素。

（二）劳动技能说

劳动技能说（Labor Skill Theory）是里昂惕夫本人的观点。对于矛盾现象的出现，里昂惕夫本人也觉得难以置信，他曾反思自己没有认真评估美国的要素禀赋，想当然地认为美国是资本丰裕的国家。对此，里昂惕夫试图用美国的劳动要素具有比外国的劳动要素具有更高的技能来解释他的发现。

里昂惕夫认为，在1947年，美国工人的劳动生产率是外国工人的3倍，如果我们把美国的劳动数量乘以3，再和国内可用资本进行比较，我们就会发现美国实际上是一个劳动丰裕型国家。但这只是在美国出口商品比美国进口替代品的劳动密集度更高时才成立。这一解释并没有被广泛接受，后来里昂惕夫自己也否定了它。

美国经济学家基辛（Donald Keesing）同意里昂惕夫的高生产效率观点。基辛认为，要素禀赋理论中的生产要素同质性假设是不符合实际的。因为，一个国家的劳动要素不是同质的，而是可以分为若干个具有不同生产技能的组别。既然一个国家的劳动要素都不是同质的，那么，不同国家之间劳动要素就更不可能是同质的。由于劳动素质各不相同，在同样资本的配合下，美国工人的劳动生产率比他们的外国同行要高得多，因此，若以他国作为衡量标准，则美国的有效劳动数量应是现存劳动量的数倍。从有效劳动数量看，美国应为劳动相对丰裕的国家，而资本在美国则成为相对稀缺的要素。这样一来，"里昂惕夫之谜"似乎就不存在了。

基辛根据美国1960年的人口统计资料，将美国的各类就业人员划分为"高技能劳动"（The High Skilled Labor）和"低技能劳动"（The Low Skilled Labor）两大类。基辛认为，由于每一个就业者接受的教育和所具备的专业技术特长不同，因而在他们之间客观上存在着劳动技能的高低差异。

通过研究基辛还发现，美国各行业的出口数量同该行业总产量的比率，即该行业的出口在全行业生产总量中所占的比重，同美国就业人员劳动技能的高低呈正相关关系，即某一行业就业人员的劳动技能越高，该行业的出口占全行业生产总量的比重越大。同时，基辛还发现，在美国的工业制成品出口中，高技能劳动大约占55%，而在美国的工业制成品进口中，这一比重只有43%。也就是说，美国出口的是"高技能劳动密集型商品"（The High Skilled Labor Intensive Goods），进口的是"低技能劳动密集型商品"（The Low Skilled Labor Intensive Goods）。

此外，基辛还就13个工业发达国家劳动要素的技能构成进行了比较研究，得出了美国的各类高技能专业技术人员或者说高技能劳动要素相对丰裕的结论。

因此，在基辛看来，里昂惕夫对他自己的验证结果所做的解释是合理的。正是由于美国在技术要求相对较高的产业中具有国际比较优势，才致使美国各行业的"出口/总产量比率"同该行业就业人员的劳动技能高低呈现正相关的关系，进而导致美国作为一个高技能劳动要素相对丰裕而低技能劳动要素相对稀缺的国家，大量出口其具有比较优势的高技能劳动密集型商品，进口低技能劳动密集型商品。美国的对外贸易结构和商品流向同要素禀赋理论的基本原理并没有矛盾。

（三）研究与开发要素说

1967年，以格鲁伯（W. H. Gruber）、麦赫塔（D. Mehta）和弗农（R. Vernon）为代表的另一部分经济学家，将"研究与开发要素"（Research and Development Factor，R&D Factor）引入贸易结构和商品流向的研究，从技术角度来解释"里昂惕夫之谜"，提出了基本类似于人力资本说和劳动技能说的理论，即研究与开发要素说（也叫 R&D 要素说，R&D Factor Theory）。其核心思想是，研究与开发也是一种生产要素，占有研究与开发的多寡可以改变一个国家在国际分工中的比较优势。

三位学者将美国的19个工业部门依研究与开发投资占销售额的比重和科学家、工程师占全部从业人员总数的比重，由低到高依次排列，发现居于前列的是交通运输工业、仪器仪表工业、化学工业和非电子机器制造工业等工业部门，这几个部门的销售额占美国制造业销售总额的39.1%，它们的出口额占美国工业制成品出口总额的72%，它们的研究与开发投资额占美国研究与开发投资总额的89.4%。据此，三位学者得出了结论：美国的工业部门中研究与开发投资相对较为集中，而技术水平相对较高的工业部门又是美国的主要出口生产部门。

三位学者还分析了研究与开发型产业的条件，他们认为，充足的资金、丰富的自然资源和高质量的劳动力是进行研究与开发的先决条件，国内对新产品有巨大的需求，则是这种产业能够得以发展的基础。在这些基础和条件之上，研究与开发会使一国参与国际分工的比较优势发生变化，因而，研究与开发可以被认为是一种新的生产要素，这种生产要素的变化会产生出新的贸易比较利益。

结合研究与开发在对外贸易结构中的地位与作用，三位学者认为，美国正是根据由"R&D 要素"相对丰裕决定的比较优势，生产并出口"R&D 要素"密集程度相对较高的高科技产品，进口"R&D 要素"密集程度相对较低的其他商品。美国的对外贸易结构和商品流向符合要素禀赋理论的基本要求。倘若如三位学者认为的那样，将"R&D 要素"纳入理论研究框架，"里昂惕夫之谜"就迎刃而解了。

（四）自然资源说

自然资源说（Natural Resource Theory）的主要代表人物有美国学者凡涅克（Jaroslav Vanek）、波斯特纳（Harry Postner）和鲍德温等。他们认为，"里昂惕夫之谜"的产生，一个重要的原因是，里昂惕夫在对美国的对外贸易进行经验验证时，仅拘泥于要素禀赋理论关于贸易模型只包含资本和劳动两种要素的假定，忽略了自然资源这一非常重要的要素。

1959年，凡涅克在研究后提出两点认识：一是在美国有些自然资源的确是相对稀缺的，或者美国为了对本国的自然资源加以"战略性保护"，显得相对稀缺。因此，美国每年都从国外大量进口自然资源密集型商品。二是在实际的生产过程中，自然资源要素投入同资本要素投入之间一般来说存在极强的相互跟进（或曰相互补充）的关系（Complementary Relations）。这就是说，需要耗费大量自然资源的商品，在其生产过程中，一般也要投入大量的资本要素。

基于以上两点认识，凡涅克认为，美国进口商品中资本要素的相对密集程度较高只是一种"表面现象"，从中不能得出美国是一个资本要素相对稀缺的国家，因而需要从国外进口资本密集型商品的结论。这种现象只是反映了美国大量进口的自然资源密集型商品（Natural Resources Intensive Goods）同时又是资本密集型商品的客观现实。

凡涅克举例说，美国每年都要进口大量的石油和石油制品，这些当然属于自然资源密集型商品。这种贸易流向只能归因于美国的石油资源"相对"稀缺（美国自身的石油储藏其实相当可观，只是出于更为"经济"的考虑和"保护"本国战略资源的目的，美国更倾向于进口廉价石油），而决不能归因于美国的资本要素供给不足。另外，尽管美国地大物博，但随着美国工业化进程的不断发展，它的自然资源也变得相对稀缺起来。同时，为了有意识地保护自身的自然生态环境和加强国内战略资源的储备，美国经济越来越依赖于国外的自然资源已是不争的事实。这种状况已经成为左右美国对外贸易结构及其商品流向的一个不容忽视的因素。在凡涅克看来，里昂惕夫恰恰就是没有注意到这个因素，才导致了"谜"的出现。

对于自然资源拥有量不同的国家来说，其开采资源所需的资本量是不同的。例如，阿拉伯半岛石油资源丰富，开采方便，所需要的设备简单，因此投入的资本相对较少，而在石油稀缺的地方，即使投入大量的资本，也只能生产出成本较高的石油。研究表明，美国的多数进口商品正是美国资源稀缺的商品，对于出口国来说，这些产品是资源密集型的，所需投入的资本相对较少，生产成本较低。而作为进口竞争品在美国生产，必须投入较多的资本，因此，美国进口替代产品中的资本密集度必然上升，就会出现"里昂惕夫之谜"的现象。

1975年，波斯特纳根据凡涅克的自然资源说，重新验证了加拿大1970年的对外贸易结构和商品流向。波斯特纳发现，无论是从总体情况考察，还是从同美国的双边贸易看，自然资源要素在加拿大的对外贸易中都占据着重要的地位。作为一个自然资源要素相对丰裕的国家（A Country Relatively Abundant in Natural Resources），加拿大主要是出口自然资源密集型商品。由于自然资源密集型商品生产过程中自然资源要素投入同资本要素投入之间存在相互跟进的关系，导致加拿大出口商品中的资本密集程度相对提高，因而看起来，加拿大好像是在出口资本密集型商品。

里昂惕夫本人也同意凡涅克的观点，他指出，在计算美国1951年出口与进口替代产品之间的资本/劳动比例时，如果把自然资源产品从计算中剔除出去，则美国进口资本密集型产品而出口劳动密集型产品的"反论"现象就不复存在了。

鲍德温也采纳自然资源说的观点，对他的验证结果进行修正，在扣除自然资源密集型商品的贸易以后，1962年美国进口商品和出口商品的资本密集程度之比（进口商品资本/劳动比例与出口商品的劳动比例之比），可以从1.27降至1.04。这就从实证的角度在一定程度上证明了自然资源说的合理性。

二、针对H-O模型内容的解释

（一）贸易保护说

贸易保护说（Trade Protection Theory）是由美国经济学家罗伯特·鲍德温（R. E. Baldwin）提出来的。鲍德温指出，H-O模型假设在两国贸易中，没有任何限制贸易的关税和非关税壁垒，即实行自由贸易政策，没有贸易保护，但在现实中，贸易保护是最普遍的政策取向，美国也不例外。他同时指出，美国实施的关税政策和其他贸易保护政策以及促进出口的政策措施产生的"扭曲"效应，正是导致"里昂惕夫之谜"的原因。

鲍德温为美国劳工部所做的研究表明，美国对产值中劳动力含量（或称为就业含量）高于平均水平的产品，尤其是对包含非农业非熟练劳动的产品的进口限制是最多的。克拉维斯（Kravis）在 1954 年的研究也发现，美国受贸易保护最严格的产业就是劳动密集型产业。这就影响了美国的贸易模式，降低了美国进口替代品的劳动密集度。

鲍德温认为，美国作为世界上资本要素存量最大、劳动要素相对稀缺的国家，其劳动密集型产业处在相对劣势地位，因而自然而然地就成为美国的关税政策和其他贸易保护主义措施的主要保护对象。美国为此设置的关税壁垒和非关税壁垒势必阻碍着外国生产的劳动密集型商品进入美国市场，这样就相对地缩小了美国进口商品总量中劳动密集型商品所占的比重，相应地增大了美国进口商品中资本密集型商品的比重。

美国在用关税政策和其他贸易保护主义措施阻碍外国生产的劳动密集型商品进入美国市场的同时，又以出口补贴、出口信贷、出口退税、同其他国家签订双边贸易协定等一系列手段，刺激美国的企业尽可能地将劳动密集型商品向外国出口，以便同外国的同类商品争夺在国际市场上的占有率，这样就相对地增大了劳动密集型商品在美国出口商品总量中的比重，相应地缩小了资本密集型商品在美国全部出口商品中的比重。

如此双管齐下，贸易政策的"扭曲效应"发生作用的结果就是，一方面，最终导致了美国全部进口商品中劳动要素的相对密集程度下降和资本要素的相对密集程度上升，全部出口商品中劳动要素的相对密集程度上升和资本要素的相对密集程度下降；另一方面，别的国家也可能对它们的缺乏竞争力的资本密集型商品进行较高程度的贸易保护，从而使得美国资本密集型商品的出口受到了一定程度的影响。因此，有人认为，如果是自由贸易，美国就会进口比现在更多的劳动密集型商品或出口更多的资本密集型产品，"里昂惕夫之谜"就有可能消失。

（二）需求偏好逆转说

需求偏好逆转说（Theory of Demand Preference Reversal）是由维拉范利斯—维尔（Stefan Valavanis-Vail）提出的。

在 H-O 模型中，两国的消费偏好假定是完全相同的，因此，国际贸易形态只取决于资源禀赋差异，与需求无关。该理论认为，决定国际贸易的因素可能来自供给方面，也可能来自需求方面。维拉范利斯—维尔认为，依照各国的要素禀赋状况判断它们各自的比较优势，以及在此基础上形成的对外贸易结构和商品流向，资本要素相对丰裕的国家出口资本密集型商品，劳动要素相对丰裕的国家出口劳动密集型商品等，都只是从供给的角度考察要素供给与商品供给的相互一致性，因而也是很不全面的。有时，需求的影响可能超过了禀赋的影响，从而产生与 H-O 模型相反的结论。

需求因素影响国际贸易的方式有很多种，例如，当某国在某种产品生产上具有比较优势，但因其国民在消费上又特别偏好该产品时，就会使产品的相对价格上升，从而使原来根据 H-O 模型所决定的进出口方向发生改变，即发生了需求偏好逆转。

按照维拉范利斯—维尔的推论，一旦资本要素相对丰裕的国家的消费者对资本密集型商品有超强的需求偏好，或劳动要素相对丰裕的国家的消费者对劳动密集型商品有超强的需求偏好，这样一种需求偏好的"逆转"就极有可能导致资本要素相对丰裕的国家的国内市场上资本密集型商品的供给相对不足，或者导致劳动要素相对丰裕的国家的国内市场上劳动密集型商品的供给相对不足。这就必然要求两国通过进口来对国内市场的供给进行补充。于是，就出现了"资本要素相对丰裕的国家进口资本密集型商品"，或者"劳动要素相对丰裕的国家进口劳动密集型商品"这样的"反常"现象。

（三）要素密集度逆转说

H-O 模型中曾假设，无论在什么情况下，X 与 Y 的要素密集度的关系都是不变的，即 X 总是劳动密集型的，Y 总是资本密集型的。但是，实际情况可能不是这样，现实中，要素密集度是有可能发生逆转的。

所谓要素密集度逆转（Factor Intensity Reversal），是指在某些要素价格水平下，X 是资本密集型产品，Y 是劳动密集型产品，但在另一些要素价格水平下，X 变成劳动密集型产品，Y 变为资本密集型产品，这种现象被称为要素密集度逆转。

该理论认为，现实中，要素密集度是会发生逆转的。例如美国，当劳动的相对价格提高（工资提高），美国进口竞争部门会用相对便宜的资本替代相对昂贵的劳动，由于资本替代劳动的能力很大，或者说进口竞争部门较之出口生产部门有很高的资本替代劳动的替代弹性，致使该部门生产的产品由劳动的相对价格提高前的劳动密集型产品变成现在的资本密集型产品，从而会有美国出口劳动密集型产品、进口资本密集型产品的结果。

生产要素密集度逆转在现实中出现的概率有多大呢？最早对生产要素密集度逆转进行实证检验的是明哈斯（B. S. Minhas）。他在 1962 年发表的研究结果中指出，有大约三分之一的研究样本中出现生产要素密集度逆转的情况。

明哈斯的研究结果受到了里昂惕夫的质疑，他认为明哈斯的数据来源有偏差，在纠正了这些偏差之后，出现生产要素密集度逆转的情况只剩下百分之八。另一位经济学家鲍尔（Ball）也对明哈斯的研究结果重新进行了检验，其结果也认为要素密集度逆转的情况在现实中鲜有发生。由此可见，将要素密集度逆转用来解释"里昂惕夫之谜"理论上可行，但实践中并不具有说服力。

至此，我们可以说"里昂惕夫之谜"已经解开，也可以说"谜"还保持着。因为每一个解释都有一定说服力，但同时又存在这样或那样的不足或缺陷。因此，新的探索还在进行，新的理论在不断形成。

第四节　赫克歇尔—俄林模型的拓展

一、斯托尔珀—萨缪尔森定理（S-S 定理）

美国经济学家斯托尔珀和萨缪尔森 1941 年 11 月在《经济研究评论》（*Review of Economic Studies*）上联名发表了《保护与实际工资》（*Protection and Real Wage*）的论文，集中研究了诸如关税等保护主义政策措施对国内收入分配的影响，第一次在两种要素、两种商品的一般均衡模型的明确表述中对赫克歇尔—俄林定理做了具体的发展。他们的观点被称为"斯托尔珀—萨缪尔森定理"（Stolper-Samuelson Theorem，简称 S-S 定理）。

斯托尔珀和萨缪尔森在研究了国际贸易对生产要素收益的影响后,得出结论:国际贸易会使一国出口商品相对价格上升,进口商品相对价格下降。当一种商品的相对价格上升时,相应地会出现该商品中密集使用的生产要素报酬的提高;当一种商品的相对价格下降时,会出现该商品中密集使用的生产要素报酬的下降。因此,自由贸易的结果是:在出口产品生产中密集使用的生产要素(本国丰裕生产要素)的报酬提高,在进口产品生产中密集使用的生产要素(本国稀缺生产要素)的报酬降低。

假定现有 A、B 两国,A 国土地充裕,出口小麦,进口布;B 国劳动充裕,出口布,进口小麦。假设 A 国生产 100 单位两种产品的要素投入比例为:小麦的劳动/土地比例为 30∶2;布的劳动/土地比例为 50∶1。

开展贸易后,A 国因为出口小麦,所以小麦的相对价格上升,而布的相对价格下降,此时,A 国的生产者会减少布的生产,将资源转移到小麦的生产上。但是,由于 A 国生产两种产品的要素比例不同,因此新增小麦生产所需的生产要素和停止生产布游离出来的生产要素其比例是不同的,每多生产 100 单位小麦就必须多用 1 单位土地而少用 20 单位劳动。再假定一国资源供给是有限的,因而生产要素市场的供求矛盾就出现了,即土地因需求增加而价格上升,劳动则因需求减少价格下降,也就是说,土地要素的报酬增加,劳动要素的报酬减少。B 国的情况恰好相反。

这说明,由于商品相对价格的变动,将影响到要素价格的变动,即影响到要素报酬变化。从上例中可以看出,要素报酬增加的是出口产业中密集使用的生产要素,要素报酬减少的是进口产业中密集使用的生产要素。

斯托尔珀和萨缪尔森还对关税和其他保护主义措施对国际贸易和收入分配的影响进行了分析。他们认为,在现实的经济生活中,需要获得保护的只能是那些较密集地使用本国相对稀缺的生产要素的产业部门。

现仍假定 A 国同其贸易伙伴相比劳动要素相对丰裕,资本要素相对稀缺,在实行不完全国际分工的条件下,使用劳动和资本两种要素,生产劳动密集型的 X 商品和资本密集型的 Y 商品。A 国可能施行诸如进口关税和其他种种措施对其国内的 Y 商品生产部门加以保护。

A 国实施的保护主义措施,势必导致其国内市场上 Y 商品的价格上升。在物物交换的条件下,表现为用 X 商品表示的 Y 商品的相对价格提高,或用 Y 商品表示的 X 商品的相对价格下降。如果 A 国继续施行此类贸易保护措施,当对 Y 商品生产部门的保护达到一定程度以后,该国国内市场上两种商品相对价格此升彼降,甚至会出现相对于生产 X 商品而言,生产 Y 商品可能更为有利可图的情况。在生产要素在一国国内可以充分自由流动的前提下,受利益驱动,一定会吸引一部分本已投入 X 商品生产的劳动和资本退出 X 商品生产部门,流入 Y 商品的生产部门。这样,一定力度的贸易保护主义措施致使 A 国国内 X 商品的生产规模相对缩小,Y 商品的生产规模相对扩大。

生产要素在两个生产部门之间流动必须依照由两种商品的要素密集性质决定的特定生产函数按比例地进行。这意味着,在对 Y 商品生产部门实施保护的条件下,自 X 商品生产部门游离出来的劳动要素相对较多,资本要素相对较少;同时,Y 商品生产部门吸纳的新增劳动要素相对较少,资本要素相对较多。也就是说,两种商品各自的要素密集性质决定了从 X 商品生产部门退出的劳动与资本同 Y 商品生产部门扩大生产规模需要投入的新增劳动与资本总是不成比例的。A 国国内的要素市场轮番地处于资本要素供不应求和劳动要素供过于求的非均衡状态，抬高了 A 国资本要素价格，同时压低了劳动要素价格，致使 A 国国内的劳动与资本要素价格比例保持一种下降趋势。

由此推而广之，在"2×2×2 贸易模型"中，只要导致某种要素密集型商品的相对价格提高的因素（如贸易保护主义措施等）仍在发挥作用，该种要素密集型商品就将继续扩大其生产规模，另一种要素密集型商品的生产规模将持续萎缩。只要商品的要素密集性质不发生改变，必然会交替出现前一种要素供不应求和后一种要素供过于求的局面，因而势必导致前者的价格上升，后者的价格下降，进而改变要素价格比例。

在不考虑运输费用和其他成本因素的条件下，生产要素的价格直接构成商品的价格。在实际的收入分配中，受到保护的产业部门的生产者以及价格趋于上升的那种生产要素的所有者当然就处在相对有利的地位，而未受保护的生产部门的生产者以及价格趋于下降的那种生产要素的所有者就处在了相对不利的地位。这就是"斯托尔珀—萨缪尔森定理"的一般结论。

由斯托尔珀—萨缪尔森定理可以看到国际贸易对一国国内收入分配的影响，也可以看到各国采取相应的对外贸易政策的经济背景。

二、要素价格均等化定理（H-O-S 定理）

赫克歇尔和俄林认为，不同国家的不同的要素禀赋是国际贸易发生的原因，同时还认为，国际贸易将会导致各国生产要素的相对价格和绝对价格的均等化，这就是要素价格均等化定理（Factor-Price Equalization Theory，FPT）。赫克歇尔和俄林只是对要素价格均等化做出了简单的推论，而美国经济学家萨缪尔森则进行了严格的推理和证明，因此，经济学界把这个理论又称为赫—俄—萨定理（H-O-S Theorem）。

俄林认为，要素价格均等只是一种趋势，而使要素价格几乎完全相同是不可能的，其主要原因有以下几点。

（1）影响市场价格的因素复杂多变，而不同地区的市场又存在差别，价格水平难以一致。

（2）生产要素在国际上不能充分流动，即使在国内，生产要素从一个部门移向另一个部门也不是充分和便利的。

（3）产业对几个要素的需求往往是"联合需求"，而且它们的结合不能任意改变，这种整体性和固定性的结合影响了要素价格的均等。

（4）集中的大规模生产必然使有些地区要素价格相对高点，而另一些地区要素价格相对低点，从而阻碍了生产要素价格完全均等。

但是，萨缪尔森认为，国际贸易将使不同国家间生产要素相对价格和绝对价格均等化。这种均等化不是一种趋势，而是一种必然。他认为，国际贸易会导致各种要素相对价格的完全均等化，是由于在多种要素相对价格有差异的情况下，贸易仍将持续扩大和发展，而贸易的扩大和发展将会减少两国间要素价格的差异，直到两国国内各种商品的相对价格完全均等化为止，这时就意味着两国国内的要素相对价格也完全均等化了。

萨缪尔森还进一步论证了两国要素的绝对价格均等化问题。他认为，在要素的相对价格均等化、商品市场和要素市场存在着完全的自由竞争以及两国使用同样的技术等条件下，国际贸易将会导致要素绝对价格完全均等化。

第三章 新古典国际贸易理论

由于各国的要素禀赋是不同的，从而一国比较丰裕的生产要素价格较低，而比较稀缺的生产要素的价格较高。国际贸易会使一国的生产结构发生变化，各国会较多生产并出口密集使用本国比较丰裕的要素的产品，较少生产并进口密集使用本国较稀缺的要素的产品。国际贸易造成的贸易参加国生产结构的变化使各国对不同生产要素的需求程度发生了变化。这种生产要素需求程度的变化又进一步影响到各生产要素的价格，从而使本国比较丰裕的生产要素的价格水平上升，本国比较稀缺的生产要素的价格下降，最终两国的生产要素价格会趋向于均等化。

为说明这一点，我们假定，中国劳动力比较丰裕，因而贸易前的工资率比较低。美国资本比较丰裕，因而贸易前的资本报酬率比较低。开展国际贸易后，中国将大部分生产要素用于生产布（劳动密集型产品），美国将大部分生产要素用于生产小麦（资本密集型产品）。

从中国的情况看，贸易前，劳动力比较丰裕因而价格较低，资本比较稀缺因而价格较高。开展国际贸易后，中国较多地生产劳动密集型产品——布，为增加布的生产，必须将一部分劳动力从小麦的生产部门吸引到布的生产部门。为此，该部门要提高劳动的报酬率，劳动力的报酬率上升。为增加布的生产，不仅要增加对劳动力的需求，也会增加对资本的需求，但由于增加的是劳动密集型产品，所以对资本需求增加的程度比对劳动力需求增加的程度要低。相反，中国减少了资本密集型产品的生产，因而对劳动力和资本的需求会减少。但由于减少的是资本密集型产品，所以对劳动力需求减少的程度不如对资本需求减少的程度大，其结果是资本的报酬率下降。这样，贸易后，过去比较稀缺因而价格较高的资本的价格下降了，而过去比较丰裕因而价格比较低的劳动力的价格上升了。

从美国的情况看，贸易前，资本比较丰裕因而价格较低，劳动力比较稀缺因而价格较高。开展国际贸易后，美国较多地生产资本密集型产品——小麦，为增加小麦的生产，必须将一部分资本从布的生产部门吸引到小麦的生产部门。为此，该部门要提高资本的报酬率，资本的报酬率上升。为增加小麦的生产，不仅要增加对资本的需求，也会增加对劳动力的需求，但由于增加的是资本密集型产品，所以对劳动力需求增加的程度比对资本需求增加的程度要低。相反，美国减少了劳动密集型产品的生产，因而对资本和劳动力的需求会减少。但由于减少的是劳动密集型产品，所以对资本需求减少的程度不如对劳动力需求减少的程度大，其结果是劳动力的报酬率下降。这样，贸易后，过去比较稀缺因而价格较高的劳动力的价格下降了，而过去比较丰裕因而价格比较低的资本的价格上升了。

从两国的总体看，中美两国生产要素价格的反向运动，使两国同一生产要素的价格趋于均等化。贸易前，中国资本的价格比美国的要高，中国劳动力的价格比美国要低。贸易后，一方面，中国资本的价格下降，美国资本的价格上升，两国资本的价格趋于相同或接近；另一方面，中国劳动力的价格趋于上升，美国劳动力的价格趋于下降，两国劳动力的价格也趋向于相等。由此可以得出结论，贸易不仅使商品的价格均等化，也使生产要素的价格趋向于均等化。

根据前面的分析，我们可以引申出另一重要结果：国际贸易会提高该国丰裕要素所有者的收入，降低稀缺要素所有者的收入。这一结果的重要含义是，国际贸易虽改善了一国整体的福利水平，但并不是对每一个人都是有利的，因为国际贸易会对一国要素收入分配格局产生实质性的影响。

三、雷布钦斯基定理（Rybczynski 定理）

英国经济学家雷布钦斯基（Tadeusz Rybczynski）于 1955 年 11 月发表了《要素禀赋与商品相对价格》（*Factor Endowment and Relative Commodity Price*）一文，针对要素禀赋理论关于一国要素供给不变的假定，分析研究了一国生产要素的供给发生改变对国际贸易条件以及国际贸易均衡带来的影响。

雷布钦斯基定理可做如下表述：在其他经济条件不变的情况下，在两种生产要素中，其中一种生产要素的供给数量增加，而另一种生产要素的供给数量保持不变，那么，密集使用前一种生产要素的产品其绝对产量将增加，而密集使用另一种生产要素的产品其绝对产量将减少。换句话说，出口产业部门的扩张必然导致进口竞争性行业的衰退；反之，进口竞争性产业部门的扩张必然导致出口产业部门的衰退。

这种结果进而会影响到一国的国际贸易条件，如果是一国原本相对稀缺的要素供给增加，则该国的国际贸易条件相对改善；如果是一国原本相对丰裕的要素供给增加，则该国的国际贸易条件相对恶化。

首先，看生产要素增加对该国生产和贸易的影响。

假定 A 国劳动要素的供给增加，而资本要素的供给不变，要想使增加了的劳动力得到充分利用，而资本/劳动比例又不改变，就必须在两个行业中调整劳动与资本的存量（总使用量）。

假定，所有新增的劳动全部用于生产劳动密集型产品 X，就必须从资本密集型产品 Y 的生产中转移出一定量的资本来配合新增的劳动，不仅如此，原来和这些资本匹配的劳动也要转移出来，又形成劳动力的进一步增加。只要劳动力继续增加，就要不断地从产品 Y 中把资本（及劳动）转移出来，一直到两个产品的资本与劳动比例恰好合适为止。这个调整过程的结果，使得劳动密集型产品 X 的产量增加，生产规模扩大；资本密集型产品 Y 的产量减少，生产规模缩小。

其次，看生产要素增加对该国贸易条件的影响。

假设 A 国原本相对丰裕的劳动要素的供给增加，根据雷布钦斯基定理的结论，该国劳动密集型商品的产量增加，资本密集型产品的产量减少。发生如此变化，关键在于在两种商品的生产函数不变的条件下，包括新增要素在内的全部生产要素都必须实现充分就业。为此，劳动要素的供给增加以后，只有增加 X 商品的产量，方可为新增的劳动要素提供可能的就业机会，但增加 X 商品生产还必须要有资本要素的投入。在资本要素供给不变的条件下，为了给新增劳动要素匹配资本要素，就必须压缩 Y 商品的产量。但与此同时，又有一部分劳动要素按照 Y 商品的生产函数游离出来同样要求获得就业机会。如此循环往复，只有当劳动密集型的 X 商品的产量以更大幅度增加，而资本密集型的 Y 商品的产量绝对减少时，包括新增劳动要素在内的全部生产要素就都可以在不改变两种商品生产函数的基础上实现充分就业。按照 H-O 模型，A 国出口的是 X 产品，进口的是 Y 产品，于是，在其他条件不发生变化的前提下，A 国劳动要素供给的增加，会使 A 国 X 产品的出口供给与 Y 产品的进口需求都会相应增加，因此，该国的国际贸易条件相对恶化。

同理，倘若出于某种原因，该国原本相对稀缺的资本要素的供给增加，劳动要素的供给不变，则资本密集型的 Y 商品的产量以更大幅度增加，劳动密集型的 X 商品的产量绝对减少。

如上所述，在两种商品的要素密集性质和各自的生产函数不变的前提下，要实现生产要素的充分就业和最佳配置，一国生产要素供给的变化势必改变该国两种商品的生产构成。因而在开放经济条件下，生产构成的变化必然相应地改变该国的出口供给和进口需求，进而使其国际贸易条件发生变化。也就是说，当一国稀缺要素的供给增加时，会使该国出口产品的供给与进口产品的需求都会相应减少，因此，该国的国际贸易条件相对改善。

阅读案例

靠山吃山，靠水吃水

H-O 模型最基本的政策含义就是所谓的"靠山吃山，靠水吃水"的思想。发挥一个国家要素上固有的相对优势，从固有的要素存量的相对优势出发进行国际分工，从事贸易，将自己因要素价格低廉而能够生产的价格低廉的产品推向国际市场，是今天世界各国都在遵循的原则。例如，马来西亚出口锡是因为其有丰富的锡矿资源，在锡的生产上具有他国所不具备的资源优势，类似的再如中东国家的石油出口、俄罗斯的天然气出口、巴西的咖啡出口等。中国出口劳动密集型的服装、玩具、轻工产品是因为中国的劳动力资源具有极大的优势。

20 世纪 90 年代，处于中国广东省珠江三角洲地区的东莞市和其周边地区是中国华南劳动密集型产品出口集中的生产地，集中了全国各地的打工者为出口厂商（尤其是来自中国台湾地区的厂商）工作。由于中国各个收入相对低的省份的劳动力为了获得较高的工资收入而来到东莞等地工作，珠江三角洲的这些地方的劳动力供给是极为丰富的。当这些打工者因为各种原因离开珠江三角洲地区返回各自的家乡时，其他的大批打工者又会从全国各地涌向珠江三角洲地区竞争数量有限的工作岗位。因此，广东珠江三角洲的一般打工者的实际工资水平在相当长的时间内并未得到提高，廉价、优质的劳动力优势依然存在。

根据中国人民大学国际经济系 1984—1997 年关于广东珠江三角洲三资企业运营的追踪研究，上述事实是存在的。这一情况的存在也是 1997—1998 年东亚地区国家与经济体货币大幅贬值后，中国商品在世界市场依然具有很强竞争力的重要原因之一。在东南亚金融危机之前，中国的平均基本工资收入是东亚经济体平均值的 1/6～1/4，在危机期间，除了印度尼西亚曾经有一个阶段平均工资收入低于中国，其他东亚经济体的工资水平仍然高于中国。

近年来，随着中国劳动力成本的提高，一些从事劳动密集型产品生产和加工贸易的外资企业陆续撤离中国。但这种撤离并非全局性的，而是结构性的。在服务业领域，外资仍在进入，且大额投资逐渐增加。低端外资企业的撤离有助于提升中国利用外资的质量，也为提升中国的产业结构提供了契机。

因此，遵循 H-O 模型制定一国的对外贸易战略，首先要搞清楚该国在生产要素方面的相对优势及其动态变化，充分发挥既定的资源、要素存量的相对优势，这仍将是中国及其他发展中经济体对外开放的出发点。

资料来源：黄卫平. 国际贸易：理论与政策[M]. 北京：中国人民大学出版社，2014: 74-75.

理论联系实际

日益扩大的收入鸿沟

【实际材料】

自 20 世纪 80 年代以来，美国与欧洲的收入分配的显著变化是，收入增长日益有利于熟练工人而有害于非熟练工人。这种变化可归咎于美欧同非熟练工人充裕的国家（如中国与印度，这些国家放弃了自给自足的政策，转而采用改革开放的政策，并且国际贸易日益在其经济中起重要作用）之间所进行的国际贸易吗？

许多经济学家采用斯托尔珀—萨缪尔森定理的如下两个重要关系对上述现象进行检验。

（1）对于美国与欧洲，要求密集投入非熟练劳动的产品的相对价格在同一时期是否下降？

（2）熟练工人密集型产业的产出增加是否引致了所有部门中的熟练工人与非熟练工人比率的下降？

经济学家所获得的证据并没有表明非熟练劳动密集型产品的相对价格下降，他们也没有观察到生产者将生产技术转向密集使用非熟练劳动的产品生产，以便对熟练劳动的相对成本的上升做出反应。因此，无法预见由斯托尔珀—萨缪尔森定理所确认的激励是工资变动的主要决定因素。

对于非熟练劳动的工资下降的广泛被人接受的另外一个解释是：技术变迁起主导作用，特别是它导致了对非技术工人的需求的大量减少。这种技术作用也似乎对解释发展中国家的经验有所裨益，在这些国家里，密集使用非熟练劳动的产品的价格预期上升，熟练劳动的需求增加快于非熟练劳动的国家，人们再次将这种变化归之于非中性的技术进步——它减少了对非熟练劳动的需求。

其他经济学家并不赞同这种分析思路，罗伯特·费斯切（Robert Feenstra）注意到，发达国家的产业通过把原先完整的生产过程划分成不同的阶段，并且将更为非熟练劳动密集型的阶段外包给低工资的国家，它们可以更充分地利用非熟练工人。

在发展中国家，相同的外包工作创造了对相对熟练工人的需求——这里，这些国家工资差异化产生的新的力量超越了技术变动的影响。显然，外包策略并不充分利用发展中国家的非熟练工人。由于技术变化的影响与外包服务的意义的直接观察有限，经济学家对此问题尚未能解决。

资料来源：王秋红. 国际贸易学[M]. 2 版. 北京：清华大学出版社，2015：91-92.

【理论分析】

1. 运用相关国际贸易理论分析国际贸易对世界收入分配的影响。
2. 经济学家对国际贸易给世界收入分配带来的影响是否有一致的看法？

复习思考题

1. 简述要素禀赋理论的基本假设，并说明这些假设的必要性。

2. 什么是"里昂惕夫之谜"？如何解释"里昂惕夫之谜"产生的原因？

3. 假设 A、B 两国生产技术相同且在短期内不变：生产一单位衣服需要的资本为 1，需要的劳动为 3；生产一单位食品需要的资本为 2，需要的劳动为 2。A 国拥有 160 单位劳动和 100 单位资本；B 国拥有 120 单位劳动和 80 单位资本。问：

(1) 哪个国家为资本丰裕型国家？

(2) 哪种产品为劳动密集型产品？

(3) 假设所有要素都充分利用，计算各国各自最多能生产多少服装？多少食品？

(4) 假设两国偏好相同，两国间进行贸易，哪个国家会出口服装？哪个国家会出口食品？

4. 要素价格均等化能够实现吗？请说明能或不能的理由。

5. 斯托尔珀—萨缪尔森定理的核心内容是什么？

6. 雷布钦斯基定理的核心内容是什么？

第四章 当代新国际贸易理论

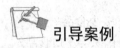 引导案例

百年柯达破产启示录

世界最大影像产品商——美国柯达公司于 2012 年 1 月 19 日上午在纽约向法院提出申请破产保护,这是柯达在受到纽约证交所退市警告后的自保行动。柯达表示,它已经获得花旗集团提供的 9.5 亿美元 18 个月期信贷支持,以进行业务重组。这表明,柯达虽然已直面破产威胁,但如果重组能够达到预期目的,那么它还存在一线生机。

柯达享有"百年老店"之美称,已经拥有 131 年历史,它所提供的优质胶卷曾经独居全球胶卷市场的鳌头,并且也在 20 世纪 80 年代刚刚改革开放的中国市场上受到消费者的欢迎。但是,时间仅过去了 20 多年,柯达却已经风光不再。自 2005 年以来,柯达每年都出现亏损,自 2008 年以来,柯达已经连续 4 年严重亏损,股票市值从 1997 年 2 月最高时的 310 亿美元下降至 21 亿美元。

柯达当年的成功,是因为掌握了世界上最为先进的摄像胶卷技术,它凭着这个拳头技术执掌了世界摄像市场的牛耳。但是,从数码成像技术出现的那一刻开始,传统的依靠胶卷摄像的冲印技术就清楚地显示了柯达的落后。可惜的是,尽管世界上第一台数码相机是柯达自己于 1975 年研发成功的,但它却未能将其及时地转化为生产力,当全球摄像市场迅速为数码摄像技术而激动时,柯达仍然固守着它在传统模拟相机胶卷上的地盘,没有能及时地跟上市场业态的快速变化。

其实,在柯达之前,已经有很多全球性的知名企业为我们提供了现成的例子,如曾经在手机市场上处于领先地位的诺基亚和摩托罗拉,在平板电脑市场上曾经风光一时的惠普,都是由于在技术创新上落后一招,今日已经受尽市场的冷遇,甚至退出了市场。看一看今天的消费者对苹果公司连续推出的 iPhone 和 iPad 产品的追逐,我们不难想象诺基亚、摩托罗拉和惠普的落寞。

今天,很多中国企业其实面临着与柯达同样的问题。由于缺少技术创新方面强大的后援支持,企业产品只能拾人牙慧,缺乏核心竞争力。在今天大多数消费品已处饱和的背景下,这种经营模式已经无法应对市场竞争,只能维持在低水平的状态,而中国消费者也只能享受到低水平的物质生活。但是,在一个越来越开放的市场里,世界上以最先进技术支撑的高科技产品很容易进入中国市场,从而对中国消费者产生强烈的吸引力。因此,中国企业应将柯达面临的危机当作一面镜子,以此来审视自身的不足。特别是那些以"百年老店"自居的企业,必须勇于抛弃虽然有悠久传统却已经不适应当下日新月异的市场业态的传统产业,开拓并且掌握高新技术,才能不断地占领市场制高点。

资料来源:张志前. 柯达兴衰启示录[M]. 北京:社会科学文献出版社,2012.

第四章 当代新国际贸易理论

教学目标

通过本章的学习,了解规模经济理论、需求偏好重叠理论的内容,熟悉产业内贸易理论的内容及产业内贸易的测度方法,掌握产品生命周期理论和国家竞争优势理论的内容。

第一节 产品生命周期理论

一、产品生命周期理论的基础:技术差距理论

技术差距理论(Theory of Technological Gap),又称为创新与模仿理论,是美国经济学家波斯纳(M. Posner)于1961年在《国际贸易和技术变化》一文中提出的。

波斯纳的技术差距理论认为,技术进步或技术创新意味着一定的要素投入量可以生产出更多的产品,这样,技术进步会对各国生产要素禀赋比例产生影响,从而影响各国的比较优势,对国际贸易格局的变动产生影响。因而,技术差距也是国家间开展贸易的一个重要原因。

技术差距理论把国家间的贸易与技术差距的存在联系了起来,该理论认为,由于各国技术的投资和技术革新的进展不一致,因而存在着一定的技术差距,这样就导致新产品总是最早产生于工业发达国家,然后进入世界市场。这时其他国家虽然想对新产品进行模仿,但由于同先进国家之间存在着技术差距,需要经过一段时间的努力才能实现,因而先进国家可以在这一段时间内垄断这一产品,在国际贸易中获得比较利益。但是因新技术会随着专利权转让、技术合作、对外投资、国际贸易等途径向国外转移,其他国家获得这一技术后就会开始模仿生产并不断扩大规模,创新国的比较优势就会逐渐丧失,出口下降,以致可能从其他国家进口该创新产品。

波斯纳在分析这一过程时,提出了需求滞后和模仿滞后的概念。所谓需求滞后,是指创新国出现新产品后,其他国家消费者从没有产生需求到逐步认识到新产品的价值而开始进口的时间间隔。它的长短取决于其他国家消费者对新产品的认识与了解。所谓模仿滞后,是指从创新国制造出新产品到模仿国能完全仿制这种产品的时间间隔。模仿滞后由反应滞后和掌握滞后所构成。反应滞后是指从创新国生产到模仿国决定自行生产的时间间隔,其时间长短取决于模仿国的规模经济、产品价格、收入水平、需求弹性、关税、运输成本等多种因素。掌握滞后是指模仿国从开始生产到达到创新国的同一技术水平并停止进口的时间间隔,其时间长短取决于创新国技术转移的程度、时间,模仿国的需求强度反其对新技术的消化吸收能力等因素。

胡弗鲍尔(G. G. Hufbauer)用图形形象地描绘了波斯纳的技术差距理论,如图4-1所示。在图4-1中,假设有A、B两国,A国为技术创新国,B国为技术模仿国。横轴T表示时间,纵轴Q表示商品数量,上方表示技术创新国A的生产和出口(B国进口)数量,下方表示技术模仿国B的生产和出口(A国进口)数量。

t_0点为A国(创新国)开始生产新产品的时间,t_1为A国(创新国)开始出口、B国(模仿国)开始进口的时间。t_0—t_1为需求滞后阶段,在这一阶段,B国对新产品没有需求,A国

尚未将新产品出口到 B 国。过了 t_1 点，B 国开始模仿 A 国消费，对新产品有了需求，A 国出口新产品、B 国进口新产品。随着时间的推移，B 国对新产品的需求量逐渐增加，A 国的出口量、B 国的进口量也逐渐扩大。

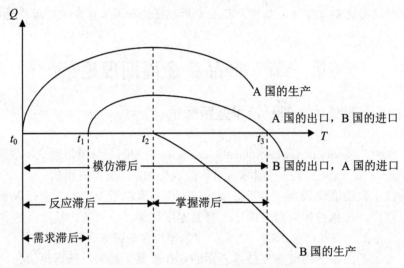

图 4-1 技术差距与国际贸易

t_2 为 B 国（模仿国）开始生产新产品的时间。由于新技术通过各种途径逐渐扩散到 B 国，在 t_2 点，B 国掌握了新技术开始模仿生产新产品，反应滞后阶段结束。此时，A 国的生产和出口（B 国进口）量达到极大值。过了 t_2 点，随着 B 国生产规模的扩大，产量的增加，A 国的生产量和出口量（B 国的进口量）不断下降。t_0—t_2 为反应滞后阶段。

t_3 为 B 国（模仿国）开始出口、A 国（创新国）开始进口的时间。到达 t_3 点，B 国生产规模进一步扩大，新产品成本进一步下降，其产品不但可以满足国内市场的全部需求，而且可以用于出口。至此，技术差距消失，掌握滞后和模仿滞后阶段结束。t_2—t_3 为掌握滞后阶段，t_0—t_3 为模仿滞后阶段。

可见，A、B 两国的贸易发生于 t_1—t_3 这段时间，即 B 国开始从 A 国进口到 A 国向 B 国出口为零这段时间。

应该指出的是，技术差距理论从技术创新出发，论述了产品贸易优势在创新国与模仿国之间的动态转移，这是富有创新意义的，而且也为研究一个具体产品创新过程的产品周期理论提供了坚实的基础。但技术差距理论只是解释了差距为何会消失，而无法充分说明贸易量的变动与贸易结构的改变。

二、产品生命周期理论的基本内容

产品生命周期理论（Theory of Product Life Cycle）是由美国经济学家、哈佛大学教授雷蒙德·弗农（Raymond Vernon）于 1966 年在其《产品周期中的国际投资与国际贸易》一文中首先提出，后经威尔斯（L. T. Wells）等加以补充、完善的。

产品生命周期理论是弗农在技术差距理论的基础上，将市场营销学的概念引入国际贸易理论,它是解释工业制成品贸易流向最有说服力的理论之一。该理论认为,凡是制成品都有一个生命周期,在这个生命周期中,产品的创新国在开始时出口这种产品,但随着产品的成熟与标准化,创新国逐渐丧失优势,最后变成这种产品的进口国。

(一)产品生命周期理论的基本假设

(1)国与国之间的信息传递受到限制。
(2)生产函数是可变的,而且当生产达到一定水平后会产生规模经济。
(3)产品在生命周期的各阶段所表现的要素密集特点是各不相同的。
(4)不同收入水平国家的需求和消费结构是有差异的。

(二)产品生命周期模型

由于技术的创新和扩散,产品和生物一样具有生命周期,会先后经历五个不同的阶段。在产品生命周期的不同阶段,各国在国际贸易中的地位是不同的。

1. 第一阶段:产品创新时期

产品创新时期是指新产品的研究和开发阶段。在这一时期,需要投入大量的研究开发费用和大批的科学家和工程师的熟练劳动,生产技术尚不确定,产量较少,没有规模经济的利益,成本很高,因此,拥有丰富的物质资本和人力资本的高收入的发达国家在这一阶段具有比较优势。这一阶段的产品表现出知识和技术密集的明显特征,主要供应生产国本国市场,满足本国高收入阶层的特殊需求。

2. 第二阶段:产品成长时期

经过一段时间以后,生产技术确定并趋于成熟,国内消费者普遍接受创新产品,加之收入水平相近的国家开始模仿消费新产品,国外需求发展,生产规模随之扩大,新产品进入成长期。在成长期,由于新技术尚未扩散到国外,创新国仍保持其比较优势,不但拥有国内市场,而且在国际市场上也处于垄断地位。

3. 第三阶段:产品成熟时期

国际市场打开之后,经过一段时间的发展,生产技术已成熟,批量生产达到适度规模,产品进入成熟期。在成熟期,由于生产技术已扩散到国外,外国生产厂商模仿生产新产品且生产者不断增加,竞争加剧;由于生产技术已趋成熟,研究与开发(R&D)要素已不重要,产品由智能型(或 R&D 密集型)变成资本密集型,经营管理水平和销售技巧成为比较优势的重要条件。这一阶段,一般的发达工业国都有比较优势。

4. 第四阶段:产品销售下降期

当国外的生产能力增强到满足本国的需求(即从创新国进口新产品为零),产品进入销售下降期。在这一时期,产品已高度标准化,国外生产者利用规模经济大批量生产,使其产品的生产成本降低,因而开始在第三国市场上以低于创新国产品售价销售其产品,使创新国渐渐失去竞争优势,出口量不断下降,品牌竞争让位于价格竞争。

5. 第五阶段:产品产销让与期

当模仿国在创新国市场上也低价销售其产品时,创新国的该产品生产急剧下降,产品进入让与期,该产品的生产和出口由创新国让位给其他国家。在这个阶段,不但 R&D 要素不重要,甚至资本要素也不重要,低工资的非熟练劳动成为比较优势的重要条件,具备这个条件的是有一定工业基础的发展中国家。在这一阶段,创新国因完全丧失比较优势而变为该产品的净进口者,产品生命周期在创新国结束。此时,创新国又利用人力资本和物质资本丰富的优势进行再创新,研发其他产品。

威尔斯将产品生命周期模型通过图示进行了说明,如图4-2所示。

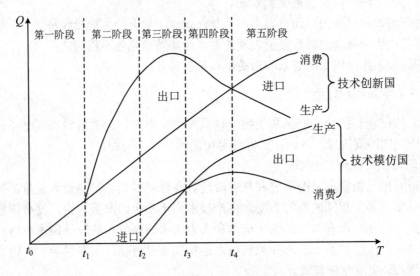

图4-2 产品生命周期模型

图4-2中,纵轴表示商品数量,横轴表示时间,上面两条曲线表示技术创新国的产品生产量和消费量随时间推移而变化的情形,下面两条曲线表示技术模仿国的变化情形。

在第一阶段,创新国研制与开发新产品,于 t_0 开始投产,产量较少,产品主要在本国市场销售。在这个阶段,创新国处于垄断地位。随着经营规模的扩大和国外需求的发展,创新国于 t_1 开始向国外出口该产品(模仿国开始进口该产品),该产品进入第二阶段。于 t_2 处,国外生产者开始模仿新产品生产,与创新国竞争,新产品进入第三阶段。随着国外生产者增多及其生产能力增强,创新国的出口量下降;模仿国于 t_3 变为净出口者,使该产品进入第四阶段。这时,产品已高度标准化,国外生产者利用规模经济大批量生产,降低生产成本,使创新国开始失去竞争优势并于 t_4 变为净进口者,使该产品进入第五阶段。到 t_5 处,由于发展中国家的低工资率使它们具有该产品生产的比较优势,该产品由低收入的发展中国家出口到高收入的发达国家,即产品由发达国家生产完全让位给发展中国家生产。

从以上分析可见,由于技术的传递和扩散,不同国家在国际贸易中的地位不断变化,新技术和新产品创新首先在技术领先的发达国家发生,尔后传递和扩散到其他国家。新技术和新产品的转移和扩散像波浪一样,一浪接一浪向前传递和推进。近年来,新技术扩散滞后期大为缩短,使得新产品的生命周期变得越来越短。

(三)产品生命周期的动态演进

1. 生产要素的动态变化

工业制成品的生产要素随其生命周期不断变化。在新产品的生命周期的不同阶段,制造新产品所投入的要素比例是变动的。在新产品阶段,产品的设计尚需改进,工艺流程尚未定型,需要大量的科技人员和熟练工人,产品属于技术密集型。到了成熟阶段,产品已经定型,只需要投入资本购买机器设备,产品由技术密集型转向资本密集型。进入标准化阶段,产品和工艺流程已经标准化,价格竞争成为能否占领市场的关键。

2. 贸易国比较利益的动态转移

根据产品生命周期各阶段的要素密集型的特点,比较优势将发生国与国之间的转移。就不同类型的国家而言,在产品生命周期的不同阶段比较优势是不同的。美国工业先进,科技力量雄厚,国内市场广阔,在开发新产品方面具有比较优势。其他发达国家拥有较为丰富的科研力量和较强的科技实力,生产某些产品具有比较优势,这些国家一方面可以把处于生命周期早期阶段的产品出口到欠发达国家,另一方面又可以把处于后期阶段的产品出口到比它们发达的国家。发展中国家半熟练劳动资源丰富,在生产标准化产品上具有比较优势。因此,一种产品在它的生命周期的运动过程中,比较优势是从一种类型的国家转向另一种类型的国家。

人物简介 4-1

雷蒙德·弗农

雷蒙德·弗农(Raymond Vernon),1913年出生,是美国二战以后国际经济关系研究方面最多产的经济学家之一。弗农的著作反映了他多方面的职业生涯,包括近二十年在政府部门任职,短时期内从商,担任过3年"纽约市区研究"中心主任,以及从1959年开始在哈佛大学任教,先是在商学院,后来是在约翰·肯尼迪管理学院,在那里直到退休,他一直是克拉伦斯·狄龙学院的国际问题讲座教授。

弗农早期的研究贡献之一是区位经济学,信息和专业化服务也很显著地出现在弗农论述多国公司的大量著作中。弗农揭示了信息和专业化服务是如何内在化的和怎样转化为专有知识,多国企业利用这种知识获取在国内和国际市场上的垄断地位,通过把生产转移到位于常规的生产要素最便宜的国家中的子公司,同时把总部放在新产品和新工艺的发祥地——最发达的市场,从而使这些企业的垄断地位从"产品周期"的初始阶段一直延续到成熟阶段。弗农在哈佛商学院时,出版了大量关于多国公司的著作,并发表了多篇论文。

资料来源:[英]约翰·伊特韦尔,[美]默里·米尔盖特,彼得·纽曼. 新帕尔格雷夫经济学大辞典:第四卷[M]. 北京:经济科学出版社,1996: 870-871.

三、产品生命周期理论的意义及局限性

作为工业制成品贸易的动态理论,产品生命周期理论对第二次世界大战后的制成品贸易模式和国际直接投资做出了令人信服的解释。它是把动态比较利益理论和生产要素禀赋理论、新要素理论结合起来的一种理论。从要素密集性看,在产品生命周期的不同时期,其生产要素比例会发生规律性变化,其比较优势将从一个国家转向另一个国家。因此,产品生命周期理论也可被视为对比较利益论和要素禀赋论的一种发展。但是也有一些经济学家认为,由于

经济中存在着许多不确定因素,以及各国面临的影响工业发展方向的条件和环境各异,产品生命周期各阶段的循环未必会发生,该周期并不具有普遍性。经济学家乔治·利罗伊对五个跨国公司生产的数百种产品进行了详细的研究,发现没有一种产品是首先在美国生产,然后出口到国外,再从国外进口到美国。总之,对这一问题还需进行进一步的实证研究。

第二节 产业内贸易理论

产业内贸易理论(Intra-industry Trade Theory)又称差异化产品理论(Differentiated Product Theory),是解释产业内同类产品贸易增长特点和原因的理论。

20世纪60年代,经济学开始注意同产业贸易现象,但最初的研究大多属于经验分析。1960年,沃顿(P. J. Verdoorn)在一篇论文中分析了"荷比卢同盟"的形成对三个国家的影响,发现三个国家专业化分工发生在同一产业的不同分支之间。迈凯利(Michaely)对36个国家5大类商品的进出口差异指数的计算结果说明:高收入国家的进出口商品的结构呈现出明显的相似性,而大多数发展中国家则相反。1966年,巴拉萨(B. Balassa)对欧共体形成后各成员贸易现状进行分析后发现,欧共体各国的贸易增长大部分是发生在国际贸易商品标准分类的商品组内,而不是在商品组之间。在上述经验检验的基础上,20世纪70年代中期,以格鲁贝尔(H. G. Grubel)和劳埃德(P. J. Lloyd)等人为代表的一大批经济学家对产业内贸易现象做了开创性、系统性的研究,使产业内贸易理论发展从经验性检验进入到理论性研究阶段。他们认为,从当代国际贸易产品结构来看,大致可以分为产业间贸易和产业内贸易两大类。前者是指一国进口与出口的产品属于不同的产业部门,而后者则指一国既出口同时又进口某种或某些同类产品。例如,美国和日本相互进口对方的计算机,德国与法国相互进口对方的汽车,意大利和德国相互进口对方的打字机等,就属于产业内贸易。

一、产业内贸易的概念、类型与特点

(一)产业内贸易的概念与类型

产业内贸易,是指同一产业部门具有相似的要素投入和消费替代性的产品通过外部或内部市场在不同国家或地区间的双向流动,简单地说,它是指一个国家或地区既进口又出口同一产业部门产品的现象。在某些研究中,它也被称为双向贸易(Two-way Trade)或者重叠贸易(Trade Overlap)。

产业内贸易理论中所指的产业,必须具备两个条件:一是生产投入要素相近;二是产品在消费上可以相互替代。在这里,同类的产品是指按照国际贸易产品标准分类统计法(Standard International Trade Classification,SITC)统计时,至少是前3位数都相同的产品,也就是属于同类(Division)、同章(Chapter)、同组(Group)的产品既出现在一国的进口项目中,又出现在一国的出口项目中。符合上述条件的产品可以分为两类:同质产品和异质产品,也称作相同产品或差异产品。

前文已说明,格鲁贝尔和劳埃德属于最初系统研究此类问题的学者,他们收集了大量的文献资料,试图从理论上证明产业内贸易的存在,他们指出必须区分属于同一产业的(Homogeneous)同质产品和非同质(Differentiated)产品两种情况。同质产品或相同产品是指产品间可以完全相互替代,也就是说,产品有很高的需求交叉弹性,消费者对这类产品的消费偏好完全一样。非同质产品与同质性产品相对应,指的是产品间不能完全替代,但要素投入具有相似性。而非同质产品又可区分为水平差异(Horizontal Differentiated)产品和垂直差异(Vertical Differentiated)产品两种情况。水平差异产品是指具有相同质量但在其他方面具有不同特点的产品,如具有相同质量但是花色和品种各不相同的丝质领带。垂直差异是指品种相同但是质量不同的产品,如都是红颜色但是由丝、羊毛、棉或人造纤维等不同材料做成的领带。当前产业内贸易理论的研究大多把格鲁贝尔和劳埃德的分类作为研究起点。

(二)产业内贸易的特点

(1)与产业间贸易的贸易对象不同:产业内是同类产品,产业间是非同类产品。
(2)产业内贸易的产品流向具有双向性:同一产业内的产品在两国互有进出口。
(3)产业内贸易的产品具有多样化:资本密集型、技术密集型和劳动密集型。
(4)产业内贸易的商品必须具备两个条件:消费上能够相互替代和在生产中需要相近或相似的生产要素投入。

二、产业内贸易的测量指标

(一)沃顿指标

1960年,沃顿考察了欧洲荷比卢集团的情况,根据两个时点、12种产品组合的样本,他用某一产业产品的出口值与该产品进口值的比例来检验贸易模式的变化。其计算公式为

$$S_i = \frac{X_i}{M_i} \tag{4-1}$$

式中:S_i表示贸易结构;X_i表示i产业产品出口值;M_i表示i产业产品进口值。

当S_i接近于1时,表明贸易的结构属于产业内贸易;若该指数远离1,如无穷小或无穷大,则该贸易的结构为产业间贸易。目前这一指标已经基本不被采用了。

(二)巴拉萨指标

巴拉萨1966年在研究欧共体各国之间的分工时提出了产业内贸易水平这一测定指标。其计算公式为

$$C_i = \frac{|X_i - M_i|}{X_i + M_i} \tag{4-2}$$

$$C = \frac{1}{n}\sum_{i=1}^{n} C_i \tag{4-3}$$

式中:C_i是i产业的产业内贸易水平;X_i和M_i分别代表i产业的出口值和进口值;C是所有贸易指数的算术平均数,表示该国产业间贸易和产业内贸易总体水平的高低。

如果$0 \leq C_i \leq 1$,C_i越接近1,说明产业间贸易水平越高,产业内贸易水平越低;相反,

C_i 越接近 0,说明产业间贸易水平越低,产业内贸易水平越高。

(三)格鲁贝尔—劳埃德指标(G-L 指标)

格鲁贝尔和劳埃德(1975)认为,巴拉萨指标存在如下缺陷:第一,C 只是一个简单的算术平均数,不能反映出每个产业的权重;第二,未考虑总的贸易失衡对 C 的影响。他们在该指标的基础上建立了一个新的指标——产业内贸易指数,其计算公式为

$$\text{IIT}_i = 1 - \frac{|X_i - M_i|}{X_i + M_i} \qquad (4\text{-}4)$$

式中,IIT_i 是 i 产业的产业内贸易指数,X_i 和 M_i 分别代表 i 产业的出口值和进口值。

产业内贸易指数为 0~1 的数值(即 $0<\text{IIT}_i<1$),如果采用百分比的形式表示,其则介于 0~100。

如果 i 产业的贸易为产业间贸易,即 $X_i=0$ 或 $M_i=0$,则 $\text{IIT}_i=0$;如果 i 产业的贸易为产业内贸易,即 $X_i=M_i$,则 $\text{IIT}_i=1$。

以每个产业的进出口额占该国进出口总额的比重作为权重,对所有 IIT_i 加权平均,可以得到一个国家的产业内贸易指标。其计算公式为

$$\text{IIT} = \sum_i \frac{X_i + M_i}{\sum_i (X_i + M_i)} \text{IIT}_i \times 100 = \frac{\sum_i (X_i + M_i) - \sum_i |X_i - M_i|}{\sum_i (X_i + M_i)} \times 100 \qquad (4\text{-}5)$$

式中:IIT 是一国的产业内贸易指数;X_i、M_i 分别代表 i 产业的出口额和进口额;i=1,2,3,…,n。

如果一国的所有贸易均为产业间贸易,即 $X_i=0$ 或 $M_i=0$,则 IIT=0;如果一国所有贸易均为产业内贸易,即 $X_{ij}=M_{ij}$,则 IIT=100,因而 $0 \leq \text{IIT}_j \leq 100$。

目前有关产业内贸易研究文献中,大多数学者采用格鲁贝尔—劳埃德的产业内贸易指数作为衡量一国产业内贸易水平高低的指标。

三、产业内贸易的理论解释

产业内贸易形成的原因及主要制约因素是比较复杂的,学界主要是从同类产品的异质性、规模报酬递增及经济发展水平的角度对其进行解释。

(一)同类产品的异质性

在每一个产业部门内部,由于产品的质量、性能、规格、牌号、设计、装潢等的不同,每种产品在其中某一方面都有细微差别,从而形成无数有差别的产品系列,如混凝土就有几百个品种。受财力、物力、人力、市场等要素的制约,任何一个国家都不可能在具有比较优势的部门生产所有的差别化产品,而必须有所取舍,着眼于某些差别化产品的专业化生产,以获取规模经济利益。因此,每一产业内部的系列产品常产自不同的国家。而消费多样化造成的市场需求多样化,使各国对同种产品产生相互需求,从而产生贸易。例如,欧共体(现欧盟)建立以后,共同体内部贸易迅速扩大,各厂商得以专业化生产少数几种差异化产品,使单位成本大大下降,成员国之间的差异产品交换随之大量增加。

与产业内差异产品贸易有关的是产品零部件的贸易的增长。为了降低成本,一种产品的

不同部分往往通过国际经济合作形式在不同国家生产，追求多国籍化的比较优势。例如，波音777飞机的32个构成部分，波音公司承担了22%，美国制造商承担了15%，日本供给商承担了22%，其他国际供给商承担了41%。飞机的总体设计在美国进行，美国公司承担发动机等主要部分的生产设计和制造，其他外国承包商在本国生产设计和制造有关部件，然后运到美国组装。显然，波音777飞机是多国籍化的产物。类似的跨国公司间的国际联盟、协作生产和零部件贸易，正促进各国经济的相互依赖和产业内贸易的扩大与发展。

（二）规模报酬递增或规模经济与不完全竞争

产业内贸易的必要基础是规模经济。由于国际上企业之间的竞争非常激烈，为了降低成本，获得比较优势，工业化国家的企业往往会选择某些产业中的一种或几种产品，而不是全部产品。

对企业而言，规模经济有外部的和内部的。前者不一定带来市场不完全竞争，后者则将导致不完全竞争，如垄断性竞争、寡占或独占。这是因为国际贸易开展后，厂商面对更广大的市场，生产规模可以扩大，规模经济使扩大生产规模的厂商的生产成本、产品价格下降，生产相同产品而规模不变的其他国内外厂商因此被淘汰。因此，在存在规模经济的某一产业部门内，各国将各自专注于该产业部门的某些差异产品的发展，再相互交换（即开展产业内贸易）以满足彼此的多样化需求。

国家间的要素禀赋越相似，越可能生产更多相同类型的产品，因而它们之间的产业内贸易将越大。例如，发达国家之间的要素禀赋和技术越来越相似，它们之间的产业内贸易相对于产业间贸易日益重要。

（三）经济发展水平

经济发展水平越高，产业内异质性产品的生产规模就越大，产业部门内部分工就越发达，从而形成异质性产品的供给市场。同时，经济发展水平越高，收入水平也就越高，而较高的收入水平使得人们的消费模式呈现出多样化的特点，而需求的多样化又带来对异质性产品需求的扩大，从而形成异质性产品的需求市场。在对异质性产品的供给市场和需求市场的推动下，经济发展水平比较高的国家出现了较大规模的产业内贸易。

四、对产业内贸易理论的评价

产业内贸易理论认为是供给和需求两个方面的原因一起造成了产业内贸易现象的出现。在供给方面，由于参与国际贸易的厂商通常是处在垄断竞争而非完全竞争的条件下，因此产生了同类产品的差异化；在需求方面，消费者的偏好具有多样性，而且各国之间的消费需求常常存在着互相重叠的现象。

产业内贸易理论是对传统贸易理论的批判。如果产业内贸易的利益能够长期存在，那么其他的厂商就不能自由进入这一行业，这就说明了不存在自由竞争的市场。另外，产业内贸易理论强调了同时考察供给和需求两方面。这一理论还认为，产业内贸易的利益来源于规模经济的利益，这种分析比较符合实际。产业内贸易是对比较优势学说的补充，它揭示了李嘉图的比较优势学说和传统的赫克歇尔—俄林模型用于解释初级产品和标准化产品的合理性，但是这种理论依然是用一种静态的观点进行分析，这也是它的不足之处。

第三节　规模经济理论

20 世纪 60 年代以来，国际贸易出现的新的倾向，形成对传统国际贸易理论的挑战：发达国家的资源禀赋相似，但大部分贸易却在发达国家之间展开。这个问题用要素禀赋理论是难以解释的，"规模经济"理论为贸易原因提出了新的解释。该理论的主要贡献者是美国经济学家保罗·R. 克鲁格曼（Paul R. Krugman）以及以色列经济学家埃尔赫南·赫尔普曼（Elhanan Helpman）。

一、早期关于规模经济与国际贸易的主要论点

（一）斯密的剩余出路说

斯密的贸易理论包括两个重要部分：一是"绝对利益说"；二是"剩余出路说"（Vent for Surplus）。前者以提高劳动生产率为基点，后者则隐含着规模收益递增的条件。

斯密的剩余出路说认为，分工的发展是促进生产率长期增长的主要因素，而分工的程度则受到市场范围的强烈制约。对外贸易是市场范围扩展的显著标志，因而对外贸易的扩大必然能够促进分工的深化和生产率的提高，加速了经济增长，增加了国民财富。

假定一国在开展国际贸易之前，存在着闲置的土地和劳动力，这些多余的资源可以用来生产剩余产品以供出口，这样贸易就为本国的剩余产品提供了"出口"。斯密认为，对外贸易可以"给国内消费不了的那一部分劳动成果开拓一个比较广阔的市场，这就可以鼓励它们去改进劳动生产力，竭力增加它们的年产物，从而增加社会的真实财富与收入。"这种剩余产品的生产不需要从其他部门转移资源，也不必减少其他国内经济活动，出口所带来的收益及换回本国所需要的产品没有机会成本，因而必然促进该国的经济增长。对外贸易不仅通过扩大生产使国民财富增加，而且还增加了消费者的利益，从而有利于国民经济的发展。

（二）马歇尔的规模经济论

马歇尔在《经济学原理》（1890）中，明确提出"规模经济"概念。马歇尔把分工及生产专业化与规模经济联系起来，指出了大规模生产的好处，认为报酬递增是由于企业扩大其不动产而获得了种种新的大规模生产经济，从而在相对低廉的成本上增加了产量，同时他系统论证了大规模生产对工业的意义。马歇尔把组织作为除资本、劳动、土地之外的第四要素，发现随着生产集中会产生平均成本递减的利益，产业组织因而有追求规模扩大的动机。他说："大规模生产的主要利益，是技术的经济、机械的经济和原料的经济，但最后一项与其他两项相比，正在迅速失去重要性。"换言之，规模经济主要是生产规模，核心内容是技术设备的经济规模。这一思想后来成为新古典经济学谈论规模经济的主要依据。

依此，马歇尔把规模经济归结为两类，即内在经济和外在经济。他写道："我们可把任何一种货物的生产规模之扩大而发生的经济分为两类：第一是有赖于这一工业的一般发达的经济；第二是有赖于从事这一工业个别企业的资源、组织和经营效率的经济。我们可称前者为外在经济，后者为内在经济。"显然，马歇尔是从企业的角度来划分规模经济的种类的，

所谓"外在"和"内在"都是相对于企业而言的。

马歇尔虽然提出了内在经济和外在经济这一对概念,但他把论述的重点放在内在经济上。至于外在规模经济,马歇尔并没有对这一概念给出系统而明确的界定和阐释。马歇尔把内在经济的形成机理描述为:如果厂商的成本曲线是向下倾斜且是可逆转的,那么随着产量的增加,将导致单位产品的平均成本趋于下降;随着产量的减少,平均成本又会恢复到原有水平(即是可逆转的)。他把这种产量的增加所带来的成本节省而产生的经济效率,称为厂商的内在经济或内在规模经济。将马歇尔的内部规模经济的观点与国际贸易联系起来,不难发现,存在内部规模经济条件下,国际贸易使一国的市场扩大,厂商通过提高产量得以实现规模经济利益,消费者可以得到更低价格的消费品;同时,厂商在寻求差异产品的过程中增加了产品的品种数量,消费者可以有更多的选择。

人物简介 4-2

阿尔弗雷德·马歇尔

阿尔弗雷德·马歇尔(Alfred Marshall,1842—1924)是英国经济学家,新古典学派(或称剑桥学派)的创始人。马歇尔出生于英国伦敦,自幼喜爱数学,1865 年毕业于剑桥大学数学系,后对经济学产生兴趣。1868 年,马歇尔任剑桥大学圣约翰学院道德学讲师,1885—1908 年,任剑桥大学政治经济学教授。马歇尔的理论为现代西方微观经济学奠定了基础,并在 20 世纪 30 年代以前一直居于经济学领域中的支配和主导地位,著有《经济学原理》《工业与贸易》《货币、信用和商业》等著作。

马歇尔在《经济学原理》(1938)中,明确提出"规模经济"概念,把分工及生产专业化与规模经济联系起来,提出了内在经济和外在经济这一对概念,但他把论述的重点放在内在经济上,至于外在规模经济,马歇尔并没有对这一概念给出系统而明确的界定和阐释。

资料来源:根据《新帕尔格雷夫大辞典》整理

二、规模经济与国际贸易

(一)规模经济的界定

传统国际贸易理论的一个重要假设是规模收益不变,即假定无论生产多少数量,经济组织追加生产单位产品的效率总是相同的。但事实上,规模的变化通常会带来效率的变化。

规模经济(Economies of Scale)是指在产出的某一范围内,平均成本随着产量的增加而递减。规模经济往往与规模收益递增这一概念联系在一起,规模收益递增是指生产过程中产出增加的比例大于要素投入增加的比例。当生产过程遵循规模报酬递增规律时,自然存在规模经济;但反过来,规模经济并不要求规模报酬递增一定存在。换言之,规模经济是指随着生产规模扩大,单位生产成本降低(即成本递减)而产生的生产效率的提高(边际收益递增)。

规模经济可以分为外部规模经济和内部规模经济。

外部规模经济(External Economies of Scale)是指企业外部(行业)规模,如基础设施配套、原材料补充、人员聘用、资金筹措等因素造成的单位产品成本下降而获得的收益。单个厂商的平均成本与其生产规模无关，但与整个行业规模有关，外部规模经济常常由于"聚集效应"（Conglomeration Effect）而产生。行业规模越大，竞争越激烈，单个企业就越能在信息交流与知识分享中获利，提高劳动生产率，单个厂商的平均成本越小。外部规模经济中的厂商面对的是一种接近完全竞争状态的市场结构，即外部规模经济对企业是外在的，但对该行业则是内在的。

内部规模经济（Internal Economies of Scale）是指由于生产要素的不可分性或由于企业内部分工产生的生产规模扩大和单位产品成本降低的效率收益，或简单地说，是厂商的平均成本随自身生产规模扩大而下降。

通过一个假定的例子，可以说明外部规模经济与内部规模经济的区别。假设，某行业最初由 10 家厂商组成，每家生产 100 件产品，整个行业的产出是 1 000 件。现在考虑两种情形：①假设该行业规模扩张了一倍，即由 20 家厂商组成，每家仍生产 100 件产品。如果此时效率提高了，即产品的平均成本下降了，就是实现了外部规模经济。②如果假设全行业的产出不变，仍是 1 000 件，但只剩下 5 家厂商，每家厂商各生产 200 件产品。若每件产品的生产成本下降，则存在内部规模经济。

（二）外部规模经济与国际贸易

1. 外部规模经济的源泉

外部规模经济主要来源于三个方面，即生产设备及供应的专门化、共同生产要素的相互借用或使用以及技术外溢效果。

首先，随着经济的发展，某些工业部门所需要的机械设备越来越趋向于专门化，因而一家企业很难单独生产和供应整个产品生产的全部设备。这类部门的发展就有赖于整个机械生产部门的整体发展，各个环节的生产设备都要由专门企业进行生产和供应，否则该部门的生产成本会由于设备难以配齐，或由于需要从其他国家或地区进口其余的专用设备或部件而增加产品的成本。如果在一个国家中，该部门的所有生产环节和生产设备都能够进行生产，就可以较低的成本获取这些生产设备，使用这些设备的产品生产就可以发展起来。

其次，形成共同生产要素的市场也会导致经济效果。在这一点上，保罗·R.克鲁格曼在其教科书中所举的电影制片厂在某一城市的集中的例子，可能是最典型的。他假设有两家电影制片厂，在拍大型影片时都需要 150 人的专业演员队伍，但是一般情况下只需要 100 人，而淡季只需要 50 人。现在我们只考虑两种情况：第一种情况是两家电影制片厂分设在两个不同的城市，其中一家电影公司需要拍大型影片，需要专业演员 150 人，而其正常的雇佣量只有 100 人，其余 50 人就要从另一家电影公司雇用，为此需要向增雇的演员支付来往的交通费以及其他补贴，这就增加了拍摄电影的成本。而如果不这样做，电影公司就要将自己的专业演员队伍保持在 150 人的规模。如果两个公司都这样做，其专业演员队伍就是 300 人，但是如果其中一家公司制片降到一般情况下或淡季规模，那么就会出现演员闲置或失业，从而浪费了人力资源。第二种情况是两家电影公司设在同一个城市，如果两家公司各雇用 100 名专业演员，其总的雇用演员量就是 200 人。假设一家公司拍摄大型影片，需要 150 名演员，而另一家公司恰好是淡季，那么过去受雇于淡季公司的演员现在就可以到拍摄大型影片的公司去工作；反之，也是如此。这样两家电影公司就拥有或共享了一个要素供应的来源。这种共同拥有的生产要素市场或来源,有助于减少人员闲置,节约开支,形成部门规模经济。

最后,同一个部门内的企业越多,相互之间的技术交流和促进越是便利,从而越是有利于新技术的普及或广泛应用。关于部门或行业规模效应问题,马歇尔早就论述过。他指出,如果许多企业设在同一个城市或一个地区,会产生规模经济的效果,因为如果某个人有了新的设计或想法,他就会与别人交流,这种想法会得到普及,同时,该设计者会在与其他人的交流中获得改进的建议并完善自己的设计。在现代经济发展中,这种产业或行业规模效益更加明显。关于这一点,在美国的硅谷表现得最突出。在那里一大批科技精英云集,他们可以在各种场合进行想法的交流,互相启发。一旦有新的发明或产品推出,其他公司马上就会对其进行解析,进而加以改进,再推出更完善的产品,因而地点的集中和人才的集中有助于技术的外溢和普及。由此,节约成本的技术会迅速推广,并使美国在与其他国家的同类产品的竞争中居于有利地位。

2. 外部规模经济与国际贸易

假定两国两产品(部门)模型,在 X、Y 两产品部门中至少有一个部门存在外部规模经济,假设是 X 部门存在外部规模经济,而 Y 部门规模收益不变。再假定是完全竞争,两国相同部门的生产函数、要素比例、消费者偏好及市场规模均相同。因此,在封闭条件下达到均衡时两国相对价格完全一致,不存在比较优势。

存在规模经济时,不仅要素密集度而且规模经济也影响生产可能性边界的形状。部门间要素密集度的差异会产生一种使生产可能性边界向外凸的张力,规模经济则产生一种使生产可能性边界向内凹的吸力,最终的生产可能性边界形状取决于两种相反力量的对比。假设规模经济的效应超过了要素密集度差异的效应,从而产生一条凹向原点的生产可能性曲线,如图 4-3 中 TT' 线。

封闭条件下,在一般均衡点 E 上,相对价格线(P_X/P_Y)与生产可能性边界相交,而非相切,因为 X 部门存在外部规模经济,所以 X 部门厂商所面对的相对价格要低于社会机会成本(即生产可能性边界曲线的斜率的绝对值),且社会福利由通过均衡点 E 与相对价格线相切的社会无差曲线表示(见图 4-3)。由于两国所有条件均完全相同,两国的相对价格完全相同,两国两种产品都生产,社会福利也相同。

开放条件下,均衡点 E 对两国来说都不再是稳定的,两国会发现通过国际分工与贸易可以改善各自的福利。例如,A 国专门生产 X,B 国专门生产 Y,各自将所生产出的产品一半与对方进行交换,那么两国都会获益(见图 4-4)。

图 4-4 中,两国消费均衡点重合,说明两国从国际贸易中获得的好处是相同的。而这只是一种巧合,实际情况会有所不同。在一般情形下,贸易利益在两国间的分配可能是不均等的,也就是说,两国的社会无差曲线不见得正好都相切于直线 TT' 的中点。

因 X 存在规模经济,对世界来说一国生产 X 要比两国都生产 X 可得到更多的 X。两国都将自己专业化生产的一部分与另一国交换,两国的消费点都超出其生产可能性边界,如图 4-4 所示,A 国位于 C_A,B 国位于 C_B。通过 C_A 点的与国际相对价格线 P_W(Pw_X/Pw_Y)相切的无差异曲线高于通过 C_B 点的无差异曲线,表明 A 国得到更多的贸易利益。

在开放经济中,两国的一般均衡点不是唯一的。例如,A 国生产均衡点可以是 T,也可以是 T',真正的国际分工和国际贸易格局可能由一些偶然的和历史的因素决定。此外,国家的大小与市场规模直接相关,在上面的例子中,如果两国国内市场存在差异,国际分工与贸易格局的不确定性会大大降低。一般而言,如果两国国内市场存在差异,而其他条件完全相同,则大国将完全专业化生产具有规模经济的产品 X,小国将只能完全专业化生产规模收益不变的产品 Y。其中的原因是:在封闭条件下,大国由于国内市场较大,可为 X 产品提供更大的市场空间,从而 X 产品的生产成本相对更低,相对价格也低于小国。在自由贸易条件下,由于价格的差异,大国将选择出口 X,并因为存在规模经济而完全专业化于 X 的生产;而小国将出口 Y,并且也专业化于 Y 的生产。虽然小国完全专业化于规模收益不变的 Y 的生产,并不降低成本,但放弃 X 的生产而只从大国进口,要比自己生产 X 的代价更小。

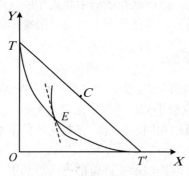

图 4-3　外部规模经济与国际贸易

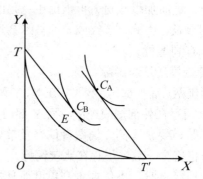

图 4-4　外部规模经济与贸易利益分配

(三) 内部规模经济与国际贸易

1. 内部规模经济的源泉

内部规模经济主要来源于企业本身规模的扩大。由于生产规模的扩大和产量的增加,企业就能够充分发挥各种生产要素的效能,更好地组织企业内部的劳动分工和专业化,提高厂房、机器设备的利用率,从而使分摊到单位产品的固定成本越来越少,进而使产品的平均成本降低。具有内部规模经济的一般为大企业,多集中在汽车、钢铁等资本密集型产业中。

内部规模经济之所以会出现,是由于:第一,现代工业技术生产的特征之一是大规模生产,而大规模生产在技术和管理上具有不可分性,如企业只能在一定规模上才能采用生产线、大型电子办公设备等。因此,一个较大规模的企业可能比规模相同的若干个小企业更有效率。第二,大规模生产实行更细致的专业化分工,采用更有效率的机器,实行综合管理经营,从而大大提高了生产效率。第三,生产的几何维量关系造成规模经济,如输油管道直径增加两倍,可使流量高于两倍,双倍的船舶吨位可以使货舱容量高于两倍。另外,大量的科研和开发活动,巨额原材料买卖,这一切只有对那些已达到规模经济的厂商来说才是可能的和经济的。

2. 内部规模经济与国际贸易

假定有 A、B 两国,两国拥有的生产要素和消费偏好相同,生产某种产品的技术也相同,两国的长期平均成本曲线相同。如果按照赫克歇尔—俄林模式,这两个国家成本和价格比率相同,就没有进行互利贸易的基础。

但是,若假定 A 国具有较大的国内市场,从而更易于实现规模经济,而 B 国恰好相反,国内市场狭小,只能小规模地、高成本地生产某种产品。如图 4-5 所示,虽然两国的长期平均成本曲线相同，但 A 国的代表性企业产量为 Q_A，其生产成本为 C_A；而 B 国代表性企业产量为 Q_B，单位成本为 C_B，即两国的企业处于同一条成本曲线的不同位置，因而其产品的生产成本就不同。

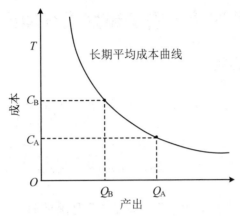

图 4-5　内部规模经济与国际贸易

A 国实现了规模经济，成本较低；B 国只能小规模地生产，成本较高。因此，A 国将在这种产品上具有以规模经济为基础的比较优势。同时，这种规模经济会使其各种产品的机会成本比率发生变化，从而使另一些或另一种产品成为处于劣势的产品。当开放贸易时，A 国将出口这种以规模经济为基础的比较优势产品，而进口由于机会成本比率被规模经济改变而处于劣势的产品。

人物简介 4-3

保罗·R. 克鲁格曼

保罗·R. 克鲁格曼（Paul R.Krugman），1953 年出生于一个美国中产阶级家庭。在其大学二年级的时候，著名经济学家诺德豪斯在偶然看到克鲁格曼的一篇关于汽油的价格和消费的文章后，为他对经济问题的深刻理解所打动，立即邀请他做自己的助手。克鲁格曼大学毕业后，在诺德豪斯的推荐下，进入麻省理工学院（MIT）攻读博士学位。克鲁格曼在 1977 年取得博士学位之后，赴耶鲁大学任教。

克鲁格曼成名于 1978 年 7 月，当时他向美国国民经济研究局（NBER）提交并宣读了一篇关于垄断竞争贸易模型的论文，即《规模报酬递增、垄断竞争和国际贸易》。1996 年，克鲁格曼令世人大吃一惊，他出版的《流行国际主义》一书大胆预言了亚洲金融危机。同时，克鲁格曼的经济地理学研究也取得了明显的进展。经济学界的许多人已经断言：克鲁格曼获得诺贝尔经济学奖只是时间的问题。

目前，克鲁格曼对于国际经济学的主要贡献包括：第一，突破了传统的国际贸易理论，对第二次世界大战后大量出现的工业化国家之间和同行业之间的贸易做出了解释。第二，分析了国际贸易中的寡头竞争行为，为战略性贸易政策的研究奠定了基础。第三，建立了关于汇率市场的"目标区域理论"，主张汇率的有限浮动。

资料来源：http://baike.baidu.com/item/保罗·罗宾·克鲁格曼/670019?fromtitle=保罗·克鲁格曼&fromid=9128218

第四节 需求偏好重叠理论

一、需求偏好重叠理论的提出

需求偏好重叠（相似）理论（Theory of Preference Similarity）是由瑞典经济学家林德尔（S. B. Linder）在 1961 年出版的一部著作《论贸易与转型》（*An Essay on Trade and Transformation*）中提出的。林德尔认为，赫克歇尔—俄林理论能够较好地解释初级产品的贸易模式，换句话说，是解释自然资源密集型产品的贸易模式，但是这一理论不足以解释制成品的贸易模式。

林德尔认为，一种产品要成为出口品，首先必须是满足本国需求的产品，然后再出口，产品被本国生产和消费是其成为出口产品的必要条件。

（1）出口是市场扩大的结果。企业家对国外市场不可能像对国内市场那样熟悉，不可能想到一个国内不存在的需求。出口是市场扩大的结果，而不是开端。

（2）产品发明来自于国内市场需求。一国本身的需求才是技术革新和发明创造的原动力。

（3）出口的工业品必须先有一个国内市场，才能获得相对优势。因为要使一种新产品最终适合市场需要，在生产者和消费者之间必须反复地交流信息，如果消费者和市场在国外，取得信息的成本将是高昂的。

林德尔还认为，一国的需求结构取决于该国的人均收入水平。不同收入水平的国家的需求偏好是有很大差异的，高收入国家偏好于消费技术水平高、加工水平深、价值较高的商品；而低收入国家更偏好于购买低档次的商品以满足其基本生活需要。因此，两个国家的人均收入水平越接近，其需求结构也就越相似，它们之间的贸易机会就越多，彼此之间就越容易开展贸易；相反，如果两国人均收入差距越大，那么它们之间的需求偏好的差异也就越大，相互开展贸易的可能性也就越小。

二、重叠需求与国际贸易

重叠需求是收入水平相近的国家之间，消费者需求产品档次相同的那部分需求。为了进一步说明问题，林德尔还提出了代表性需求的概念。我们知道，同一类商品也是可以分成不同的档次的，两个国家即使对同一类商品有需求，但如果它们的人均收入不同，它们需求的档次也会存在着差异，而一个国家消费者消费某种商品的平均档次就叫这个国家的代表性需求。很显然，人均收入水平越高的国家，其代表性需求的档次就越高，而人均收入水平越低的国家，其代表性需求的档次就越低。

假设有甲、乙两个国家，都能生产小汽车，小汽车可以分为六个档次。其中，甲国的人均收入水平较高，小汽车的代表性需求档次为第四档，乙国人均收入水平较低，小汽车的代表性需求档次为第三档。但是任何一个国家的居民收入水平都不可能是完全均等的，因此他们的需求偏好也不可能完全一致，假定甲国居民对小汽车的需求范围是从第二档到第六档，而乙国居民的需求档次范围是从第一档到第五档。可以看到，由于两国人均收入的差异，甲国的小汽车的需求档次要高一些，但两国的需求是存在着重叠的，他们都需求第二档到第五档的小汽车。

由其代表性需求决定，甲国必然在第四档的汽车生产上扩大生产并形成规模经济，在满足了其国内需求后还会有一部分出口，而乙国正好对第四档小汽车有需求，虽然乙国也可能有第四档小汽车的生产，但由于没有实现规模经济，它的价格必然高于甲国，这样乙国就会从甲国进口第四档小汽车；同样地，乙国会在第三档小汽车的生产上形成规模经济，除了满足本国市场外也会向甲国出口。这样，由于两国各自在自己具有代表性需求的产品上实现了规模经济，它们就都获得了节约资源和低价购买的利益，同时，两国的厂商还从出口中获得了比贸易前国内卖价更高的利益。

两国之间的需求结构越接近，两国之间进行贸易的基础也就越雄厚。例如，若 A、B 两国的需求结构相同，则对任意一个国家的厂商来说，他会发现对其产品的需求，除了国内还有来自于国外的需求，那么通过贸易（出口）来扩大其产品的有效需求，获取更多的利润，就成为一种自然的选择。

在图 4-6 中，横轴表示一国的人均收入水平（y），纵轴表示消费者所需的各种商品的品质等级（q）。所需的商品越高档，则其品质等级就越高。人均收入水平越高，则消费者所需商品的品质等级也就越高，二者的关系由图中的 OP 线表示。

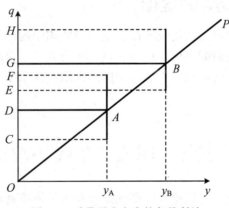

图 4-6 重叠需求产生的贸易利益

现在，假设 A 国的人均收入水平为 y_A，则 A 国所需商品的品质等级处于以 D 为基点，上限点为 F，下限点为 C 的范围内。假设 B 国的人均收入水平为 y_B，则其所需商品的品质等级处在以 G 为基点，上下限点分别为 H 和 E 的范围内。对于两国来说，落在各自范围之外的物品不是太过高档就是太过低劣，是其不能或不愿购买的。

图 4-6 中，A 国的品质等级处于 C 和 E 之间的商品，B 国的品质等级在 F 和 H 之间的商品，均只有国内需求，没有来自国外的需求，所以不可能成为贸易品。但品质等级在 E 和 F 之间的商品，在两国都有需求，即存在所谓的重叠需求。这种重叠需求是两国开展贸易的基础，品质等级处于这一范围内的商品，A、B 两国均可输出或输入。

由图 4-6 可知，当两国的人均收入水平越接近时，则重叠需求的范围就越大，两国重叠需求的商品都有可能成为贸易品。因此，收入水平相似的国家，互相间的贸易关系也就可能越密切；反之，如果收入水平相差悬殊，则两国之间重叠需求的商品就可能很少，甚至不存在，贸易的密切程度也就很小。

三、需求偏好重叠理论的意义

（一）偏好相似理论是对比较利益理论的一个重要补充

以前人们在分析国际贸易问题时总是从供给的角度入手，而偏好相似理论则独辟蹊径，不是以要素禀赋而是以需求来解释贸易的原因，从而得出了更符合客观实际的结论。它证明了，随着经济的发展和各国经济水平的日益接近，国际贸易并不是像比较利益原理所预言的那样会越来越少，而是会越来越发达，这是对比较利益理论的重大补充和发展。

（二）偏好相似理论对解释二战后产业内贸易迅速发展的原因做出了贡献

根据传统理论，国际贸易之所以发生，是由于各国之间资源禀赋的差异，因此贸易必须在不同的部门之间进行，如制成品与原材料相交换，但是二战之后，部门内的贸易却得到了迅速发展，远远超过了部门间的贸易规模。对于这一现实，传统的贸易理论是无法解释的。后来，格鲁贝尔从供给的角度对此进行了解释，林德尔则从需求的角度对此进行了解释，因而对国际贸易理论的发展起到了极大的推动作用。

（三）偏好相似理论也存在着不足的地方

偏好相似理论过分地强调了人均收入在决定消费结构中的作用。事实上，消费结构除了取决于人均收入外，还受到诸如气候、地理环境、风土人情、宗教法律、消费嗜好等各种因素的影响，如科威特、沙特阿拉伯等国家与美国的人均收入水平十分接近，但需求结构却相去甚远。

第五节　国家竞争优势理论

长期以来，没有一个统一的理论来解释国际贸易与国内贸易的关系。全球化趋势导致一个企业不用走出国门就面临着国际竞争的挑战。在此背景下，一些新的贸易理论开始注意国内贸易对国际贸易的影响，特别是注重国内市场需求状况对企业国际竞争力的影响。从 20 世纪 80 年代至 20 世纪 90 年代初，美国经济学家迈克尔·波特（Michael E. Porter）先后出版了《竞争战略》《竞争优势》和《国家竞争优势》三部著作，分别从微观、中观、宏观角度论述了"竞争力"的问题，对传统理论提出了挑战。波特指出：具有比较优势的国家未必具有竞争优势。在《国家竞争优势》一书中，波特更着眼全球范围，站在国家的立场上，从长远角度考虑如何将比较优势转化为竞争优势，提出了国家竞争优势理论（Theory of Competitive Advantage of Nations）。

人物简介 4-4

迈克尔·波特

迈克尔·波特（Michael E. Porter，1947— ），1947年出生于美国密歇根州，毕业于普林斯顿大学，1973年获哈佛大学商学院企业经济学博士学位，并成为哈佛大学历史上最年轻的享有终身职位的教授之一。此外，波特还获得斯德哥尔摩经济学院等七所著名大学的荣誉博士学位。2000年12月，波特获哈佛大学最高荣誉"大学教授"（University Professor）资格。波特是商业管理界公认的"竞争战略之父"，是现代最伟大的商业思想家之一。

迈克尔·波特的三部经典著作《竞争战略》（1980）、《竞争优势》（1985）、《国家竞争优势》（1990）被称为竞争三部曲，除此之外，他还著有《品牌间选择、战略及双边市场力量》（1976）等16部著作。波特提出的"竞争五力模型""三种竞争战略"在全球被广为接受和实践，其竞争战略思想是哈佛商学院必修的科目之一。他的价值链理论认为，企业的任务是创造价值。企业的各项活动可以从战略重要性的角度分解为若干组成部分，并且它们能够创造价值，这些组成部分包括公司的基础设施、人力资源管理、技术开发和采购四项支持性活动，以及运入后勤、生产操作、运出后勤、营销和服务五项基础性活动，九项活动的网状结构便构成了价值链。跨国公司的对外投资活动是其价值链在全球范围内的拓展。

资料来源：[英]斯图尔特·克雷纳. 经典商业管理书[M]. 田茜，等，译. 北京：新世界出版社，2003: 145.

一、国家竞争优势理论的核心观点

波特国家竞争优势理论指出：一国国内市场竞争的激烈程度同该国企业的国际竞争力成正比；如果本国市场上有关企业的产品需求大于国内市场，则拥有规模经济优势，有利于该国建立该产业的国家竞争优势；如果本国消费者需求层次高，则对相关产业取得国际竞争优势有利；如果本国的消费者向其他国家的需求攀比，本国产业及时调整产业结构，而且改进产品的能力强，则有利于该国竞争力的提高。

波特国家竞争优势理论的核心是："创新是竞争力的源泉"。波特认为，一国的竞争优势是企业、行业的竞争优势。国家的繁荣不是固有的，而是创造出来的。一国的竞争力高低取决于其产业发展和创新能力的高低。企业因为压力和挑战才能战胜世界强手从而获得竞争优势，它们得益于拥有国内实力雄厚的对手、勇于进取的供应商和要求苛刻的顾客。

波特还认为，在全球性竞争日益加剧的当今世界，国家变得越来越重要，国家的作用随着竞争的基础越来越转向创造和对知识的吸收而不断增强，国家竞争优势通过高度地方化过程得以产生和保持，国民价值、文化、经济结构、制度、历史等方面的差异均有助于竞争的成功。然而，各国的竞争格局存在明显的区别，没有任何一个国家能或将在所有产业或绝大多数产业上有竞争力，各国至多能在一些特定的产业竞争中获胜，这些产业的国内环境往往最有动力和最富挑战性。

二、国家竞争优势理论的思想体系

波特认为，一国兴衰的根本在于赢得国家竞争优势，而国家竞争优势的形成有赖于提高劳动生产效率,提高劳动生产效率的源泉在于国家是否具有适宜的创新机制和充分的创新能力。创新机制可以从以下三个层面来分析。

(一) 微观竞争机制

国家竞争优势的基础是企业内部的活力,企业缺少活力则不思进取,国家就难以形成整体优势。能使企业获得长期赢利的创新,应当是在研究、开发、生产、销售、服务各环节上都使产品增值的创新,因此,企业要在整个经营过程的升级上下工夫,在强化管理、研究开发、提高质量、降低成本等方面实行全面改革。

(二) 中观竞争机制

企业的创新不仅取决于企业内部要素,还要涉及产业及区域。企业经营过程的升级有赖于企业的前向、后向和旁侧关联产业的辅助与支持。企业追求长远发展要有空间战略,可以把企业的研究开发部门、生产部门和销售部门按一定的方式组合与分割,分别置于最合适的地区。

(三) 宏观竞争机制

波特认为,个别企业、产业的竞争优势并不必然导致国家竞争优势。为了对国家竞争优势提供一个比较完整的解释,他提出了一个"国家竞争优势模型",如图 4-7 所示。波特认为国家整体优势取决于四个基本要素和两个辅助因素的整合作用,因为四个基本要素构成形如菱形,人们也称之为波特菱形。

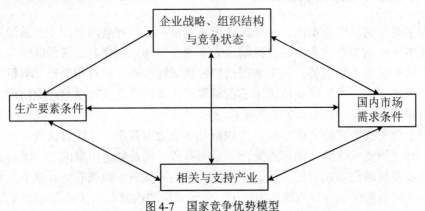

图 4-7 国家竞争优势模型

国家竞争优势模型的基本观点是,一国的国内经济环境对企业开发其竞争优势有很大影响,其中影响最大、最直接的要素有四项:生产要素条件,国内市场需求条件,相关与支持产业,以及企业战略、组织结构与竞争状态。在一个国家的众多行业中,最有可能在国家竞争中取胜的是国内"四要素"环境特别有利的那些行业。因此,"四要素"是一国国际竞争力最重要的来源。此外,政府和机遇也会起到一定的作用。

1. 生产要素条件

生产要素是指生产某种产品所需要的各种投入,包括自然资源、人力资源、资本资源、知识资源和基础设施。这些要素可进一步分为基本要素(Basic Factors)和高级要素(Advanced

Factors）两类，前者是指一国天然拥有或不用太大代价就能得到的要素，如自然资源、地理位置、气候、非熟练或半熟练劳动力等；后者是指通过长期投资或培育才能创造出来的要素，如现代化的基础设施、高质量人力资源、高新技术等。

基本要素在许多行业对企业的竞争优势具有决定性影响，如中东的石油业、智利的铜矿业、新加坡的修船业等。但随着世界贸易结构越来越转向以制成品为主，以及基本要素的普遍可供性，一个国家基本要素的重要性正在日渐下降，国内自然资源等基本要素的先天不足对企业国际竞争力的影响日趋微弱。日本国内先天缺乏铁矿，但这并不妨碍日本在第二次世界大战以后成为世界主要的钢铁大国。与此相反的是，高级要素的重要性与日俱增。高级要素的创造需要长期的、大量的人力资本投资，而且要有适宜其生长的社会、经济、政治、法律环境，其供给是相对稀缺的。因此，高级要素的获得和培育对于企业的国际竞争来说具有极为重要的意义，高级要素的优势是企业国际竞争力的持续而可靠的来源。

2. 国内市场需求条件

国内需求是影响一国国际竞争力的另一重要因素。波特认为，国内市场需求状况的不同会导致各国竞争优势的差异。波特将国内市场需求分为细分的需求、老练挑剔的需求、前瞻性需求三类。一国在某一个细分市场上的需求量大，就会产生规模经济，这个国家在此细分市场上将占优势。老练挑剔的需求对企业构成经常性的压力，消费者的这种需求是企业不能回避的，只能通过不断的技术创新来生产出适应消费者需求的产品。一国国内的前瞻性需求若能在国外市场上迅速铺开，该国产品就具有别国产品所不可比拟的竞争优势。例如，荷兰人对鲜花特别喜爱，并由此而产生了庞大的花卉产业，阿姆斯特丹西南郊拥有世界上最大的花卉市场阿尔斯梅尔，海牙以北有一座世界上最大的鳞茎花公园，以盛产郁金香而闻名于世。显然，正是由于国内对鲜花的强烈需求，才使得荷兰成为世界上最大的鲜花出口国，其花卉贸易额占世界花卉贸易总额的60%以上。

3. 相关与支持产业

相关与支持产业是指为主导产业提供投入的国内产业。一个国家的产业要想获得持久的竞争优势，就必须在国内具有在国际上有竞争力的支持产业和相关产业。日本的机床产品是世界第一流的，其成功靠的是日本国内第一流的数控系统、马达和其他零部件供应商；瑞典的轴承、切割工具等钢制品在世界上处于领先地位，靠的是其生产特殊钢的优势。支持产业通过以下方式为下游产业创造竞争优势：以最有效的方式及时地为国内企业提供最低成本的投入；不断与下游产业合作，促进下游产业创新；促进信息在产业内的传递，加快整个产业的创新速度。相关产业是指因共用某些技术、共享同样的营销渠道或服务而联系在一起的产业或具有互补性的产业。一个国家如果有许多相互联系的有竞争力的产业，该国就很容易产生新的有竞争力的产业，因此，有竞争力的相关产业往往同时在一国产生。例如，美国的电子检测设备和病人监测器，丹麦的奶制品、酿制品和工业酶等。

4. 企业战略、组织结构与竞争状态

企业战略、组织结构与竞争状态包括企业建立、组织和管理的环境及国内竞争的环境。各个国家由于环境不同，需要采用的管理体系也就不同，适合一国环境的管理方式能够提高该国的国家竞争优势。一个国家内部市场的竞争结构也会对该国企业的国际竞争力产生重大影响，激烈的国内竞争是创造和保持竞争优势的最有力的刺激因素。国内竞争会迫使企业不断更新产品、提高生产效率，以取得持久、独特的优势地位。此外，激烈的国内竞争还会迫使企业走出国门在国际市场上参与竞争。因此，经过国内激烈竞争锻炼的企业往往更加成熟，更具有国际竞争力，更容易在国际竞争中获胜。

除了上述四种主要影响因素外，还有两个重要变量可能对国家竞争优势产生重要影响，就是机遇和政府。机遇包括重要的新发明、重大技术革新、投入成本的剧变（如石油危机时）、外汇汇率的突然变化、突发的世界性或地区性需求、战争等。机遇的重要性在于它有可能打断事物发展变化的进程和规律，使原来处于领先地位的企业的竞争优势失效，落后国家的企业若能顺应局势的变化，利用新机遇便有可能获得竞争优势。但机遇对竞争优势的影响不是决定性的，同样的机遇给不同的企业可能造成不同的影响，能否利用以及如何利用机遇还是取决于四种基本因素。政府对国家竞争优势的作用主要在于对四种决定因素的引导和促进上。政府可以通过补贴、对资本市场加以干预、制定教育方针等影响要素条件，通过确定地方产品标准、制定规则等方式影响买方需求。政府也能够以各种方式决定相关产业和支持产业的环境，并影响企业的竞争战略、组织和竞争状况等。因此，政府对产生国家竞争优势的作用十分重要。但由于政府的影响主要是通过对四种基本决定因素施加影响来实现的，所以并未将政府列入基本决定因素之列。

波特的竞争优势理论特别重视各国生产力的动态变化，强调主观努力在赢得优势地位中所起的作用。他将一国优势产业的发展划分为四个不同阶段：第一阶段是要素驱动阶段。该阶段的竞争优势主要取决于一国的要素禀赋优势，即拥有廉价的劳动力和丰富的资源。第二阶段是投资推动阶段。该阶段的竞争优势主要取决于资本优势。大量的投资可更新设备、扩大规模、增强产品的竞争力。第三阶段是创新驱动阶段。该阶段的竞争优势主要来源于研究与开发。第四阶段是财富驱动阶段。在此阶段，创新竞争意识明显下降，经济发展缺乏强有力的推动力。

三、国家竞争优势理论的意义与局限性

波特提出的国家竞争优势理论超越了传统理论对国家优势地位的认识，首先从多角度、多层次阐明了国家竞争优势的确切内涵，指出国家竞争优势形成的根本点在于竞争，在于优势产业的确定，而这一切是由四个基本原则和两个辅助因素协同作用的结果。这一理论对于解释第二次世界大战以后，特别是 20 世纪 80 年代以后的国际贸易新格局、新现象具有很大说服力，对于一国提高国际竞争力，取得和保持竞争优势有重大的借鉴意义。随着全球经济一体化的展开，国际生产要素的流动日益频繁，每个国家都逐步纳入到以国际分工为基础的全球网络中，这使得国际竞争日益激烈。在这种竞争环境中，任何一个国家不再可能依靠基于要素禀赋上的比较优势来进行分工与贸易，而只有通过竞争优势的创造，才能增强自己的竞争力，提高本国的福利水平。一国要提高经济实力和竞争力，必须创造公平竞争的环境，重视国内市场的需求，重视企业的创新机制和创新能力。波特的这些观点对所有国家，特别是落后的发展中国家具有重要的启发性意义。

但是，波特的理论也存在一些局限，它过于强调企业和市场的作用，而低估了政府的作用。在波特看来，一个国家要具备竞争优势，主要依赖企业的创新，政府的作用只是创造公平竞争的环境，是辅助性的。

 阅读案例

微软雅虎交易与规模经济

旧金山时间2009年7月29日凌晨4时,微软与雅虎正式宣布双方已达成合作协议,将在互联网搜索引擎业务方面进行合作。这意味着,人类互联网史上一起重要的交易案初步达成意向。

为了达到在互联网市场上联手挑战谷歌公司的目的,在经过一年多时断时续的谈判后,期待已久的微软——雅虎搜索交易终于达成共识,雅虎公司将负责广告销售,而微软公司则得到了真正的好处,它将在与雅虎公司的搜索广告合作交易中负责技术基础架构,获得用户资料,在互联网搜索市场挑战谷歌公司,将很有可能成为全球第二大互联网搜索公司。

雅虎CEO卡罗尔·巴茨(Carol Bartz)和微软CEO史蒂夫·鲍尔默(Steve Ballmer)用"规模经济"来解释微软—雅虎交易。

在传统经济学中,规模经济通常指由份额大小而获得的有效利益。这些观点起初用于工业市场的测量和应用。在软件和互联网等高科技市场,规模经济有时会有类似"激素"的表现——其影响会更快、更强。微软Windows操作系统就是一个"技术型"规模经济案例。越多的人使用它,就会有越多的开发者开发相关的应用,那么它在相应科技生态系统中对于每个人的价值就越大。究竟规模经济能在多大程度上影响互联网搜索,这个问题在经济学家、反垄断专家、投资者和公司高管中引起了广泛的争论。鲍尔默暗示了互联网搜索的"雪球效应"甚至强于操作系统。

微软—雅虎的合作会导致前者拥有近30%的搜索市场份额。在微软看来,这一数字有着非同一般的重要性。哈佛商学院教授大卫·约菲(David Yoffie,他曾与麻省理工学院迈克尔·库苏马诺(Michael Cusumano)合著《Netscape与微软战争的教训》)对此表示,30%的起始份额对微软的超越策略很重要。

交易背后的规模经济还有另外一层意思。硅谷新兴公司(主要使用统计模型、先进的数据挖掘和机器学习技术改善在线广告)总裁Murthy Nukala表示,对于"数据规模"的追求可以推动微软的合作伙伴关系。虽然数据本身也很重要,除了能产生更多搜索流量,但规模效益还有别的表现。他解释说,搜索技术的关键性挑战是对用户点击的判断。在搜索领域,这一问题被称作"PCTR评估",即点击率(Click-through Rate)的预估。搜索广告的排名算法不只包含广告商想为每次点击出多少钱,还包括点击率的预估(结果由智能算法以及机器从大量数据中的学习情况所计算)。

Murthy Nukala说:"随着PCTR评估情况的改善,排名的质量也会提升,每次点击的营收也会提高。"另外有一点也很重要,点击预估准确性并非与搜索流量成比例性增长,而是指数级增长。也许这就是鲍尔默所说的"规模决定认知"。Murthy Nukala总结说:"我相信数据'规模'是推动交易策略和结构的背后因素。"

资料来源:王秋红. 国际贸易学[M]. 2版. 北京:清华大学出版社,2015:120-121.

理论联系实际

雁形模式，奇迹不再

【实际材料】

20世纪30年代，日本经济学家赤松要基于第二次世界大战之前对日本纺织业的研究，最早提出了雁形模式这一比喻的概念。赤松要认为，新产品及技术的扩散是从对发展中工业化国家的出口开始的。随着时间的推移，这些国家开始进口技术和资本品。随后，发展中工业化国家逐渐建立起自己的资本品产业。在下一阶段，当地的资本品产业也具备了出口能力。这一循环过程先后经历了"进口→国内生产/进口替代→出口"，表现在图形上即为"V"，就如三只大雁展翅翱翔，"雁形产业发展形态"由此得名。

20世纪60年代以来，东亚区域的产业跨国转移形成了一个"发达经济体（日本）→新型工业化经济体（中国香港、韩国、新加坡、中国台湾）→东盟四国（印度尼西亚、马来西亚、菲律宾、泰国）→实施对外开放战略的发展中国家（中国、越南等）"的演进链条，呈现出以动态阶梯式产业转移为特征的雁形模式。

东亚发展中经济体吸收美国、日本传递下来的产业，形成了"雁形结构"的发展模式，加之采用出口导向型经济发展战略与积极引进外资的政策，经济取得了巨大的成就，曾被誉为"经济奇迹"。例如，在东亚地区，日本将其已经过时的家电产业转移到泰国、印度尼西亚、马来西亚，这些经济体生产了大量的日本品牌的电视机、录像机等产品，并向世界其他国家和地区出口，取得了较快的经济发展。因此，国际贸易产品生命周期理论得到了人们的普遍认同。

资料来源：黄卫平. 国际贸易：理论与政策[M]. 北京：中国人民大学出版社，2014：84-85.

【理论分析】

运用产品生命周期理论解释日本经济腾飞的原因。

 复习思考题

1. 试述技术差距理论的内容。
2. 试述需求偏好重叠理论的内容。
3. 试述规模经济理论的内容。
4. 产业间贸易和产业内贸易的基础是什么？
5. 如果各种新产品都存在产品生命周期，那么发达国家是否会在竞争中处于劣势？
6. 一个国家的竞争优势主要由哪些因素决定？比较优势与竞争优势之间的关系如何？

第五章　保护贸易理论

 引导案例

日本对幼稚产业的保护

"贸易立国"战略思想的确立，对第二次世界大战后整个日本经济的发展和现代化过程产生了深远的影响。但是在该战略思想确立之后，关于如何参与国际分工、以贸易促进经济发展的问题，日本展开了一场激烈的争论。因为在西方传统的国际分工理论中，自然条件的优劣对一国国际分工格局的形成具有十分强的制约作用，根据这一理论，在战后日本的社会经济条件、自然资源情况及生产要素禀赋状况下，日本只能走劳动密集型的工业化发展道路。然而，日本并没有被西方传统的国际分工理论所束缚，选择了规模经济利益大、吸收就业人口能力强的资本密集型的重化学工业化道路，并对钢铁、石油化工、汽车等当时的幼稚产业进行了一系列的保护。具有代表性的例子是，在当时如何看待汽车工业在未来产业结构中所处的地位问题，有两种不同的意见，这两种意见分别代表了"静态的国际分工论"和"动态的国际分工论"的争论观点。

"静态的国际分工论"和"动态的国际分工论"的争论主要是在官方的运输省和通产省之间展开的一场政策性争论。进入20世纪50年代，以朝鲜战争为契机，日本产业的设备投资与技术革新活跃起来，日本经济得到迅速恢复。1952年，《旧金山对日和平条约》生效，结束了日本的被占领状态，作为对日占领政策的一环而实施的限制进口外国汽车的措施被取消，外国汽车大量进入日本市场，这对当时极度缺乏竞争能力的日本汽车工业形成了巨大的冲击。特别是欧洲的小汽车，即便对其征收40%的进口关税，其价格仍低于日本的国产小汽车。有鉴于此，运输省和通产省之间就是否需要保护和发展日本的汽车工业展开了争论。

"静态的国际分工论"的代表人物是当时日本银行总裁一万田尚登和运输省的官员。他们认为，日本应该走劳动密集型的工业化道路，以发展轻工业为主，而不是大力发展资本密集型的重化学工业。"动态的国际分工论"的代表人物主要是通产省的官员。他们主张在日本汽车工业相对于欧美汽车工业的发展还处于相对弱小的阶段时，应通过实行关税保护等一系列措施扶植本国汽车工业的发展，以增强汽车工业的竞争力。争论的结果是，尽管20世纪50年代日本生产汽车的成本无法与美国相竞争，但是日本政府最终还是决定采取一系列政策措施积极扶植本国汽车工业的发展。在日本政府的保护和扶植下，日本创造了出口汽车的比较优势，且迅速成为汽车的出口大国，为其经济的外向发展奠定了强大的物质基础。

资料来源：刘红. 国际分工理论与日本贸易模式的选择[J]. 日本研究，2003（2）.

 **教学目标**

通过本章的学习，了解战略性贸易理论及其他贸易保护理论的内容，熟悉超保护贸易理论的内容，掌握重商主义理论的基本内容和李斯特的幼稚产业保护理论的内容。

第一节 重商主义贸易理论

一、重商主义产生和发展的历史条件

（一）商业革命：重商主义兴起的物质基础

西欧封建社会从14—15世纪开始逐渐瓦解，在封建庄园经济没落过程中出现了资本主义农业组织，在封建社会制度的解体过程中出现了资本主义的工厂手工业，雇佣劳动关系由此被普遍推广。在这个发展过程中，商人资本家控制了由小手工业生产者进行的生产过程，建立了工业资本主义的原始形态，即发料加工或包买制度。在此制度中，商人资本家占据绝对的支配地位，他们垄断着批发和出口，形成了商人资本支配工业资本的局面。

16世纪的地理大发现，开辟海上新航线，使传统的陆上交易转变为海上交易，商品交换遍及全球，世界市场开始形成。地理大发现对商人资本的发展起决定性作用。世界市场的不断拓展，使商业发生了巨大的变化，参与贸易的商品品种与数量空前增长，运输工具日益改进，新的商业机构，如现代的银行、仓库、交易所、大贸易公司与邮政机构等应运而生。历史上将这一时代的变革称为"商业革命"，它为重商主义的兴起奠定了物质基础。

（二）政府干预：重商主义的政治基础

随着商品生产与交换的不断发展，新兴的商人阶层要求清除封建的市场割裂状态，建立中央集权国家，由此形成统一的市场和国家。同时，为了减轻贸易的风险，商人阶层需要开辟殖民地，以此控制同海外各地的贸易，而这一理想的实现也需借助于国家强大的政治与军事力量。就西欧封建王朝的统治者而言，为满足王室巨额的生活开销和军事开支，需要从商人阶层取得大量的货币供给，这迫使封建国家给商人阶层以有利的政治与军事的特权；同时，作为新兴的国家，它们从巩固政权、扩充实力的角度，纷纷提出富国强兵的要求。因此，建立强大的海军、参与海外殖民地的开拓和发展对外贸易就成为封建国家的首要选择。

商人的经济利益与国家的政治利益相结合，使商人阶层获得较高的社会地位和政治特权。贸易界和国家之间的联系更紧密了，国家政策的考虑日益集中于贸易问题上。某些商人所享有的特权便是这种商业资本与国家相结合的象征，各贸易公司的所有显赫人物都拥有相当的政治影响，而他们往往就是那个时代的领袖人物。

（三）文艺复兴：重商主义的文化基础

14世纪发源于意大利、流行于整个西欧的文艺复兴，以其"尊重人，关心人"的人道主义思潮给长期生活在中世纪黑暗时代的人们以强烈的精神震撼与思想启迪，人们开始正视与

第五章 保护贸易理论

追求自身的物质利益和精神利益。这引起了社会公众对财富积累的热忱关注，并进而演化为"拜金主义"的社会思潮。随着商人经济实力的加强，牧师与骑士的崇高社会地位被商人取代，人们开始用商人的价值尺度而非牧师的宗教标准来度量是非曲直。同时，随着文艺复兴而至的宗教改革运动，使原来集中的教理权威机构放松了对人们精神生活的控制和对世俗活动的干预。在法理学与政治思想方面，自然法则的概念不断发展。这些均为日后用理性与科学的观点研究社会经济问题铺平了道路。此外，中国印刷术的发明及其在欧洲的传播也给文化交流创造了新的可能性。

二、重商主义的发展阶段

（一）早期货币差额论

早期重商主义流行于15世纪到16世纪中叶，其代表人物是英国的约翰·海尔斯（John Hales）和威廉·斯塔福德（William Stafford），代表作是《对我国同胞某些控诉的评述》（1581）。他们在书中关心的是如何将货币保持在国内、防止货币外流，主张保护贸易，禁止外国工业品，特别是奢侈品输入英国，防止出现贸易逆差。另外一个代表人物是法国的蒙克莱田（Montchretien），其代表作是《献给国王和王后的政治经济学》（1615）。他第一个提出了"政治经济学"的概念，但却没有创立起政治经济学理论体系，而是由后来的亚当·斯密首先完成。蒙克莱田在其著作中，讨论了工场手工业、商业、航海业和国王的经济政策等。

2. 晚期贸易差额论

晚期重商主义流行于16世纪下半期到17世纪中叶，其代表人物是英国的托马斯·孟（Thomas Mun）和法国的柯尔培尔（Colbert）。托马斯·孟的代表作是《论英国与东印度公司的贸易》（1621）和《英国得自对外贸易的财富》（1664）。托马斯·孟是英国大商业资本家、东印度公司董事、政府贸易委员会委员，他的著作是为了反驳早期重商主义者攻击东印度公司在对外贸易中大量输出货币而写的，说明东印度公司是英国财富的重要来源。柯尔培尔是法国路易十四国王的财政大臣，他推行了一套重商主义政策，如奖励本国商品出口，缩减外国商品进口，实行保护关税，为了出口扶植本国工场手工业，建立"皇家手工工场"，发展海军，建立庞大的舰队和商船队，成立了许多对外贸易公司，企图使法国富强起来。

人物简介 5-1

托马斯·孟

托马斯·孟（Thomas Mun，1571—1641）出生于伦敦的一个商人家庭，早年从商，成为英国的大商人。1615年担任东印度公司的董事，后又任政府贸易委员会的常务委员。托马斯·孟是英国重商主义的集大成者、贸易差额理论的提出者。

1621年，托马斯·孟发表了《论英国与东印度的贸易，答对这项贸易常见的各种反对意见》一书，论述东印度公司输出金银买进东印度地区的商品，再转卖到别国去，所换回的金银远比运出的多得多。1630年，托马斯·孟把该书改写为《英国得自对外贸易的财富，或我们的对外贸易差额是我们财富的尺度》。在他死后，由他的儿子于1664年出版。在这一著作中，其商业资本的成熟经济思想得到了系统和充分的阐述。斯密在他的《国民财富的性质和原因的研究》一书中，曾称这一著作"不仅成为英格兰而且成为其他一切商业国家的政治经济学的基本准则"。马克思写道：该书在一百年之内，一直是重商主义的福音书。因此，如果说重商主义具有一部划时代的著作……那么这就是托马斯·孟的著作。(《马克思恩格斯全集》第20卷，第253页)。

资料来源：百度百科，https://baike.baidu.com/item/托马斯·孟/4860036.

三、重商主义贸易理论的基本观点

（一）早期和晚期重商主义的共同观点

（1）认为货币（金、银）是最好的财富，一切经济活动的目的就是为了获取货币。

（2）认为财富的直接源泉在流通领域，除了开采金银矿外，商业是获得货币财富的唯一源泉。在商业中，又认为国内贸易不能增加一国货币总量，只有对外贸易才能使一国货币财富增加；认为利润是"贱买贵卖"的结果，是一种"让渡收入"，只有对外贸易才能为一国带来真正的利润。

（3）认为对外贸易的原则是少买多卖，少支出多收入，实现外贸顺差、出超，而国内的商品生产应服从于外贸出口需要，主张鼓励和发展有利于出口的本国工场手工业。

（4）主张国家积极干预经济生活，如垄断对外贸易、奖励和监督工业生产、实行关税保护等。

（二）早期和晚期重商主义的不同观点

（1）对获取货币财富的方法认识不同。早期重商主义主张国家以行政手段禁止货币外流，禁止金银出口，鼓励吸收外国货币，通过对外贸易少买多卖，使本国货币增加，使货币储存于国内。因此，早期重商主义的思想又被后人称为"货币差额论"。晚期重商主义主张国家允许货币输出国外，扩大对外国商品的购买，加工后再输出，或发展转口贸易，但必须保证把更多的货币运回国内，即保证外贸出超。因此，晚期重商主义的思想又被后人称为"贸易差额论"。

（2）对货币的观念不同。早期重商主义主要是把货币看作储存手段，即以储存货币形式积累财富；晚期重商主义则把货币看作是在运动中实现自身增值的手段，看作货币资本，主张把货币投入流通以带来更多的货币。

四、重商主义贸易理论的意义及局限性

重商主义的贸易思想和政策在历史上有一定的进步作用。首先，重商主义的理论和政策促进了资本主义的原始积累和欧洲各国工业生产的发展；其次，重商主义重视货币、追求贸易顺差、强调国家干预对外贸易、推行"奖出限入"措施以及鼓励发展出口工业等政策措施，至今仍对国际贸易有重要影响，具有一定的现实意义；再次，重商主义提出的许多重要概念，为后人研究贸易理论与政策打下了基础，尤其是关于贸易的顺差、逆差，进一步发展到后来

的"贸易平衡"概念;重商主义关于进出口对国家财富的影响深远,对后来的凯恩斯的国民收入决定模型亦有启发;重商主义为18世纪末和19世纪初形成的国际贸易理论奠定了基础。

重商主义的贸易思想同时也存在着明显的错误。首先,将经济活动局限于流通领域。重商主义者认为,流通过程特别是对外贸易是财富和价值增值的源泉,忽视了生产领域对财富的创造,未能真正揭示财富产生和积累的源泉。其次,把货币(即金银)当作唯一的财富。建立在这种财富观基础上的理论,只研究如何从国外得到金银,没能进一步探索国际贸易产生的原因,以及能否为参加国带来利益,没有认识到国际贸易对促进各国经济发展的意义。再次,用静止的观点看待世界资源。不仅认为只有金银才是财富,而且认为金银是固定的、有限的。最后,认为国际贸易是一种"零和游戏"。重商主义者认为,一方得益必定使另一方受损,出口获得财富,而进口减少财富。这种思想的根源是他们只把货币当作财富,而没有把交换获得的产品也包括在财富之内,从而把双方的等价交换看作一得一失。

重商主义这种理论的不成熟是由资本主义生产方式的不成熟决定的,有其历史和阶级的局限性,这也决定了它必然会被后来的古典学派理论所代替。

第二节 幼稚产业保护理论

一、幼稚产业保护理论提出的历史背景

幼稚产业保护理论(Infant Industry Argument)出现于18世纪末的美国与德国,它的产生同美国与德国经济发展的现实密切相关。1760年,英国首先开始工业革命,并于1846年开始实行自由贸易政策,而美国和德国在19世纪初才逐渐完成国家独立或统一任务,并进入工业革命时期,它们的生产力发展落后于英国。由于英国出口的廉价商品严重威胁着美国与德国民族工业的生存,美国、德国客观上要求实行保护贸易。美国的汉密尔顿和德国的李斯特正是适应这一客观要求,提出了代表当时资本主义发展较迟的美国、德国工业资产阶级利益的保护贸易理论。

李斯特早年在德国提倡自由贸易,自1825年到美国以后,受汉密尔顿保护贸易思想的影响,并目睹美国实施保护贸易政策的实效,转而提倡保护贸易。

李斯特的幼稚产业保护理论受汉密尔顿的启发,但远比汉密尔顿的思想深刻和系统,故后人称李斯特为贸易保护理论的真正鼻祖。李斯特在其著作《政治经济学的国民体系》(1841)中,以批判英国自由贸易理论(即比较优势理论)为契机,全面论述了幼稚产业保护的思想。该著作对德国的国民思想和政策走向产生了巨大的影响,并被翻译成英、法等文字在西方广泛流行。

人物简介 5-2

弗里德里希·李斯特

弗里德里希·李斯特(Friedrich List,1789—1846)是德国19世纪上半叶著名的经济学家

和社会活动家，历史学派的直接先驱者，保护贸易理论的倡导者。李斯特出生于一个鞋匠家庭，17岁时考任德国公务员，1817年被聘为杜宾根大学教授，1820年当选国会议员，1825年因抨击时政被迫流亡美国，任当地德文报纸主编。李斯特常在宾夕法尼亚工业促进协会会刊发表论文，后汇聚成书出版，即《美国政治经济学大纲》。李斯特1830年加入美国籍，曾任美驻莱比锡、汉堡领事；1832年以美国驻莱比锡领事身份回国，后因参与全德关税同盟继续遭受迫害；1846年赴英，鼓吹保护贸易政策，同年自杀身亡。李斯特的主要经济学著作有《美国政治经济学大纲》(1827)、《政治经济学的国民体系》(1841)，以《政治经济学的国民体系》为其代表作。

资料来源：闫国庆. 国际贸易：理论与政策[M]. 北京：中国商务出版社，2006.

二、幼稚产业的判断标准（M-B-K 标准）

所谓幼稚产业（Infant Industry），是指处于成长阶段尚未成熟但具有潜在优势的产业。关于幼稚产业的判断标准，主要有穆勒标准、巴斯塔布尔标准和坎普标准。

（一）穆勒标准（Mill's Test）

穆勒认为，如果某个产业由于缺乏技术方面的经验，生产率低下，生产成本高于国际市场价格而无法与外国企业竞争，在一定时期的保护下，该产业能够提高效率，在自由贸易条件下生存下去并取得利润，该产业即为幼稚产业。其思想可概括为三个标准：第一，正当的保护只限于对从外国引进产业的学习掌握过程，过了这个期限就应取消保护；第二，保护只应限于那些在保护期限结束后没有保护也能生存的产业；第三，最初为比较劣势的产业，经过一段时间保护后，有可能变为比较优势的产业。

根据穆勒标准，当某一产业规模较小、其生产成本高于国际市场价格时，如果任其自由竞争，该产业必然会亏损。如果政府给予一段时间的保护，使该产业能够发展壮大，以充分实现规模经济，降低成本，以致最终该产业能够完全面对自由竞争并且获得利润，那么该产业就可以作为幼稚产业加以扶植。

（二）巴斯塔布尔标准（Bastable's Test）

巴斯塔布尔认为，受保护的产业在一定的保护期后能够成长自立，为保护、扶植幼稚产业所需要的社会成本不能超过该产业未来利润的现值总和，符合这些条件的产业即为幼稚产业。其思想可概括为两个标准：第一，受保护的产业在一定时期以后，能够成长自立；第二，受保护的产业将来所能产生的利益，必须超过现在因为实行保护而必然受到的损失。

巴斯塔布尔在确定幼稚产业选择标准时引入了经济学的成本—收益分析法，他认为，判断一种产业是否属于幼稚产业，不仅要看它将来是否具有竞争优势，还要将保护成本与该产业未来所能获得的预期利润的贴现值加以比较，之后才能确定。如果未来预期利润的贴现值小于目前的保护成本，那么对该产业进行保护是得不偿失的，该产业就不能作为幼稚产业加以保护；如果未来预期利润的贴现值大于保护成本，那么对该产业加以保护才是值得的。

（二）坎普标准（Kemp's Test）

与强调内部规模经济的前两个标准不同的是，坎普标准更加强调外部经济效应与幼稚产业保护之间的关系。

坎普认为，在内部规模经济的情形下，即使某产业符合穆勒和巴斯塔布尔的标准，政府的保护也不见得是必要的。因为，对于厂商或投资者来说，其决定是否生产或投资的标准不是眼前的利益，而是未来的预期收益。如果未来的预期收益的贴现值能够抵消现在的损失，那么在没有保护的情况下，即使暂时遭受亏损，他也会继续生产或投资，此时政府的保护并不是该产业发展的必要条件。也就是说，即使政府不保护，该产业也会自动地发展下去。

存在外部经济效应时，情况就有所不同。如果某一产业能够产生外部经济效应，那么该产业的发展就会对其他某些产业或社会带来额外的好处。在此情形下，即使该产业不符合巴斯塔布尔标准，即保护期间所导致的损失大于该产业预期利润的贴现值，但只要其在保护之后，能够产生显著的外部经济效应，则仍有保护的必要。

三、幼稚产业保护理论的理论基础与依据

（一）幼稚产业保护理论的理论基础

李斯特幼稚产业保护理论的理论基础是生产力理论。李斯特从德国工业资产阶级的利益出发，关心提高生产力，特别是关心德国的工业生产力的提高。在他看来，一国得自自由贸易的财富尽管是重要的，但是它有耗尽的时候，而财富的生产力更加重要。因此，与其实行自由贸易而获得财富，还不如通过保护本国工业以获得财富的生产力。从国外进口廉价的商品，短期内看来是合算一些，但这样做的结果是本国工业得不到发展，以致长期处于落后和依附的地位。如果采取关税保护，开始时本国产品成本要高些，但当本国工业发展起来以后，生产力会提高，商品的价格就会下降，甚至有可能降到低于外国产品价格的水平。在他看来，生产力是创造财富的源泉，财富是生产力的结果。李斯特认为一个国家开展对外贸易，也应着眼于提高生产力，而不能着眼于财富存量的多少。

（二）幼稚产业保护理论的理论依据

李斯特幼稚产业保护理论的理论依据是经济发展阶段论。李斯特根据他的生产力理论，反对不加区别的自由贸易，主张一定条件下的保护政策。他认为，古典经济学的国际贸易理论没有考虑到各个国家的性质以及它们各自的特有利益和情况，所宣扬的是忽视民族特点的世界主义经济学，把将来世界各国经济高度发展之后才有可能实现的经济模式作为现实问题的出发点，因而是错误的。为此，他提出了经济发展阶段论的观点并认为，一个国家的经济发展都必须经过如下五个发展阶段：原始未开化时期、畜牧时期、农业时期、农工业时期、农工商业时期。各国经济发展阶段不同，采取的对外贸易政策也应该不同。处于农业阶段的国家应该实行自由贸易政策，以利于农产品的自由出口，并自由进口外国的工业品，以促进农业的发展，并培育工业基础。当一个国家进入农工商业时期以后，由于国内工业品已经具有强大的竞争力，国外产品的竞争威胁已不存在，故同样应该实行自由贸易政策以享受自由贸易的最大利益，刺激国内产业的进一步发展。只有当一个国家的经济发展尚处于农工业时期才需要保护，因为本国农业已取得较大成就且已有工业发展，但并没有发展到能够与外国工业相竞争的地步，故应该实施保护贸易政策，避免国内的产业

遭到外国产业的冲击。

李斯特提出这些主张时,认为葡萄牙和西班牙尚处于农业时期,德国和美国处于农工业时期,法国紧靠农工商业时期的边缘而尚未进入农工商业时期,只有英国实际到达了农工商业时期。因此,根据其经济发展阶段论,主张当时的德国应该实施贸易保护政策,促进德国的工业化,以对抗英国工业产品的竞争。

四、幼稚产业保护理论的基本观点

李斯特的幼稚产业保护理论是在批判古典自由贸易理论的基础上提出的。他的保护贸易理论主要包括三大方面:一是对古典自由贸易理论的批判;二是提出了保护贸易政策的目的和对象;三是主张实行以关税为核心手段的保护制度。

(一)反对古典自由贸易理论的自由放任,主张国家干预经济

李斯特指出,古典自由贸易理论不利于德国生产力的发展。他认为,经济落后国家参加国际分工和国际贸易,目的是发展本国生产力,只有如此,对外贸易才会有利于这个国家的经济发展。他批评李嘉图的比较优势理论只看重财富本身的增长,而忽视了一国生产财富能力的增长。

古典自由贸易理论认为,市场机制就像"一只看不见的手"调节着整个社会的经济,政府不应当干预社会经济活动,应遵循自由放任政策。李斯特认为,一国经济的增长,生产力的发展,不能仅仅依靠市场机制的自发调节,必须借助于国家的力量对经济进行干预和调节。他以英国为例,进一步证明其理论的正确性。他指出,英国工商业已经相当发达,固然可以实行自由贸易政策,但英国工商业能够迅速发展的根本原因还是当初政府的扶植政策所致,德国正处于类似英国发展初期的状况,所以应实行国家干预下的保护贸易政策。

(二)提出了保护贸易政策的目的和对象

李斯特提出了保护贸易政策的目的和对象。他提出,保护贸易政策的目的应是保护本国幼稚产业的发展,增加国内生产,从而促进生产力的发展。经过比较,李斯特认为,工业尤其是使用动力和大规模机器的制造工业的生产力远远大于农业,因此,特别强调发展工业生产力,等工业发展以后,农业自然而然就会跟着发展。由此他提出了保护对象的几个条件:一是幼稚工业才需保护。他不主张保护所有的工业,而主张只选择那些刚刚起步且经历了相当保护时期后,确有自立前途的幼稚工业才给予保护。二是保护有一定的条件和时间。在被保护的工业得到发展后,生产出来的产品价格低于进口的同类产品并能与外国产品竞争时,就不再需要保护,或者被保护的工业在适当时期内还不能发展起来时,也不再予以保护,任其灭亡。这里所说的"适当时期",李斯特主张以30年为限。三是工业虽然幼稚,但尚无强有力的国外竞争者时,不需要保护。四是农业不需要保护。

(三)主张实行以关税为核心手段的保护制度

李斯特认为,保护本国的工业发展,有许多手段可以选择,但关税制度是最为重要的政策选择。在与先进工业国家进行完全自由竞争的制度下,一个工业落后的国家,即使很有资格发展工业,如果没有保护关税,就不能使自己的工业获得充分发展。具体的关税手段是:第一,采用

递增关税的方法。因为突然征收高额关税，就会割断原来存在的各种国内外商业关系，对国内生产和消费造成强大的冲击，不利于本国经济的发展，所以只能随工业的发展和产品的自给程度而逐步提高关税。第二，采用差别税率的方法，即对不同性质的幼稚工业征收不同的税率。

五、幼稚产业保护理论的意义及局限性

（一）幼稚产业保护理论的意义

李斯特的保护贸易理论及政策不仅对德国当时工业资本主义的发展起到了极大的促进作用，使德国在很短时间内赶上了英国、法国等发展较早的资本主义国家，而且为经济比较落后的国家指出了一条比较切合实际的国际贸易发展道路。

李斯特主张保护的对象是将来有前途的幼稚产业，对国际分工和自由贸易利益也予以承认，而且，他主张保护贸易是过渡手段，自由贸易是最终目的。这种观点对于今天一些发展中国家发展民族经济仍具有重要的参考价值。

（二）幼稚产业保护理论的局限性

1. 对保护对象的选择未做深入分析

李斯特主张保护本国受到外国竞争威胁的有前途的幼稚工业，那么，许多国家在选择保护对象时，由于技术上判断错误或出于某种政治或其他利益的考虑，选错了保护对象，保护了一些永远长不大的幼稚工业，造成了严重的损失。可见，正确选择保护对象是该政策成败的关键，而李斯特的保护贸易理论并未对此做深入的分析和明确的回答。

2. 对保护手段的选择违背了特效法则

李斯特主张采取关税的手段来达到保护本国工业的目的，但是，最佳的策略选择应该遵循特效法则，即应选择对实现目标最直接有效的办法。例如，为减少社会的犯罪现象，通过控制人口增长有一定的效果，但这显然不符合特效法则，而通过加强法律建设和打击犯罪显然会有效得多。同理，既然贸易保护理论及政策的目的是发展生产力，增加国内生产，而不是减少国内消耗，根据特效法则，最佳的策略应是鼓励国内生产，而不是限制进口，即应该采取生产补贴的手段而不是关税的手段来保护国内幼稚工业的发展。

第三节　超保护贸易理论

一、超保护贸易理论产生的历史背景

超保护贸易理论（Super-protective Trade Policy）是由约翰·梅纳德·凯恩斯（John Maynard Keynes）提出的。凯恩斯是英国经济学家，凯恩斯主义的创始人，他的代表作是1936年出版的《就业、利息和货币通论》（*The General Theory of Employment, Interest and Money*）。在1929—1933年经济大危机以前，凯恩斯是一个自由贸易论者，当时，他否认保护贸易政策会有利于国内的经济繁荣与就业。在大危机以后，凯恩斯改变立场，转而推崇重商主义，他

认为重商主义保护贸易政策确实能够促进经济的繁荣，扩大就业，从而系统地提出了他的超保护贸易理论的思想。

凯恩斯与其追随者认为，古典自由贸易理论过时了。首先，20 世纪 30 年代，大量失业存在，自由贸易理论"充分就业"的前提条件已不存在。其次，凯恩斯和其追随者认为，古典自由贸易论者虽然以"国际收支自动调节说"说明贸易顺、逆差最终平衡的过程，但忽略了在调节过程中对一国国民收入和就业所产生的影响，他们认为贸易顺差能增加国民收入，扩大就业，而贸易逆差则会减少国民收入，加重失业，因此，他们主张贸易顺差，反对贸易逆差。

人物简介 5-3

约翰·梅纳德·凯恩斯

约翰·梅纳德·凯恩斯（John Maynard Keynes，1883—1946）是英国经济学家，凯恩斯主义创始人。凯恩斯原是一个自由贸易论者，直至 20 世纪 20 年代末仍信奉传统的自由贸易理论，认为保护主义对于国内的经济繁荣与就业增长一无可取，甚至 1929 年同瑞典经济学家俄林就德国赔款问题论战时，还坚信国际收支差额会通过国内外物价水平的变动，自动恢复平衡。1936 年，其代表作《就业、利息和货币通论》出版时，凯恩斯一反过去的立场，转而强调贸易差额对国民收入的影响，相信保护政策如能带来贸易顺差，必将有利于提高投资水平和扩大就业，最终导致经济繁荣。凯恩斯不断抗议传统贸易理论不适用于现代资本主义，还批评传统理论只注重分工的利益和强调对外收支均衡的自动调节过程，而完全忽略贸易差额对国民收入和就业的影响。在《就业、利息和货币通论》中，凯恩斯由投资乘数原理出发，对贸易差额与国民经济盛衰的关系做了进一步阐述。凯恩斯极力鼓吹贸易顺差，并提出应尽力扩大出口，同时借助保护关税和鼓励"购买英国货物"以限制进口的政策主张。上述凯恩斯关于乘数理论及贸易顺差的分析，后经英国学者哈罗德和美国学者马赫洛普等人的论证而发展为对外贸易乘数理论。

资料来源：百度百科，http://baike.baidu.com/view/44333.htm。

二、超保护贸易理论的基本内容

（一）超保护贸易理论的主要观点

1. 认为重商主义的"奖出限入"政策有助于实现国内充分就业

凯恩斯对重商主义大加赞扬，他在评论马歇尔对重商主义的态度时指出，"马歇尔提到重商主义时，总不能算是毫不留情，但他从未尊重重商主义者之最中心理论，甚至没有提到过他们论证中之真理成分。"在凯恩斯看来，重商主义的合理性在于，一国可以通过保护贸易增加国内的就业，这是经济学家们尚未论及的，而重商主义的理论中包含着维护对本国产品需求的意义。因此，凯恩斯对重商主义的看法决定于从宏观经济运行的角度看，重商主义者所倡导的奖励出口、限制进口的贸易政策，对促进一国出口的增加、弥补国内经济有效需求的不足、实现充分就业有非常重要的意义。

2. 强调一国贸易收支顺差与总需求的关系

凯恩斯指出,"设总投资量之多寡,完全由利润动机决定,则国内之投资机会,在长时期内,定于国内利率之高低,而对外投资之多寡,须看贸易顺差之大小而定。"凯恩斯试图说明,一国投资与利率的关系,会受到贸易收支的影响。因为当贸易收支顺差时,一国对外的净投资就会增加,从而总的私人投资增加,意味着总需求的增加,进而使国民收入水平提高。因此他主张,在一个社会内,如果政府不能直接进行投资以提高总需求水平的话,在经济方面,政府要关切国内利率的高低以及国际贸易差额。用公式表示这种关系为

$$Y=C+I+X-M \qquad (5-1)$$
$$Y-C=I_d+I_f \qquad (5-2)$$

式中:Y 表示国民收入水平;C 表示私人消费需求;I 表示私人投资需求;X 表示该国商品的出口额;M 表示该国商品的进口额;I_d 表示国内的投资需求;I_f 表示本国对国外的净投资额,该投资额 $I_f=X-M$,即是一国贸易收支差额,该差额的数值越大,该国的贸易收支顺差就越多。

3. 强调一国投资水平与贸易收支的密切关系

凯恩斯认为,总投资包括国内投资和国外投资,国内投资额大小由"资本边际收益"和"利息率"决定,国外投资额则由贸易顺差大小决定,贸易顺差可为一国带来黄金。凯恩斯强调,当一国政府不能直接干预国内宏观经济,从而不能通过干预利率来干预总需求水平时,应关心或干预对外贸易收支差额。他指出,"当局既不能直接控制利率,又不能直接操纵国内投资之其他引诱,则增加顺差,乃是政府可以增加国外投资之唯一直接办法;同时,若贸易为顺差,则贵金属内流,故又是政府可以减低国内利率、增加国内投资动机之唯一间接办法。"在这里,凯恩斯指出了贸易顺差不仅直接通过增加对外投资增加了国内总需求,而且可以通过增加贵金属的流入间接增加国内投资,进而增加国内总需求。贵金属流入越多,国内的货币供应量就越多,该国的利率水平就越低。利率水平下降有助于鼓励私人增加投资金额,从而有利于有效需求水平的提高。显然凯恩斯看到了贸易收支差额与国内利息率之间的关系。特别是,当政府的干预尚未被人们认可的时候,或"管得越少的政府是最好的政府"还盛行于世时,通过控制贸易收支达到调整利率的目的可能是最好的途径。

4. 主张政府应该干预对外贸易

凯恩斯主张,由于贸易收支差额与利率水平存在密切关系,政府应该干预对外贸易。在凯恩斯看来,如果一国政府还不能合法地干预国内经济的话,对贸易收支的特别关注是带动投资的好办法,因为一方面一国出口增加意味着外国对本国企业产品的需求增加了,从而对这些出口企业的需求增加,这些企业需要扩大生产,追加投资,从而使私人投资需求增加;另一方面,贸易收支顺差不仅对出口企业有积极影响,对国内其他企业也有积极影响。贵金属流入带来国内利率水平的降低,使国内企业投资成本或借入资本的成本降低,起到了鼓励本国私人投资的作用,从而也会促进私人投资需求的增加。因此,凯恩斯认为,保护贸易或维持贸易收支顺差既可以增加产品需求,特别是投资需求,为出口企业扩大投资提供产品市场,同时,又可以使国内利率水平下降,鼓励所有私人投资——如果企业扩大生产又有利于达到宏观经济中充分就业目标的实现,这实在是"一箭双雕"之举。可以说,凯恩斯的贸易保护是其需求决定论的自然的延伸。这是一种在干预经济尚未被一国法律所认可的条件下,政府为本国所能做的唯一直接办法。应该说,在当时的情况下,这种政府干预实施的阻力是

比较小的。

但是，凯恩斯也并不主张政府可以无限制地采取保护贸易的政策。在他看来，保护贸易只有在一定的条件下才可以实施。

（二）马克洛普的外贸乘数论

美籍奥地利经济学家马克洛普在1943年所著的《国际贸易与国民收入乘数》中对凯恩斯的乘数论加以发展，提出了外贸乘数论（Theory of Foreign Trade Multiplier）。

马克洛普认为，一国出口的增加会引发国民收入的增加，其增加的程度将是"倍数"的。倍数的大小取决于两个因素：一是边际进口倾向，即在扩大贸易顺差引起的国民收入增加中，用于增加产品进口所占的比率。这个比例越大，贸易顺差所带来的国民收入增加的倍数越小；反之，国民收入增加的倍数越大。二是边际储蓄倾向，即扩大贸易顺差所引起的国民收入增加中，有多大比例用于储蓄，用于储蓄的比例越大，贸易顺差所带来的国民收入增加的倍数越小。总之，边际进口倾向与边际储蓄倾向之和越大，贸易顺差使国民收入增加的倍数越小；反之，越大。用公式表示为

$$\Delta Y / \Delta (X - M) = 1/(\Delta m + \Delta s) \tag{5-3}$$

式中：ΔY 表示国民收入的增加量；M 表示进口；X 表示出口；二者的差表示该国的净出口；Δm 表示增加收入以后所增加的进口量；Δs 表示增加收入以后所增加的储蓄量。上述公式是一个外贸乘数的表达式。实际上，它的推导过程是净进口等于边际进口倾向（$\Delta m/\Delta Y$）和边际储蓄倾向（$\Delta s/\Delta Y$）之和，在此基础上变形得到。由于增加的收入中不可能全部用于增加进口和储蓄，总有一部分要增加消费，贸易收支的顺差会因为消费的增加而提高国民收入水平。因此马克洛普主张，政府应该采取鼓励出口、限制进口的政策，使贸易收支实现顺差，以使净出口增加带来国民收入倍数的增加。

马克洛普的观点只是表明了贸易收支差额增减变动对国民收入水平的乘数关系，并且指出了贸易顺差和政府干预对外贸易的重要性。

三、对超保护贸易理论的评价

（一）超保护贸易理论的意义

凯恩斯主义的对外贸易乘数理论在一定程度上揭示了对外贸易与国民经济发展之间的内在规律性，因而有一定的科学性。国民经济是一个完整的庞大系统，各个子系统之间存在着相互促进的关系，对外贸易乘数理论揭示了这个系统之间的一些运行规律。

从方法论上看，凯恩斯主义的对外贸易乘数理论把贸易流量与国民经济结合起来，分析出口额对国民经济的促进作用，从而将贸易问题纳入到宏观分析的范围，这在贸易理论上是一种突破。

从实践上看，出口贸易的增加对国民收入的提高的确具有一定的刺激作用。第二次世界大战后日本经济迅速崛起也从一个侧面说明了出口在国民经济中起着非常重要的作用。

（二）超保护贸易理论的局限性

（1）如果假定国内已经处于充分就业状态，这时出口继续增加意味着总需求的进一步增

加,从而将出现过度需求,引起通货膨胀。这时,出口增加所引起的总需求增加与投资增加所引起的总需求增加有所不同。增加投资虽然会引起通货膨胀,但过一段时期以后将会形成新的生产能力,供给将增加,从而在一定程度上抵消过度需求。但是,出口所形成的过度需求本身并不能形成生产能力,只会引起通货膨胀。因此,在国内充分就业时,如果扩大出口,就应当相应地增加进口,以避免出现因过度需求引起的通货膨胀。

(2)从世界市场的角度出发,假定其他一切条件不变(包括世界的总进口价值不变),这时,除非降低了出口商品的价格,否则出口无法继续增加,但是如果降低出口商品的价格,那么私人企业会因利润率的下降而不愿继续扩大产量。因此,对外贸易乘数的作用只有在世界总进口值增加了,一国才能连续扩大出口,并通过出口来增加本国国民收入和国内就业。

(3)对外贸易顺差在一定条件下可以增加国民收入、增加就业,但如果为了追求贸易顺差,不加节制地实行"奖出限入"政策,势必导致关税、非关税壁垒盛行,使贸易障碍增多,发生各种贸易战,必将阻碍整个国际贸易的发展。

第四节　战略性贸易政策理论

一、战略性贸易政策理论产生的历史背景

传统的国际贸易理论是以完全竞争的市场和规模收益不变的假设为前提的,在这些条件下得出了自由贸易政策是一国的最佳选择的结论,自由竞争可以实现资源的优化配置,任何政府介入都会降低本国和世界总的福利水平。然而,现实情况并非如此,在许多产业中,少数几家大的企业垄断着几乎整个国际市场上某些产品的生产,在这些产业中就存在着垄断竞争的情形。由于市场的不完全竞争性导致了企业可以取得垄断利润,而垄断利润如何在这些企业之间进行分配,则是一个相当复杂的问题。

第二次世界大战以后,产业内贸易、公司内贸易不断发展,跨国投资成为普遍现象,"里昂惕夫之谜"的产生,引起了人们对传统贸易理论的反思,于是出现了很多新的贸易理论。20世纪80年代,以克鲁格曼、赫尔普曼等为代表的经济学家对各种新的贸易理论进行综合,创立了"新贸易理论"。

在新贸易理论的基础上,詹姆斯·布兰德(J. A. Brander)、巴巴拉·斯潘塞(B. J. Spencer)、保罗·R. 克鲁格曼(P. R. Krugman)、鲍德温(R. Baldwin)、赫尔普曼(Helpman)等人,以规模经济和不完全竞争为前提,以产业组织理论和市场结构理论为研究工具,提出了战略性贸易政策理论。该理论动摇了在规模经济和不完全竞争条件下自由贸易政策的最优性,证明了政府干预贸易的合理性,提出了适当运用关税、补贴等战略性贸易政策措施,将有助于提高一国贸易福利的主张。

二、战略性贸易政策理论的基本内容

(一)战略性贸易政策的含义

克鲁格曼将战略性贸易政策定义为:通过鼓励特定产业的出口或限制其进口来达到改善

经济绩效目的的政策。该理论提出,一国政府应该从战略角度,主动、积极地选择一些能够增强国家竞争力的理想产业,通过政府的扶植政策加以发展。理想产业主要是指高附加值、高工资和高技术的"三高"产业。

布兰德将战略性贸易政策定义为:能够改变寡头厂商之间战略性关系的贸易政策。这意味着厂商之间必然存在某种战略相互依存关系,并且都能意识到这种关系的存在,即某厂商的战略行为(如对寡头间博弈方式的选择等)会直接影响其他厂商的得益,而该厂商的得益也会受到其他厂商所采取的战略行为的直接影响。显然,市场的集中度越高,厂商之间这种战略性相互依存关系就越明显。

简而言之,战略性贸易政策就是在少数卖主垄断的市场结构中,利用贸易政策实现把利润转移给自己的策略。"战略"一词的主要贡献在于,在寡头垄断模型中,政策制定者需要在考虑外国企业或政府的反应行为的基础上制定出自己的最佳行动纲领。

(二)战略性贸易政策理论的基本观点

战略性贸易政策理论的基本观点主要由三部分组成:以补贴促进出口的论点、以进口保护促进出口的论点、战略支持外部经济产业的论点。

1. 以补贴促进出口

最早体现战略贸易思想的是布兰德和斯潘塞的补贴促进出口的论点。他们认为,传统的贸易理论是建立在完全竞争的市场结构上的,因而主张自由贸易应是最佳的政策选择。但现实中,不完全竞争和规模经济普遍存在,市场结构是以寡头垄断为特征的。这种情况下,政府补贴政策对一国产业和贸易的发展具有重要的战略性意义。在寡头垄断的市场结构下,产品的初始价格往往会高于边际成本。如果政府能对本国厂商生产和出口该产品给予补贴,就可使本国厂商实现规模经济,降低产品的边际成本,从而使本国产品在国内外竞争中获取较大的市场份额和垄断利润份额。

2. 以进口保护促进出口

克鲁格曼提出的是以进口保护促进出口的论点,进一步丰富和发展了战略贸易思想。克鲁格曼认为,在寡头垄断市场和规模收益递增的条件下,对国内市场的保护可以促进本国的出口。因为进口保护措施可以为本国厂商提供超过其国外竞争对手的规模经济优势,这种规模经济优势可以转化为更低的边际成本,从而增强本国厂商在国内外市场的竞争能力,最终达到促进出口的目的。这就是说,在不完全竞争的条件下,只要规模利益是递增的,那么一个受保护的厂商就可以充分利用国内封闭起来的市场扩大生产规模,不断降低产品生产的边际成本。同时,通过销售经验的积累也会使销售成本沿着学习曲线不断下降,从而降低产品的总成本。本国厂商一旦在边际成本的竞争中具有优势,就可对国外市场成功地进行扩张,从而也就达到了促进出口的目的。

3. 战略支持外部经济产业

克鲁格曼还认为,对外部性强的产业提供战略支持,不仅能促进该产业的发展,使其在国内外市场扩张成功,而且该国还能获取该产业作为战略支持产业得到迅速发展而产生的外部经济效应。一般来讲,新兴的高科技产业往往都具有较强的外部经济效应。这些产业所创造的知识和所开发的新技术、新产品,将对全社会的技术进步和经济增长产生积极的推动作用,虽然这些产业的企业可以获得它们对生产知识进行投资所带来的收益,但却不是全部收益,因为知识外溢往往具有无偿性。因此,为了保护企业创造知识的热情,刺激企业的知识开发活动,扩大知识外溢所产生的经济效应,就使政府补贴和扶持变得十分必要。

由此可以看出,战略贸易理论的核心是,强调政府通过干预对外贸易而扶持战略性产业的发展,是一国在不完全竞争和规模经济条件下获得资源优化配置的最佳选择。

(三)战略性贸易政策理论的模型分析

克鲁格曼曾以"波音"与欧洲"空中客车"的竞争为背景,对航空工业中战略性贸易政策的运用做了模拟分析。他假设,在大型中程客机的国际市场上,美国波音和空中客车公司的竞争呈双寡头之势,这两家公司都需做出是否制造一种新飞机的决策。由于飞机制造的规模经济甚巨,而市场仅能容纳一家公司,谁率先进入并制造新飞机,谁就能独占垄断利润 100 单位;如果两家公司同时进入、竞相生产的话,则不但不能盈利,反而会两败俱伤,各遭致 5 单位亏损。表 5-1 是波音和空中客车公司在没有补贴时的损益表。

表 5-1 没有补贴时的损益表　　　　　　　　　　　　　单位:万美元

项　目		空中客车公司	
		生　产	不　生　产
波音公司	生产	波音-5,空中客车-5	波音100,空中客车0
	不生产	波音0,空中客车100	波音0,空中客车0

波音公司和空中客车公司都只有两种选择,要么生产,要么不生产。假定在没有政府干预的情形下,波音公司由于历史原因而先于空中客车公司生产并占领了世界大型宽体客机市场,结果是:波音公司生产获得 100 万元利润,空中客车不生产。若空中客车公司硬要挤入这个市场,则结果是两败俱伤,波音公司和空中客车公司都亏损 5 万元。由于空中客车公司在投入生产前已认识到会亏损 5 万元,故空中客车公司不会进入竞争。现在假设欧洲政府采取战略性贸易政策,补贴空中客车公司 25 万元进行生产,这种补贴使这两家的损益情况发生了变化。如果只是空中客车公司生产,总利润达到 125 万元。即使两家都生产,空中客车公司在减去亏损后,仍能有 20 万元的盈利,而波音公司没有补贴,其利润与亏损没有变化。表 5-2 说明了这一情况。

表 5-2 政府对空中客车公司给予补贴时的损益表　　　　　　单位:万美元

项　目		空中客车公司	
		生　产	不　生　产
波音公司	生产	波音-5,空中客车20	波音100,空中客车0
	不生产	波音0,空中客车125	波音0,空中客车0

在新的情况下,空中客车公司只要生产就有利润,而不管波音公司是否生产。对空中客车公司来说,不生产的选择已经被排除。波音公司则处于一种两难困境:若生产,则要亏损 5 万元;若不生产,原先的市场将完全被空中客车公司夺走。不论如何,波音公司已无获得利润的可能,最后只有退出竞争。

从这个虚拟的例子可以看到,在某种不完全竞争市场结构的情况下,积极的政府干预政策可以改变不完全竞争厂商的竞争行为和结果,使本国企业在国际竞争中获得占领市场的战略性优势,并使整个国家获益。

三、对战略性贸易政策理论的评价

(一)战略性贸易政策理论的意义

(1)战略性贸易理论是以20世纪80年代发展起来的不完全竞争和规模经济理论为基础的,是国际贸易新理论在贸易领域的反映和体现。

(2)战略性贸易理论是从现实经济生活中普遍存在的不完全竞争的市场状况中提炼出来的,作为传统贸易理论的补充和发展,战略性贸易理论使国际贸易理论更接近于现实。

(3)战略性贸易理论广泛借鉴和运用了产业组织理论与博弈论的分析方法和研究成果,是国际贸易理论研究方法上的突破。

(二)战略性贸易政策理论的局限性

(1)战略性贸易理论未就政府的贸易干预的补贴给出任何通用的解决方法。彼德·林德特指出,对于战略性贸易理论目标的概率,"寡头垄断理论在这方面没有提供什么答案,因为它提供的答案太多了,等于没说。经济学家们已经发现了一个可能结果无限之多的菜单,他们的政策建议是由看来同样不现实的技术假设的种种变化而触发的。"美国经济学家保罗·克鲁格曼也指出:"试图获得超额垄断利润的政策很难制定。因为适合的政策取决于不完全竞争的过程,既然对这一过程并不很清楚,也就很难判定何种设想最合适。"

(2)战略性贸易理论的实现依赖于一系列严格、苛刻的限制条件。除了要求产业必须具备不完全竞争和规模经济这两个必要条件,还要求:政府必须有齐全准确的信息,对战略性贸易理论带来的预期收益心中有数;接受补贴的企业必须给予恰当的配合;产品市场需求旺盛,目标市场不会诱使新厂商加入,以保证企业的规模经济效益不断提高;其他国家不会采取针锋相对的报复措施等。一旦这些条件得不到满足,战略性贸易理论就难以取得理想的效果。

(3)战略性贸易理论背弃传统的自由贸易,采取进攻性的保护措施,劫掠他人的市场份额和经济利益,容易成为贸易保护主义者加以曲解和滥用的口实,恶化全球贸易环境。

第五节 其他贸易保护理论

其他贸易保护理论主要有保护关税理论、中心—外围理论、管理贸易理论、改善国际收支论、改善贸易条件论、增加政府收入论、收入再分配论、矫正国内扭曲论、维护公平贸易论、保护就业论、国家安全论、经济多样化论等。这里仅就保护关税理论、中心—外围理论和管理贸易理论做一简要介绍。

一、保护关税理论

1776年美国独立后,摆在美国面前的有两条路:一条是实行保护关税政策,独立自主地发展本国工业;另一条是实行自由贸易政策,继续向英国、法国、荷兰等国出售小麦、棉花、烟草、木材等农林产品,用以交换这些国家的工业品,满足国内市场的工业品需求。前者是北方工业资产阶级的要求,后者是南部种植园主的愿望。

在这样的背景下,汉密尔顿代表了工业资产阶级的愿望和要求,极力主张实行保护关税制度,并于1791年向国会递交了一份《关于制造业的报告》。在报告中,他明确提出了征收保护性关税的重要性,认为美国应该采取关税政策对国内产业进行保护。在他看来,征收关税的目的不是为了获得财政收入,而是保护本国的工业,因为处在成长发展过程中的产业或企业难以与其他国家已经成熟的产业相竞争。

汉密尔顿认为,自由贸易不适合美国的现实。美国作为一个刚刚起步的国家,难以与其他国家的同类企业进行竞争,因此,自由贸易的结果也可能使得美国继续充当欧洲的原材料供应基地和工业品的销售市场,国内的制造业却难以得到发展。为了保护和发展国内的制造业,他指出,政府应加强干预,实行保护关税制度,具体应采取如下措施:第一,向私营工业发放贷款,扶植私营工业发展;第二,实行保护关税制度,保护国内新兴工业免遭外国企业的冲击;第三,限制重要原料出口,免税进口本国急需原料;第四,给各类工业发放奖励金,并为必需品工业发放津贴;第五,限制改良机器及其他先进生产设备输出;第六,建立联邦检查制度,保证和提高工业品质量;第七,吸收外国资金,以满足国内工业发展的需要;第八,鼓励移民迁入,以增加国内劳动力供给。

汉密尔顿还认为,一个国家要在消费廉价产品的"近期利益"和本国产业发展的"长远利益"之间进行选择,一国不能只追求近期利益而牺牲长远利益。

在汉密尔顿那里,保护贸易不是全面性的,不是对全部产业的保护,是对本国正在处于成长过程中的产业予以保护,并且这个保护还有时间限制。

汉密尔顿提出上述主张时,自由贸易学说仍在美国占上风,因而他的主张遭到了很多人的反对。随着英国、法国等国家工业的发展,美国的工业遭到了来自国外越来越强有力的挑战,汉密尔顿的主张才在贸易政策上得到反映,并逐步对美国政府的内外经济政策产生了重大和深远的影响。在这一理论的指导下,1816年,美国首次以保护关税的名目提高了制造品的关税,1828年,美国再度加强保护措施,将工业品平均税率提高到49%的高度。美国的贸易保护政策主要表现在为实现较高的进口关税水平,鼓励原材料的进口,限制原材料的出口,以便为本国制造业的发展提供比较廉价的原材料,同时,鼓励工业技术的发展,提高制成品的质量,以增强其产品的市场竞争力。

汉密尔顿的保护关税论是从美国经济发展的实际情况出发所得出的结论,反映了美国建国初期急需发展本国工业,走工业化道路,追赶欧洲工业先进国的强烈要求。这一观点的提出,为落后国家进行经济自卫和与先进国家相抗衡提供了理论依据,同时也标志着从重商主义分离出来的西方国际贸易理论两大流派已基本形成。

二、中心—外围理论

普雷维什是阿根廷经济学家、第一届"第三世界基金奖"(1981)获得者。他的代表作是1950年出版的《拉丁美洲的经济发展及其主要问题》一书,即著名的"拉丁美洲经委会宣言"。

第二次世界大战后，随着殖民体系的瓦解，原帝国主义殖民地、半殖民地纷纷取得了政治上的独立。为了巩固这种独立地位，它们迫切要求大力发展民族经济，实行经济自主。然而，这些国家民族经济的发展受到了旧的国际经济秩序，尤其是旧的国际分工、国际贸易体系的严重阻碍。普雷维什根据他的工作实践和对发展中国家问题的深入研究，站在发展中国家的立场上，提出了中心—外围论。

（一）中心—外围论的主要论点

1. 国际经济体系分为中心和外围两部分

古典学派等研究国际贸易时将世界视为一个整体，李斯特考察国际贸易时强调国家的重要性，普雷维什则将世界经济体系分为中心和外围两个部分来探讨国际贸易问题。

普雷维什认为，国际经济体系在结构上分两部分：一部分是由发达国家构成的中心国家（Central Countries）；另一部分是由广大发展中国家组成的外围国家（Peripheral Countries）。中心和外围在经济上是不平等的：中心是技术的创新者和传播者，外围则是技术的模仿者和接受者；中心主要生产和出售制成品，外围则主要从事初级品生产和出口；中心在整个国际经济体系中居于主导地位，外围则处于依附地位并受中心控制和剥削。在这种国际经济贸易关系下，中心国家主要享有国际贸易的利益，而外围国家则享受不到这种利益，这是造成中心国与外围国经济发展水平差距加大的根本原因。

2. 外围国家贸易条件不断恶化

普雷维什用英国六十多年（1876—1938）的进出口价格统计资料推算了初级产品和制成品的价格指数之比，以说明主要出口初级产品的外围国和主要出口工业品的中心国的贸易条件的变化情况。其推算的结果表明，外围国家的贸易条件出现长期恶化的趋势，此即著名的"普雷维什命题"。若以1876—1880年外围国家的贸易条件为100，到1936—1938年外围国家的贸易条件已降到64.1，说明20世纪30年代与19世纪70年代相比，外围国家的贸易条件恶化了。

普雷维什认为，外围国家贸易条件恶化是由以下原因造成的：第一，技术进步利益分配不均。如上所述，科技发明往往发生于中心国家，而这些发明直接用于中心国家的工业发展。外围国家由于自身工业技术基础等条件的限制和中心国家的限制措施而几乎享受不到世界科技进步的利益，只能充当长期向中心国家提供初级产品的角色。按理说，中心国家因技术进步的作用使其出口的制成品劳动生产率提高应比外围国家出口的初级产品劳动生产率提高更快，因而制成品价格降幅应比初级产品价格降幅大。但随着中心国家技术进步和工业发展，企业家的利润和工人的收入不断提高，而且提高的幅度大于劳动生产率提高的幅度，加之工业品价格具有垄断性，工业品价格非但不下降反而上涨。而外围国家的收入增长的幅度低于劳动生产率提高的幅度，而且初级产品垄断性较弱，价格上涨缓慢，而在价格下降时又比工业品降得更快，因此，外围国家的初级产品贸易条件必然恶化。第二，工业制成品和初级产品需求的收入弹性不同。一般地，工业制成品需求的收入弹性比初级产品需求的收入弹性大。随着人们收入的增加，对工业品的需求会有较大的增加，因而工业品的价格就会有较大程度的上涨，相反，随着人们收入的增加，对初级产品的需求增加较小，因而对初级产品价格不会有很大的刺激作用，使初级产品价格上涨很小甚至下降，因此，以出口初级产品为主的外围国家的贸易条件存在长期恶化趋势。第三，中心和外围工会的作用不同。中心国家的工人有强大的工会组织，在经济高涨时，可以迫使雇主增加工资，经济萧条时，可以迫使雇主不降或少降工资，因而使工业品价格维持在较高水平上。而外围国家工会组织不健全，力量薄弱，没有能力控制或影响工资，经济繁荣时期工资上升幅度不大，萧条时期工资大幅度下降，因而使外围国家初级产品价格较低。

3. 外围国家必须实行工业化，独立自主地发展民族经济

普雷维什基于对国际经济体系的中心和外围的划分和对旧的分工体系和贸易格局下外围国家贸易条件长期恶化的分析，提出了外围发展中国家必须实行工业化的主张。他认为，外围国家应该改变过去把全部资源用于初级产品的生产和出口的做法，充分利用本国资源，努力发展本国的工业部门，逐步实现工业化。普雷维什根据拉丁美洲各国的实际情况，提出了进口替代工业化的发展战略，即采取限制工业品进口的措施，努力发展本国工业，使工业品逐步达到自给自足，改变工业品依靠从中心国进口的局面。随着世界经济形势的变化和拉美国家经济的发展，他又进一步提出了出口替代的发展战略，即大力发展本国工业品出口，改变出口商品结构，由以出口初级产品为主向出口工业品为主转变。这样外围国家的工业品不仅能够满足本国的需要，而且可以向中心国家出口，使外围国家的工业更趋成熟。

为了实现工业化，普雷维什主张外围国家实行保护贸易政策。他认为，在一个相当长的时期内，保护政策是发展中国家工业所必需的。在出口替代阶段，为了鼓励制成品出口，除了实行保护关税政策外，还应有选择地实行出口补贴措施，以增强发展中国家的制成品在世界市场上的竞争力。普雷维什指出，外围国家的保护政策与中心国家的保护政策性质不同。外围国家的保护是为了发展本国工业，有利于世界经济的全面发展；而中心国家的保护是对外围国家的歧视和扼制，不仅对外围国家不利，于整个世界经济发展也是不利的。因此，他呼吁中心国对外围国放宽贸易限制，减少对外围国工业品的进口歧视，为外围国的工业品在世界市场上的竞争提供平等的机会。

20世纪60年代后，鉴于世界工业品市场竞争激烈和中心国在世界市场上的垄断优势对外围国发展工业品出口极其不利的状况，普雷维什主张发展中外围国家建立区域性共同市场，开展区域性经济合作，以便相互提供市场来促进发展中国家间的经济发展。

（二）对中心—外围论的评析

普雷维什作为发展中国家的代言人，从发展中国家的利益出发，对国际贸易问题进行了开拓性的探讨，为国际贸易理论宝库增添了不少新内容，其中包含了科学的成分。他的中心—外围论对战后世界经济格局的分析是正确的，它使发展经济学家对战后国际经济关系不平等的认识又上升到一个新的理论高度，为第三世界国家反对旧的国际经济关系，争取建立新的国际经济秩序提供了思想武器。他关于发展中国家经济发展战略的建议，为战后发展中国家的经济发展做出了重要的贡献。但是，这一理论的某些观点和解释包含有不科学的成分，如关于制成品与初级产品的技术进步与各自价格关系的论述，关于工会组织对产品价格施加影响的看法，就不够科学。发展中国家贸易条件长期恶化问题，须区别不同的国家和产

品做具体分析。实际上，造成初级产品贸易条件恶化的原因，除了国际分工格局不合理、初级产品需求弹性小外，还在于发达国家长期实行的保护本国初级产品生产的贸易政策，人为地压缩了对发展中国家初级产品的需求。此外，初级产品的技术含量低、加工程度低、附加值低和替代品增加，以及发达国家对初级产品自给的重视和世界经济周期的影响等，都促成了发展中国家贸易条件的恶化。

人物简介 5-4

劳尔·普雷维什

普雷维什（Raul Prebisch，1901—1986）是阿根廷经济学家，1923年在布宜诺斯艾利斯大学经济系毕业后，到阿根廷国民银行从事经济研究工作。1930年，普雷维什出任阿根廷政府财政副国务秘书，稍后被授权组建"阿根廷共和国中央银行"，并在1935—1943年间任这家银行的总经理。1943—1948年任布宜诺斯艾利斯大学经济学教授，还先后被聘为墨西哥、巴拉圭和委内瑞拉等国中央银行的顾问。1949年，普雷维什到总部设在智利首都圣地亚哥的"联合国拉丁美洲经济委员会"工作，并在1953—1963年间担任该机构的执行秘书，后受当时联合国秘书长吴丹的委托，负责筹组"联合国贸易和发展会议"，1964年起出任贸易和发展会议秘书长兼任联合国副秘书长。他本人承认，在年轻时代他是一个"十足的新古典主义者"——市场浪漫主义者。1970年他又回到圣地亚哥任《拉美经济委员会评论》主编。

资料来源：闫国庆. 国际贸易：理论与政策[M]. 北京：中国商务出版社，2006.

三、管理贸易理论

（一）管理贸易的含义

现实中的国际贸易是自由贸易和保护贸易的混合，那么，该用什么概念来表述现实的国际贸易形态呢？如果没有先入为主的偏见的话，管理贸易其实就是现实中国际贸易形态的真实反映。

管理贸易（Managed Trade）的一种定义是指"政府对私人的国际贸易（活动）进行高度的管制"，或者是"由政府政策控制、引导或管理的贸易"。这种狭义的定义强调政府政策对贸易的影响。泰森（L. Tyson）以美国高科技产业为例指出了管理贸易背后的政策原因，包括促进高科技产业的竞争实力、改进高科技贸易的管理、支持贸易收支调整及缓解保护主义带来的压力。

根据另一种更广义的定义，"管理贸易是指不在竞争条件下、不按边际成本定价的贸易"。这一定义把管理贸易的原因扩展到政府政策之外所有导致贸易偏离市场机制的因素，包括行业、企业控制和管理贸易的行为。

（二）管理贸易的分类

泰森将管理贸易按协定的不同分为微观层次的管理贸易和宏观层次的管理贸易。

1. 微观层次的管理贸易

泰森认为管理贸易都与贸易协定有关，从而其分析是将微观层次的或部门的管理贸易协定具体分为规则导向型（Rules-oriented）和结果导向型（Results-oriented）两种。规则导向型的管理贸易协定"可以定义为对特定行业约束与协定相关主要行为者的一套政策规则和指南的协定"，规则并不强调行业贸易的数量结果，但肯定影响这些结果。结果导向型的管理贸易是建立一些贸易的数量指标，而且通常采取对与协定相关者进行特定产品实施贸易限制的形式，包括价值、数量、增长率这样一些形式的限制，这种管理贸易比较接近于贸易保护主义者的主张和方法。

微观层次的管理贸易还可以分别针对进口和出口实施，在进口方面即为协商确定进口规模，一种特殊的形式是"自愿进口扩张"（Voluntary Import Expansion），要求特定的国家通过所有可能的途径进口特定的产品。在出口方面为人们所熟悉的是"自愿出口限制"，即出口国在进口国的要求和压力下主动限制向进口国出口特定产品的数量。"自愿进口扩张"和"自愿出口限制"的区别在于：前者是与贸易自由化一致的，不是贸易限制，而后者的效果相当于进口国家实施贸易限制。

2. 宏观层次的管理贸易

宏观层次的管理贸易可能是双边的，也可能是多边的，双边的管理贸易协定特征是歧视第三方，常常使国家之间贸易摩擦增加。因此，多边的管理贸易更受偏爱，多边的协定允许更多的参与方进行谈判，通常得到的是歧视性较小的结果。

宏观层次的管理贸易不仅关注贸易摩擦的解决，而且更重要的是制定和维护一些国际贸易的规则。因此，又有对管理贸易的如下一些定义："它是以磋商谈判为轴心，对本国进出口贸易和全球贸易关系进行干预、协调和管理的一种国际贸易制度。它旨在争取本国对外贸易的有效发展，并在一定程度上兼顾他国利益，以达成双方均能接受的贸易协定方案，从而避免贸易冲突，限制贸易战及其破坏程度，共同担负起维护经贸关系的稳定和发展的责任。""管理贸易是指世界上各贸易主体在由国际分工引致的比较利益这种偏好的最大化过程中，为有效解决合作中的冲突及实现相互合作的潜在利益，所提出的整套国际贸易理论及将这套理论运用到实践中的政策。"在这些定义中强调了管理贸易的多边特性，着重从国际体制和多边关系的层面来理解管理贸易。

（三）管理贸易的基本特点

1. 管理贸易是基于原则和规则的贸易体制

自由贸易是基于权利的体制，强调市场准入的权利，主张消除市场准入的各种障碍，而不注重结果的平等；贸易保护是基于结果的体制，强调贸易利益的结果及影响，为达到结果的"相对公平"而对贸易进行干预。管理贸易则兼顾权利和结果两方面，既注重本国利益的增长，又兼顾他国的利益，现实中就具体表现为各国贸易政策对GATT/WTO互惠原则及相关规则的认可和遵从。

2. 管理贸易具有良好的兼容性

管理贸易的内容是自由贸易和贸易保护并存，并且在自由贸易和贸易保护之间求得某种平衡，因而它不像贸易保护那样只关注本国贸易发展，采取贸易保护政策而引发诸多的贸易摩擦和争端；也不同于自由贸易的泛世界主义，助长"强者愈强"的势头，从而遭到利益可能受损国家的抵制。管理贸易则是在寻求整体经济利益平衡的前提下，兼顾贸易伙伴经济利益的同时，寻求本国经济利益的最大化。因而，管理贸易具有作为国际体制为大部分国家接受的基础，即各国以谈判、协商为基础，使一些有利于各国贸易发展、促进各国贸易关系协调的规则国际化，通过国际协定、规则来约束各国的贸易行为，协调贸易的利益关系。

3. 管理贸易具有较大的弹性或可塑性

各国贸易政策的取向受多种因素影响，因而对自由贸易和贸易保护的态度是变化的，管理贸易是自由贸易和贸易保护两股势力博弈的结果。而在特定的时期，主要贸易国的贸易政策取向将决定管理贸易的走势，当自由贸易思想占据上风时，管理贸易的变化倾向于贸易自由化；反之，贸易保护主张横行时，管理贸易体制就倾向于保护主义。

管理贸易并没有一个固定的模式。从单个国家来看，在不同的历史时期，国家的贸易政策服从于总体经济发展的战略目标。一国在一个较长的时期内总体上是更多地实行自由贸易政策，还是更多地选择保护贸易政策，其出发点就是看哪种类型的贸易政策能更有效地满足和实现本国的全局利益。在一段时期内，可能贸易保护的压力更大，贸易政策偏向于保护主义不足为奇；而在另一段时期，特别是一国经济得到较大发展，具有较强的国际竞争力时，或者保护政策带来的代价过大时，贸易政策就可能转向贸易自由化，第二次世界大战后发展中国家的贸易体制和贸易政策的变化就是很典型的例子。发达国家的例子也同样说明问题，当 20 世纪 70 年代后期经济形势出现不利因素时，第二次世界大战后一直奉行贸易自由化政策的发达国家也出现了贸易保护主义。

从国际的角度看，管理贸易的原则、规范也是在发展变化的。国际贸易政策协调和控制国家之间的利益全局关系的过程具有自发性和不可预见性的特点。

阅读案例

空中客车和波音

空中客车公司成立于 1970 年，它是由一组法国、德国、英国和西班牙的公司整合在一起而成立的，法国和德国各占 38%，英国占 20%，西班牙占 4%。法国为空客的飞机生产提供了大约 30 多亿美元的启动资金，德国也提供了贷款和贷款担保，英国和西班牙提供了部分启动资金。很难估算这些政府补贴的实际金额，但是美国商务部的一份研究认为空客从欧洲政府那里得到的补贴大约是 260 亿美元。

空客的主要竞争对手是波音，波音的历史比空客久远得多。波音是美国最大的出口企业，大约 50%以上的飞机出口到国外。多年来，美国在民用航空器行业一直是净出口国。空客的进入使得民用飞机行业的竞争变得更加激烈，尤其是在中长途大容量飞机的竞争上。波音指控空客得到欧洲国家的补贴，使得竞争不公平。而空客也反过来指控波音接受美国政府的补贴，空客认为，波音每年从美国军方获得的订单就相当于非直接补贴，这些非直接补贴每年相当于 400 多亿美元。为了控制双方补贴的额度，美国和欧洲共同体于 1993 年签署协议，把对飞机制造公司的补贴限制在成本的 33%之内。虽然有这个协议，欧洲和美国还是经常为波音和空客补贴的事情闹出贸易纠纷来。

经济学家鲍德温（Richard Baldwin）估算，欧洲和美国对空客和波音的补贴，使得两国的福利都受到损害，补贴使得飞机价格下降，并使得其他购买飞机的国家受惠，因此可以肯定，战略性贸易政策只是让不用这项政策的国家得到好处。

资料来源：陈百助. 国际贸易：理论、政策与应用[M]. 北京：高等教育出版社，2006.

理论联系实际

特朗普政府的贸易保护主义

【实际材料】

自从美国总统特朗普高喊着"美国优先"的口号上台以来，贸易保护主义的阴影就在全球经济"头顶"密布。2018年3月以来，特朗普对中国商品加征关税、对中兴通讯采取出口管制等举措更是让外界对美国贸易保护主义的担忧加重。以加征关税或者限制出口等方式来解决贸易赤字或者贸易纠纷，不仅无助于美国经济复苏，反而可能导致美股、美债风险累积，甚至埋下新一轮金融危机的"种子"，或将让刚刚步入加速挡的全球经济再度面临威胁。

北京时间2018年3月23日凌晨，特朗普宣布将对中国价值高达500亿美元的商品征收关税。4月6日早间，特朗普称增加对中国1 000亿美元贸易制裁。随后，美国政府禁止中国电信设备厂商中兴通讯向美国企业购买敏感技术。由于特朗普贸易保护主义倾向加重，导致中美两国贸易摩擦处于胶着状态，从而引发国际社会的担忧。在最新的国际货币基金组织年会上，各国财长和央行行长们在近期全球经济评估报告中，将贸易争端视为7年以来对全球经济增长最强劲的威胁。

从历史来看，美国多次采取贸易保护主义措施，但并未对美国经济带来裨益。例如，尼克松任美国总统期间，为了稳定美国对日本等国家迅速扩大的贸易逆差，选择临时大范围征收关税和美元与黄金脱钩，导致20世纪70年代美国陷入经济滞胀。2002年，为保护美国企业，时任美国总统的小布什对进口钢铁征收关税，不过遭到了WTO其他成员的强烈抵制，美国钢铁制造业的就业岗位没挽回多少，还影响了供应链下游产业的就业增长。最终，小布什悄然撤除了关税。

特朗普抛开WTO多边体制，实施贸易保护主义政策。如果他加征关税的政策得以实施的话，不仅会对中美两国经济产生冲击，使得在中国实施强烈反制的同时，也会使得中美两国贸易萎缩，导致全球贸易下行。这其中的缘由显而易见：因为中国出口到美国的商品不仅是中国在生产，同时也从东亚等国进口了大量的零部件和机器设备进行加工组装再出口到美国，因此这拖累的不仅是中美贸易，还包括全球贸易。而全球贸易如若萎缩，也会使得刚刚复苏的全球经济蒙上阴影，世界经济或将因此下行。

资料来源：莫莉. 特朗普贸易保护主义危害多多[EB/OL]. （2018-04-20）. http://www.financialnews.com.cn/hq/yw/201804/t20180424_137038.html.

【理论分析】

1. 美国实行贸易保护主义的原因及其影响？
2. 我国应该如何应对美国的贸易保护主义？

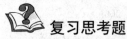 复习思考题

1. 重商主义的基本观点是什么？
2. 李斯特幼稚产业保护理论的主要内容是什么？
3. 超保护贸易理论的主要内容是什么？
4. 战略性贸易政策理论的主要内容是什么？
5. 中心—外围理论的主要论点是什么？
6. 管理贸易理论的主要内容是什么？

第六章 关税措施

 引导案例

中国对美关税反制措施正式实施

根据美国海关和边境保护局消息,美国于当地时间 2018 年 7 月 6 日 00:01(北京时间 6 日 12:01)起对第一批清单上 818 个类别、价值 340 亿美元的中国商品加征 25% 的进口关税。作为反击,中国也于同日对同等规模的美国产品加征 25% 的进口关税。

商务部发言人说,美国 7 月 6 日开始对 340 亿美元中国产品加征 25% 的关税。美国违反世贸规则,发动了迄今为止经济史上规模最大的贸易战。这种征税行为是典型的贸易霸凌主义,正在严重危害全球产业链和价值链安全,阻碍全球经济复苏的步伐,引发全球市场动荡,还将波及全球更多无辜的跨国公司、一般企业和普通消费者,不但无助,还将有损于美国企业和人民利益。

(1) 对大豆的影响。中国是美国大豆第一大进口国,2017 年进口额为 140 亿美元。加征 25% 关税后,美国大豆到中国完税价 3 730 元/吨,比巴西大豆高 360 元/吨。如果按照 7 月的船期来算,美国大豆原本 3 000 元/吨的价格,在加征关税之后将上涨到约 3 750 元/吨,每吨涨 750 元,将彻底失去价格优势。

(2) 对汽车的影响。此轮中国加征关税后,产自美国的汽车进口关税率从 15% 上涨到 40%。根据 CEIC 数据库,2017 年,中国从美国进口汽车 106.2 亿美元,在中国对美国进口量最多的产品中排名第三。若按整体调高 25% 税率计算,美国进口汽车的关税将由 15.93 亿美元增至 42.48 亿美元,增加 26.55 亿美元。

中国对美国汽车加征关税,对位列美国前三大汽车生产商的通用和福特的影响最为明显。在美国出口的汽车中,中国市场约占 30% 左右,数目在 30 万辆左右,加上美国返销的汽车,整体影响到的汽车销量约为 50 万 ~ 60 万辆,以均价计算影响金额在 150 亿 ~ 200 亿美元。

(3) 对石油的影响。中国第二批 160 亿美元的加税清单共有 114 项商品,其中和"石油或油气产品"相关的共 108 项。目前美国仅占中国原油总进口量的 3% 左右,中国却占美国总原油出口量的 25%。如果维持一季度的趋势,2018 年中美原油贸易规模将达 65 亿美元,占中国对美国加征关税清单(二)总金额的 40%,是目前中美能源贸易的最核心的产品。

某券商能源行业分析师对记者表示,2017 年中国从美国进口化工产品 148 亿美元,几乎与进口美国大豆的金额(139 亿美元)相等。按照这一金额,加征 25% 的税率会增加 37.5 亿美元的关税,对美国化工品的出口会有较大影响。

资料来源:海关:中对美关税反制于 6 日 12:01 实施[N]. 新京报,2018-07-07.

 **教学目标**

通过本章的学习，了解关税的作用和特点，了解海关税则和海关征税的程序，掌握关税的分类、名义保护率和有效保护率的含义，掌握关税的经济效应分析。

第一节 关税概述

一、关税的概念

关税（Customs Duties；Tariff）是进出口商品经过一国关境时，由政府设置的海关向本国进出口商征收的一种税。由于征收关税提高了进出口商品的成本和价格，客观上限制了进出口商品的数量，故关税又被称为关税壁垒（Tariff Barriers）。

关境（Customs Frontier）是由海关管辖的边境，是海关征收关税和执行海关法令和规章的区域范围。一般来说，关境和国境是一致的，关境就设置在国境线上。但是，在建立自由港、自由贸易区等经济特区的情况下，进出自由港、自由贸易区等经济特区的商品不征收关税，此时关境小于国境，关境移至这些经济特区与该国国内其他地区交界处。另外，在与其他一些国家缔结关税同盟的情况下，参与同盟的国家，其内部的商品可以自由流通，海关只对进出同盟国以外的商品征收统一的关税，此时关境大于国境，关境移至同盟国与其他国家的交界处。

海关（Customs House）是国家设立的对进出关境的运输工具、货物、物品进行监督管理的行政机构。它的主要职责是依照国家有关的政策、法令和规章监管进出关境的运输工具、货物、行李物品、邮递物品和其他物品，征收关税和其他税、费，查缉走私，并编制海关统计和办理其他海关业务。征收关税是海关的重要任务之一。

二、关税的性质与特点

（一）关税的性质

关税作为国家税收的一种，同其他税收一样，是国家凭借政治权利取得财政收入的一种方式，也是管理社会经济和国民生活的一种手段，因此，它具有税收所共有的强制性、无偿性和固定性（可预见性）。

1. 强制性

关税由国家凭借政治权利和法律强制征收，纳税人必须依法纳税，否则会受到法律制裁。

2. 无偿性

国家征收关税后即缴入国库，成为国家的财政收入，无须付给纳税人任何补偿。

3. 固定性

关税是按照国家事先规定的税则计征缴纳的，税率相对固定，一般不得随意变动和减免。

（二）关税的特点

除具有一般税收的共性之外，关税作为一个单独的税种，又具有不同于其他税收的特点。

1. 关税是一种间接税

与以纳税人的收入和财产作为征税对象的直接税不同，关税是以进出口商品和货物为征税对象，在商品流通过程中征收，进出口商可将关税额作为成本的一部分追加到进出口商品上，最终将关税负担转嫁给消费者。

2. 关税具有涉外性，是对外贸易政策的重要手段

由于关税与世界各国的利益关系密切，主权国家常以关税为手段来体现其对外政策，把它作为进行国际经济竞争及政治斗争的手段。

三、关税的作用

（一）积极作用

1. 增加财政收入

关税征收以后即缴入国库，成为该国财政收入。在资本主义发展初期，工业还不够发达，除土地税以外，其他税源有限，征收关税主要是为了增加财政收入，当时欧洲各国的关税主要是征收出口税。随着资本主义工商业的发展，其他税源增加，关税在国家财政收入中的比重下降，关税的财政收入作用相对降低。现在只有少数财政极为困难的发展中国家，仍把关税作为财政收入的重要来源。但是无论征收关税的目的如何，它客观上都起到了增加财政收入的作用。

2. 保护本国的生产和市场

对进口商品征收关税，等于提高其进口成本，并相应提高销售价格，以此削弱其与本国产品竞争的能力，从而保护国内同类或相近产品的生产与发展；同时，进口商品价格提高，本国同类产品的市场价格同样提高，可以增加国内厂商生产同类产品的积极性。对某些出口商品征收关税，可以防止国内紧缺物资外流，保证国内市场的充分供应。对国内经济的保护作用已成为当前关税的主要作用。

3. 调节国内经济

利用关税税率的高低或减免关税可影响企业的利润，调节某些商品的进出口数量，稳定国内市场价格，保持国内供需平衡和市场稳定。通过征收临时进口附加税，以减少进口数量和外汇支出，保持国际收支平衡。当贸易逆差过大时，征收进口附加税，以减少进口数量和外汇支出，缩小贸易逆差；当贸易顺差过大时，减免关税，以扩大进口，缩小贸易顺差。

4. 有利于开展对外经济斗争和建立友好经济关系

由于关税的高低会影响到对方国家的外贸规模和国内生产的发展，涉及对方国家的经济利益，因此可以利用优惠关税，作为争取友好贸易往来、改善国际关系的手段；可以利用关税壁垒作为限制对方进口或惩罚对方的手段；也可以利用差别关税，在对外贸易谈判时，以不同的税率为条件，作为迫使对方让步、开拓国外市场的手段。

（二）消极作用

关税虽然具有以上积极作用，但若利用不当，也可能产生消极作用，主要包括以下几个

方面。

1. 加重消费者的负担

这是所有间接税征收过程中需谨防的消极作用。

2. 过度保护，会降低企业竞争动力

如果对某种产品不适当的长期保护，形成没有竞争的环境，有可能使生产这种产品的企业缺乏提高技术改进生产的动力，养成依赖性，长期处于落后水平。

3. 易恶化贸易伙伴间的友好关系

在利用关税壁垒作为限制从对方进口或惩罚对方的手段以保护本国生产的同时，可能会使对方也采取相应报复措施，从而导致贸易伙伴间友好关系的恶化。因此，需注意把握适度原则，否则本国实行高关税对方也会效仿，最终会影响本国商品和货物出口。

4. 关税过高容易引发走私

走私是一种在国际上的违法活动，通常是指违反一个国家（地区）的法令，非法运输物资进出境的行为。有些商品由于征税过高使国内外差价过大，遂成为走私的对象。

第二节　关税的分类

一、按征收对象或商品流动方向分类

按照关税征收对象或商品流动方向，可将关税划分为进口关税、出口关税、过境关税。

（一）进口关税

进口关税（Import Tariff）是指进口国家的海关在外国商品输入时，根据海关税则对本国进口商所征收的关税。该种关税在进口商品直接进入一国关境或国境时征收，或者在外国货物从自由港、自由贸易区、出口加工区、保税仓库进入国内市场时征收。

一国制定进口税率时应该考虑的因素有：第一，关税升级（一般地说，进口税税率随着进口商品加工程度的提高而提高，即工业制成品税率最高，半制成品次之，原料等初级产品税率最低甚至免税）；第二，对国内紧缺而又急需的生活必需品和机器设备应该给予低关税或免税，国内能大量生产的商品和奢侈品征收高关税；第三，根据各国政治经济关系的需要，对来自不同国家的同一种商品实行不同的税率。

进口关税是保护关税的主要手段。通常所说的关税壁垒，实际上就是对进口商品征收高额关税，以此提高其成本，进而削弱其竞争力，起到限制进口的作用。关税壁垒是一国推行保护贸易政策所实施的一项重要措施。

（二）出口关税

出口关税（Export Tariff）是出口国家的海关在本国产品输往国外时对出口商所征收的关税。目前大多数国家对绝大部分出口商品都不征收出口关税，因为征收出口关税会抬高出口商品的成本和国外售价，削弱其在国外市场的竞争力，不利于扩大出口，但仍有少数国家（特别是经济落后的发展中国家）征收出口关税。

征收出口关税的目的主要有：第一，对本国资源丰富、出口量大的商品征收出口关税，以增加财政收入。第二，为了保证本国的生产，对出口的原料征税，以保障国内生产的需要和提高国外商品的生产成本，从而加强本国产品的竞争能力。第三，为保障本国市场的供应，除了对某些出口原料征税外，还对某些本国生产不足而又需求较大的生活必需品征税，以抑制价格上涨。第四，控制和调节某些商品的出口流量，防止盲目出口，以保持其在国外市场上的有利价格。第五，为了防止跨国公司利用"转移定价"逃避或减少在所在国的纳税，向跨国公司出口产品征收高额出口关税，维护本国的经济利益。

（三）过境关税

过境关税（Transit Tariff）又称通过关税或转口关税，是一国海关对通过其关境再转运至第三国的外国货物所征收的关税。过境关税在重商主义时期盛行于欧洲各国，其目的主要是增加国家财政收入。随着资本主义的发展和交通运输事业的发达，各国在货运方面的竞争日益激烈，加之过境货物对本国生产和市场没有影响，19世纪后期，各国相继废除了过境关税。二战后，《关税及贸易总协定》第五条规定了"自由过境"的原则，此条第三款中规定：缔约方对通过其领土的过境运输，可以要求在适当的海关报关；但是，除了未遵守应适用的海关法律规章的以外，这种来自或前往其他缔约方领土的过境运输，不应受到不必要的拖延或限制，并对它免征关税、过境税或有关过境的其他费用，但运输费用以及相当于因过境而支出的行政费用或提供服务的成本和费用不在此限。这项规定在世界贸易组织建立后继续有效。目前，大多数国家对过境货物只征收少量的签证费、印花费、登记费、统计费等。

二、按征税目的分类

按照征税的目的，可将关税划分为财政关税、保护关税和调节关税。

（一）财政关税

财政关税（Revenue Tariff）是以增加本国财政收入为目的而征收的关税。财政关税增加财政收入的关键在于税率的高低和进出口商品的数量。

对进出口商品征收财政关税，必须具备以下三个条件才能使财政收入增加：第一，所征商品在本国的销售量必须比较大；第二，所征税商品必须是本国不能生产的；第三，所征税率必须适中。

（二）保护关税

保护关税（Protective Tariff）是以保护本国的产业和国内市场为目的而征收的关税。因为保护关税的目的是为了保护本国的工农业生产和一些商品市场，所以它与财政关税不同，其税率一般都较高，有时达100%以上，等于禁止进口。

（三）调节关税

调节关税（Regulate Tariff）是以调整本国经济和产业结构为主要目的而设置的关税。对于国内需要扶植和发展的产业和产品，一般采取调高同类产品的进口税率，削弱进口商品竞争力的办法，使本国产品能够在高额关税保护下求得顺利发展；对于一些已经失去优势，不具备发展前景的产业和产品，国家一般采取降低同类进口商品的税率、提高进口商品的竞争力的方法，促使国内的产品尽快改造更新，从而完成经济结构和产品结构的调整和升级。

三、按特定的实施情况分类

按照特定的实施情况，可将关税划分为正常关税和进口附加税两种。

（一）正常关税

通常把按国家税法规定的税率征收的关税称为正常关税（Normal Tariff），它是相对于附加税而言的。

（二）进口附加税

进口附加税（Import Surtax）是指进口国海关对进口的外国商品在征收进口正税之外，出于某种特定的目的而额外加征的关税。进口附加税通常是一种临时性的特定措施，又称特别关税。进口附加税不同于进口税，它并不存在于一国的《海关税则》中，也不像进口税那样受到世界贸易组织的严格约束而只能降不能升，其税率的高低往往视征收的具体目的而定。征收进口附加税的目的主要有：应付国际收支危机，维持进出口平衡；防止外国产品低价倾销；对某国实施歧视或报复等。

一般来说，对所有进口商品征收进口附加税的情况较少，大多数情况是针对个别国家和个别商品征收进口附加税。这类进口附加税主要有反倾销税、反补贴税、紧急关税、惩罚关税和报复关税五种。

1. 反倾销税

反倾销税（Anti-dumping Tariff）是指对实行倾销的进口货物所征收的一种临时性进口附加税。征收反倾销税的目的在于抵制商品倾销，保护本国产品的国内市场。因此，反倾销税的税额一般按倾销差额征收，以此抵消低价倾销商品价格与该商品正常价格之间的差额。

《关贸总协定》第六条对倾销与反倾销做了相关规定，在统一缔约国的反倾销税规定方面起到了积极作用，但它存在着简单、笼统和约束力不强的问题。因此，"肯尼迪回合"、"东京回合"以及后来的"乌拉圭回合"都对其进行了修改和补充，最后达成了新的《反倾销协议》。

2. 反补贴税

反补贴税（Counter-vailing Tariff）又称反津贴税、抵消税或补偿税，是指进口国为了抵消某种进口商品在生产、制造、加工、买卖、输出过程中所收到的直接或间接的奖金或补贴而征收的一种进口附加税。征收反补贴税的目的在于提高进口商品的价格，抵消其所享受的补贴金额，削弱其竞争能力，使其不能在进口国的国内市场上与进口国同类商品进行低价竞争，以保护国内生产和市场。

《关贸总协定》第六条、第十六条和第二十三条在反补贴税方面做了具体规定，"东京回合"达成的有关协议也进一步补充了这些条款和规定，"乌拉圭回合"把补贴和反补贴规则纳入重要议题，通过谈判对原有的守则做了较大的修改和补充，达成了新的《补贴与反补贴协议》。

3. 紧急关税

紧急关税（Emergency Tariff）是指为应付某种紧急情况，对某些商品加征的进口税。在国际贸易中，当短期内外国某种商品大量涌入某国，进口量大大超过正常水平，对某国生产此种产品的行业构成威胁，甚至造成巨大损失，一般正常关税已不能起到有效保护作用，通过正常谈判渠道又难以解决时，该国往往加征紧急进口附加关税，来限制该商品大量涌入，保护本国生产。例如，美国汽车制造商曾因日本汽车大量涌入美国市场而要求政府加征此类关税；1972 年 5 月，澳大利亚受到外国涤纶和锦纶大量进口的冲击，遂在征收每磅 20 澳分的正税外，又加征每磅 48 澳分的进口附加税。

由于紧急关税是在紧急情况下征收的，是一种临时性税，因此，当紧急情况缓解后，紧急关税必须撤除，否则会受到别国的关税报复。

4. 惩罚关税

惩罚关税（Punitive Tariff）是指出口国某商品违反了与进口国之间的协议，或者未按进口国海关规定办理进口手续时，进口国海关对该进口商品征收的一种临时性的进口附加税。例如，1988 年日本半导体元件出口商因违反了与美国达成的自动出口限制协定，被美国征收 100%的惩罚关税。又如，若某进口商虚报成交价格，以低价报关，一经发现，进口国海关将对该进口商征收特别关税作为罚款。

5. 报复关税

报复关税（Retaliatory Tariff）是指一国为报复他国对本国商品、船舶、企业、投资或知识产权等方面的不公正待遇，对从该国进口的商品所课征的进口附加税。通常这些不公平待遇包括：对本国商品征收歧视性差别关税或采取贸易保护措施；给予第三国比给本国更优惠的待遇；在与本国的贸易中，"自由贸易"方面做得不够；对本国产品的知识产权没有提供足够的保护；在与本国的原贸易协定期满时，对新协定提出不合理要求。在对方取消不公正待遇时，报复关税也会相应取消。然而，报复关税也像惩罚关税一样，易引起他国的反报复，最终导致关税战。例如，"乌拉圭回合"谈判期间，美国和欧盟就农产品补贴问题发生了激烈的争执，美国提出一个"零点方案"，要求欧盟十年内将补贴降为零，否则美国除了向农产品增加补贴外，还要对欧盟进口商品增收 200%的报复关税。欧盟也不甘示弱，扬言反报复。双方剑拔弩张，若非最后相互妥协，就差点葬送了这一轮谈判的成果。

征收进口附加税主要是为弥补正税的财政收入作用和保护作用的不足。由于进口附加税要比正税所受国际社会约束少，使用灵活，因而常常会被用作限制进口与贸易斗争的武器。

四、按差别待遇分类

按照差别待遇，可将关税划分为普通关税和优惠关税两种。

（一）普通关税

普通关税（Common Tariff）又称一般关税，是相对于优惠关税而言的。普通关税是指一国政府对与本国未签署贸易协定、经济互助协定等友好协定的国家（地区）按普通税率所征收的非优惠性关税。普通关税的税率一般由进口国自主制定,只要国内外的条件不发生变化就会长期使用,普通关税的税率是最高的,一般要比优惠税率高1～5倍,少数商品甚至高达10倍、20倍,也被称为歧视性关税。目前仅有个别国家对极少数(一般是非建交)国家的出口商品实行这种税率,大多数只是将其作为其他优惠税率减税的基础。因此,普通税率并不是被普遍实施的税率。

(二)优惠关税

优惠关税(Preferential Tariff)是对来自特定国家的进口货物征收的低于普通关税税率的优惠税率关税。它一般在签订有友好协议、贸易协定等国际协定或条约国家之间实施,目的是为了增进与受惠国之间的友好贸易往来,加强经济合作。优惠关税一般是互惠的,通过国家间的贸易或关税协定,协定双方相互给予优惠关税待遇;但也有单方面的,给惠国给予受惠国单向的优惠关税待遇,而不要求受惠国提供反向优惠。例如,普惠制下的优惠关税;关贸总协定实行多边的普遍最惠国优惠关税,任一缔约方需给予所有缔约方等。

优惠关税一般有最惠国关税、普惠制关税和特惠关税三种。

1. 最惠国关税

最惠国关税是一种优惠关税,往往和双边或多边最惠国待遇相关。所谓最惠国待遇(Most Favored Nation Treatment,MFNT),是指缔约国各方实行互惠,凡缔约国一方现在和将来给予任何第三方的一切特权、优惠和豁免,也同样给予对方。因最惠国税率是根据所签订的贸易条约或协定的最惠国待遇条款所给予的优惠税率,有时也称为协定税率。最惠国待遇的内容很广,但主要是关税待遇。最惠国税率是互惠的且比普通税率低,有时甚至差别很大。例如,美国对进口玩具征收的普通税率为70%,而最惠国税率仅为6.8%。由于世界上大多数国家都加入了签订有多边最惠国待遇条约的世界贸易组织,或者通过个别谈判签订了双边最惠国待遇条约,因而这种关税税率实际上已成为正常的关税税率。

不过,最惠国税率并非是最低税率,而只是一种非歧视性的关税待遇。各国在最惠国待遇的关税税率之外往往还有更低的优惠税率,如在缔结关税同盟、自由贸易区或有特殊关系的国家之间一般都有更优惠的关税待遇。

2. 普惠制关税

普惠制关税是在普遍优惠制(Generalized System of Preferences,GSP,简称普惠制)下的优惠关税待遇。普惠制是发达国家给予发展中国家出口的制成品和半制成品(包括某些初级产品)普遍的、非歧视的、非互惠的一种关税优惠制度,税率一般比最惠国税率低三分之一。

普遍性、非歧视性和非互惠性是普惠制的三项基本原则。普遍性是指发达国家对所有发展中国家出口的制成品和半制成品给予普遍的关税优惠待遇;非歧视性是指应使所有发展中国家都无歧视、无例外地享受普惠制待遇;非互惠性即非对等性,是指发达国家应单方面为发展中国家做出特殊的关税减让,而不要求发展中国家对发达国家给予对等待遇。普惠制的目的是通过给惠国给予受惠国的受惠商品减、免关税优惠待遇,使发展中的受惠国增加出口收益,促进其工业化水平的提高,加速国民经济的增长。

普惠制是发展中国家在联合国贸易与发展会议上长期斗争的成果。从1968年联合国第二届贸发会议通过普惠制决议至今,普惠制已在世界上实施了50余年。目前,全世界已有190

多个发展中国家和地区享受 16 个普惠制方案所规定的普惠制待遇。截至目前，给予中国普惠制待遇的给惠国已增至 39 个国家，这些国家为欧盟 27 国、澳大利亚、新西兰、俄罗斯、白俄罗斯、哈萨克斯坦、乌克兰、挪威、瑞士、土耳其、列支敦士登、加拿大、日本。美国是西方发达国家中唯一未给予中国普惠制待遇的国家。

实行普惠制的国家是根据各自制定的普惠制方案来实施的。从具体内容看，各方案不尽一致，但大多包括了给惠产品范围、受惠国家和地区、给惠商品的关税削减幅度、保护措施、原产地规则、普惠制的有效期等六个方面。

（1）给惠产品范围。一般而言，农产品的给惠商品较少，工业制成品或半制成品只有列入普惠制方案的给惠商品清单，才能享受普惠制待遇。一些敏感性商品，如纺织品、服装、鞋类以及某些皮制品、石油制品等常被排除在给惠商品清单之外或受到一定限额的限制。

（2）受惠国家和地区。发展中国家能否成为普惠制方案的受惠国是由给惠国单方面确定的。各给惠国从各自的政治、经济利益出发，制定了不同的标准要求，限制受惠国家和地区的范围，因此，各普惠制方案大都有违普惠制的三项基本原则。

（3）给惠商品的关税削减幅度。给惠商品的减税幅度取决于最惠国税率与普惠制税率之间的差额，即普惠制减税幅度=最惠国税率−普惠制税率，并且减税幅度与给惠商品的敏感度密切相关。一般来说，农产品减税幅度小，工业品减税幅度大，甚至免税。

（4）保护措施。各给惠国为了保护本国生产和国内市场，从自身利益出发，均在各自的普惠制方案中制定了程度不同的保护措施。保护措施主要表现在例外条款、预定限额及毕业条款三个方面。

所谓例外条款（Escape Clause），是指当给惠国认为从受惠国优惠进口的某项产品（一般为农产品）的数量增加到对其本国同类产品或有竞争关系的商品的生产者造成或将造成严重损害时，给惠国保留对该产品完全取消或部分取消关税优惠待遇的权利。

所谓预定限额（Prior Limitation），是指给惠国根据本国和受惠国的经济发展水平及贸易状况，预先规定一定时期内（通常为一年）某项产品（一般为工业产品）的关税优惠进口限额，达到这个额度后，就停止或取消给予的关税优惠待遇，而按最惠国税率征税。

所谓毕业条款（Graduation Clause），是指给惠国以某些发展中国家或地区由于经济发展，其产品已能适应国际竞争而不再需要给予优惠待遇和帮助为由，单方面取消这些国家或产品的普惠制待遇。具体地说，"已毕业"的国家和产品不能再享受优惠待遇。

（5）原产地规则（Rules of Origin）。原产地规则是衡量受惠国出口产品能否享受给惠国给予减免关税待遇的标准，一般包括三个部分：原产地标准、直接运输规则和书面证明书。所谓原产地标准（Origin Criteria），是指只有完全由受惠国生产或制造的产品，或者进口原料或部件在受惠国经过实质性改变而成为另一种不同性质的商品，才能作为受惠国的原产品享受普惠制待遇。所谓直接运输规则（Rule of Direct Consignment），是指受惠国原产品必须从出口受惠国直接运至给惠国。书面证明书（Documentary Evidence）是指受惠国必须向给惠国提供由出口受惠国政府授权的签证机构签发的普惠制原产地证书（格式 A）（简称 GSP FORM A），作为享受普惠制减免关税优惠待遇的有效凭证。

（6）普惠制的有效期。普惠制的实施期限为 10 年，经联合国贸易发展会议全面审议后可延长。目前正处于普惠制第四个实施期。

自普惠制实施以来，确实对发展中国家的出口起到了一定的促进作用，但由于各给惠国在提供关税优惠的同时，又制定了种种烦琐的规定和严厉的限制措施，使得建立普惠制的预期目标还没有真正达到，广大发展中国家尚在为此继续斗争。

3. 特惠关税

特惠关税（Special Preferential Tariff）又称特定优惠关税，是对来自特定国家或地区的进口商品给予特别优惠的低关税或免税待遇。特惠税有的是互惠的，有的是非互惠的，税率一般低于最惠国税率和协定税率。

最早的特惠关税产生于宗主国与其殖民地及附属国之间的贸易。目前仍在起作用的且最有影响的是 2000 年 2 月 3 日欧盟与非洲、加勒比海及太平洋地区 77 国（简称非加太集团）签订的有效期为 20 年的《科托努协定》（前身为《洛美协定》）的特惠税，它是欧盟向参加协定的非洲、加勒比海和太平洋地区的发展中国家单方面提供的特惠关税，也是南北合作的范例。该协定在关税方面的优惠主要有：欧盟逐步取消对非加太地区国家提供单向贸易优惠政策，代之以向自由贸易过渡，双方最终建立自由贸易区，完成与世贸规则接轨；欧盟将建立总额为 135 亿欧元的第九个欧洲发展基金，用于向非加太地区国家提供援助，并从前几个发展基金余额中拨出 10 亿欧元用于补贴重债穷国等。

普通关税和各种优惠关税的适用范围、特点及税率高低各异，具体如表 6-1 所示。

表 6-1　普通关税与优惠关税税率比较表

项　　目	普 通 税 率	最惠国税率	特 惠 税 率	普惠制税率
适用范围	没有最惠国待遇条款	最惠国待遇条款	特惠协定，如《洛美协定》	普惠制方案内的发展中国家
特点	是非普遍使用的税率，减税的依据	普遍使用的税率，正常税率	互惠或非互惠	非互惠税率
税率	最高	比普通税率低，互惠的税率	比最惠国税率低	比最惠国税率低，按最惠国税率的一定百分比征收

五、按征收标准分类

按照征收标准不同，可将关税划分为从量税、从价税、混合税和选择税四种。

1. 从量税

从量税（Specific Tariffs）是指按照从量计征法征收的关税。

2. 从价税

从价税（Ad Valorem Tariffs）是指按照从价计征法征收的关税。

3. 混合税

混合税（Mixed Tariffs）是指按照混合计征法征收的关税。征税时混合使用从量税和从价税两种税率计征。

4. 选择税

选择税（Alternative Tariffs）是指按照选择计征法征收的关税。

第三节 关税的征收

一、关税的征收依据

（一）海关税则的概念

征收关税的依据是海关税则。海关税则（Customs Tariff）又称关税税则，是一国对进出口商品计征关税的规章和对进出口应税与免税商品加以系统分类的一览表。它是关税制度的重要内容，是国家关税政策的具体体现。

海关税则一般包括两部分：一部分是海关课征关税的规章条例及说明；另一部分是关税税率表。其中，关税税率表是海关税则的主体，一般设有税则号列（Tariff No.，Heading No.或 Tariff Team）、商品分类目录（Description of Goods）和税率（Rate of Duty）三部分。

税则号列，简称税号，即商品分类号，是把种类繁多的商品加以综合，按照一定的标准分门别类，简化成数量有限的商品类目，分别编号，并逐号列出商品名称。最初各国都根据自身征税的需要和习惯进行商品分类，编制出分类目录。但是，各国编制的商品分类目录、分类方法不同，口径各异，使各国海关的统计资料缺乏可比性，更使贸易双方难以了解对方进出口商品的关税水平，给贸易谈判增加了困难。为了解决这一矛盾，一些国际经济组织试图制定一个国际通用的商品分类目录。目前，世界上广泛使用的是海关合作理事会编制的《商品名称及编码协调制度》。

（二）海关税则的分类

1. 按税率表的栏数分类

海关税则中的同一商品，可以按一种税率征税，也可以按两种或两种以上的税率征税。按照税率表的栏数，可将海关税则分为单式税则和复式税则两类。

单式税则（Single Tariff）又称一栏税则，是指一个税目下只有一个税率，即对来自任何一个国家的商品，没有差别待遇，没有歧视。目前只有少数发展中国家，如委内瑞拉、巴拿马、加纳、肯尼亚等仍实行单式税则。

复式税则（Multiple Tariff）又称多栏税则，是指同一个税目下订有两个或两个以上的税率，即对于来自不同国家和地区的商品按不同的税率征收关税，实行差别待遇。其中，普通税率是最高税率，特惠税率是最低税率，在两者之间，还有最惠国税率、协定税率、普惠制税率等。目前世界上绝大多数国家实行复式税则，但在税率的组成上，各国的做法不尽相同。二栏税率通常由普通税率和优惠税率组成，三栏税率通常由普通税率、最惠国税率和普惠制税率组成。大多数西方发达国家及一部分发展中国家实行的是三栏税率：第一栏普通税率适用于没有建交的国家或者没有签订贸易条约或协定的国家；第二栏最惠国税率适用于订有双边或多边互惠贸易协定的国家；第三栏普惠制税率适用于享受"普遍优惠制"待遇的发展中国家。四栏税率通常是在三栏税率的基础上再加上特惠税率组成，日本、美国、加拿大和我国均实行四栏税率。欧盟等国实行五栏税率。通常，对同一税目所设置的税率栏次越多，税则的灵活性和区别对待的特性越强，表现出的歧视性也越强。

2. 按制定海关税则的权限分类

在单式税则或复式税则中，依据制定税则的权限又可分为国定税则和协定税则。国定税则（Autonomous Tariff）亦称自主税则，是指一国立法机构根据关税自主原则单独制定而不受对外签订的贸易条约或协定约束的一种税率。协定税则（Conventional Tariff）则指一国与其他国家或地区通过贸易与关税谈判，以贸易条约或协定的方式确定的关税税率。协定税则是在本国原有的国定税则以外，通过与他国进行关税减让谈判而另行规定的一种税率，因此要比国定税率低。第二次世界大战结束以来，随着经济全球化的发展，各国贸易联系和依赖日益加强，海关税则呈现出从国定税则（自主税则）向协定税则发展的趋势。目前，世界贸易组织的成员，其关税税率必须受该组织签订的协定约束，所以实际上大多数国家都实行协定税则。

此外，在单式税则或复式税则中，依据进出口商品流向的不同，还可分为进口货物税则和出口货物税则。

二、关税的征收方法

关税的征收方法又称征收标准，一般来说可分为从量计征法、从价计征法、混合计征法、选择计征法和差价计征法五种。

（一）从量计征法

从量计征法是以进口货物的重量、数量、长度、容量和面积等计量单位为标准计征关税。以此方法征收的关税称为从量税，其中，重量单位是最常用的从量税计量单位。例如，美国对薄荷脑的进口征收从量税，普通税率为每磅 50 美分，最惠国税率为每磅 17 美分。从量税的计算公式为

$$从量税额 = 商品进口数量 \times 每单位从量税 \tag{6-1}$$

以重量为单位征收从量税时必须注意，在实际应用中各国计算重量的标准各不相同，一般采用毛重、半毛重和净重等标准。毛重（Gross Weight）是指商品本身的重量加内外包装材料在内的总重量。半毛重（Demigross Weight）是指商品总重量扣除外包装后的重量。净重（Net Weight）是指商品本身的重量，不包括内外包装材料的重量。

采用从量计征法有以下几个特点。

（1）手续简便。不需审定货物的规格、品质和价格，便于计算，可以节省大量征收费用。

（2）税负并不合理。同一税目的货物，不管质量好坏、价格高低，均按同一税率征税，税负相同，因而对质劣价廉的进口物品的抑制作用比较大，不利于低档商品的进口，对防止外国商品低价倾销或低报进口价格有积极作用；对于质优价高的商品，税负相对减轻，关税的保护与财政收入作用相对减弱。

（3）不能随价格变动做出调整。当国内物价上涨时，税额不能随之变动，使税负相对减少，保护作用削弱；物价回落时，税负又相对增高，不仅影响财政收入，而且影响关税的调控作用。

（4）难以普遍采用。征收对象一般是谷物、棉花等大宗产品和标准产品，对某些商品，

如艺术品及贵重物品（古玩、字画、雕刻和宝石等）不便使用。

在工业生产还不十分发达、商品品种规格简单、税则分类也不太细的一个相当长时期内，不少国家对大多数商品使用过从量税。但二战后，由于商品种类、规格日益繁多以及通货膨胀日趋严重等原因，从量计征法已起不到保护关税的作用，各国纷纷放弃了完全按从量税计征关税的做法。目前，完全采用从量计征法的发达国家仅有瑞士一个。

（二）从价计征法

从价计征法是指以进口货物完税价格的一定百分比征收关税。采用从价计征法征收的关税称为从价税。从价税的税率表现为货物价格的百分值。目前，大多数发达国家普遍采用这种方法计征关税，我国也采用从价税。从价税的计算公式为

$$从价税额 = 进口商品总额 \times 从价税率 \quad (6\text{-}2)$$

例如，自 2018 年 7 月 1 日起，我国汽车整车税率降至 15%，如果进口一辆价值 2 万美元的汽车，关税税额为 3 000 美元（20 000×15%）。

征收从价税的一个重要问题是确定进口商品的完税价格。所谓完税价格（Dutiable Value），是指经海关审定的作为计征关税依据的货物价格，货物按此价格照章完税。长期以来，世界各国往往采用不同的估价方法来确定完税价格，目前大致有以下三种：出口国离岸价格（FOB）、进口国到岸价格（CIF）和进口国的官方价格。美国、加拿大等国采用离岸价格来估价，而西欧等国采用到岸价格作为完税价格，不少国家甚至故意抬高进口商品完税价格，以此增加进口商品成本，把海关估价变成一种阻碍进口的非关税壁垒措施。

为了弥补各国确定完税价格的差异且减少其作为非关税壁垒的消极作用，关贸总协定东京回合达成了《海关估价协议》，规定了六种应依次使用的海关估价方法，并严格按照下列程序使用：前三种方法是必须按顺序依次适用的，当按前三种方法仍不能确定价格时，应进口商的要求，第四、五种方法的顺序可以颠倒使用。如果前五种方法均不能确定货物价格时，则可采用第六种方法，即按照与本协议以及与《关贸总协定》第七条的原则和一般规定相一致的可行办法，并以进口国现有资料为依据，确定一个与贸易价格最为接近的价格，即用合理方法推算出来的价格。估价优先采用的方法是实际的"成交价格"，其他的估价方法依次为相同商品的成交价格、类似商品的成交价格、倒扣价格、计算价格、其他合理的方法。

从价计征法有以下几个特点。

（1）税负合理。同类商品质高价高，税额也高；质次价低，税额也低。加工程度高的商品和奢侈品价高，税额较高，保护作用较大。

（2）物价上涨时，税款相应增加，财政收入和保护作用均不受影响，但在商品价格下跌或者别国蓄意对进口国进行低价倾销时，财政收入就会减少，保护作用也会明显减弱。

（3）各种商品均可适用。

（4）从价税税率用百分数表示，便于与别国进行比较。

（5）完税价格不易掌握，征税手续复杂，大大增加了海关的工作负荷。

由于从量计征法和从价计征法都存在一定的缺点，因此关税的征收方法在采用从量计征法和从价计征法的基础上，又产生了混合计征法、选择计征法和差价计征法，以弥补二者的不足。目前单一使用从价计征法的国家并不太多，主要有阿尔及利亚、埃及、巴西和墨西哥

等发展中国家。

（三）混合计征法

混合计征法是在税则的同一税目中定有从量税和从价税两种税率，征税时同时使用两种税率计征，以两种税额之和作为该种商品的关税税额。按这种方法征收的关税称为混合税或复合税（Compound Duties）。混合税按从量、从价的主次不同又可分为两种情况：一种是以从量税为主加征从价税，即在对每单位进口商品征税的基础上，再按其价格加征一定比例的从价税。例如，美国进口小提琴每把征税 1.25 美元，另加征 35%的从价税。另一种是以从价税为主加征从量税，即在按进口商品的价格征税的基础上，再按其数量单位加征一定数额的从量税。

（四）选择计征法

选择计征法是指对某种商品同时制定从量和从价两种税率，征税时由海关选择其中一种征税，作为该种商品的应征关税额。一般是选择税额较高的一种税率征收，在物价上涨时使用从价税，物价下跌时使用从量税。有时，为了鼓励某种商品的进口，或给某出口国以优惠待遇，也选择税额较低的一种税率征收关税。按这种方法征收的关税称为选择税。

由于混合计征法和选择计征法结合使用了从量税和从价税，扬长避短，哪一种方法更有利，就使用哪一种方法或以其为主征收关税，因而无论进口商品价格高低，都可起到一定的保护作用。目前，世界上大多数国家征税时都使用这两种计征法，如主要发达国家，如美国、欧盟、加拿大、澳大利亚和日本等，以及一些发展中国家，如印度、巴拿马等。我国现行税制也是混合税制。

（五）差价计征法

有的国家采用差价计征法征收关税。按照差价计征法征收的关税称为差价税（Variable Tariff）。差价税又叫差额税，是当本国生产的某种产品的国内价格高于同类进口商品的价格时，为削弱进口商品的竞争力，保护本国生产和国内市场，按国内价格与进口价格之间的差额征收的关税。

欧共体（欧盟）成立后为促进本地区农业的发展和保护农场主的利益，实施共同农业政策，对进口农产品征收差价税。首先在共同市场内部按生产效率最低而价格最高的内地中心市场的价格为准，制定了农产品的目标价格（Target Price）。目标价格高于世界市场价格。然后在目标价格中扣除从进境地运到内地中心市场的运费、保险费、杂费和销售费用后，得到门槛价格（Threshold Price），门槛价格是计算差价税的基准价格，外国农产品抵达欧盟港口（地）的成本加运费加保费价（CIF）低于此价时，即按其差额征税（差价税=门槛价格-CIF），使税后的外国农产品进入欧盟的市场价格不低于欧盟同类产品的价格。所征差价税款作为农业发展资金，用于资助和扶持内部农业生产的发展。征收差价税的农产品包括粮食及其制品、生猪、猪肉、家禽、蛋、动植物油、脂、奶制品、糖、食糖及糖浆等农畜产品及其制品。欧盟的共同农业政策，使欧盟成员成为世界农产品的重要产地和出口地。

差价税随着国内外价格差额的变动而变动，没有固定的税率和税额，因此是一种滑动关税。

三、关税的征收程序

征收关税的程序，也就是海关对进出口货物实行监管、征税的程序，又称通关手续，一般包括接受申报、查验货物、征收税费、结关放行四个环节。与此相对应，对进出口商或其代理人来说，也就是向海关申报进出口，接受海关的监管并纳税的程序，又称报关手续，一般包括申报进出口、交验货物、缴纳税费、凭单取货。如果把两方面的作业程序综合考察，取作业的主体方来讲，可以把征收关税的程序归纳为：报关、查验、纳税、放行。

（一）报关

报关（Declaration）又称申报，是指在货物进出境时，进出口商或其代理人向海关申报，请求办理货物进出口手续的行为。

报关必须由具备报关资格并经海关注册登记的"报关单位"办理。报关单位的报关员须经海关培训和考核认可，发给报关员证，才能办理报关手续。非报关单位的商品进出口须委托报关单位及其报关员办理报关手续。在报关时，要填写报关单，并交验海关所规定的各项单证。海关在接受报关后应予以申报登记，即对报关员交验的各项单证予以签收、报关单编号登记、批注接受申报日期。

报关应在海关规定的工作日内完成。如超过规定时间，要征收滞报金。进口货物如进境后3个月未报关，由海关提取并变卖处理。如果属于不宜长期保存的，海关可以根据实际情况提前处理。被处理货物，如在货物变卖之日起一年内补报关，变卖所得货款在扣除有关费用、税款和罚金后，可发还货主。逾期无人认领，上缴国库。

（二）查验

查验（Inspection）是指海关在接受报关后，对单证和货物的查验。《中华人民共和国海关法》规定，进出口货物除经海关总署批准的以外，都应接受海关查验。

海关的查验工作主要有两项：一是对单证的查验或者说审单。此项工作查验单证是否符合国家的有关进出口政策和其他有关法令的规定，是否符合海关对进出口货物的监管、征税和统计的要求，以及单证是否齐全、有效，货价是否真实等。二是对货物的查验，即在查验单证后，以已审查无误的进出口许可证或进出口货物报关单（明细单）为依据，查验货物。此项工作主要是查验单物是否相符，如货物的名称、原产地、数量、重量、包装等是否与报关单相符，是否有未报、漏报的；检查货物有无残损，包装是否符合要求等。其目的是确定货物进出口是否合法，是否符合其他管理规定，防范国内外不法商人利用货运进行政治经济破坏活动。

（三）纳税

纳税（Pay Duty）是指进出口商或其代理人依据海关签发的税款缴纳证，在规定的日期内，向指定的银行缴纳税款。

海关在接受申报和查验货物完毕后，依据海关税则，向进出口商或其代理人签发税款缴纳证，进出口商或其代理人应在海关签发税款缴纳证的次日（节假日除外）起的7日内，向指定的银行缴纳税款。逾期不缴纳的,由海关自第 8 日起至缴清款日止,按日征收税款总额千分之一的滞纳金。对超过 3 个月仍未缴纳税款的,海关责令担保人缴纳税款或者将货物变卖抵缴,必要时,可以通知银行从担保人或者纳税义务人存款中扣款。

纳税义务人同海关发生纳税争议时,应先缴纳税款,然后自海关填发税款缴纳证之日起30日内向海关书面申请复议。确属错缴或多缴的,可按规定办理退税。

在进出口货物放行后,如果海关发现少征或漏征税款,也可按规定向纳税义务人补征。

(四)放行

放行(Release)是指海关在接受进出口货物申报、查验货物,并在纳税义务人缴纳关税后,在货运单据上签印放行。进出口商或其代理人必须凭海关签印的货运单据才能提取或发运进出口货物。未经海关放行的海关监管货物,任何单位和个人不得提取或发运。

第四节 关税的经济效应

关税的经济效应是指一国征收关税对其国内价格、贸易条件、生产、消费、贸易、税收、再分配以及福利等方面所产生的影响。关税的经济效应可以从整个经济的角度来分析,也可以从单个商品市场的角度来考察,前者属于一般均衡分析,后者为局部均衡分析。为便于分析和理解,我们仅从局部均衡角度来分析关税(特指进口关税)的经济效应。

对关税经济效应的局部均衡分析的研究前提是在其他条件不变的条件下,即假定一种商品的均衡价格只取决于这种商品本身的供求状况而不受其他商品的价格和供求状况的影响。通过贸易"小国"和贸易"大国"两种情形可以分别解释关税的经济效应。

一、贸易"小国"关税经济效应的局部均衡分析

如果一国某种商品的进口量占世界市场的份额很小,该国进口量的变动不会影响世界市场价格,如同完全竞争的企业,该国只是价格的接受者,称该进口国为贸易"小国"。这样,该国征收关税后,进口商品国内价格上涨的幅度等于关税税率,关税全部由进口国消费者负担。贸易"小国"的关税经济效应如图6-1所示。

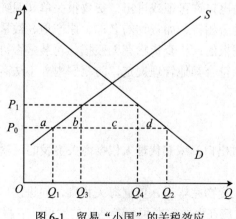

图6-1 贸易"小国"的关税效应

假设图 6-1 中的 D 为国内需求曲线，S 为国内供给曲线；P_0 为自由贸易条件下的国际价格（也是国内价格），Q_1Q_2 为此条件下的进口量；P_1 为征收关税后的国内价格（等于国际价格加关税额），Q_3Q_4 为征收关税后（即保护贸易条件下）的进口量。贸易"小国"对某种进口商品征收关税后，将产生如下几个的经济效应。

（1）价格效应（Price Effect）。进口国征收关税将引起国内价格由 P_0 上涨到 P_1。

（2）消费效应（Consumption Effect）。征收关税降低了该商品的国内消费量。征收关税前，国内需求量为 OQ_2，征收关税后引起价格上涨，需求量减少到 OQ_4。由于征收关税，引起国内消费量的减少，就是关税的消费效应。关税给消费者带来损失，其损失为 $a+b+c+d$ 的面积。由于征收关税，国内消费者减少消费，从而降低了物资福利水平。

（3）生产效应（Production Effect）。征收关税增加了该商品的国内产量。征收关税前，国内供给量为 OQ_1，征收关税后引起价格上涨，供给量增加到 OQ_3。由于征收关税，刺激国内供给量的增加，就是关税的生产效应。关税给生产者带来利益，其利益为 a 的面积。由于征收关税，一些国内资源从生产更有效率的可出口商品转移到生产较缺乏效益的可进口商品，由此造成了该国资源配置效率的下降。

（4）贸易效应（Trade Effect）。征收关税减少了该商品进口量。征收关税前，该国进口量为 Q_1Q_2，征收关税后，进口量减少到 Q_3Q_4。由于征收关税，导致进口量的减少，就是关税的贸易效应。

（5）财政收入效应（Revenue Effect）。征收关税给国家带来了财政收入。只要关税不提高到禁止进口的水平，它会给进口国带来关税收入，这项收入等于每单位课税额乘以进口商品数量，其数额为 c 的面积。

（6）收入再分配效应（Redistribution of Income Effect）。征收关税使消费者的收入再分配。征收关税后，生产者增加了面积为 a 的利益，这是由消费者转移给生产者的；国家财政收入增加了面积为 c 的利益。

（7）净福利效应。征收关税后，各种福利效应的净值为 $-(b+d)$。它意味着对贸易"小国"而言，关税会降低其社会福利水平，其净损失为 $b+d$。这部分损失也称为保护成本或无谓损失（Deadweight Loss）。其中，b 为生产扭曲（Production Distortion），表示征税后国内成本高的生产替代原来来自国外成本低的生产，而导致资源配置效率下降所造成的损失。d 为消费扭曲（Consumption Distortion），表示征税后因消费量下降所导致的消费者满意程度降低，是消费者剩余的净损失。

根据假定，由于征税国是一个小国，不能影响征税产品的国际市场价格，因此该国征收关税对贸易伙伴也就没有什么影响，贸易伙伴国的福利水平不变。然而，征收关税却降低了世界总体福利水平，下降的部分即为关税征收国的福利净损失部分。

综上可见，对小国而言，最优的贸易政策是不征收关税，而自由贸易是最好的贸易政策。

二、贸易"大国"关税经济效应的局部均衡分析

如果进口国是一个贸易"大国"，即该国某种商品的进口量占了世界进口量的较大份额，该国进口量的变化会引起世界价格的变动。贸易大国对某种进口商品征收关税以后，将产生

的经济效应如图 6-2 所示。

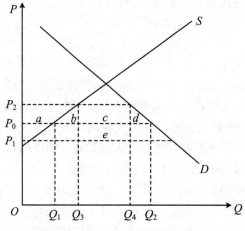

图 6-2 贸易"大国"的关税效应

图 6-2 中的 D 为国内需求曲线，S 为国内供给曲线，P_0 为自由贸易条件下的国际价格（也是国内价格），Q_1Q_2 为该条件下的进口量；P_1 为征收关税后的进口价格，P_2 为征收关税后的国内价格（等于进口价格加关税额），Q_3Q_4 为征收关税后的进口量。大国征收关税后，将产生如下几个的经济效应。

（1）价格效应。大国对进口商品征收关税后，导致该进口商品的国内价格从 P_0 上涨到 P_2，价格的上升促使国内生产扩大，消费减少，导致该大国减少对进口商品的购买，从而引起该商品世界市场价格从 P_0 下跌到 P_1。大国进口商在进口商品时支付的进口关税，不是全部由进口国的消费者负担的，而是由进口国消费者和出口国的生产者（通过出口商）共同负担的，因为大国向出口国转嫁了部分关税。

（2）贸易条件效应。由于进口价格降低，大国贸易条件得到了改善，其利益为面积 e。但与小国相比，在其他条件不变的前提下，大国关税对本国生产者的保护作用相对较小。这是由于大国关税引起的价格上涨部分地被出口国下降的价格所抵消了，因此，进口的数量下降不像小国情况那么多。

（3）消费效应。关税给消费者带来的损失为 $a+b+c+d$ 的面积，只是此时 $a+b+c+d$ 的面积小于小国模型中的 $a+b+c+d$ 的面积。

（4）生产效应。关税给生产者带来的利益为 a 的面积。

（5）财政收入效应。征收关税带来的财政收入是 $c+e$ 的面积。

（6）福利效应。由图 6-2 可知，关税的净福利效应=生产者福利增加−消费者福利损失+政府财政收入=$a-(a+b+c+d)+(c+e)=e-(b+d)$。它意味着对贸易大国而言，关税是增加还是降低，其社会福利水平是不确定的，它取决于贸易条件效应与生产扭曲和消费扭曲两者效应之和。$e>b+d$ 时，大国征收关税将增加其社会福利水平；$e<b+d$ 时，将降低其社会福利水平。$b+d$ 同样是无谓损失，e 相当于外国出口商承担的关税部分。

一般来说，小国从征收关税中遭受的净损失，永远等于面积为 $b+d$ 的保护成本，因为外国出口价格或世界价格不受其影响。如果要确定大国征收关税对该国净福利的影响，则要把

关税的保护成本 $b+d$ 与贸易条件改善而获得的利益 e 相比较：如果该国贸易条件改善利益 e 超过关税保护的代价 $b+d$，则意味着从征收关税中获得了净利益；如果贸易条件改善利益 e 与保护成本 $b+d$ 相等，那该国从关税中既未获得收益，也未遭受损失；最后，贸易条件改善的利益 e 比保护成本 $b+d$ 小，该国仍会从征收关税中遭受净损失。

需要指出的是，以上考察的只是关税的局部均衡效应，其分析带有短期、静态的特征。事实上，关税还会带来种种动态影响。

第五节 关税的保护程度

关税的保护程度是指关税在保护本国生产和市场中所起作用的大小。衡量关税保护程度需要有一套综合考核关税保护程度的指标体系，这主要是由于各国进出口商品结构不同，保护的重点不同，导致即使同样的关税水平对不同国家国内生产和市场的保护作用也不同。通常用关税水平、名义保护率、有效保护率和关税结构等指标来综合衡量一国关税保护程度的大小。

一、关税水平

关税水平（Tariff Level）是指一个国家的平均进口关税税率。关税水平可以大体衡量或比较一个国家进口税的保护程度，它也是一国参加贸易协定进行关税谈判时必须解决的问题。关税水平通常用两种计算方法获得：简单平均法和加权平均法。

（一）简单平均法

简单平均法是根据一国税则中的税率（法定税率）来计算的，即不管每个税目实际的进口数量，只按税则中的税目数求其税率的算术平均值。由于税则中很多高税率的税目是禁止性关税，有关商品很少或根本没有进口，而有些大量进口的商品是零税或免税的。因此，这种计算方法将贸易中的重要税目和次要税目均以同样的分量计算，显然是不合理的。因为简单平均法不能如实反映一国关税水平，所以很少被使用。

（二）加权平均法

加权平均法是用进口商品的数量或价格作为权数进行平均。按照统计口径或比较范围的不同，可分为全额加权平均法和取样加权平均法两种。

（1）全额加权平均法，即按一个时期内所征收的进口关税总金额占所有进口商品价值总额的百分比计算。其计算公式为

$$关税水平 = \frac{进口税总额}{进口商品总额} \times 100\% \qquad (6\text{-}3)$$

在这种计算方法中，如果一国税则中免税的项目较多，计算出来的数值就偏低，不易看出有税商品税率的高低。因此，另一种方法是按进口税额占有税商品进口总值的百分比计算，这种方法计算出的数值比上述方法高一些。其计算公式为

$$关税水平 = \frac{进口税总额}{有税进口商品总额} \times 100\% \qquad (6\text{-}4)$$

由于避免了免税项目的影响,因此降低了分母数值,这种方法掩盖了有税商品实际水平的缺陷。但由于各国的税则并不相同,税则下的商品数目众多,也不尽相同,因而这种方法使各国关税水平的可比性相对减少。

(2)取样加权平均法,即选取若干种有代表性的商品,按一定时期内这些商品的进口税总额占这些代表性商品进口总额的百分比计算。其计算公式为

$$关税水平 = \frac{若干种有代表性商品进口税总额}{若干种有代表性商品进口总额} \times 100\% \qquad (6\text{-}5)$$

由于这种计算方法选取的是各国相同的若干种代表性商品,增强了各国关税水平的可比性,而且选用的商品品种越多,精确性越高,因此,这种方法比全额加权平均法更为简单和实用。关贸总协定"肯尼迪回合"谈判中,就是采用联合国贸易与发展会议选取的 504 种代表性商品来计算和比较各国关税水平的。

现对取样加权平均法举例说明:假定选取 A、B、C、D 四种代表性商品,某国的进口总值和进口税税率如表 6-2 所示,求其关税水平。

表 6-2 某国进口总值和进口税税率表

项 目	A	B	C	D
进口值/万元	20	40	60	80
税率/%	10	20	30	15

则

$$某国关税水平 = \frac{20 \times 10\% + 40 \times 20\% + 60 \times 30\% + 80 \times 15\%}{20 + 40 + 60 + 80} \times 100\% = 20\%$$

关税水平越高,说明关税的保护程度越强。关税水平虽能比较各国关税的高低,但还不能完全表示保护的程度。二战结束以来,西方经济学家对保护关税率进行了研究,提出了关税的名义保护率和有效保护率。

二、名义保护率

名义保护率(Nominal Rate of Protection,NRP)又称名义关税率,是指由于实行保护而引起的国内市场价格超过国际市场价格的部分占国际市场价格的百分比。其计算公式为

$$名义关税率 = \frac{进口货物国内市场价格 - 国际市场价格}{国际市场价格} \times 100\% \qquad (6\text{-}6)$$

与关税水平衡量一国关税保护程度不同,名义保护率只是一国关税保护的名义水平,衡量的是一国对某一类商品的保护程度。名义保护率的高低不能反映出关税对一国生产和市场的实际保护程度。由于在理论上,国内外差价与国外价格之比等于关税税率,因而在不考虑汇率的情况下,名义保护率在数值上和关税税率相同。名义保护率的计算一般是把国内外价格都折成本国货币价格进行比较,因此受外汇兑换率的影响较大。

一般来说,对某一商品征收的关税税率越高,对该行业国内商品的保护程度越高。但是,

任何行业中的企业,既受到该行业最终产品进口征收关税的影响,也受到对其原材料或中间投入征收关税的影响。例如,汽车生产企业会由于对钢材或橡胶征收关税而增加成本受到损害,反之,也会因为钢材或橡胶的减免关税而获益。因此,分析对某种行业的实际保护程度不仅要看该行业最终产品的名义保护率,还要了解这一行业的结构及对其中间投入产品的保护程度。

三、有效保护率

有效保护率(Effective Rate of Protection,ERP)又称实际关税保护率、有效关税率,是指各种保护措施对某类产品在生产过程中的净增值所产生的影响。它是征收关税所引起的一种产品国内加工增加值同国外加工增加值的差额占国外加工增加值的百分比。其计算公式为

$$有效关税率 = \frac{国内加工增值 - 国外加工增值}{国外加工增值} \times 100\%$$

或

$$ERP = \frac{V' - V}{V} \times 100\% \tag{6-7}$$

式中:ERP 为有效保护率;V' 为保护贸易条件下(征收关税)被保护产品生产过程的增值;V 为自由贸易条件下(不征收关税)该生产过程的增值。

因此,有效保护率主要是反映关税制度对加工工业产品的保护程度。

例如,假定在自由贸易下,一辆汽车的国内价格为 10 万元,其中进口钢材、橡胶、仪表等中间产品的价格是 8 万元,占成品汽车价格的 80%,另外 2 万元是国内生产汽车的附加值。如果我国进口中间产品后在国内生产汽车的原料投入系数同样是 80%,则依据对汽车和中间产品征收关税的情况不同而引起的有效保护率计算如下。

(1) 若对汽车征收 10% 的名义关税,而对各中间产品的进口免税,则国内汽车价格上升为 11(10+10×10%)万元,中间产品价格不变,那么征收关税时的产品增值为 V'=3(11-8) 万元,此时的有效保护率为

$$ERP = \frac{V' - V}{V} \times 100\% = \frac{3 - 2}{2} \times 100\% = 50\%$$

当最终产品的名义保护率高于中间投入品的名义保护率时,该最终产品的有效保护率高于它的名义保护率,本例中 50%>10%。

(2) 若对每辆汽车和中间产品进口各征收 10% 的名义关税,则国内汽车价格上升为 11(10+10×10%)万元,中间产品价格上升为 8.8(8+8×10%)万元,那么征收关税时的产品增值为 V'=2.2(11-8.8)万元,此时的有效保护率为

$$ERP = \frac{V' - V}{V} \times 100\% = \frac{2.2 - 2}{2} \times 100\% = 10\% \tag{6-8}$$

当最终产品与中间投入品的名义关税相等时,该最终产品的有效保护率等于它的名义保护率。

(3) 若进口汽车的名义关税仍为 10%,而对进口的中间产品征收 20% 的名义关税,则国内汽车价格上升为 11(10+10×10%)万元,中间产品价格上升为 9.6(8+8×20%)万元,那么征收关税时的产品增值为 V'=1.4(11-9.6)万元,此时的有效保护率为

$$\text{ERP} = \frac{V'-V}{V} \times 100\% = \frac{1.4-2}{2} \times 100\% = -30\% \quad (6\text{-}9)$$

当最终产品的名义保护率低于中间投入品的名义保护率时，该最终产品的有效保护率小于它的名义保护率，甚至是负数。本例中-30%<10%，这表明由于对原料征收的名义税率过高，使原料价格上涨的幅度超过最终产品征税后附加价值增加的部分，从而使国内加工增值低于国外加工增值。这意味着生产者虽然创造了价值，但由于不加区别地对进口成品和原材料征收关税，使这种价值降低，生产者无利可图，在客观上鼓励了最终产品的进口，即出现了"负保护"。

可见，一个与进口商品相竞争行业中的企业，不仅要受到对进口商品本身征收关税的影响，而且要受到对所使用的原材料和中间产品征税的影响。

四、关税结构

名义保护率和实际保护率的区分，对于研究一国的关税结构是否合理和有效具有重要的现实意义。当最终产品名义税率一定时，对所需的原材料等中间投入品征收的名义税率越低，则最终产品名义税率的保护作用（即有效保护率）就越大。因此，如果要对某种产业实行保护，不仅要考虑对该产业最终产品的关税率，而且要把整个关税结构与该产业的生产结构结合考虑以制定相应的政策措施。

关税结构又称为关税税率结构，是指一国关税税则中各类商品关税税率之间高低的相互关系。世界各国因其国内经济和进出口商品的差异，关税结构也各不相同。尽管如此，但实践中一般都表现为：资本品税率较低，消费品税率较高；生活必需品税率较低，奢侈品税率较高；本国不能生产的商品税率较低，本国能够生产的商品税率较高。其中一个突出的特征是：关税税率随产品加工程度的逐渐深化而不断提高。制成品的关税税率高于中间产品的关税税率，中间产品的关税税率高于初级产品的关税税率。这种关税结构现象称为关税升级或阶梯关税结构（Cascading Tariff Structure）。

用有效保护理论可以很好地解释关税结构中的关税升级现象。有效保护理论说明，原料和中间产品的进口税率与其制成品的进口税率相比越低，对有关的加工制造业最终产品的有效保护率则越高。关税升级，使得一国可对制成品征收比其所用的中间投入品更高的关税，这样，对该制成品的关税有效保护率将大于该国税则中所列该制成品的名义保护率。以发达国家为例，在20世纪60年代，发达国家平均名义保护率在第一加工阶段为4.5%，在第二加工阶段为7.9%，在第三加工阶段为16.2%，在第四加工阶段为22.2%，而有效保护率分别为4.6%、22.2%、28.7%和38.4%。由此可见，尽管发达国家的平均关税水平较低，但是，由于关税呈升级趋势，关税的有效保护程度一般都大于名义保护程度，且对制成品的实际保护最强。在关税减让谈判中，发达国家对发展中国家初级产品提供的优惠远大于对制成品提供的优惠，原因即在于此。这一分析告诉我们，在考察保护程度时，要把着眼点放在产品生产过程的增值上和分析关税对产品增值部分的影响上。投入品（原料、半制成品）的关税税率越低，关税对产出品的有效保护水平越高；反之，有效保护水平越低，甚至形成关税的负保护。关税应从原料、半制成品和制成品逐步由低到高形成阶梯结构，并利用阶梯结构向不同行业和不同层次的产品提供不同的有效保护。

阅读案例

美国对华"301调查"

2018年3月23日,美国总统特朗普宣布依据"301调查"结果,将对来自中国的600亿美元(约合3800亿元人民币)产品征收关税,并限制中国企业对美投资并购。随即,中国商务部表示,拟对自美国进口的30亿美元产品加征关税。

美国"301调查"由来已久。从历史上看,自20世纪90年代以来,美国曾5次对中国发起"301调查",调查结果均以双方达成和解告终,并未演化成全面贸易战。

1991年4月,美国政府以中国专利法缺陷,美国作品著作权、商标秘密和商标权保护的缺乏对中国发起了第一次"301调查"。在经历9个月的商讨后,中美双方达成和解,中美签订有关知识产权保护协议,中国对改进知识产权法律做出承诺。

1991年10月,美国再对中国发起了市场准入的"301调查",为期12个月。中美进行了9轮谈判后,1992年10月签署《中美市场准入谅解备忘录》。

1994年6月,美国对中国发起了第三次"301调查",要求中国完善知识产权保护,对美国知识产权产品开放,本次调查历时8个月。1995年2月,中美达成了第二个知识产权保护协议。

1996年4月,美国以中国对知识产权保护不力为由,对中方发起第四次"301调查"。两个月后,1996年6月,中美达成第三个知识产权保护协议。

而美国再次对中国进行"301调查",即第五次"301调查"是在2010年10月。两个月后,2010年12月,中国与美国在WTO争端解决机制项下进行磋商得以解决。

2017年8月,美国贸易代表署发布公告,以"中国对美国知识产权存在侵犯行为"为由正式对中国启动调查。本次调查是美国第六次针对中国发起"301调查",根据1974年贸易法案第301条款启动,目的在于查清"在技术转移、创新和知识产权保护方面,中国政府的政策和措施是否对美国的贸易利益有不合理的歧视或损害。"

值得注意的是,中国在遭受"301调查"期间,均出现对美出口"不降反升"的现象。

有报告分析称,受制于企业备货与出口计划调整的时滞效应影响,短期"301调查"对中国出口并无显著影响;但较为长期的"301调查"或导致企业因"制裁恐惧"而提前出口,反而推高了数据。

资料来源:迄今为止美国对华实施6次"301调查"[N]. 中国经济导报,2018-03-28.

理论联系实际

我国部分商品进出口关税调整

【实际材料】

经国务院关税税则委员会审议通过,并报国务院批准,自2019年1月1日起,我国将调整部分商品的进出口关税。

据财政部关税司有关负责人介绍，为积极扩大进口，削减进口环节制度性成本，助力供给侧结构性改革，我国将对七百余项商品实施进口暂定税率，包括新增对杂粕和部分药品生产原料实施零关税，适当降低棉花滑准税和部分毛皮进口暂定税率，取消有关锰渣等4种固体废物的进口暂定税率，取消氯化亚砜、新能源汽车用锂离子电池单体的进口暂定税率，恢复执行最惠国税率。继续对国内发展亟须的航空发动机、汽车生产线焊接机器人等先进设备、天然饲草、天然铀等资源性产品实施较低的进口暂定税率。

为适应出口管理制度的改革需要，促进能源资源产业的结构调整、提质增效，自2019年1月1日起，对化肥、磷灰石、铁矿砂、矿渣、煤焦油、木浆等94项商品不再征收出口关税。

为支持"一带一路"和自由贸易区建设，加快推进我国与相关国家的经济贸易合作，营造有利于经济长期健康稳定发展的外部条件，2019年我国对原产于23个国家或地区的部分商品实施协定税率，其中进一步降税的有中国与新西兰、秘鲁、哥斯达黎加、瑞士、冰岛、澳大利亚、韩国、格鲁吉亚自贸协定以及亚太贸易协定。根据内地与香港、澳门签署的货物贸易协议，对原产于香港、澳门的进口货物将全面实施零关税。随着最惠国税率的降低，相应调整亚太贸易协定项下的孟加拉国和老挝两国特惠税率。

2019年7月1日起，我国还将对298项信息技术产品的最惠国税率实施第四步降税，同时对部分信息技术产品的暂定税率做相应调整。

这位负责人说，上述调整有利于发挥好关税统筹利用国内国际两个市场、两种资源的重要职能，有利于统筹协调国内相关产业均衡发展，有利于推动开放合作，共享发展成果，促进我国对外贸易稳定增长。

资料来源：2019年1月1日起我国调整部分进出口关税[EB/OL].（2018-12-24）. http://www.xinhuanet.com/fortune/2018-12/24/c_1123897797.htm.

【理论分析】

1. 请结合上述内容分析关税有哪些作用。
2. 通过出口税减顺差与通过人民币升值减顺差，哪种措施更好？

复习思考题

1. 关税的种类有哪些？关税有哪些作用？
2. 反倾销税与反补贴税有何异同？
3. 什么是普惠制？其原则有哪些？
4. 简要说明征收关税的方法。
5. 比较名义保护率和有效保护率的区别。
6. 某国进口一台设备的价格为100万元，征收20%的从价税，该设备的原材料价格为20万元。如果对进口设备的原材料免税，则该国此设备的有效保护率是多少？如果政府对此设备的原材料征收5%的从价税，则有效保护率又是多少？

第七章 非关税措施

 引导案例

中国光伏出口美国受阻

继 2019 年 6 月公布反补贴关税后,7 月 25 日,美国商务部公布对华光伏产品反倾销初裁结果,认定从中国大陆和台湾进口的晶体硅光伏产品存在倾销行为,其中征收的最高反倾销关税达到 165.04%。

美商务部发表声明,美方初步认定来自中国的晶体硅光伏产品存在倾销行为,其中,中国大陆产品的倾销幅度为 26.33%~165.04%,中国台湾产品的倾销幅度为 27.59%~44.18%。基于这一初裁结果,商务部将通知海关和边境保护部门向相关产品生产商和出口商征收现金保证金,范围包括所有中国大陆和中国台湾制造的组件和电池片。如果按照这样的税率执行终裁,中国出口到美国的光伏组件将全面受阻。

根据美方贸易救济程序,商务部将于 12 月做出反倾销终裁,美国国际贸易委员会将于明年 1 月做出终裁。如果二者均做出肯定性裁决,认定中国输美晶体硅光伏产品给美国国内产业造成实质性损害或威胁,美国海关将正式开征反倾销税。而这是美国第二次对中国出口到美国的光伏产品进行"双反"调查。

2011 年 11 月,美国对中国产光伏电池启动第一次"双反"调查,并于 2012 年 12 月决定征收 29.18%~254.66% 的反倾销税和反补贴税,高额税率使得中国企业很难向美国出口中国产光伏电池产品。

中国商务部相关负责人表示,美方今年再次对中国光伏产品发起"双反"调查,目的在于全面严格限制中国对美出口晶体硅光伏产品。中方再次敦促美方遵守法律和规则,客观公正审慎处理调查案件,防止滥用贸易救济措施。

不过,世界贸易组织(WTO)7 月 15 日在两起与美国之间的贸易纠纷中做出了有利中国和印度的裁定,称美国对来自中国的钢铁产品和太阳能电池板不当征收关税,要求美国政府必须遵循国际贸易规则。而中国也将就"双反"事宜继续同美方展开谈判,来纠正这种损害中美双方利益的行为。

资料来源:中国光伏出口美国全面受阻,负面影响不会太大[EB/OL].(2014-07-29). http://guangfu.bjx.com.cn/ news/20140729/532215.shtml.

 教学目标

通过本章的学习,了解非关税壁垒的含义及特征,熟悉配额和自动出口配额的经济效应分析,熟悉其他非关税措施的内容。

第一节　非关税壁垒措施概述

一、非关税壁垒的含义

非关税壁垒（Non-Tariff Barriers，NTBs），是指除关税措施以外的一切限制进口的措施，它和关税壁垒一起成为政府干预贸易的政策工具。

非关税壁垒早在资本主义发展初期就已出现，但普遍建立起来却是在 20 世纪 30 年代。在那个时期，由于世界性经济危机的爆发，西方各国为了缓和国内市场的矛盾，对进口的限制变本加厉，一方面高筑关税壁垒，另一方面普遍采用进口配额、进口许可证和外汇管制等各种非关税壁垒措施阻止他国商品进口。二战后，特别是 20 世纪 60 年代后期，许多国家参与签订了《关税与贸易总协定》，经过多次谈判，各国的关税总体水平得到大幅度下降，关税作为政府干预贸易的政策工具的作用已越来越弱。发达国家为了转嫁经济危机，实现超额垄断利润，转而主要采用非关税壁垒措施来限制进口。到 20 世纪 70 年代中期以后，贸易保护主义重新抬头，据不完全统计，非关税壁垒从 20 世纪 60 年代末的 850 多项，到 20 世纪 90 年代初已达 3 000 多项。经过多年的演化，非关税壁垒的形式更加隐蔽、对本国贸易保护技巧更高，以至于很难区分其保护是否合理。

二、非关税壁垒的特点

（一）灵活性

一般来说，各国关税税率的制定必须通过立法程序，具有相对稳定性，出口商通常比较容易掌握。同时，关税税率的调整直接受到世界贸易组织的约束，各国海关不能随意提高。非关税措施则通常通过行政手段，制定、改变或调整都比较简便、迅速，伸缩性大，能随时针对某国的某种商品采取或更换相应的限制进口的措施，在限制进口方面表现出更大的灵活性和更强的时效性。

（二）有效性

关税壁垒的实施旨在通过征收高额关税提高进口商品的成本，它对商品进口的限制是相对的、间接的，但不能直接限制或禁止某种商品的进口。有些非关税壁垒主要依靠行政机制来限制进口，它对进口的限制是绝对的，如用进口配额等预先规定进口的数量和金额，超过限额就禁止出口。这种方法在限制进口方面更直接、更严厉，因而也更有效。

（三）隐蔽性

通过关税壁垒限制进口，唯一途径就是提高关税税率，而关税税率必须在《海关税则》中公布。非关税措施则不同，它可以隐蔽在政府对贸易的管理中，或以政府有关行政规定的法令条例的名义出现，或以正常的海关检验要求的名义出现，还可以隐蔽在具体执行过程中而无须做出公开规定，它还可以打着保护消费者权益的旗号，规定严格、繁杂、苛刻的技术标准或卫生检疫标准，以限制一些国家商品的进口。这样，出口厂商难以证实或无法指责其保护的性质，因此难以对付。

（四）歧视性

一国只有一部关税税则，因而关税壁垒同等程度地限制了所有国家的进出口。非关税壁垒可以针对某个国家或某种商品制定，因而更具歧视性。例如，1989 年欧共体宣布禁止进口含荷尔蒙的牛肉这一做法，就是针对美国的。

综上所述，非关税壁垒在限制进口方面比关税壁垒更有效、更隐蔽、更灵活和更有歧视性，其取代关税壁垒成为保护主义的主要手段，在一定程度上具有客观必然性。

三、非关税壁垒的种类

非关税壁垒名目繁多，内容复杂，联合国贸易与发展会议（UNCTAD）将非关税壁垒措施分成三种类型，前两种类型分为 A、B 两组，其中 A 组为数量限制，B 组为影响进口商品的成本，如表 7-1 所示。目前，传统的分类方法是将非关税壁垒分为配额、金融控制、政府参与贸易、海关与海关手段以及对产品的要求五个大类。从其限制进口的方法来看，不外乎是直接和间接两种。所谓直接的方法，是指进口国直接规定商品进口的数量或金额，或者通过施加压力迫使出口国自己限制商品的出口，如进口配额、自动限制出口、进出口许可证等。所谓间接的方法，是指进口国利用行政机制，对进口商品制定苛刻的条例和技术标准，从而间接限制进口，如外汇管制、歧视性政府采购政策、海关程序、进出口的国家垄断、进口押金制、最低限价、国内税及有关健康、卫生、安全、环境等技术性贸易壁垒等。

表 7-1 联合国贸易与发展会议对非关税壁垒的分类

I. 为保护国内生产不受外国竞争而采取的商业性措施	B 组：（8）最低限价和差价税
A 组：（1）进口配额	（9）反倾销税和反补贴税
（2）许可证	（10）进口押金制
（3）自动出口限制	（11）对与进口商品相同的国内工业生产实行优惠
（4）禁止出口和进口	
（5）国营贸易	（12）对与进口商品相同的国内工业实行直接或间接补贴
（6）政府采购	
（7）国内混合规定	（13）歧视性的国内运费
	（14）财政部门对于进口商品在信贷方面的限制
II. 除商业性政策以外的用于限制进口和鼓励出口的措施	III. 为促进国内替代工业的发展而实行的限制进口措施
A 组：（15）运输工具的限制	
（16）对于进口商品所占国内市场份额的限制	（22）政府专营某些商品
B 组：（17）包装和标签的规定	（23）政府实行结构性或地区性差别待遇政策
（18）安全、健康和技术标准	
（19）海关检查制度	（24）通过国际收支限制进口
（20）海关估价	
（21）独特的海关商品分类	

资料来源：陈洁民，于岚．国际贸易[M]．北京：化学工业出版社，2008：174．

第二节　直接限制进口的非关税壁垒措施

一、进口配额

（一）进口配额的含义

进口配额（Import Quotas）又称进口限额，是一国政府对一定时期内（通常为一年）进口的某些商品的数量或金额加以直接限制。在规定的期限内，配额以内的货物可以进口，超过配额不准进口或者征收较高关税或罚款后才能进口。因此，进口配额制是限制进口数量的重要手段之一。

（二）进口配额的分类

根据控制的力度和调节手段不同，进口配额可分为绝对配额和关税配额两种形式。

1. 绝对配额

绝对配额（Absolute Quotas），即在一定时期内，对某些商品的进口数量或金额规定一个最高限额，达到这个限额后便不准进口。绝对配额按照其实施方式的不同，又有全球配额、国别配额和进口商配额三种形式。

（1）全球配额（Global Quotas；Unallocated Quotas）又称总配额，即对某种商品的进口规定一个总的限额，对来自任何国家或地区的商品一律适用。主管当局通常按进口商的申请顺序或过去某一时期内的进口实际额发放配额，直至总配额发完为止，超过总配额就不准进口。由于全球配额不限定进口国别或地区，因而进口商取得配额后可从任何国家或地区进口。这样，邻近国家或地区因地理位置接近、交通便捷、到货迅速，处于有利地位。这种情况使进口国家在限额的分配和利用上难以贯彻国别政策，因而不少国家转而采用国别配额。

（2）国别配额（Country Quotas），即政府规定一定时期内的进口总配额，并将总配额在各出口国家和地区之间加以分配，超过规定配额的不准进口。为了区分来自不同国家的产品，在按国别配额进口时，进口商必须提供进口商品的原产地证明书。与全球配额不同的是，实行国别配额可以很方便地贯彻国别政策，具有很强的选择性和歧视性。进口国往往根据其与有关国家或地区的政治经济关系分别给予不同的额度。

（3）进口商配额（Importer Quotas），是指进口国政府把某些商品的配额直接分配给进口商。进口国往往将某些商品的进口配额在少数进口厂商之间进行分配，以加强垄断资本在对外贸易中的垄断地位和进一步控制某些商品的进口，如日本食用肉的进口配额就是在 29 家大商社间分配的。

2. 关税配额

关税配额（Tariff Quotas），即对商品进口的绝对数额不加限制，而对在一定时期内，在规定配额以内的进口商品，给予低税、减税或免税待遇，对超过配额的进口商品则征收较高的关税，或征收附加税甚至罚款。

关税配额按征收关税的优惠性质,可分为优惠性关税配额和非优惠性关税配额。

(1)优惠性关税配额,是对关税配额内进口的商品给予较大幅度的关税减让,甚至免税,超过配额的进口商品即征收原来的最惠国税率。欧共体(欧盟)在普惠制实施中所采取的关税配额就属此类。

(2)非优惠性关税配额,是对关税配额内进口的商品征收原来正常的进口税,一般按最惠国税率征收,对超过关税配额的部分征收较高的进口附加税或罚款。例如,1974年12月澳大利亚曾规定对除男衬衫、睡衣以外的各种服装,凡是超过配额的部分加征175%的进口附加税。如此高额的进口附加税,实际上起到了禁止超过配额的商品进口的作用。

关税配额与绝对配额的不同之处在于:绝对配额规定一个最高进口额度,超过就不准进口,而关税配额在商品进口超过规定的最高额度后,仍允许进口,只是超过部分被课以较高关税,可见,关税配额是一种将征收关税同进口配额结合在一起的限制进口的措施。两者的共同点是都以配额的形式出现,可以通过提供、扩大或缩小配额向贸易对方施加压力,使之成为贸易歧视的一种手段。

(三)进口配额的经济效应

非关税壁垒主要是通过数量限制发挥作用。作为非关税壁垒的典型方式,进口配额对进口国产生的影响是比较显著的。现仅以局部均衡分析方法对小国在完全竞争条件下和垄断条件下实施绝对进口配额(即不影响国际市场价格)的经济效应进行分析。

1. 完全竞争条件下进口配额的经济效应分析

现以完全竞争条件下的进口配额为例来分析其经济效应,如图7-1所示。

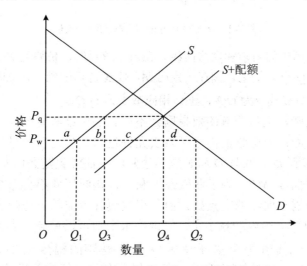

图7-1 完全竞争条件下进口配额的经济效应

由于配额限制的国内产业是完全竞争的,因此在进口配额的数量少于自由贸易进口数量的情况下,消费者面临的供给曲线等于国内供给曲线加上进口配额。

图7-1中的D为国内需求曲线,S为国内供给曲线;P_w为自由贸易下的国际市场价格(也是国内价格),Q_1Q_2为进口量;P_q为实行配额后的国内价格(由D线与$S+$配额线的交点决定),Q_3Q_4为进口配额量。进口配额使消费量从OQ_2减少到OQ_4(消费效应);国内供给量从OQ_1

增加到 OQ_3（生产效应）；进口量从 Q_1Q_2 减少到 Q_3Q_4（贸易效应）；进口配额持有者的收入为 c，如果通过拍卖分配配额则为政府的财政收入（财政收入效应）；面积 $b+d$ 为进口配额保护的代价，代表经济的净损失。简单地说，如果配额使进口商品提价的幅度与进口关税相同（等效关税），则两者的经济效应基本一致。

若实行配额的国家为大国，则其会通过减少进口量导致世界市场价格下降，从而使本国的贸易条件得到改善。

2. 垄断条件下进口配额的经济效应分析

现以垄断条件下的进口配额为例来分析其经济效应，如图 7-2 所示。

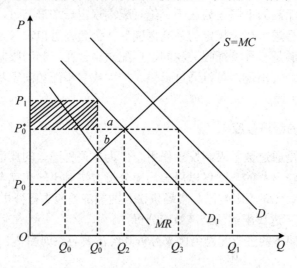

图 7-2 存在垄断时进口配额的经济效应

图中的 D 和 S 是国内的需求和供给曲线。在自由贸易时，价格为 P_0，国内供给为 OQ_0，消费为 OQ_1，需进口 Q_0Q_1。如果该国在一定时期内实施进口配额，则此时价格上升为 P_0^*，国内供给增加为 OQ_2，消费减少为 OQ_3，进口相应减少为 Q_2Q_3。

如果该国存在垄断，进口配额的效果则会不同。实施配额意味着该国有 Q_2Q_3 的需求由进口满足，国内垄断厂商面临的需求是减去允许进口数量之后的量，在需求曲线上表示为原曲线 D 向左平移到 D_1。原与 D 相对应的边际收益曲线也随之向左平移，与 D_1 相应的是一条新的边际收益曲线 MR。为了获取最大利润，垄断厂商不会像在完全竞争的情况下那样将产量扩大到与需求曲线的交点处，而是根据边际收益等于边际成本，即 MR 与 MC 的交点决定产量为 OQ_0^*，国内产量小了，但价格水平却可以更高，达到 P_1，从而使得垄断厂商享受垄断利润，其值等于垄断使国内价格提高的幅度乘上国内垄断产量，即 $Q_0^* \times (P_1 - P_0^*)$，如图 7-2 中阴影部分所示。但国民福利要比征收关税时多损失一些，a 是消费者剩余的损失，即价格水平从 P_0^* 上升到 P_1 时消费量的进一步减少，b 表示生产者剩余的损失，是由于产量减少造成的。

从总体上看，配额锁定了进口水平，为垄断厂商提供了一种绝对保护，使得国内垄断厂商可以通过限制产量来提高价格，获取垄断利润。

二、自动出口配额

（一）自动出口配额的含义

自动出口配额（Voluntary Export Quota）又称自动出口限制（Voluntary Export Restrains），是指出口国家或地区在进口国的要求和压力下，"自动"规定某一时期内（一般为 3~5 年）某些商品对该国的出口限额，在该限额内自行控制出口，超过限额即禁止出口。

（二）自动出口配额的特点

（1）从配额的控制方面看，进口国直接控制进口配额来限制商品的进口，而自动出口配额则由出口国直接控制配额，限制一些商品对指定进口国家的出口，因此是一种由出口国家实施的为保护进口国生产者而设计的贸易政策措施。

（2）从配额表现形式看，自动出口配额表面上好像是出口国自愿采取措施控制出口，而实际上是在进口国的强大压力下才采取的措施，并非真正出于出口国自愿。进口国往往以某些商品的大量进口威胁到其国内某些工业，即所谓的"市场混乱"（Market Disruption）为借口，要求出口国实行"有秩序增长"（Orderly Growth），"自动"限制出口数量，否则将采取报复性贸易措施。

（3）从配额的影响范围看，进口配额通常应用于一国大多数供给者的进口，而自动配额仅应用于几个甚至一个特定的出口者，具有明显的选择性。那些未包括在自动配额协定中的出口者，可以向该国继续增加出口。

（4）从配额适用时限看，进口配额适用时限相对较短，往往为 1 年，而自动出口配额适用时限较长，往往为 3~5 年。

（三）自动出口配额的主要形式

（1）非协定的自动出口配额。它是指出口国政府并未受到国际协定的约束，自愿单方面规定对有关国家的出口限额，出口商必须向政府主管部门申请配额，在领取出口授权书或出口许可证后才能出口。也有一种情况是出口厂商在政府的督导下，"自动"控制出口。

（2）协定的自动出口配额。它是指进出口双方通过谈判签订"自限协定"（Self-restriction Agreement）或"有秩序销售协定"（Orderly Marketing Agreement），规定一定时期内某些商品的出口配额。出口国据此配额发放出口许可证或实行出口配额签证制（Export Visa），自愿限制商品出口，进口国则根据海关统计进行监督检查。目前，自动出口配额大多属于这一种。

（四）自动出口配额的经济效应分析

1. 自动出口配额对进口国的经济效应分析

如图 7-3 所示，D_d 为进口国对某产品的需求曲线，S_d 为国内供给曲线，S_t 为总供给曲线（包括国内供给和国外供给）。P_0 是自由贸易条件下的均衡价格，在此价格水平国内消费数量为 OQ_2，其中，国内生产为 OQ_1，进口为 Q_1Q_2。

假定现在进口国要限制进口数量，将进口量减少到 Q_3Q_4，加上国内供给的增长，将总需

求水平控制在 OQ_4。如果进口限制通过出口国的自动出口配额来实施，则其经济效应与进口国实施进口配额相似：均衡价格水平上升到 P_1，国内消费减至 OQ_4，国内供给上升到 OQ_3，进口下降到 Q_3Q_4。但是，尽管进口国的市场价格升至 P_1，出口国的价格却降到 P_2 了。由于进口国限制进口（由出口国实施出口配额），出口国的供给量减少，短期边际成本相应降低，出口国可得相当于 e 的额外利润（Windfall Profit）。

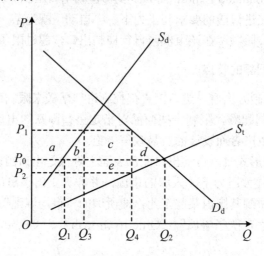

图 7-3　自动出口配额对进口国的经济效应分析

现在来看实施自动出口配额后的利得变化：面积 $c+e$ 代表的是外国供给者的租金收入，而在进口配额的情形下，这一部分是进口者的经济租金。但两种情形下都是消费者剩余的损失，只不过在自动出口配额情形下还代表着进口国的福利净损失。消费者剩余的总损失为 $a+b+c+d$，进口国的福利净损失为 $b+c+d+e$，明显大于关税或进口配额时的福利净损失。因为自动出口配额提高了进口国的进口成本（均衡价格为 P_1），使进口国的贸易条件恶化，而这种情况在关税和进口配额时不会发生。

2. 自动出口配额对出口国的经济效应分析

如图 7-4 所示，S_1 和 S_2 分别表示出口国在实行自动配额前后的出口供给曲线，D_1 和 D_2 分别表示出口国实行自动配额前后的出口需求曲线。D_1 和 S_1 的交点 E 是实行自动配额前的均衡点，此时均衡价格和均衡产量分别是 P_0 和 Q_0。当出口国实行自动配额后，厂商成本增加，供给曲线由 S_1 上移到 S_2。假设出口国产品的出口需求并没有因为配额的限制而减少，即出口需求曲线仍为 D_1，那么该产品的出口价格由于供给的减少由 P_0 升高到 P_1，均衡出口量由 OQ_0 减少到 OQ_1。这里假设出口国实行自动配额后，其他出口国保持出口价格不变，同时，假设其他出口国中出口价格最低的是 A 国，并且出口价格为 P^*。如果 $P_1<P^*$，此时出口国产品的出口处于均衡状态，出口价格为 P_1，出口数量仍为 OQ_1；如果 $P_0<P^*<P_1$，则出口国产品出口处于非均衡状态，需求曲线会由 D_1 向左下方移动到 D_2，均衡价格由 P_0 上升到 P_2，等于 P^*，最终均衡供给量由原来的 OQ_0 减少到 OQ_2，订单发生转移；如果 $P_0=P^*$，出口需求曲线 D_1 会相应向左下方移动更大的幅度，最后均衡价格仍为 P_0，但是出口供给量却迅速缩减，由 OQ_0 减少到 OQ_3。

通过上述分析可知，如果 $P_1 \leqslant P^*$，出口国的出口订单不会流失，而且还有一定的价格增长空间,即 P^*-P_1,也就是说,厂商的生产成本加上配额成本最高为 P^*。当 $P_0 \leqslant P^* < P_1$ 时,出口国的出口需求一定会减少,订单将流向其他出口供应国,最终导致出口国出口量下降,起到了设限国限制出口国出口的作用。

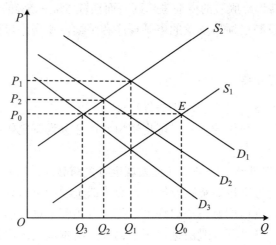

图 7-4　自动出口配额对出口国的经济效应分析

综上所述,部分产品出口受限并实施自动配额,使出口国相关厂商的经营成本增加,导致出口供给减少,在产品同质和需求相同的前提下,间接提高了出口国产品的出口供给价格,使出口国产品的价格竞争力大大降低。价格的上升导致出口国与其他非受限国的供给价格接近甚至超过其他非受限国,从而出口国产品的出口需求减少,最终均衡出口量停留在一个比原来少的数量水平上。

另外需要特别指明的是,由于配额通常是由一国相关部门有偿分配给厂商,因此上文的分析都是建立在厂商获取出口配额时需要一定的配额成本,即配额成本不为零的假设基础上。如果一国政府打算支持一些厂商的发展,将配额无偿分配给出口厂商,那么主动配额的实施并不会增加厂商的出口成本,出口供给也不会改变,订单也不会相应发生转移,但此时一国的财政收入会相应发生变化。

三、进口许可证

(一)进口许可证的含义及作用

进口许可证(Import License)是指一国政府规定某些商品的进口必须申领许可证,否则一律不准进口。它实际上是进口国管理其进口贸易和控制进口的一种重要措施。

许可证与进口配额一样,也是一种进口数量限制,是运用行政管理措施直接干预贸易行为的手段。大多数国家将配额和进口许可证结合起来使用,即受配额限制进口的商品,进口商必须向有关部门申请进口许可证,政府发放进口配额许可证,进口商凭证进口。

进口许可证的使用已经成为各国管理进口贸易的一种重要手段。实行进口许可证,不仅便于进口国政府在数量和金额以及商品性质上对进口进行限制,而且可以控制进口商品来源国国别和地区,实行贸易歧视,也可以对国内企业实施区别对待,有些国家在发放许可证时往往对垄断大公司予以照顾。有的国家将进口许可证的发放与出口联系起来,以达到促进出口的目的,因而在国际贸易中进口许可证越来越被广泛地用作非关税壁垒措施。例如,在法国那些经营出口业务的商人或企业家就较容易获得进口绸缎及绸缎服装的许可证。获得进口许可证的商人可以将其转让给服装的专业进口商,而获取5%~15%的佣金。有的国家为了进一步阻碍商品进口,故意制定烦琐复杂的申领程序和手续,使得进口许可证成为一种拖延或限制进口的措施。

(二)进口许可证的分类

1. 有定额的进口许可证与无定额的进口许可证

按照进口许可证与进口配额的关系,可将进口许可证分为有定额的进口许可证和无定额的进口许可证两种。

(1)有定额的进口许可证,即进口国预先规定有关商品的进口配额,然后在配额的限度内,根据进口商的申请对每笔进口货物发给一定数量或金额的进口许可证,配额用完即停止发放。可见,这是一种将进口配额与进口许可证相结合的管理进口的方法,通过进口许可证分配进口配额。此类进口许可证一般由进口国当局颁发给本国提出申请的进口商,也有将此权限交给出口国方自行分配使用(通常是国别配额情况),又转化为出口国依据配额发放的出口许可证。有的国家则要求进口商用出口国签发的出口许可证来换取进口许可证,即所谓的"双重管理"。

(2)无定额的进口许可证,即预先不公布进口配额,只是在个别考虑的基础上颁发有关商品的进口许可证。这种许可证不与进口配额相结合。由于这种许可证的发放权完全由进口国主管部门掌握,没有公开的标准,因此更具有隐蔽性,在更大程度上限制了正常的国际贸易。

2. 公开一般许可证和特种商品进口许可证

按照进口商品的许可程度,可将进口许可证分为公开一般许可证和特种商品进口许可证两种。

(1)公开一般许可证(Open General License,OGL)又称公开进口许可证、一般许可证或自动进口许可证。它对进口国别或地区没有限制,凡列明属于公开一般许可证的商品,进口商只要填写公开一般许可证后,即可获准进口。因此,这一类商品实际上是可"自由进口"的商品。填写该许可证的目的不在于限制商品进口,而在于管理进口,如海关凭许可证可直接对商品进行分类统计。

(2)特种商品进口许可证(Specific License,SL)又称非自动进口许可证。对于特种许可证下的商品,如烟、酒、军火武器、麻醉品或某些禁止进口的商品,进口商必须向政府有关当局提出申请,经政府有关当局逐笔审查批准后方能进口。特种进口许可证往往指定商品的进口国别或地区。

为了防止进口许可证被滥用而妨碍国际贸易的正常发展,关贸总协定从"肯尼迪回合"开始对这一问题进行多边谈判,并在"东京回合"达成了《进口许可证手续协议》。在此基础上,"乌拉圭回合"又提出了一项新的《进口许可证手续协议(草案)》,规定签字国必须承担简化许可证程序的义务,确保进口许可证本身不会构成对进口的限制,并保证进口许可证的实施具有透明性、公正性和平等性。新协议于 1995 年 1 月 1 日生效，对所有 WTO 成员都具有约束力，因而成为通行的进口许可证国际规则。

第三节　间接限制进口的非关税壁垒措施

一、外汇管制

（一）外汇管制的含义

外汇管制（Foreign Exchange Control）又称外汇管理，是指一国政府通过法令对国际结算和外汇买卖加以限制，以平衡国际收支和维持本国货币汇价的一种制度。承担外汇管理职责的机构一般都是政府授权的中央银行（如英国的英格兰银行），但也有些国家另设机构，如法国设立外汇管理局担负此任。一般来说，实行外汇管制的国家，大都规定出口商须将其出口所得外汇收入按官方汇率（Official Exchange Rate）结售给外汇管理机构，而进口商也必须向外汇管理机构申请进口用汇。此外，外汇在该国禁止自由买卖，本国货币的携带出入境也受到严格的限制。这样，政府就可以通过确定官方汇率、集中外汇收入、控制外汇支出、实行外汇分配等办法来控制进口商品的数量、品种和国别。例如，日本在分配外汇时趋向于鼓励进口高精尖产品和发明技术，而不鼓励进口消费品。

外汇管制从第一次世界大战期间开始出现，20 世纪 30 年代大多数资本主义国家采用这种手段管理国际收支。20 世纪 50 年代以来，随着资本主义国家经济的恢复和发展，国际收支状况改善，特别是在国际货币基金组织的干预下，大多数发达国家都不同程度地放宽了外汇管制。20 世纪 90 年代以来，一些发展中国家也逐渐放宽了外汇管制。

（二）外汇管制的种类

外汇管理和对外贸易密切相关，因此，如果对外汇有目的地进行干预，就可以直接或间接地影响进出口。利用外汇管制来限制进口的方式主要有以下三种。

1. 数量性外汇管制

数量性外汇管制即国家外汇管理机构对外汇买卖的数量直接进行限制和分配。一些国家实行数量性外汇管制时，往往规定进口商必须获得进口许可证后方可得到所需的外汇。

2. 成本性外汇管制

成本性外汇管制即国家外汇管理机构对外汇买卖实行复汇率制（System of Multiple Exchange Rates），利用外汇买卖成本的差异来间接影响不同商品的进出口，达到限制或鼓励某些商品进出口的目的。所谓复汇率，也称多重汇率，是指一国货币有两个或两个以上对外汇率，分别适用于不同的进出口商品。其作用是：根据出口商品在国际市场上的竞争力，为不同商品规定不同的汇率以加强出口；出于保护本国市场的目的为进口商品规定不同的汇率以限制进口等。各国实行复汇率制不尽相同，但主要原则大致相似，在进口方面：对于国内需要而又供应不足或不生产的重要原料、机器设备和生活必需品，适用较为优惠的汇率；对于国内可大量供应和非重要的原料和机器设备适用一般的汇率；对于奢侈品和非必需品只适用最不利的汇率。在出口方面，对于缺乏国际竞争力但又要扩大出口的某些出口商品，给予较为优惠的汇率；对于其他一般商品出口适用一般汇率。

3. 混合性外汇管制

混合性外汇管制即同时采用数量性和成本性外汇管制，对外汇实行更为严格的控制，以影响商品进出口。

一般来说，一国外汇管制的松紧，主要取决于该国的经济、贸易、金融及国际收支状况。一般情况是，发达国家外汇管制较松，发展中国家的外汇管制则松紧不一，从紧者居多。近几年，国际金融形势动荡不安，对各国经济产生了或重或轻的影响，外汇管制遂呈加强之势。

WTO 规定，一国实施外汇管制应遵循适度、透明和公正的原则。缔约国实行外汇管制，不得通过控制外汇使用来限制商品的进口数量、种类和国别，从而妨碍自由贸易。另外，各缔约国应加强同国际货币基金组织的合作，协调处理有关国际收支、货币储备及外汇安排等问题。

二、歧视性政府采购政策

（一）歧视性政府采购政策的含义

歧视性政府采购政策（Discriminatory Government Procurement Policy）是指国家通过法令和政策明文规定政府机构在采购商品时必须优先购买本国产品。有的国家虽未明文规定，但优先采购本国产品已成惯例。这种政策实际上是歧视外国产品，起到了限制进口的作用。美国从 1933 年开始实行并于 1954 年和 1962 年两次修改的《购买美国货法案》（*Buy American Act*）就是一例。该法案规定：凡是美国联邦政府所要采购的货物，应该是美国制造的或是用美国原料制造的。开始时，凡商品的成本有 50%以上是在国外生产的，就称作外国货。接着又做了修改，即在美国自己生产的商品数量不够，或者国内价格太高，或者不买外国货就会伤害美国利益的情况下，才可以购买外国货。优先采购美国商品的价格约高于国际市场价格的6%～12%，但美国国防部和财政部常常采购比外国货贵 50%的美国货。显然，这是一种歧视外国产品的贸易保护主义措施。《购买美国货法案》直到"东京回合"，美国签订了政府采购协议后才废除。许多资本主义国家都有类似的制度，英国限定通信设备和电子计算机要向本国公司采购。日本有几个省规定政府机构使用的办公设备、汽车、计算机、电缆、导线、机床等不得采购外国产品。

（二）歧视性政府采购政策的种类

1. 直接歧视排除国外供应商

一种情况是很多国家明文规定，政府采购只准许采购国货，直接完全排除购买国外产品的可能性。例如，美国法律要求在建筑、改造或维修公共建筑或公共工程时只能使用本国的建筑材料。另一种情况是规定购买产品的本国原产地含量，如在外国企业承诺购买部分本国企业产品的前提下，政府采购实体才与外国供应商签署采购合同。例如，法国和以色列要求外国供应商承诺从本国采购某些数量的产品，以保障国家进出口平衡，而不论这些产品与该采购项目是否有关系。

2. 对本国企业提供价格优惠政策

只要国内企业与国外企业投标的价格之差没有超过具体的优惠边际，采购实体就将合同授予本国企业。具体做法是：将本国企业的投标价格乘以一定百分比，使其最后的价格低于外国企业的投标价。

另外，还有一些难以分辨的隐蔽的歧视性做法，例如，有目的地选择排除国外竞争者的谈判或单一招标程序；缩短递交标书的期限，使外国供应商不能及时投标；事先假设本国供应商能够比外国供应商拥有更好的运输条件，能够提供更加有效的服务；不透明的申诉机制，当受到不公平待遇的外国供应商提出申诉时，缺乏公平的审议机制等。

三、海关程序

海关程序（Customs Procedures）是指进口货物通过海关的程序，一般包括申报、征税、查验及放行四个环节。海关程序本来是正常的进口货物通关程序，但通过滥用却可以起到歧视和限制进口的作用，主要体现在以下几个方面。

1. 海关对申报表格和单证做出严格要求

如海关要求进口商出示商业发票、原产地证书、货运提单、保险单、进出口许可证、托运人报关清单等，缺少任何一种单证，或者任何一种单证不规范，都会使进口货物不能顺利通关。更有甚者，有些国家故意在表格、单证上做文章，如法国强行规定所提交的单据必须是法文，有意给进口商制造麻烦，以此阻碍进口。

2. 通过商品归类提高税率

通过商品归类提高税率，即海关武断地把进口商品分类在税率高的税则项下，以增加进口商品关税负担，从而限制进口。例如，美国对一般的打字机进口不征关税，但将它归类为玩具打字机，则要征收 35%的进口关税。不过，大多数国家采用的《布鲁塞尔税则目录》比较完善，一般产品该在哪个税则下都比较清楚，因此，利用产品分类来限制进口的作用有限。

3. 通过海关估价制度限制进口

海关估价制度（Customs Valuation System）原本是海关为了征收关税而确定进口商品价格的制度，但在实践中它经常被用作一种限制进口的非关税壁垒措施。进口商品的价格可以有许多种确定办法，例如，成交价，即货物出售给进口国后经调整的实付或应付价格；外国价，即进口商品在其出口国国内销售时的批发价；估算价，即由成本加利润推算出的价格等。不同计价方法得出的进口商品价格高低不同，有的还相差甚远。海关可以采用高估的方法进行估价，然后用征从价税的办法征收关税。这样一来，就可以提高进口商品的应税税额，增加其关税负担，从而达到限制进口的目的。

在各国专断的海关估价制度中，以"美国售价制"最为典型。所谓的美国售价制（American Selling Price System），是指美国对与其本国商品竞争激烈的进口商品（如煤焦油产品、胶底鞋类、蛤肉罐头、毛手套等）按美国售价（即美国产品在国内自由上市时的批发价格）征收关税，使进口税率大幅度提高。由于受到其他国家的强烈反对，美国不得已在 1981 年废止了这种估价制度。

为了消除各国海关估价制度的巨大差异，并减少其作为非关税壁垒措施的消极作用，关贸总协定于"东京回合"达成了《海关估价协议》，形成了一套统一的海关估价制度。它规定，海关估价的基础应为进口商品或相同商品的实际价格，而不得以本国产品价格或以武断、虚构的价格作为计征关税的依据。该协议的目的是要制定一个公正、统一和中性的海关估价制度，使之不能成为国际贸易发展的障碍。

4. 从进口商品查验上限制进口

海关查验货物主要有两个目的：一是看单据是否相符，即报关单是否与合同批文、进口许可证、发票、装箱单等单证相符；二是看单货是否相符，即报关所报内容是否与实际进口货物相符。为了限制进口，查验的过程可以变得十分复杂。一些进口国家甚至改变进口关道，即让进口商品在海关人员少、仓库狭小、商品检验能力差的海关进口，拖长商品过关时间。例如，1982 年 10 月，为了限制日本等主要出口国向法国出口录像机，法国政府规定所有录像机进口必须到普瓦蒂埃海关接受检查，同时还规定了特别繁杂的海关手续，对所有伴随文件都要彻底检查，每个包装都要打开，认真校对录像机序号，查看使用说明书是不是法文，检查是不是所报原产地生产等。普瓦蒂埃是个距法国北部港口几百英里的内地小镇，海关人员很少，仓库狭小，难以对付堆积如山的待进口的录像机。原先一卡车录像机一个上午就可以检查完，而在普瓦蒂埃却要花 2~3 个月，结果严重地限制了录像机进入法国市场，进口量从原来的每月 6.4 万多台下降至每月不足 1 万台。也有的海关，对有淡旺季的进口商品进行旷日持久的检查，故意拖过销售季节，从而限制了进口。

四、技术性贸易壁垒

技术性贸易壁垒（Technical Barriers to Trade，TBT）是指一国以维护国家安全，保护人类、动植物生命及健康，阻止欺诈，保护环境，保证产品质量为由制定的一些强制性和非强制性的技术法规、标准以及检验程序所形成的贸易障碍，即通过颁布法律、法令、条例、规定，对进口商品建立各种严格、繁杂、苛刻而且多变的技术标准、技术法规和认证制度等方式，对外国进口商品实施技术、卫生检疫、商品包装和标签等标准，从而提高产品技术要求，增加进口难度，最终达到限制外国商品进入、保护国内市场的目的。

按照 WTO《技术性贸易壁垒协议》（*Agreement on Technical Barriers to Trade*）的规定，技术性贸易壁垒主要表现为技术标准与法规、卫生检疫标准和动植物卫生检疫措施、商品包装和标签的规定、合格评定程序、产品检疫和检验制度、信息技术壁垒。

1. 技术标准与法规

技术标准（Technical Standard）是指经公认机构批准的、非强制执行的、供通用或重复使用的产品或相关工艺和生产方法的规则、指南或特性的文件。有关专门术语、符号、包装、标志或标签要求也是标准的组成部分。技术标准包括行业标准、国家标准和国际标准。

技术标准主要适用于工业制成品。发达国家普遍规定了严格、繁杂的技术标准，不符合标准的商品不得进口。例如，原西德禁止在国内使用车门从前往后开的汽车，而这恰好是意大利菲亚特 500 型汽车的式样；法国严禁含有红霉素的糖果进口，从而把英国糖果拒之门外等。目前，欧盟拥有的技术标准就有 10 万多个，德国的工业标准约有 15 万种，日本则有 5 154 个工业标准，美国的技术标准和法规就更是不胜枚举，而且这些发达国家的技术标准大多数要求非常苛刻，让发展中国家望尘莫及。

技术法规（Technical Regulation）是指必须强制执行的有关产品特性或其相关工艺和生产

方法，包括法律和法规，政府部门颁布的命令、决定、条例、技术规范、指南、准则、指示，专门术语、符号、包装、标志或标签要求。技术法规具有强制性特征，即只有满足技术法规要求的产品方能销售或进出口。例如，欧盟安全委员会 2001 年通过了一个 CR 法案（Child Resistance Law，儿童安全法案），要求低于某一价格的打火机必须安装防止儿童开启的装置。这种将商品价格和技术标准联系起来的做法缺乏科学性和合理性，从而构成了贸易壁垒。

2. 卫生检疫标准和动植物卫生检疫措施

卫生检疫标准（Health and Sanitary Regulation）和动植物卫生检疫措施是指为保护人类、动植物的生命或健康而采取的措施，包括保护人类和动物的生命免受食品和饮料的添加剂、污染物、毒素及外来病虫害传入危害，保护植物的生命免受外来病虫传入的危害。但由于各国的文化背景，生活习惯，维护人身健康、安全及生活环境，特别是收入水平的差异，发展中国家的产品往往难以达到发达国家的近乎苛刻的标准。

3. 商品包装和标签的规定

为防止包装及其废弃物可能对生态环境、人类及动植物的安全构成威胁，许多国家颁布了一系列商品包装和标签的规定（Packaging and Labeling Regulation），以保护消费者权益和生态环境。从保护环境和节约能源来看，包装制度确有积极作用，但由于技术要求各国不一、变化无常，出口商为了符合这些规定，不得不按规定重新包装和改换标签，费时费工，增加商品的成本，削弱了商品的竞争力，失去了不少贸易机会。以法国为例，法国 1975 年 12 月 31 日宣布，所有标签、说明书、广告传单、使用手册、保修单和其他产品的情报资料都要强制性地使用法语或经批准的法语替代词。

在进口标签方面，美国是世界各国中食品标签法规最为完备、严谨的国家，新法规的研究制定处于领先地位。美国食品及药物管理局（FDA）要求大部分的食品必须标明至少 14 种营养成分的含量，仅在该领域处于领先地位的美国制造商每年为此就要多支出 10.5 亿美元，其给落后国家出口商带来的成本压力就可想而知，特别对那些没有条件进行食品成分分析的国家而言构成了事实上的禁止进口措施；欧盟及其成员国一直通过产品包装、标签的立法来设置区外产品的进口障碍。CE 标志是欧盟（当时的欧共体）1985 年开始制定的系列安全合格指令，世界任何国家的产品要想进入欧盟市场就必须加贴 CE 标签，以证明产品已通过相应的安全合格评定程序，它成为产品进入欧盟市场的通行证。

4. 合格评定程序

合格评定程序是指任何直接或间接用以确定产品是否满足技术法规或标准要求的程序。国际社会越来越充分认识到质量认证和合格评定对于出口竞争能力的提高和进口市场的保护有很大作用。目前，国际社会最有影响的质量认定标准 是 ISO 9000 系列标准。此外，美国、日本、欧盟等还有各自的技术标准体系。

合格评定程序是企业扩大对外出口、突破技术贸易壁垒的有效措施，可分为认证、认可和相互认证三种形式。

认证是由可以充分信任的第三方证实某一经鉴定的产品或服务符合特定标准或其他技术规范的活动。

认可是指一权威机构依据程序确认某一机构或个人从事特定任务或工作的能力，主要包括产品认证机构认可、质量和管理体系认证机构认可、审核机构认可、实验室认可、审核员或评审员的资格认可、培训机构的注册等。

相互认证是指认证或认可机构之间通过签署相互承认协议，彼此承认认证或认可结果。《技术性贸易壁垒协议》鼓励各成员方积极接受其他成员的合格评定程序，成员方应以不低于本国或其他国家合格评定的条件，允许其他成员的合格评定机构参与其合格评定活动。

5. 产品检疫和检验制度

基于保护环境和生态资源，确保人类和动植物的健康，许多国家，特别是发达国家制定了严格的产品检疫、检验制度。2000年1月12日，欧委会发表了《食品安全白皮书》，推出了内含80多项具体措施的保证食品安全计划；2000年7月1日开始，欧盟对进口的茶叶实行新的农药最高允许残留标准，部分产品农残的最高允许残留量仅为原来的1/100～1/200。美国食品和药物管理局（FDA）依据《食品、药品、化妆品法》《公共卫生服务法》《茶叶进口法》等对各种进口物品的认证、包装、标志及检测、检验方法都做了详细的规定。日本依据《食品卫生法》《植物防疫法》《家畜传染预防法》对入境的农产品、畜产品及食品实行近乎苛刻的检疫、防疫制度。

由于各国环境和技术标准的指标水平和检验方法不同，以及对检验指标设计的任意性，使环境和技术标准可能成为贸易技术壁垒。

6. 信息技术壁垒

信息技术壁垒（Information Technology Barriers），简言之，就是由于信息技术的使用所造成的贸易壁垒，是指进口国利用自身在信息技术上的优势，通过制定信息技术应用标准、信息技术应用的法规体系及合格评定程序，对国际贸易的信息传递手段提出要求，从而造成贸易上的障碍，达到贸易保护的目的。从信息技术的使用角度来说，信息技术壁垒的内涵，也就是与贸易有关的信息技术发展不平衡或者信息传递标准不一致而产生的贸易障碍。

在电子商务作为全球商务主导模式的今天，发达国家在电子商务的主导技术、信息技术水平和应用程度上都明显超过发展中国家，并获得了战略性竞争优势；而发展中国家，尤其是不发达国家，在出口时，因信息基础设施落后、信息技术水平低、企业信息化程度低、市场不完善和相关的政策法规不健全等而受到影响，在电子商务时代，处于明显劣势：信息不透明，如合格认定程序；信息传递不及时，如技术标准更改；信息传递途径不畅通等。这样，在发达国家与发展中国家、不发达国家之间便形成了新的技术壁垒——信息技术壁垒。

作为非关税措施的一个很重要的组成部分，技术性贸易壁垒对当今国际贸易产生的影响越来越大。由于技术性贸易壁垒涉及面非常广泛，有些还相当复杂，加上其形式上的合法性和实施过程中的隐蔽性，不同国家从不同角度有不同的评定标准，因而国与国之间相互较难协调，容易引起争议，并且解决争议的时间较长。20世纪70年代后，国际经济领域贸易战主要集中于一般商品贸易领域，但是，21世纪的国际贸易战将逐步集中在技术性贸易壁垒方面。

五、进出口的国家垄断

进出口的国家垄断（State Monopoly）也称国营贸易（State Trade），是指对外贸易中，某些商品的进出口由国家直接经营，或者把这些商品的经营权给予某些垄断组织。经营这些受国家专控类垄断的商品的企业，称为国营贸易企业（State Trading Enterprises）。国营贸易企业一般为政府所有，但也有政府委托私人企业代办。

各国国家垄断的进出口商品主要有以下四大类。

（1）烟酒。由于可以从烟酒进出口垄断中取得巨额财政收入，各国一般都实行烟酒专卖。

（2）农产品。对农产品实行垄断经营，往往是一国农业政策的一部分，这在欧美国家最为突出。例如，美国农产品信贷公司，是世界上最大的农产品贸易垄断企业，对美国农产品国内市场价格能保持较高水平起了重要作用。当农产品价格低于支持价格时，该公司就按支持价格大量收购农产品，以维持价格水平，然后，以低价向国外市场大量倾销，或者"援助"缺粮国家。

（3）武器。武器关系到国家安全与世界和平，自然要受到国家专控。

（4）石油。石油是一国的经济命脉，因此，不仅出口国家，而且主要的石油进口国都设立国营石油公司，对石油贸易进行垄断经营。

关于国营贸易企业，《关贸总协定》第十七条中规定，它们在购买和销售时，应只以商业上的考虑（包括价格、质量、货源、推销及其他购销条件）为根据，并按商业惯例对其他缔约国提供参与购买或销售的适当竞争机会，不得实行歧视政策。该条款旨在防止国营贸易企业利用其特殊的法律地位，妨碍自由贸易政策的实施。

六、进口押金制

进口押金制（Advanced Deposit）又称进口存款制，是一种通过支付制度限制进口的措施，进口商在进口商品时，必须预先按进口金额的一定比率和规定的时间，在指定的银行无息存放一笔现金，方能获准报关进口，存款须经一定时期后才发还给进口商。其作用是政府可以从进口商获得一笔无息贷款，进口商则因周转资金减少并损失利息收入而减少进口，从而起到了限制进口的作用。意大利20世纪70年代曾对400多种商品实行这种制度，要求进口商必须向中央银行缴纳相当于一半进口货值的现金，无息冻结6个月。据估计，这项措施相当于征收5%以上的进口附加税。芬兰、新西兰、巴西等国也实行这种措施。巴西的进口押金制规定，进口商必须按进口商品船上交货价格交纳与合同金额相等的为期360天的存款，方能进口。

七、最低限价制和禁止进口

最低限价（Minimum Price）制是指一国政府规定某种进口商品的最低价格，凡进口商品的价格低于这个标准，就会加征进口附加税或禁止进口。例如，1985年智利对绸坯布进口规定每千克的最低限价为52美元，低于此限价，将征收进口附加税。20世纪70年代，美国为了抵制欧洲国家和日本等国的低价钢材和钢制品进口，于1977年对这些产品进口实行所谓"启动价格制"（Trigger Price Mechanism，TPM）。这种价格制也是一种进口最低限价制，它为进口到美国的所有钢材和部分钢制品制定最低限价，这种价格又称启动价格。当商品进口价格低于启动价格时，进口商必须对价格进行调整，否则就要接受调查，并有可能被裁决为倾销，从而被征收反倾销税。

禁止进口（Prohibitive Import）是进口限制的极端措施。当一些国家感到实行进口数量限制已不能帮助自己走出经济与贸易困境时，往往颁布法令，公布禁止进口的货单，禁止这些商品的进口。例如，欧共体决定自 1975 年 3 月 15 日起，禁止 3 千克以上的牛肉罐头及牛肉下水罐头从欧共体以外市场进口。

八、国内税

国内税（Internal Taxes）是指一国政府对本国境内生产、销售、使用或消费的商品所征收的各种捐税，如周转税、零售税、消费税、营业税等。

在征收国内税时，对国内外产品实行不同的征税方法和税率，以增加进口商品的纳税负担，削弱其与国内产品竞争的能力，从而达到限制进口的目的。例如，法国曾对引擎为 5 匹马力的汽车每年征收养路税 12.15 美元，对于引擎为 16 匹马力的汽车每年征收的养路税高达 30 美元，当时法国生产的最大型汽车为 12 匹马力。

国内税的制定和执行完全属于一国政府有时甚至是地方政府的权限，通常不受贸易条约与协定的约束，因此，把国内税用作贸易限制的壁垒，会比关税更灵活和更隐蔽。

第四节　新型非关税壁垒措施

一、绿色贸易壁垒

绿色贸易壁垒（Green Trade Barriers）是一种新型的非关税壁垒措施，指一国以保护有限资源、生态环境和人类健康为名，通过制定苛刻的环境保护标准来限制国外产品的进口。

1. 绿色关税和市场准入

发达国家以环境保护为名，对一些污染环境和影响生态环境的进口产品征收进口附加税，或限制、禁止其进口甚至对其进行贸易制裁。

2. 绿色技术标准

绿色技术标准是指通过立法手段制定严格的强制性环保技术标准，以使有形产品在使用时能成功满足用户需要。以环境保护为目的的绿色技术标准都是根据发达国家的生产和技术水平制定的，发展中国家的技术力量很难达到这些严格的环保标准，这就导致了发展中国家的产品被排斥在发达国家市场之外。例如，欧盟启动的 ISO 14000 环境管理系统，要求欧盟国家的产品从生产前到制造、销售、使用以及最后的处理阶段都要达到规定的技术标准，而其他的国际性组织，如 IEC、ITU 等亦在大力推行产品品质方面的统一规范。

3. 绿色环境标志

绿色环境标志是指由政府管理部门或民间团体按严格的程序和环境标准颁发"绿色通行证"，并要求将其印于产品包装上，以向消费者表明，该产品从研制开发到生产使用，直至回收利用的整个过程均符合生态环境要求。例如，德国的"蓝色天使"、加拿大的"环境选择"、日本的"生态标志"、欧盟的"欧洲环保标志"等，要将产品出口到这些国家，必须经审查合格并拿到上述"绿色通行证"。

4. 绿色包装制度

绿色包装是指能节约资源，减少废弃物，用后易于回收再用或再生，易于自然分解，不污染环境的包装。例如,德国的《德国包装物废弃物处理法令》、日本的《回收条例》和《废弃物清除条件修正案》等对包装物的规定;又如,丹麦要求所有进口啤酒、矿泉水、软饮料一律使用可再灌装容器。虽然这些"绿色包装"法规有利于环境保护,但却为发达国家制造"绿色壁垒"提供了可能,因为这些规定是按照发达国家国内资源条件、消费偏好等因素确定的,发展中国家必须适应,这在一定程度上限制了发展中国家的出口贸易。

5. 绿色卫生检疫制度

绿色卫生检疫制度是指为了保护人类与动植物的生命与健康、保护生态与环境而制定的所有有关法律、行政法规、规章、要求和程序,主要包括最终产品标准;工序和生产方法;检验、检查、认证和批准程序;各种检疫处理,有关统计方法、抽样程序和风险评估方法的规定;与产品安全直接有关的包装和标签要求等。

6. 绿色补贴制度

绿色补贴制度即国家对为了生产绿色产品而将资源、环境成本内在化的企业给予财政补贴,鼓励出口。这主要是由于发达国家将严重污染的产业转移到发展中国家以降低环境成本,造成发展中国家环境成本上升所致。但发达国家同时又以此为由,认为发展中国家政府的这种"补贴"违反了WTO的规定,并以此限制其产品进口。按世贸组织修改后的国际补贴与反补贴规则,这类补贴属于不可申诉补贴范围,因而被越来越多的国家所采用。

绿色贸易壁垒一经出现便在全球范围迅速蔓延。发达国家依仗其较高的科技水平和先进设备,制定极其苛刻的环境标准,使发展中国家的产品难以"达标"而被拒于发达国家的国门之外。目前,绿色壁垒已成了我国出口贸易的"拦路虎",其影响程度已超过了"反倾销"案件对我国外贸出口的影响。

二、蓝色贸易壁垒

蓝色贸易壁垒(Blue Trade Barriers)又称社会壁垒(Social Barriers),是指以劳动者劳动环境和生存权利为借口采取的贸易保护措施。蓝色贸易壁垒由各种国际公约的社会条款构成,是对国际公约中有关社会保障、劳动者待遇、劳工权利、劳动标准等方面规定的总称,它与公民权利和政治权利相辅相成。目前,蓝色贸易壁垒的核心是社会责任标准(Social Accountability 8000,SA 8000)。该标准是从ISO 9000质量管理体系及ISO 14000环境管理体系演绎而来的道德规范国际标准,是全球第一个可用于第三方认证的社会责任管理体系。它包括核心劳工标准(涉及童工、强迫性劳动、自由权、歧视、惩戒性措施等内容)、工时与工资、健康与安全、管理系统等方面。SA 8000标准强调企业在赚取利润的同时,要承担保护劳工人权的社会责任,其宗旨是确保供应商所供应的产品符合社会责任标准的要求。

客观地说,制定社会条款(或社会责任标准)的出发点是好的,是为了保障劳工的权益,规范企业的道德标准和增强企业的社会责任感。但在关税壁垒和一般非关税壁垒不断被削弱的今天,社会责任标准非常容易被贸易保护主义者利用,成为限制发展中国家劳动密集型产品出口的有效工具。

目前,蓝色贸易壁垒主要有六种表现形式:对违反国际公认劳工标准的国家的产品征收附加税;限制或禁止严重违反基本劳工标准的产品出口;以劳工标准为由实施贸易制裁;跨国公司的工厂审核（客户验厂）；社会责任工厂认证；社会责任产品标志计划。

三、反倾销措施

WTO《反倾销协议》规定，当某一产品自一国出口至另一国的出口价格低于在正常贸易过程中出口国供消费的同类产品的可比价格，即以低于正常价值的价格进入另一国的市场，则该产品被视为倾销。所谓反倾销，是指进口国有关部门根据本国反倾销法，就本国厂商针对外国厂商的倾销行为提出的起诉进行调查，如果符合征收反倾销税的基本条件，就按照倾销幅度做出征税裁决。

对倾销产品征收反倾销税必须符合以下三个基本条件。

（1）倾销存在。

（2）损害存在。

（3）倾销与损害之间存在着因果关系。

当进口国认为外国企业有倾销行为时可以发起调查。反倾销调查可以由受倾销影响的国内企业申请，也可以由政府有关部门直接申请。但不管用什么方式申请，都必须掌握足够的证据，包括倾销存在的证据；损害存在的证据；倾销与损害之间因果关系存在的证据。一旦证据确凿，进口国就可以实施反倾销措施。

客观地说，为了制止不公平的倾销行为而采取反倾销措施是合理的，但如果反倾销措施的实施超过了合理范围或合理程度，就成为一种典型的贸易保护主义措施，从而对商品与服务的跨国流动造成不必要的阻碍。例如，武断地认定原本不存在倾销的商品存在倾销行为，或是夸大倾销幅度，以致实施反倾销措施或不适当地提高反倾销税征收额度，这些都会阻碍正常进口贸易的进行。

反倾销税的初衷是为了反对不公平竞争，但在现实中反倾销措施常常被当作一种贸易保护的工具，尤其是在关税及常规的非关税措施壁垒作用不断被削弱的今天，用反倾销的名义实施贸易保护的做法越来越普遍，反倾销措施已成为反对外国竞争者的主要武器，而且已经成为一种新型的非关税壁垒。例如，墨西哥对中国以外的国家征收反倾销税的平均额度为53%，而对多数中国产品征收的额度均超出 100%，平均征收额度为 253%，其中有一个案例中征收税率竟高达 1 105%。

四、反补贴措施

补贴是指"在一成员方（以下称'政府'）领土内由一个政府或任一公共机构做出的财政支持"。它包括"政府的行为涉及一项直接的资金转移（即赠予、贷款和资产投入），潜在的资金或债务（即贷款保证）的直接转移；政府预定的收入的扣除或不征收（即税收方面的财政激励）；政府对非一般基础设施提供货物或服务，或者购买货物；政府向基金组织或信托机构支付或指示某个私人机构执行上述所列举的、一般由政府行为承担的作用。"或1994年《关贸总协定》第十六条所指出的任何形式的收入或价格支持和"由此而授予的利益"。补贴的作用主要体现在两个方面：一是帮助本国生产商与进口商竞争；二是帮助出口商获得出口市场。为了促进出口而采用的补贴就是出口补贴。

与倾销一样，出口补贴会对进口国的同类企业造成伤害。为了防止各国政府的政策对国际市场的扭曲和维护国际公平竞争，世界贸易组织允许各国采取反补贴措施。同时，为了防止各国政府以反补贴为名实行贸易保护，世贸组织对补贴和反补贴也做出了明确界定，制定了《补贴与反补贴协议》。根据协议，补贴被分为禁止的补贴、可申诉的补贴和不可申诉的补贴三类。

禁止的补贴（Prohibited Subsidy）是指"在法律上或事实上仅向出口活动，或作为多种条件之一而向出口活动提供的有条件的补贴；在法律上或事实上仅向使用本国产品以替代进口，或作为多种条件之一向使用本国产品以替代进口而提供的有条件的补贴"。

可申诉的补贴（Actionable Subsidy）是指政府（或通过私人机构）通过直接的现金资助（赠予、贷款、资产投入等），或间接的现金资助（如贷款担保），或税收减免，提供货物或服务向某些特定的企业提供特殊补贴。这种补贴在一定范围内允许实施，但如果在实施过程中对其他成员方的经济贸易利益造成了严重损害，或产生了严重的歧视性影响时，则受到损害和歧视影响的成员方可对其补贴措施提出申诉。

不可申诉的补贴（Non-actionable Subsidy）是指普遍实施的补贴和在事实上并没有向特定的企业、行业或行业的部分企业提供的补贴。这种补贴包括对企业所进行的，或在与企业合作基础上由高等教育或研究机构研究活动的资助；对成员方领土内落后地区的资助；按新的环境要求，扶植现有设备改造给予的资助。

对于以上三类补贴，禁止的补贴是世界贸易组织反对的补贴，允许各成员政府采取反补贴措施；可申诉的补贴则必须是在证实了对进口国造成实际损害，且存在因果关系时才能采取反补贴措施；对于不可申诉的补贴则是不允许采取反补贴措施的。

在向进口商品征收反补贴税之前，政府必须提供足够的证据来证明：补贴存在；同类或相同产品的国内产业已受到实质性损害；补贴与损害之间存在因果关系。反补贴税的总额不得超过进口产品在原产国或出口国制造、生产或输出时，所直接或间接得到的补贴数额。

与反倾销措施一样，为了反对不公平竞争而采取反补贴措施是合理的，但如果反补贴措施的实施超过了合理范围或合理程度，便成为一种阻碍正常贸易的贸易保护主义措施，是典型的歧视性贸易做法。

五、保障措施

保障措施是在由于进口产品增加给国内产业造成严重损害，或者有可能造成严重损害的情况下，进口国通过提高关税或者实施进口数量限制对该国国内产业所采取的保护措施。WTO明文允许各成员采取这种措施。《关贸总协定》第十九条（对某些产品进口的紧急措施）和WTO《保障措施协议》就是专门为此而制定的。

1943年，美国和墨西哥签订的《互惠贸易协定》首次规定了保障条款。随后，在美国的主导下，保障条款正式纳入《1947年关税与贸易总协定》（GATT），即第十九条"对某些产品进口的紧急措施"。但是，第十九条的实施状况不理想，因此，缔约方希望能进一步完善第十九条的规定。在"东京回合"保障措施谈判失败后，"乌拉圭回合"仍把保障措施列为15个谈判议题之一。经过缔约方的努力，最终达成了《保障措施协议》，适用于所有成员方。

作为一种新型的非关税壁垒措施,与反倾销措施和反补贴措施不同的是,保障措施针对的是公平贸易条件下的进口产品,反倾销措施和反补贴措施则针对不公平贸易。

 阅读案例

中国企业遭遇美国"337调查"情况

由于我国进出口贸易持续快速增长以及中美贸易摩擦频繁发生,为保护国内日渐衰落的产业,美国贸易保护主义逐渐抬头。"337调查"作为美国贸易保护主义政府行为的典型代表,对中美自由贸易造成了巨大的负面影响。

近年来,美国针对向美国出口的企业发起"337调查"的国家(地区)数量不断攀升,涉案企业遍布60多个国家(地区)。同时,美国"337调查"的重点针对和排查对象也发生了变化,主要攻击目标从20世纪70年代左右的日本,到20世纪末的中国台湾,进入21世纪以来,中国大陆的相关企业已逐渐成为美国"337调查"新的重点。

我国是美国"337调查"的最大目标国,自1986年以来,美国已对我国企业发起了233起337调查。2011年以来,我已连续7年成为遭遇美国"337调查"最多的国家,案件合计数量达114起。2015年,美发起36起"337调查",涉华案件10起,占比28%;2016年,美发起54起"337调查",涉华案件22起,占比41%;2017年,美发起58起"337调查",涉华案件24起,占比41%。

从诉由来看,无论是否涉华,专利侵权都是最主要的诉由。在2017年新立案"337调查"中,54起以专利侵权为由立案(占全部案件数量的91%),专利侵权仍然是337调查的主战场。除此之外,以专利+商标侵权、专利+商标+版权侵权、版权+商标侵权、侵犯商业秘密以及不公平竞争为由立案的"337调查"各有1起。

从涉案领域来看,过去五年间我国电子行业被立案共计21起,是被立案数量最多的行业;金属制品工业、塑料制品业和橡胶制品业涉华案件占比最高,达到100%。电气工业和电力工业的涉华立案数在2013—2017年不仅数量多且增速较快,且在2017年占同期所有立案数量的100%。

2017年"337调查"最多的领域是电子通信,总计31起(占53%),包括了半导体器件、存储器、无线通信器件、电子设备(移动电话、平板电脑、数码相机)等。其次是生活消费品领域(9起)和医疗器械领域(8起)。值得关注的是,汽车领域也发生多起纠纷。

2017年立案的24起涉华案件中,电子通信领域(13起)和生活消费品领域(6起)最多,且绝大多数为ITC历史上首次立案调查的产品。在2017年立案的58起"337调查"中,ITC已经针对2个企业下达有限排除令和禁止销售令(深圳SUNstone科技有限公司,扬州威得利贸易有限公司);5个案件已经完全和解;3个案件原告已经完全撤诉;2个案件原告部分撤诉或部分和解,但由于剩余应诉人因缺席(Default)被判定有侵权行为而进入救济阶段(即决定是否下达排除令或禁止销售令等);2个案件因原告部分撤诉和部分和解的共同因素而被终止;45个案件仍然全部在诉(占76%)。

在2017年立案的58起"337调查"中,35起为单个企业提诉(占60%),同一集团的多个关联公司联合提诉以及多个企业联合提诉各有12起(各占20%)。总计98个(次)企业作

为原告发起337调查申请。其中，美国企业占72%，日本企业占10%，其余来自加拿大、韩国、芬兰、荷兰、瑞士等国家或地区。

2017年提起"337调查"最多的企业是日本的索尼公司（Sony Corporation），一年中3次提起调查申请并获立案，被诉对象分别是日本的富士公司（Fujifilm Corporation，2次）、美国的艾丽斯集团（Arris Group Inc.）和佩斯美国（Pace USA, LLC）及关联公司。除此之外，美国医疗设备制造商爱齐公司（Align Technology, Inc.）、非专利实施实体高智发明（Intellectual Ventures II LLC）、芬兰诺基亚科技公司（Nokia Technologies Oy）等也都在过去一年中两次提起调查申请并获立案。

2017年58起新立案的"337调查"中，360家（次）企业或个人成为被诉对象，其中，美国企业或个人185次，中国企业或个人106次（含中国香港12次和中国台湾8次），日本企业36次被诉，三国主体被诉之和占比超过90%。中国大陆涉案的86家企业或个人中，50%来自广东，其他来自浙江、江苏、北京、上海、福建、山东等地。2017年在"337调查"中被诉最多的企业是美国的苹果公司，共在4起调查中成为被诉对象，且4次均是单一被诉对象，针对性十分明显。这一年中3次被诉的还包括日本的富士公司、索尼公司、韩国的LG电子和中国台湾的联发科公司。

从主体类型来看，中国大陆60%被诉的是科技型中小企业，13%是贸易公司（包括阿里巴巴在内），被诉的还包括中国国际化大企业（海信、联想、OPPO、大疆、海能达、乐歌）的8家公司，以及6家跨国企业的中国公司（尼康、博世、闪迪、安费诺和费特电器）等。

资料来源：中国企业遭遇美国337调查有关情况[EB/OL].（2018-02-27）. http://www.qdbofcom.gov.cn/n32208327/n32208334/n32208512/n32208514/1802271026336477487.html.

 理论联系实际

技术性贸易壁垒成"新常态"

【实际材料】

近年来，一些发达国家利用其技术上的优势对中国产品实施技术性贸易壁垒已成一种"新常态"。中国出口的纺织服装类产品依然是美国、欧盟、加拿大、日本等国家实施技术贸易壁垒的主要对象。各种技术标准、召回通报等贸易保护措施的实施不仅提升了我国纺织服装类产品的出口成本、拉低了市场份额，而且给我国产品的国际声誉带来了极大的负面影响。

1. 欧盟RAPEX系统对华纺织服装类产品通报情况

据中国纺织工业联合会统计，2014年欧盟委员会非食品类快速预警系统（RAPEX）对全球（包括香港地区和台湾地区，下同）共发布召回通报2 258起，其中对华（中国大陆，不包括香港地区和台湾地区）通报1 401起，占对全球通报总数的62%。同期，对华纺织服装类产品发出通报293起，占全球纺织服装类产品总数的55.3%。

2. 美国CPSC对华纺织服装类产品通报情况

2014年，美国消费品安全委员会（CPSC）对全球发出306起通报，同比增长2%。同期，对华通报158起，占全球通报总数的51.6%。其中，对从我国进口的纺织服装类产品发出通报20起，同比下降23.08%，虽然对华纺织服装类产品召回的数量有所减少，但纺织服装类产品在对华通报的产品中依然保持一定的比重，表明美国对我国纺织服装类产品的贸易关注度仍然很高。

3. WTO/TBT通报情况

2014年，WTO成员提交的TBT通报中，涉及纺织服装类产品的通报共36项，同比增长12.5%，继上年大幅增长之后再度延续增长态势。其中，纺织品25项，服装11项。TBT通报内容主要集中在各种标准、规则的修订补遗和调整上。

资料来源：张硕.2014年我国纺织品服装出口面临的贸易摩擦情况[J].中国贸易救济，2015（06）：18-20.

【理论分析】

根据上述资料，结合所学内容，分析技术壁垒对自由贸易产生的影响。

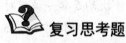复习思考题

1. 什么是非关税壁垒？非关税壁垒有何特点？
2. 非关税壁垒有哪些措施？
3. 什么是技术性贸易壁垒？其主要方式有哪些？
4. 什么是绿色贸易壁垒？绿色贸易壁垒措施主要有哪些？
5. 什么是倾销？什么是反倾销？对倾销产品征收反倾销税的基本条件是什么？
6. 分析自动出口配额的经济效应。

第八章　出口鼓励与出口管制措施

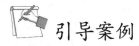 引导案例

完善出口退税政策，提升我国外贸企业竞争力

国务院常务会议在 2018 年 10 月 8 日确定完善出口退税政策，加快退税进度，为企业减负，保持外贸稳定增长。从 2018 年 11 月 1 日起，按照结构调整原则，参照国际通行做法，将现行货物出口退税率为 15%的和部分 13%的提至 16%；9%的提至 10%，部分提至 13%；5%的提至 6%，部分提至10%。对高耗能、高污染、资源性产品和面临去产能任务等产品出口退税率维持不变。进一步简化税制，退税率由原来的七档减为五档。

出口退税是指对出口商品已征收的国内税部分或者全部退还的一种措施，这也是一种国际惯例。通过提高现行货物出口退税率，可以使我国的企业在国际市场竞争中，税率负担与其他国家接近。实际上很多国家都实行了出口退税制度，但是各国的税率是不一样的。退税率越高，对于出口企业更有利。此次出口退税政策的调整，是面对当前新的国际形势以及经济形势下提出的一个有力举措，可以降低企业成本，对冲外部的一些不利因素，同时提振市场信心。

此次除了出口退税率提升，会议还提出进一步简化税制，退税率由原来的七档减为五档，对信用评级高、纳税记录好的出口企业简化手续，缩短退税时间，全面推行无纸化退税申报。这些措施也将给出口企业带来一定的利好。

出口一直是支持我国经济增长的重要引擎，近几年在经济结构调整过程中，国民消费已经超过出口，成为推动我国经济增长最重要的因素，我国经济对于出口的依赖度已经大大降低。当前我国的外贸政策更加符合 WTO 的规则，不是以补贴的形式鼓励出口，而是更多地来打造良好的营商环境，减轻企业负担，从而使得企业自身竞争力得到充分发挥，在国际上进行公平竞争。对于出口企业来说，适应当前新的经济形势，适应国际市场的需要，推进产品升级和业务转型应该是企业发挥自主能动性的关键策略。

资料来源：杨德龙.完善出口退税政策提升我国外贸企业竞争力[N].证券日报，2018-10-10（A03）.

 教学目标

通过本章的学习，了解出口管制的措施，熟悉出口补贴、商品倾销的经济效应分析，掌握出口鼓励的主要措施。

第一节　出口鼓励措施

一、财政政策措施

（一）出口补贴

出口补贴（Export Subsidies）又称出口津贴，是一国政府在商品出口时，给予出口厂商的现金补贴和财政上的优惠，目的在于降低出口商品的价格，增强其在国际市场的竞争力。由于出口商因此得到更多盈利或亏损补偿，其出口积极性增强。政府对出口商品可以提供补贴的范围非常广泛，主要有以下两种形式。

1. 直接补贴

直接补贴（Direct Subsidies）是直接付给出口商的现金补贴。第二次世界大战后，美国和欧洲一些国家对某些农产品的出口补贴就采用这种形式。这些农产品的国内价格一般要比国际市场价格高，若以国际市场价格对外出口，出口厂商就会亏损。这部分差价由本国政府给予补贴，即价格补贴，这样可以鼓励厂商出口。有时，补贴金额可能会大大超过实际的差价或利差，这就包含了出口奖励的意味，它不同于一般的出口补贴，可被称作收入补贴，包括对企业的出口亏损进行补偿等。

2. 间接补贴

间接补贴（Indirect Subsidies）又称隐蔽性补贴，是指政府对某些出口商品给予财政上的优惠。它主要包括退还和减免各种国内税（如消费税、增值税等）；退还进口税；免征出口税；提供信贷补贴、汇率补贴等。例如，20 世纪 30 年代美国创办的进出口银行的主要业务就是向美国出口商及其外国进口商提供优惠贷款。

（二）出口退税

出口退税（Export Drawback）是指各个国家按照消费地原则征收商品税（国内称之为增值税，部分商品同时征收消费税），对出口商品不予征税（或按零税率征收），对进口商品则征收国内商品税。如果在商品出口之前，各国按生产地原则已经征收国内商品税的情况下，各国应在商品出口时，退还全部税款，当进口时则对进口商品征收国内商品税。实行彻底的出口退税政策，是完全符合国民待遇原则的，也有利于提高世界资源配置的效率。出口退税符合 WTO 的基本原则，并在国际贸易实践中广泛使用。

出口退税是国家运用税收杠杆奖励出口的一种措施，一般分为两种：一是退还进口税，即出口产品企业用进口原料或半成品加工制成产品出口时，退还其已纳的进口税；二是退还已纳的国内税款，即企业在商品报关出口时，退还其生产该商品已纳的国内税金。

出口退税的目的是要通过退还出口货物的国内税以避免国际经济交往中的重复征税，平衡出口货物与国内销售货物的税收负担，更主要的是，出口退税可以降低出口货物的成本，让商品以不含国内税的形态进入国际市场，从而在国际市场上的竞争力得到加强。

（三）出口奖励

出口奖励是指政府对出口商按其出口业绩给予各种形式的奖励。出口奖励的目的在于鼓励出口商进一步扩大出口规模，增加创汇能力。出口奖励的形式一般以现金奖励为主，也有外汇分红和出口奖励证等其他形式。外汇分红是指政府从出口商的创汇收入中提取一定的外汇奖励给出口商。出口奖励证是指政府对出口商颁发一种可以在市场上出售的或凭以进口一定数量外国商品的证书，它既是一种利益的体现，也是一种荣誉和权利的象征。出口奖励的通常做法是按出口商在一定时期内的总出口额或总收汇额的一定比例对出口商予以鼓励，而不管出口商本身的盈亏。有些国家则对那些从事政府扶持的出口产业的产品出口经营并取得突出成绩的出口商予以重奖。

二、信贷政策措施

（一）出口信贷

出口信贷（Export Credit）是出口国政府为了促进本国商品的出口，而鼓励本国银行向本国出口商、外国进口商、进口方银行提供的利率优惠的贷款。

出口信贷通常用于金额比较大、占用资金比较多且从生产到交货期限较长的出口贸易，如成套设备、船舶、飞机等。对进口商来说，一时难以支付如此巨额的货款，而对出口商来说，要垫支如此大数额的款项，也不利于资金周转。这样由出口国提供出口信贷，如贷给进口商，使进口商能用这笔贷款购买出口国的商品；如贷给本国出口商，使出口商能将这笔资金用于出口。20世纪80年代后，我国逐步开始运用出口信贷来支持国内外贸企业扩大出口。

1. 出口信贷的特点

（1）出口信贷的利率低。一般低于相同条件的资金贷放市场利率，利差由国家补贴。

（2）出口信贷的发放与信贷保险相结合。由于出口信贷偿还期长、金额大，发放贷款的银行存在着较大的风险，为了减少风险、保证贷款的安全，发达国家一般设有国家信贷保险机构对贷款予以担保。出口信贷的风险由国家负担，利润由企业获得，从而加强了本国出口商的竞争能力。

（3）国家成立专门发放出口信贷的机构，制定政策，管理与分配国际信贷资金。

2. 出口信贷的主要形式

（1）买方信贷（Buyer's Credit）。在大型机器装备和成套设备贸易中，由出口商（卖方）所在地银行贷款给外国进口商（买方）或进口商的银行，给予融资便利，扩大本国设备出口，这种贷款叫买方信贷。这种贷款的前提就是必须用于购买债权国的商品，这就是所谓的约束性贷款（Tied Loan）。

如果直接贷给进口商所在地银行，则贷款协议由双方银行签订，同样以贸易合同为基础，但与贸易合同是相对独立的两个契约，然后再由进口方银行贷款给进口商。还款时，则由进口商银行根据贷款协议向出口方银行还贷，进口商与进口商银行间的债务，按双方商定的办法在国内清偿结算。

由于进口商与本国银行之间的债务关系可以在国内结算清偿，可以使进口方较快地得到供款和减少风险，而且进口商对货价以外的费用比较清楚，便于与出口商进行讨价还价，因此，买方信贷这种方式在目前较为流行。

（2）卖方信贷（Supplier's Credit）。在大型机器设备与成套设备贸易中，为便于出口商以延期付款方式卖出设备，出口商所在国银行对出口商提供的信贷，就是卖方信贷。

近年来还有一种较为流行的卖方信贷形式——"福费廷"（Forfaiting）。福费廷也是针对大型成套设备或工程项目的。福费廷的程序是：出口商发运货物并向进口商提供有关单据后，由进口商提供本票，经进口方银行担保后交予出口商，或由出口商开立汇票，由进口商承兑后经进口方银行担保，然后转还出口商。出口商将这些经过进口方银行担保的本票和承兑汇票，拿到出口方银行进行无追索权的贴现，从而达到融通资金的目的。这种汇票和本票一般都是远期的，从半年到五六年不等。此外，如果出口方银行认为为本票或汇票担保的进口方银行的信誉不够好，可要求进口商另找一家资信可靠的大银行担保后，方可贴现汇票或本票。

福费廷在国际大型贸易中应用得较为广泛，其主要原因是，出口商把票据拿到出口方银行进行无追索权贴现后，即使日后进口商无力付款，银行也无权向出口商追索。显然福费廷对出口商有利，不过出口商贴现票据时，要被扣去较高费用。使用福费廷对进口商也有好处，他只要找到一个信誉较好的银行担保就行了，手续非常简便。当然银行在担保时也将会对进口商的资信和还款能力进行严格的审查。

由于成套设备与工程项目越来越趋于大型化，银行已无力单独提供贷款，而且风险过大，现在流行的方式是组织银团贷款，由多国的多家银行参加，由一家大银行牵头，有时政府也参与出口信贷，用政府预算资金支持本国的大型设备和工程项目的出口。

（二）出口信贷国家担保制

出口信贷国家担保制（Export Credit Guarantee System，ECGS）就是国家为了扩大出口，对于本国出口厂商或商业银行向外国进口厂商或银行提供的信贷，由国家设立的专门机构出面担保，当外国债务人拒绝付款时，此国家机构即按照承保的数额给予补偿。

出口信贷国家担保制的主要内容包括担保的项目与金额、担保对象、担保期限与费用等。

（三）出口金融支持

出口金融支持（Export Financial Support）主要有三种形式：装运前融资、装运后融资和投资信贷。

除了对直接出口商和进口商提供卖方信贷和买方信贷等一般形式之外，国内信用证也是为间接出口厂商提供金融支持的有效手段，出口生产者（间接出口商）在他们能够提供从直接出口商（外贸企业）得到的国内信用证时也可从银行获得贷款。

设立专门的进出口银行作为政策性银行专事进出口金融支持，其主要目标是通过提供融资支持出口（出口项目获得优惠贷款也比其他一般项目更容易些），包括出口专项贷款、优惠利率贷款等。当然，买方信贷和卖方信贷是进出口银行出口信贷的主要形式。

三、出口信用保险措施

出口信用保险是各国政府以国家财政为后盾，为本国企业在出口贸易、对外工程承包和对外投资等活动中提供风险保障的一种政策性支持措施，是 WTO 补贴和反补贴协议原则上允许的手段。

出口信用保险是各国政府为支持出口通行的一种做法,它可以合理规避风险,保障企业出口收汇安全。越是市场经济发达的国家,出口信用保险越发达。目前,全球贸易额的12%~15%是在出口信用保险支持下实现的。

中国出口信用保险公司是国家唯一一家从事出口信用保险的政策性保险公司,主要经营短期出口信用保险、中长期出口信用保险和担保业务。凡出口公司通过银行以信用证、付款交单、承兑交单或赊账等商业信用方式结汇的出口货物均可办理出口信用保险。如果投保出口企业在出口后,由于发生买方破产、丧失偿付能力、拖欠货款等商业风险导致直接经济损失时,中国出口信用保险公司给予赔付;同时也赔付由于发生买方、开证行或保兑行所在国家和地区因战争、汇兑限制、发布延期付款令、限制进口等政治风险导致出口商的直接经济损失。可以说,出口信用保险是出口企业规避商业和政治风险的"保护伞"。

四、倾销政策措施

(一)商品倾销

商品倾销(Dumping)是指商品以低于本国国内市场正常价格在国外市场上大量抛售,以打击竞争对手,占领或巩固国外市场的贸易行为。商品倾销通常由私营垄断企业进行,但随着贸易战的加剧,一些国家设立专门机构直接对外倾销商品。

实行商品倾销的具体目的在不同情况下有所不同,有时是为了打击或摧毁竞争对手,以扩大和垄断其产品销路;有时是为了建立新的销售市场;有时是为了阻碍当地同种产品或类似产品的生产和发展,以继续维持其在当地市场上的垄断地位;有时是为了推销过剩产品,转嫁经济危机;有时是为了打击发展中国家的民族经济,以达到经济上、政治上控制的目的。

按照倾销的具体目的,商品倾销可分为以下三种。

(1)偶然性倾销(Sporadic Dumping)。这种倾销通常是因为销售旺季已过,或因公司改营其他业务,在国内市场上不能售出"剩余货物",而以较低的价格在国外市场上抛售,以便在不降低国内价格的前提下,抛售意外和暂时的产品。此类倾销不易引起注意,也较少受到反倾销指控。

(2)间歇性或掠夺性倾销(Intermittent or Predatory Dumping)。这种倾销是以低于国内价格甚至低于生产成本的价格在国外市场销售商品,先挤垮竞争对手后再凭垄断力量提高价格,以获取高额利润。此类倾销对国外市场的冲击与危害性比较大,因此较多地受到反倾销的指控。

(3)持续性倾销(Persistent Dumping),又称长期性倾销(Long-run Dumping)。这种倾销是无限期地、持续地以低于国内市场的价格在国外市场销售商品。

无论何种倾销,都会对国外生产者造成损害。对本国消费者来说,则意味着需要支付比国外消费者更高的价格。因此,倾销无一例外地受到国外生产者与国内消费者的共同反对。

(二)外汇倾销

1. 外汇倾销的概念

外汇倾销(Exchange Dumping)是指一国降低本国货币对外国货币的汇价,使本国货币对外贬值，从而达到提高出口商品价格竞争力和扩大出口的目的。外汇倾销是向外倾销商品和争夺国外市场的一种特殊手段。

外汇倾销是西方国家长期以来惯常使用的出口鼓励政策。在 20 世纪 70 年代以美元为中心的固定汇率制度崩溃以前，西方国家就一直使用外汇倾销手段对外开展贸易战。固定汇率制崩溃以后，浮动汇率制度更是为各国最大限度地使用外汇倾销手段来扩大本国出口提供了极大的便利。现在外汇倾销已经成为许多国家对外贸易政策的一个重要组成部分。

2. 外汇倾销的效果

外汇倾销会产生两种有利于本国对外贸易发展的效果：一是外汇倾销导致的本国货币的贬值会降低本国出口产品的价格水平，从而提高出口产品的国际市场竞争力，有利于出口规模的扩大；二是外汇倾销导致的外国货币的升值会提高外国进口产品的价格水平，从而降低进口产品的国内市场竞争力，有利于控制进口规模。这两种效果的根本点就是通过鼓励出口限制进口来改善本国国际收支状况，减轻对外贸易逆差的压力，增加外汇储备，因此，实行外汇倾销能同时起到扩大出口和限制进口的双重作用。

3. 外汇倾销的基本条件

外汇倾销不能无限制和无条件地进行，必须具备以下几个条件才能起到扩大出口和限制进口的作用。

首先，本国货币对外贬值的幅度大于国内物价上涨的幅度。本国货币对外贬值，必然引起进口原料和进口商品的价格上涨，由此带动国内物价普遍上涨，使出口商品的国内生产价格上涨。当出口商品价格上涨幅度与货币对外贬值幅度相抵时，因货币贬值而降低的出口商品的外汇标价会被因生产成本增加引起的该商品的国内价格上涨所抵消。由于货币对外贬值可以使出口商品的外汇标价马上降低，而国内物价上涨却有一个时滞，因此外汇倾销必须在国内价格尚未上涨或上涨幅度小于货币贬值幅度的前提下进行。由此可见，外汇倾销所起作用的时间是有限制的，或者说外汇倾销所起的作用是暂时的。

其次，其他国家不同时实行同等程度的货币贬值和采取其他报复性措施。换言之，外汇倾销措施必须在国际社会认可或不反对的情况下方能奏效。

4. 实施外汇倾销的局限性

（1）从货币贬值到扩大出口和贸易收支改善效果的出现，需要一定时间，在这一段时间，贸易收支会出现"J字形曲线效应"。所谓 J 曲线，是指一国货币贬值后贸易收支先恶化再改善的趋势。本币贬值，由于本国产品价格相对下降，增加了国外购买者的需求，出口会上升而进口受到抑制。但是在现实中，这种贸易收支的影响通常需要经过一段时间才能体现出来，短期内贸易收支会向相反的方向变动，这是由于前期贸易合同是既定的，本币贬值时出口量不会立即增加，而以外币计算的出口价格下降，从而使得出口额下降。一段时间后，需求会在价格下降的影响下提升，出口额也会随之增加。如果以时间为横轴、贸易收支为纵轴，则这种变动趋势呈 J 字形曲线。

（2）本币对外贬值后，可以用来对外倾销的时间有限。一国货币的对内价值与对外价值是互为联系、彼此影响的。一国货币汇价下跌（即对外价值下跌）迟早会推动其对内价值的下降，造成国内通货膨胀。因此，外汇倾销不宜在国内通货膨胀严重的背景下贸然采用，否则会给已经严重的通货膨胀局面火上浇油。

（3）外汇倾销代价大，会使本国出现贸易条件恶化的局面。由于外汇倾销的实质是降低出口商品的外汇标价以换取出口数量的增加，从而达到增加外汇收入的目的。因此，外汇倾销实际上使同量出口商品所能换回的进口商品数量减少，贸易条件趋于恶化。这就是说，外汇倾销可以推动商品出口大量增加，并不等于出口额必然随之增加。另外，它有时会引起国内经济的混乱，出现得不偿失的结果。

五、资本政策措施

资本政策主要指出口国政府通过资本输出来带动本国出口贸易的发展。

资本输出是指将本国资本用于对外投资。资本输出分为生产资本输出和借贷资本输出两种形式。生产资本输出也称对外直接投资，是指一个国家的厂商以独资、合资或合作等形式在外国直接开办厂矿、公司或者购买所在国的企业。借贷资本输出是指有价证券投资和直接对外贷款。有价证券投资是指投资购买外国发行的股票、债券或其他金融资产；直接对外贷款是指把货币资本贷放给国外厂商或外国政府。

资本输出能够带动资本输出国的出口贸易的扩展。首先，资本输出国在输出资本时往往要求资本接受国接受一些附加条件，而且通常都包括承诺从资本输出国购买一定数额的商品。其次，从资本输出的不同形式来看，生产资本输出与跨国公司直接相联系，由于它是在国外进行的直接投资，因此这种资本输出本身就意味着一定规模的出口。它往往伴随着直接投资所需要的本国生产的设备、材料和零配件等产品的出口。不仅如此，对外直接投资生产的产品总有一部分会在投资所在国获得销售市场，这实际上是本国出口规模在外国的延伸。借贷资本输出同样能够促进出口。最明显的情况是，如果实行对外直接投资，而且是对外国进口商或进口国银行贷款，那么借贷资本输出就演变为买方信贷，即约束性贷款，在这种情况下，资本输出和出口增长的相关率达到 1∶1，资本输出完全表现为出口增长。

不仅如此，资本输出在许多情况下比通常的出口贸易活动更能有效地帮助本国产品的出口。这是因为，在生产资本输出的条件下，资本输出国在资本接受国生产的商品如果用于投资所在国国内的消费，那么这些产品实际上已经跳过了该国对进口商品所设置的各种关税及非关税壁垒；如果用于对外出口，那么这些产品还将享受该国所给予的有关鼓励本国产品出口的优惠待遇，这将有利于其在国际市场上的竞争。在对外直接贷款的条件下，贷款接受国通常对买方信贷持欢迎态度，并规定有或多或少的优惠待遇和便利条件，因此，资本输出国通过买方信贷方式获得的出口要比通常的出口贸易活动更便利和更有保障。

也正是由于上述原因，资本输出长期以来一直被发达国家用来推动本国出口贸易的发展。进入 20 世纪 80 年代以来，发达国家资本输出呈现出许多新的特点：一是资本输出更注重对外直接投资形式，并以占领国际市场为主要目标。这表明发达国家越来越重视资本输出对本国商品出口的重要作用。二是资本输出的流向有两个中心：一个是发达的经济中心，如美、日、欧等主要发达国家；另一个是中心国家的外围国家，如亚太地区的新兴工业化国家和其他有关国家或地区。资本输出流向的特征同时反映了当代世界贸易增长的集聚点的分布状况。这又证明了资本输出与贸易增长之间紧密的相关关系。三是资本输出呈现出大规模地集中投向高技术产业和服务业的趋向。这一趋向也代表了当代国际贸易对象结构的变动，即贸易对象从一般制成品为主逐渐转向高技术产品为主，从商品贸易为主逐渐转向以服务贸易为主。

上述特点表明，当代资本输出已经呈现出强烈的替代出口的倾向。随着资本输出的出口促进作用的增强，资本输出定将得到各国政府越来越多的重视，最终成为各国出口促进政策的最重要的组成部分之一。

六、特区政策措施

特区政策措施是指政府通过建立经济特区来促进本国出口贸易的发展。

（一）经济特区概述

经济特区（Special Economic Zone）是指一个国家或地区在其管辖的地域内划出一定非关境管辖的地理范围，实行特殊的经济政策，以吸引外商从事贸易和出口加工等业务活动。建立经济特区的目的是促进对外贸易的发展，鼓励转口贸易和出口加工贸易，繁荣本地区和邻近地区的经济，增加财政收入和外汇收入。建立经济特区是一国实行对外开放政策和鼓励扩大出口的一项重要政策，在当代国际贸易中占有相当重要的地位。

经济特区的建立由来已久，早在1228年，法国南部马赛港就已在港区之内开辟自由贸易区。15世纪以来，德意志北部的几个自由市联合起来，建立自由贸易联盟（即历史上著名的"汉萨联盟"），选定汉堡和不来梅两地作为自由贸易区。16世纪，意大利的里窝那自由港有了最早的自由港雏形。从17世纪到19世纪，欧洲各国相继将一些地理位置条件优越的港口辟为自由港、自由贸易区。到二战前，共有26个国家设立了75个经济特区。二战后，强劲的经济发展势头带动经济特区的发展，各国纷纷建立各种类型的以发展出口加工为主的经济特区——出口加工区，爱尔兰于1959年在香农国际机场兴建的自由贸易区是世界上第一个出口加工区。20世纪70年代末80年代初，世界经济特区出现了一些新的趋向，出口工业由劳动密集型向技术密集型过渡，引进技术和知识密集型的工业成为设置特区的重要目标。20世纪80年代以来，经济特区向多行业、多功能的综合型经济特区发展，不仅重视出口工业和对外贸易，而且为旅游、金融、保险、交通、电信等多种行业提供政策优惠。

（二）经济特区的特点

1. 政策优惠

经济特区实行各种优惠政策，允许外国商品自由进出，对绝大部分进口不征关税，也没有配额限制和外汇管制；对外商减免企业所得税和其他赋税，外商在区内的利润、股息和投资，可随时自由汇出，区内行政手续简化。

2. 地点便利

经济特区一般都设在交通比较便利的地方，如港口、国际机场，使进出货运畅通。

3. 设施良好

经济特区内提供良好的基础设施、仓储设施、有关商品处理设施及商品陈列场所。

4. 面向出口

经济特区内大部分企业都是面向出口的，外商企业在投资时就带来市场，这类投资主要是希望利用当地廉价的劳动力，进行来料加工、来样加工和来件装配，因此商品是面向国外市场的，这就为扩大出口提供了一条便利的途径。

（三）经济特区的主要类型

经济特区主要有自由港和自由贸易区、出口加工区、保税区、自由边境区与过境区、科学工业园区和综合型经济特区等类型。

1. 自由港和自由贸易区

自由港（Free Port）又称为自由口岸。自由贸易区（Free Trade Zone）是由自由港发展而来的，其范围包括了自由港的邻近地区。它们都是指在关境以外划出的区域，在区域内对进出口商品全部或大部分免征关税，并且准许在港内或区内的商品自由储存、展览、拆散、改装、重新包装、整理、加工和制造等，从而吸引外国商品的转口和外国企业投资生产，增加财政和外汇收入，促进对外贸易和经济的发展。

自由港或自由贸易区可分为两种类型：一种是港口及设置区所在城市全划为自由港或自由贸易区，如我国的香港特别行政区；另一种是把港口或设置区所在城区的一部分划为自由港或自由贸易区。

2. 出口加工区

出口加工区（Export Processing Zone）源于自由贸易区，是一个国家或地区在其港口或港口邻近地区、国际机场等地方划出一定范围，提供基础设施以及免税等优惠待遇，吸引外资发展出口加工工业。它与自由港不同，自由港以转口贸易为主，面向商业；出口加工区以加工工业为主，面向工业。设立出口加工区的目的在于吸引外国投资，引进先进的技术、设备和管理，扩大工业品出口，增加外汇收入，促进外向型经济的发展。

3. 保税区

保税区（Bonded Area）又称保税仓库区（Bonded Warehouse），是指一国海关所设置的或经海关批准注册的特定地区和仓库。保税区的功能基本类似于自由贸易区。外国商品在保税区内可以暂免进口税，如再出口，无须缴纳出口税；如要进入本国消费市场，则应缴纳关税。保税区的设立有利于货主选择有利的时机进行交易，有利于贸易的顺利开展和促进转口贸易。各个国家保税区的具体规定各有不同，在做法上也有差异。例如，日本根据职能的不同将保税区分为：①指定保税区（Designated Bonded Area）与保税货棚（Bonded Shed），是为方便报关的短期储存场所；②保税仓库，其储存期较长，便于贸易特别是转口贸易的发展；③保税工厂（Bonded Factory），是在海关的监管之下从事加工、制造、分类等保税业务的专门工厂；④保税陈列场（Bonded Exhibition），是便于展览和做广告宣传的场所，能够促进贸易的发展。

4. 自由边境区与过境区

自由边境区（Free Perimeter）是指一国或地区为了发展边境落后地区的经济而设立的经济特区。其特征与自由贸易区基本一致，目的是利用外资开发边境地区的经济，与出口加工区相比，自由边境区的进口商品在加工以后主要供区内使用，少数用于再出口。设置自由边境区有一定的期限，当该区域的经济发展到一定程度时，优惠待遇会逐步取消，直至废除自由边境区。这种特区仅在拉丁美洲少数国家设置。

过境区（Transit Zone）又称中转贸易区，是指一些沿海国家为方便内陆邻国的进出口货运，开辟某些海港、河港或边境城市作为过境货物的自由中转区，区内简化过境货物的海关手续，不征关税或只征小额的过境费用，准许过境货物在区内短期储存、重新包装，但不得加工制造。

5. 科学工业园区

科学工业园区（Science-based Industrial Park）又称高科技园区（Hi-tech Park），是一种科技型经济特区，以加快科学技术的发展并把其成果应用于农业生产、提高工农业产品质量、开发新产品、扩大产品国际市场份额为目的的，通过多种优惠措施和方便条件将智力、资金、管理等生产要素高度集中在一起从事高新科技研究、试验和生产的新兴产业开发基地。由于科技园区以优化现存产品质量、开发新兴产业产品为主，它与高校、科研机构等有密切联系，主要分布在发达国家和新兴工业化国家。世界知名的科学工业园区有美国的"硅谷"、英国的"剑桥科学园区"、新加坡的"肯特岗科学工业园区"、日本的"筑波科学城"、我国台湾地区的"新竹科学工业园区"等。

6. 综合型经济特区

综合型经济特区是在出口加工区的基础上形成和发展起来的，是世界经济特区发展的新阶段和新趋势。它具有规模大、经营范围广、多行业、多功能的特点，不仅从事出口加工业和进出口贸易，同时还经营农牧业、旅游业、金融服务业、交通运输业、邮电通信业以及其他一些行业，如巴西的玛瑙斯自由贸易区。

七、行政组织措施

（一）扶植出口企业和出口项目，以法律手段维护出口秩序

许多国家和地区为了扶植、发展一批具有竞争能力的企业，往往在资金、税收等方面给予各种优惠，并且以法律维护出口秩序，防止出口商品过分竞争。日本在 20 世纪 50 年代制定的《进出口交易法》不仅对出口组合成员进行约束，而且也可以通过发布相关命令，限制非组合成员行动，或停止其向特定区域出口特定的商品。

（二）国家建立商业情报网，加强国外市场情报工作，为出口厂商提供情报

例如，英国的海外贸易委员会在 1970 年就设立出口信息服务部，向有关出口厂商提供信息，以促进商品出口。又如日本政府出资设立的日本贸易振兴会（其前身是 1951 年设立的"海外市场调查部"），就是一个从事海外市场调查并向企业提供信息服务的机构。

（三）国家设立专门组织，研究与制定出口战略，扩大出口

例如，美国 1960 年成立了"扩大出口全国委员会"，其任务是向美国总统和商务部长提供有关改进和鼓励出口的各项措施的建议和资料；1978 年成立了"出口委员会"和"跨部门的出口扩张委员会"，附属于总统国际政策委员会；1979 年成立了"总统贸易委员会"，集中统一领导美国对外贸易工作；1992 年成立了国会的"贸易促进协调委员会"；1994 年 1 月又成立了第一批"美国出口援助中心"等。日本、欧盟国家也有类似的组织。

（四）建立贸易中心和组织贸易展览会，以推销本国商品

贸易中心是永久性设施，可提供商品陈列展览场所、办公地点和咨询服务等，而贸易博览会是流动性的展出。这些措施可以使外国进口商更好地了解本国商品，从而起到促销的作用。例如，意大利对外贸易委员会对由其发起的展出支付 80%的费用，对参加其他国际贸易

展览会的公司也给予其费用 30%～35%的补贴。

（五）组织贸易代表团和接待来访，以加强与其他国家间的经贸联系

许多国家为了推动和发展对外贸易，组织贸易代表团出访，其费用大部分由政府支付，加拿大就是一例。此外，许多国家还设立专门机构接待来访团体。例如，英国海外贸易委员会设立接待处，专门接待官方代表团，并协助本国公司、社会团体接待来访的外国工商界人士，以促进贸易。

（六）组织出口商的评奖活动，以形成出口光荣的社会风气

例如，英国从 1919 年起开始实行"女王陛下表彰出口有功企业的制度"，并规定受表彰的企业在 5 年之内可使用带有女王名字的奖状来对自己的产品进行宣传。又如，有的国家对有突出贡献的出口商颁发总统奖章或授予荣誉称号，或者由总理亲笔写感谢信，这些举措都能较有力地推动本国对外贸易的发展。

八、其他措施

（一）价格支持

价格支持（Price Support）是政府通过稳定价格来支持生产者的一种手段，实际上也是政府提供补贴。价格支持的目的是保护生产者而不是保护消费者。其具体做法有两种：一种是让生产者直接在国内市场上按保证价格出售产品，剩余部分按国际市场价格出售，生产者出口收入的不足部分由政府补贴；另一种是产品全部由政府按保证价格收购，然后在国内按保证价格出售，在国外按国际市场价格出售。这两种情况下政府的补贴支出是一样的。

（二）多重汇率制

多重汇率制（Multiple Exchange Rates，MER）是指政府规定几种同时并存的官方汇率（或事实上的官方汇率），利用汇率的差别来限制或鼓励某些产品的进口或出口。

多重汇率制的直接效果是使生产不同产品的企业受到差别性的待遇，那些政府鼓励和支持出口的产品在结汇时适用于较高的汇率，从而其出口创汇可折合更多的本币；而那些未予以扶持的出口产品则依旧实行官价结汇。

（三）进出口连锁制

进出口连锁制是将进口与出口挂钩，要获得一定的进口权利就必须履行一定的出口义务，以出许进或以进带出，从而达到扩大出口的目的。

第二节　主要出口鼓励措施的经济效应分析

一、出口补贴的经济效应分析

（一）贸易"小国"出口补贴的福利效应

出口补贴对生产、消费、价格和贸易量的影响会因其在国际市场上的份额大小不同而有

所不同。出口量不大，在国际市场影响甚微的贸易"小国"，只是价格的接受者，出口补贴不会影响国际市场价格。图8-1说明贸易"小国"出口补贴的福利效应情况。

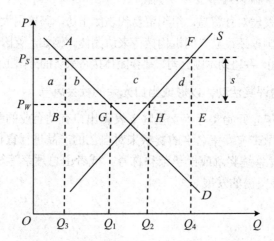

图8-1 贸易"小国"出口补贴的福利效应

1. 出口补贴的价格效应

某商品接受出口补贴后，会使其国内价格与国际价格不一致。如图8-1所示，若补贴国为一小国（即其对世界市场价格没有任何影响力），国内的供求曲线分别为S、D，国际价格水平为P_w。在接受补贴前，出口量为Q_1Q_2，国内价格与国际价格相同，也为P_w。现对每单位出口商品补贴现金s元，则国内出口商每出口一单位产品实际所得为$P_w+s=P_s$。此时国内消费者必须支付P_s的价格才能购买到该商品。因为若价格低于P_s，则供货商会将此商品全部出口，而不会供应国内市场，因此，补贴以后，国内价格高于出口价格。

2. 出口补贴的消费效应

实施出口补贴政策以后，国内市场价格上涨，只要需求弹性为负，价格上涨会导致需求量（即消费量）减少，这就是出口补贴的消费效应。如图8-1所示，补贴前，需求量为OQ_1，补贴以后为OQ_3，消费者剩余减少了四边形P_sP_wGA的面积，即$a+b$。

3. 出口补贴的生产效应

出口补贴是对出口商品给予的补贴。补贴后，每供应单位出口商品所得增加，因此，厂商会在更高的价格水平上生产更多的产品，这就是出口补贴的生产效应。如图8-1所示，补贴前，厂商以P_w的价格水平提供OQ_2的产量，补贴后，厂商实际所得价格为P_s，此时产量为OQ_4，由于产量增加而给生产者带来的剩余增加为四边形P_sP_wHF的面积，即$a+b+c$。补贴后的出口量为Q_3Q_4，大于补贴前的出口量Q_1Q_2，即出口补贴达到了扩大出口的目的。

4. 出口补贴的财政收入效应

出口补贴是政府对出口商品给予资助以扩大出口。任何形式的政府资助都会导致财政支出的增加或财政收入的减少，此为出口补贴的财政收入效应。如图8-1所示，为了出口Q_3Q_4的产量，政府的资助额为长方形$ABEF$的面积，即$b+c+d$。

5. 出口补贴的总福利效应

综上所述，对于贸易"小国"来说，出口补贴的总福利效应为：生产者效应+消费者效应+

财政收入效应=(a+b+c)−(a+b)−(b+c+d)=−(b+d)，即出口补贴会导致补贴国国民福利的下降。其中，b 为消费扭曲，表示补贴后因消费量下降导致消费者满足程度降低，在扣除消费支出的下降部分之后的净额；d 为生产扭曲，表示补贴后因实际生产成本的提高而导致资源配置效率下降所造成的损失。

（二）贸易"大国"出口补贴的福利效应

出口补贴对贸易"大国"的价格、生产、消费及社会利益的影响虽然具有同样的经济效应，但程度是不同的。贸易"大国"增加出口的结果会造成国际市场价格下降，出口商品的生产者就不能得到全部出口补贴收益，生产和出口的增长也会小于贸易"小国"，国内价格的涨幅和消费量的下降也会低于贸易"小国"，但整个社会的净损失却比贸易"小国"实行补贴时要大。图8-2 说明贸易"大国"出口补贴的福利效应的情况。

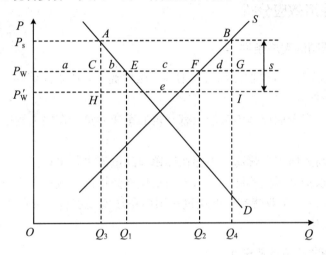

图 8-2 贸易"大国"出口补贴的福利效应

1. 出口补贴的贸易条件效应

若补贴国为一贸易"大国"（即其能对世界市场价格产生影响），则该国出口量的增加会导致世界市场价格下降，从而使补贴国的贸易条件恶化，此为出口补贴的贸易条件效应。

如图 8-2 所示，出口补贴前，国际市场价格为 P_W。由于该补贴国是一贸易"大国"，补贴后导致国际市场价格下降为 P'_W，国内价格为 P_s。尽管出口量仍然为 Q_3Q_4，但由于出口价格下降，补贴国的出口收入减少了长方形 CHIG 的面积，即 e，也即补贴国因出口商品国际价格下降造成的贸易条件恶化的损失。

2. 出口补贴的总福利效应

如图 8-2 所示，补贴后，消费者剩余减少了梯形 P_sAEP_W 面积，即 $a+b$；生产者剩余增加了梯形 P_sBFP_W 面积，即 $a+b+c$。另外，政府补贴支出为 $Q_3Q_4×s$，即等于矩形 AHIB 的面积，即 $b+c+d+e$。

综上所述，对于贸易"大国"来说，出口补贴的总福利效应为：生产者效应+消费者效应+财政收入效应=(a+b+c)−(a+b)−(b+c+d+e)=−(b+d+e)，即出口补贴会导致补贴国国民福利的下降。其中，b 为消费扭曲，表示补贴后因消费量下降导致消费者满足程度降低，在扣除消费支出的下降部分之后的净额；d 为生产扭曲，表示补贴后因实际生产成本的提高而导致资源配置效率下降所造成的损失；e 为补贴后因贸易条件恶化导致的收入减少。

既然出口补贴对一国的经济福利会产生负效应，为什么各国还要采取这种政策呢？实际上，在出口国政府看来，如果短暂的出口补贴损失或消费者福利损失，能够促成该国生产规模的扩大，进而获得规模经济效应，或者能够实现促进本国获得经济成长等长远利益，那么这种损失也许是值得的。

从进口国的角度看，出口补贴是一种威胁，因为接受补贴的产品都以低于成本的价格将产品销到国外市场，从而会挤垮进口国的同类工业。对此各国都采取了一些措施，以反对因出口补贴带来的"不公平竞争"。但是，由于出口补贴具有隐蔽性，所以只要这种补贴未被认定，并由进口国采取反补贴措施，这种补贴对出口的鼓励作用就是有效的。

二、商品倾销的经济效应分析

（一）持续性倾销的实施条件

20世纪70年代以来，持续性倾销日益增多。这种现象之所以能够存在和维持，一般来说必须具备以下三个条件。

（1）出口商品生产企业在本国市场上有一定的垄断力量，在很大程度上可以决定价格的形成。

（2）本国市场与外国市场隔离，不存在倾销商品倒流进入出口国的可能性。

（3）两国的需求价格弹性不同，出口国需求价格弹性低于进口国需求价格弹性。

当这些条件成立时，企业就有可能通过在国内市场索要高价，而向外国购买者收取较低的价格，使利益最大化。

（二）商品倾销的经济效应分析

下面以1989年日本对美国的电话倾销案为例来说明商品倾销的具体影响，图8-3所示为商品倾销的经济效应分析。

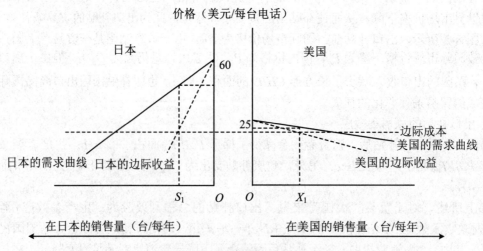

图8-3 商品倾销的经济效应分析

根据微观经济学原理，在任何一个市场上，只要使边际成本等于边际收益就能获得最大利润。在美国市场上，电话的需求弹性较大，竞争性较强，每台电话获取最大利润的价格是25美元，这将使美国消费者每年购买 X_1 台电话，在这一价格水平上，边际收益刚好等于边际成本。而在日本的国内市场上，消费者很少能看到代替日本主要品牌的电话机，企业面对的需求弹性较小，使利润最大化的价格是60美元，这能使日本消费者每年购买 S_1 台电话，也使边际成本等于边际收益。对日本公司来说，这种价格歧视比在两个市场上索要相同价格更为有利可图。因为如果索要价格相同，在日本得到的边际收益比在美国得到的低，只要运输费用和进口壁垒使日本消费者从美国远道进口日本制造的电话机在经济上不合算，日本企业就能通过在日本市场上索要较高的价格而继续获得较大的利润。

商品倾销由于实行低价策略，必然会导致出口商利润减少甚至亏损，这一损失一般可通过以下途径得到补偿。

（1）采用关税壁垒和非关税壁垒措施控制外国商品进口，防止对外倾销商品倒流，以维持国内市场上的垄断高价。

（2）出口国政府对倾销商品的出口商给予出口补贴，以补偿其在对外倾销商品中的经济损失，保证外汇收入。

（3）出口国政府设立专门机构，对内高价收购，对外低价倾销，由政府负担亏损。例如，美国政府设立的农产品信贷公司，在国内高价收购农产品，而按低于国内价格一半的价格长期向国外倾销，由此引起的农产品信贷公司的亏损则由政府财政给予差额补贴。

（4）出口商在以倾销手段挤垮竞争对手，垄断国外市场后，再抬高价格，以获得的垄断利润来弥补以前商品倾销的损失。

实际上，采取上述措施，往往不仅能够弥补损失，而且还会带来较高利润。长期以来，商品倾销是发达资本主义国家对外竞争和争夺国际市场的一个重要手段。由于商品倾销是通过出口价格明显低于国内价格，甚至低于成本价来销售产品，这样必然带来市场竞争价格机制的失灵，企业的优胜劣汰就难以形成，由此带来世界资源配置的非效率。不仅如此，外国产品的倾销还容易引起对进口国同类工业的损害或损害威胁，打击民族工业的发展，因此，关贸总协定在20世纪60年代中期就通过了《反倾销守则》，规定进口国可以用反倾销税加以抵制。"乌拉圭回合"又在此基础上做了进一步完善，形成了《WTO反倾销规则》。

第三节　出口管制措施

出口管制措施是指出口国政府通过各种经济的和行政的措施对本国出口贸易管制的行为总称。一国政府所采取的出口管制措施，有的针对贸易商品，有的针对国家或地区，因此，出口管制措施常常也是贸易国家实施歧视性出口政策的手段。

一、出口管制的目的

（一）经济目的

出口国为了保护国内稀缺资源或非再生资源，维持国内市场的正常供应，促进国内有关产业部门或加工工业的发展，防止国内出现严重的通货膨胀，保护国际收支平衡，以及稳定国际市场商品价格，防止本国贸易条件恶化等，常常需要对有关商品出口进行适当控制，甚至禁止出口。

（二）政治目的

出口国为了干涉或控制进口国的政治经济局势，在外交活动中保持主动地位，遏制敌对国或臆想中的敌对国的经济发展等，往往以出口控制手段给进口国施加压力或对进口国进行经济制裁，逼其在政治上妥协或就范。

（三）军事及其他目的

各国都有义务对可能用于核武器制造的技术、装置、原料的出口实行管制；国际社会对化学武器及其原材料的出口管制；为了人权目的，对劳改产品出口的禁止等。

二、出口管制的对象

（一）战略物资和先进技术

战略物资和先进技术是指如军事设备、武器、军舰、飞机、先进的电子计算机和通信设备等。各国尤其是发达国家控制这类物资出口的措施十分严厉，主要是从所谓的"国家安全"和"军事防务"的需要出发，防止它们流入政治制度对立或政治关系紧张的国家。例如，美国对古巴实行禁运，给古巴经济造成了极为恶劣的影响。此外，从保持科技领先地位和经济优势的角度看，通常对一些最先进的机器设备及其技术资料也严格控制出口。

（二）国内紧缺物资

国内紧缺物资是指国内生产迫切需要的原材料和半制成品，以及国内供应明显不足的商品。例如，西方各国往往对石油、煤炭等能源实行出口管制。这些商品在国内本来就比较稀缺，倘若允许自由流往国外，可能加剧国内的供给不足和市场失衡，严重阻碍经济发展。

（三）实行自动出口限制的商品

这是为了缓和与进口国的贸易摩擦，在进口国的要求下或迫于对方的压力，不得不对某些具有很强国际竞争力的商品实行出口管制，如根据纺织品"自限协定"，出口国必须自行管理本国的纺织品出口。日本对出口美国的汽车、钢铁等实行限制，以符合自动出口限制协议的规定。与上述几种情况不同，一旦对方的压力有所减缓或者基本放弃，本国政府自然会相应地放松管制措施。

（四）历史文物、艺术珍品、贵金属等特殊商品

各国出于保护本国文化艺术遗产和弘扬民族精神的需要，一般都要禁止该类商品输出，即使可以输出的，也实行较严格的管理。英国政府规定，古董和艺术品的生产制作年代比出口日期早100年以上者，必须申领出口许可证方能出口，但这类出口许可证的申领特别困难，基本上等于禁止出口。

（五）被列入对进口国或地区进行经济制裁范围的商品

美国对中国出口的先进计算机、有关空间技术和设备等被列入1989年开始的美国对中国的经济制裁范围内，因而被禁止出口。

（六）出口国垄断的部分商品

控制这种商品出口的目的在于保持垄断商品的垄断高价，如石油输出国对出口石油的联合控制有效地抬高了国际市场的石油价格。

（七）跨国公司的某些产品

跨国公司在发展中国家的大量投资，虽然会促进东道国经济的发展，但同时也可能利用国际贸易活动损害后者的对外贸易和经济利益。例如，跨国公司实施"转移定价"策略，就是一个典型的例子，因此，发展中国家有必要利用出口管制手段来制约跨国公司的这类行为，以维护自己的正当权益。

三、出口管制的形式

（一）单边出口管制

单边出口管制是指一国根据本国的出口管制法案，设立专门的执行机构，对本国某些商品的出口进行审批和颁发出口许可证，实行出口管制。例如，美国长期以来就推行这种出口管制战略，早在1917年，美国国会就通过了《1917年与敌对国家贸易法案》，禁止所有私人与美国敌人及其同盟者在战时或国家紧急时期进行财政金融和商业贸易上的交易。第二次世界大战结束后，为了对当时存在的社会主义国家（如苏联）进行禁运，美国又于1949年通过了《出口管制法案》，以禁止和削减全部商品和技术资料经由贸易渠道出口。这个法案之后几经修改，直至《1969年出口管理法》出台才被取代。以后美国国会又颁布了《1979年出口管理法》《出口管理法1985年修正案》等，这些法案或修正案一次比一次宽松，但主要规定不变。

1989年冷战结束后，世界政治经济形势发生了巨大的变化，商业利益已越来越和国家安全利益并驾齐驱。一方面，冷战结束后威胁世界安全的军事存在并没有消除，因此有必要对出口技术和设备继续实施严格的单方面出口管制，以防止核武器、生化武器的扩散；另一方面，由于出口管制，美国的出口商丧失了世界市场份额，而让外国竞争者乘虚而入。据估计，美国在制造业每年出口损失高达300亿美元，计算机业每年也不得不损失102亿美元的海外订单。例如，美国休斯敦公司曾试图与中国合作建造卫星项目，但终因美国政府对中国实行技术制裁而损失掉数亿美元的生意。又如，美国对中国实行高技术控制，迫使英特尔公司、美国电报电话公司、国际商用机器公司等只能将它们最好的技术束之高阁，眼睁睁地看着中国有关市场的贸易额每年以30%的高速度发展而一筹莫展。显然，这大大损害了美国的贸易和经济利益。在这种背景下，美国在1995年推出了新的出口控制法案，尽量使美国国家安全和出口商的商业利益达到更好的平衡。

（二）多边出口管制

多边出口管制是指几个国家的政府，出于共同的政治和经济目的，通过统一的方式建立国际性的多边出口管制机构，商讨和编制多边出口管制货单和出口管制国别，规定出口管制的办法等，以协调彼此的出口管制政策和措施，然后由各参加国依据上述精神，自行办理出口商品的具体管制和出口申报手续。例如，过去的巴黎统筹委员会就是这样一个典型的国际性多边出口管制机构。巴黎统筹委员会本名为输出管制统筹委员会（Coordinating Committee for Multilateral Export Control，COCOM），简称"巴统"。它是在美国操纵下，由17国（美国、英国、法国、意大利、加拿大、比利时、卢森堡、芬兰、丹麦、葡萄牙、挪威、联邦德国、日本、希腊、土耳其、西班牙、澳大利亚）组成的常设多国出口管制机构。其总部设在巴黎，故而得名巴黎统筹委员会。该机构于1949年11月成立，其目的就是共同防止战略物资和先进技术输往社会主义国家（主要是苏联和中国），对它们实行出口管制，以遏制社会主义的发展。1952年，该机构又增设了一个所谓"中国委员会"（China Committee，CHICOM），负责对中国的禁运。然而，随着苏联的解体和冷战的结束，"巴统"逐渐放宽了对社会主义国家的出口管制，其作用日渐减小，至1994年4月1日正式解散。但是以先前"巴统"17个国家为主组成的一个"新机制"，继续对其确定的所谓危险地区、敏感地区、核不扩散地区、遭受贸易制裁的地区与国家实行高、精、尖技术及设备的出口管制。

四、出口管制的程序

一般而言，西方国家出口管制的程序是，其有关机构根据出口管制的有关法案，制定出口管制货单（Commodity Control List）和输往国别分组管制表（Export Control Country Group）。对于列入出口管制的商品，必须办理出口申报手续，获取出口许可证后方可出口。

以美国为例，美国商务部贸易管理局是负责出口管制工作的具体机构，它负责制定出口管制货单和输往国别分组管制表。在管制货单中列有各种需要管制的商品名称、商品分类号码、商品单位及其所需的出口许可证类别等。在输往国别分组管制表中将商品输往的国家或地区分成Z、S、Y、P、W、Q、T、V八个组，实行从严到宽不同程度的管制。

对出口受管制的商品，出口商必须向贸易管理局申领出口许可证。美国的出口许可证分为以下两种。

1. 一般许可证（General License）

一般许可证也称普通许可证，这种许可证的管理轻松，一般而言，出口这类商品时，出口商在出口报关表上填清管制货单上这类商品的普通许可证编号，再经海关核实就算办妥出口许可证。

2. 特种许可证（Validated License）

特种许可证必须向有关机构专门申请，出口商在许可证上要填清商品的名称、数量、管制编号以及输出用途，再附上有关交易的证明书和说明书，呈送有关机构审批，获准后才能出口商品。那些涉及所谓"国家安全"的商品，还要提交更高层的机构审批，如不予批准则禁止出口。可见，出口管制成了美国等西方国家对外实行政治歧视和贸易歧视的重要工具。

总之，西方国家的出口管制，不仅是国家管理对外贸易的一种手段，也是对外实行差别待遇和歧视政策的政治工具。20 世纪 70 年代以来，各国的出口管制有所放松，特别是出口管制的政治倾向有所减弱，但它仍作为一种重要的经济手段和政治工具而存在。

五、出口管制的措施

（一）国家专营

对一些敏感性商品的出口，由政府指定的专门机构和组织直接控制和管理，如澳大利亚和加拿大对小麦出口实行国家专营。

（二）实行出口配额制

结合出口许可证有效地控制出口商品规模，如美国对糖、日本对小麦都实施这种数量控制措施。

（三）征收出口关税

政府对管制范围内的产品出口课征出口税，并使关税税率保持在一个合理的水平，以达到控制的目的。

（四）对出口工业征收产业税

如果对出口工业征收产业税，即不仅对出口产品征税，在国内销售的产品也要征相同的税收，那么，国内出口工业的实际成本就相应提高了。

（五）商品清单与国别分组

将商品按照技术水平、性能和用途的不同编制清单，明确规定某类商品出口到不同国家所要求的许可证。

（六）出口禁运与进口抵制

出口禁运是制裁国停止向被制裁国出口特定或全部商品。这是一种最严厉的控制措施，一般将国内紧缺的原材料或初级产品列入禁运之列。

进口抵制是制裁国停止从被制裁国进口特定或全部产品，其效果与出口禁运很相似。

 阅读案例

欧盟共同农业政策的演变

欧盟的农业补贴政策蕴含于共同农业政策（Common Agricultural Policy，简称 CAP）之中，是欧盟各国推行农业市场一体化的扶持手段。欧盟共同农业政策对内实行统一的农产品价格，对外实行关税壁垒，为欧盟农业的可持续发展提供了一个必不可少的前提条件。欧盟共同农业政策的实施，使欧盟从世界上最大的农产品净进口地区转变成农产品出口地区，奶制品、糖以及禽肉的出口量位居世界首位。

第二次世界大战后欧洲经济受到重创，农产品的产量及效率极低。促进欧洲内部农产品

市场的蓬勃发展,实现农业的自给自足是欧洲农业发展的现实需求。欧盟共同农业政策于1962年正式实施,根据内外环境变化,共同农业政策经历了若干次调整。欧盟农产品经历了由短缺过渡,到基本自足,最后到农业生产过剩的转变,政策目标也相应由扩大农业产量调整为关注生态环境保护。1992年的麦克萨里改革将补贴工具由价格支持转为直接补贴,是CAP最为激进的一次改革。欧盟农业补贴政策的演变具有以下三个特征。

1. 政策目标由促进农业生产转向农业可持续发展

1962年,共同农业政策实施的初衷是实现农产品的自给自足,到了20世纪80年代欧盟出现农业生产过剩和农业环境恶化。沉重的财政负担以及农产品贸易摩擦使得欧盟不得不着眼于农业产业结构的优化。1992年的麦克萨里改革不再强调农产品供给,实行直接补贴以限制生产和降低贸易扭曲程度。《欧盟2000年议程》要求降低价格支持和减少出口补贴,政府干预范围逐步收窄,同时将共同农业政策与农村发展紧密联系,着重突出农业的多功能性和可持续性。21世纪共同农业政策改革更加关注环境保护、动物福利以及食品安全,尤其是农村发展。2003年6月,欧盟将农业补贴与环境保护、动物福利及水平安全标准挂钩,出台了与动物健康、农产品质量安全、环境保护相关的综合性生态补贴。2005年,欧盟首项农村发展基金成立。2010年,欧盟在《走向2020共同农业政策——应对未来粮食、自然资源和区域挑战》公报中提出了改革的具体方向为:保证粮食生产,注重自然资源的可持续性管理和农村地区的发展平衡。

2. 补贴手段从价格支持向生产者直接补贴过渡

农业财政援助是欧盟共同农业政策的核心,欧盟的财政补贴手段由价格支持向收入补贴、生产补贴以及农村发展多种补贴方式转变,沿着市场化的帕累托方向不断改进。价格支持作为欧共体共同农业政策第一支柱,价格支持政策主要是出口补贴、农业生产者补贴以及贸易保护方式。1992年的麦克萨里改革以生产者直接补助取代价格干预机制,是共同农业政策的一次激进式改革。《欧盟2000年议程》要求直接补贴采用与种植产品的类别、面积直接相关的补贴方式。2003年,欧盟将共同农业政策置于WTO框架之下,采用单一支付的农业补贴方式,尽可能将补贴与产量、种植面积脱钩。

3. 补贴政策的贸易扭曲程度逐步减小

欧盟的价格支持主要是通过制定统一的市场价格保障农民的收入,属于黄箱政策。1997年,欧盟委员会提出了以市场为导向、改革农业补贴结构的建议。2000年的改革基本符合乌拉圭回合中《农业协定》的原则,在限产计划下可使用一部分价格补贴,逐步削减价格支持的黄箱政策,继续实施环境保护、农村发展等绿箱政策。2003年,欧盟推出的"单一支付"农业补贴属于绿箱政策的范畴,补贴与农业产量不直接相关,对符合环境保护、食品安全标准要求的发放补贴。随着共同农业政策改革的逐步推进,欧盟有望继续减少对贸易产生扭曲的蓝箱及黄箱政策,欧盟的农业贸易自由化和全球一体化程度进一步提高。

中国作为农业大国,实施的农业补贴政策重点不突出,尚未形成促进农业生产、农村发展的长效机制。与欧盟相比,中国人口众多而资源匮乏,农业生产规模较小,尤其是中国农业发展进入新阶段后,农业发展面临着资源和市场的双重约束。因此,中国应该借鉴欧盟共同农业补贴政策改革的经验,完善农业支持政策,提高财政支农效率,调整价格补贴机制,加强生态农业建设。

资料来源:罗超烈,曾福生. 欧盟共同农业政策的演变与经验分析[J]. 世界农业, 2015(04).

第八章 出口鼓励与出口管制措施

 理论联系实际

欧盟终止对华光伏"双反"措施

【实际材料】

2018年8月31日,欧委会宣布,欧盟对华光伏产品反倾销和反补贴措施将于9月3日到期后终止。商务部新闻发言人就欧委会宣布终止对华光伏"双反"措施答记者问。

央广中国之声记者问:我们之前注意到欧委会宣布对华光伏产业的"双反"措施是在9月3号终止,想请问一下这个终止是不是意味着中国和欧洲之间的光伏产业正式恢复了自由贸易?同时,您认为未来将在多大程度上能够促进我国光伏产业的发展?

商务部新闻发言人高峰答:关于你提到的欧盟光伏案,可以说是中欧双方在经贸领域通过对话与磋商,妥善化解矛盾和分歧,实现互利共赢、共同发展的典范。中欧光伏贸易争端逐步得到解决,是在双方高层关注下,政府和业界共同努力的结果。

自2012年案件发起以来,中欧双方经过多轮磋商,达成了价格承诺的妥善处理机制,避免了贸易摩擦的进一步升级。两国业界包括上下游的产业链不断加强合作,实现了两国产业的优势互补、共同发展。9月3日,欧方宣布终止对华光伏产品的"双反"措施,反映了两国业界的呼声,也是在当前个别国家单边主义、贸易保护主义抬头的大背景之下,欧方推动自由贸易向前发展的务实举措。

措施的终止,使中欧双边光伏产品的贸易恢复到正常的市场状态,为两国业界的合作提供了更加稳定和可预期的商业环境。中方愿与欧方共同努力,继续维护自由贸易和以规则为基础的多边贸易体制,促进两国业界的合作共赢,推动中欧经贸关系不断迈上新的台阶。

资料来源:商务部新闻办公室. 商务部新闻发言人就欧委会宣布终止对华光伏双反措施答记者问[EB/OB].(2018-09-06). http://trb.mofcom.gov.cn/article/rd/201810/20181002792907.shtml.

【理论分析】

1. 从中欧光伏案看中国光伏企业出口应注意哪些问题?
2. 中国如何维护以规则为基础的多边贸易体制?

 复习思考题

1. 什么是出口信贷?买方信贷和卖方信贷有何异同?
2. 出口补贴的经济效应有哪些?
3. 商品倾销有哪些种类?倾销所致的损失可通过哪些途径得以补偿?
4. 外汇倾销的作用及其局限性是什么?
5. 向进口国进行商品倾销能够使进口国消费者买到比出口国更便宜的产品,为什么进口国还要采取反倾销措施来予以对抗?
6. 出口管制的目的是什么?出口管制的措施有哪些?

第九章 世界贸易组织

 引导案例

WTO 争端解决机制

WTO 自 1995 年成立以来,其争端解决机制在处理国际经贸纠纷方面取得了显著成绩,发挥着日益重要的作用。被称为 WTO 第一案的是"美国汽油标准案",这是 WTO 争端解决机构审理的第一例经过上诉机构审理的案件。委内瑞拉于 1995 年 1 月和巴西于 1995 年 4 月诉美国正在使用的进口汽油政策对外国产品造成了歧视,美国对此提出异议。经过一年多的调查,DSB(Dispute Settlement Body,WTO 争端解决实体)认为美国颁布的有关汽油标准违反了 WTO 的规定,并于 1996 年 5 月肯定了专家组的结论,认为美国实施的汽油标准构成了"不公正的歧视"和"对国际贸易的隐蔽机制",DSB 要求美国修改国内立法。美国表示接受 WTO 的有关裁决,在 1997 年 8 月给 DSB 的报告称,新规则已于 8 月 19 日签署。这起案件的成功审理使初露锋芒的 DSB 经受了考验,在很大程度上增强了各成员对 WTO 的信任。可以想象,如果这两个发展中国家不是 WTO 成员,凭其经济实力是不可能与当今的头号经济大国美国进行贸易对抗的。

欧美香蕉贸易争端由来已久,在 WTO 的前身 GATT 时期,美国就曾向 GATT 申诉欧盟在进口香蕉时有意偏向英法前殖民地,由于欧盟限制从拉美国家进口香蕉,从而使在拉美香蕉种植园投资的美国跨国公司蒙受了巨额损失。WTO 成立后,美国又将争端提交 DSB,并于 1997 年胜诉。欧盟随后对该政策做出修改,并于 1999 年 1 月 1 日起正式实施。但是美国认为修改后的政策仍不符合 WTO 的规则,再次向 WTO 申诉。同年 3 月,美国单方面宣布将对价值 5.2 亿美元的欧盟出口产品征收 100%的惩罚性关税。经 WTO 裁决,欧盟香蕉进口政策被判不符合 WTO 规则。欧盟称,如果 WTO 裁决有道理,欧盟将接受,同时指出,美国单方面采取报复措施是非法的。

上述是 DSB 审理的两个案例,从中可以看出,DSB 是公平、公正地解决纠纷的场所,而且通过其裁决的执行,减少了国际经贸领域中爆发贸易战的可能性,维护了多边贸易体制的稳定性。

资料来源:毛军民,黄静波. 应用国际贸易学[M]. 北京:机械工业出版社,2011.

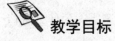 教学目标

通过本章的学习,了解关税与贸易总协定八轮多边贸易谈判,了解 GATT 与 WTO 的区别,了解中国"复关"与"入世"的历程及"入世"后的权利及义务,熟悉 WTO 的宗旨、职能、基本原则、组织机构等。

第一节 关税与贸易总协定

关税与贸易总协定（General Agreement on Tariffs and Trade，GATT），简称关贸总协定，是政府间缔结的协调、处理缔约方或成员方之间有关关税、对外贸易政策和国际货物贸易关系方面的权利、义务的国际货物贸易多边协定。

一、关税与贸易总协定的产生

20世纪30—40年代，西方国家为解决生产过剩的经济危机，普遍采用贸易保护政策，导致国际贸易壁垒盛行，严重阻碍了世界经济的发展，并成为同步化世界经济危机的重要原因之一和第二次世界大战的导火线。20世纪40年代中期，面对二战对世界经济的极大破坏，各国意识到要建立一个有效的国际金融体系，以解决国际货币、投资和促进国际贸易发展三大问题，并减少甚至最终消除国际资本移动和国际贸易的壁垒。1944年7月，美国、英国等44个国家在美国布雷顿森林城召开会议，讨论国际货币金融体系问题，建立了国际货币基金组织（International Monetary Fund，IMF）和国际复兴与开发银行（International Bank for Reconstruction and Development，又称World Bank），并倡导组建国际贸易组织以促进贸易自由化。

1946年2月，联合国经济与社会理事会成立筹备委员会，着手筹建国际贸易组织，由美国提出的旨在扩大国际贸易与就业的《国际贸易组织宪章草案》获得联合国经济与社会理事会的通过。1947年4月，美、英、法、中等23个国家出席在日内瓦召开的世界贸易和就业会议第二次筹委会，就具体产品的关税减让进行了谈判，并达成了双边协议。这次谈判后来被称为关贸总协定第一轮多边贸易谈判。为了使这些协议尽快得到实施，他们将拟议中的《国际贸易组织宪章草案》中的与贸易有关的政策条款摘出，并与关税减让协议合并和修改，汇总形成了《关税与贸易总协定》（GATT），并经过谈判达成《关税与贸易总协定临时适用议定书》作为总协定的组成部分，宣布在《国际贸易组织宪章》生效之前临时适用。1948年1月1日，GATT在美、英、法等8国开始生效实施。至此，关贸总协定正式登上了历史舞台。

但由于各国针对美国提交的《国际贸易组织宪章》提出了大量修改方案，以致修改后的宪章中有许多规定不符合美国的利益，加之拟增加的一些条款也与美国的国内立法发生冲突，因而《国际贸易组织宪章》首先在美国遭遇国会否决。受美国影响，很多国家也没有批准该宪章，使得该宪章未能获得必要数量的国家批准，于是成立国际贸易组织的计划未能实现。关贸总协定就成为各缔约国在对外贸易政策方面所确立的某些共同遵守的准则，推行多边贸易和贸易自由化的唯一的、带有总括性的多边协定，一直沿用至世界贸易组织正式成立。

顾名思义，关贸总协定只是一项"协定"，并不是一个正式的国际经济组织，但是随着形势的发展，在关贸总协定的基础上逐步形成了一个临时性国际组织。关贸总协定总部设在瑞士日内瓦，其组织机构主要有缔约国大会、代表理事会、委员会、工作组和专门小组、18国咨询组、总干事、秘书处。每年召开一次的缔约国大会是关贸总协定的最高权力机构。

关贸总协定的宗旨是：缔约国各国政府认为在处理它们的贸易和经济事务关系方面，应以提高生活水平，保证充分就业，保证实际收入和有效需求的巨大持续增长，扩大世界资源的充分利用以及发展商品生产与交换为目的，期望达成互惠互利协议，通过大幅度地削减关税和其他贸易障碍，取消国际贸易中的歧视待遇，并对上述目的做出贡献。

二、关税与贸易总协定的历次多边贸易谈判

关贸总协定成立以来的发展和壮大，是以八轮多边贸易谈判为基础的，每一轮谈判都取得了一定的成果。

（一）第一轮多边贸易谈判

关贸总协定第一轮多边贸易谈判于 1947 年 4—10 月在瑞士日内瓦举行，主要进行削减关税谈判。关税减让的原则是坚持互惠、互利并在缔约方之间平等、非歧视的基础上加以实施。关贸总协定的 23 个创始缔约方参加了谈判，并正式创立了关贸总协定。

第一轮谈判共达成双边减让协议 123 项，涉及应税商品 45 000 项，影响近 100 亿美元的世界贸易额，使占进口值 54%的应税商品平均降低关税 35%。

（二）第二轮多边贸易谈判

关贸总协定第二轮谈判于 1949 年 4—10 月在法国安纳西举行，共有 33 个国家参加了谈判。在此次谈判期间，瑞典、丹麦、芬兰、意大利、希腊、海地、尼加拉瓜、多米尼加、乌拉圭、利比亚等国就其加入关贸总协定进行了谈判，最终有 9 个国家加入关贸总协定。第二轮谈判共达成 147 项双边协议，增加关税减让 5 000 多项，使占进口值 5.6%的应税商品平均降低关税 35%。

（三）第三轮多边贸易谈判

第三轮多边贸易谈判于 1950 年 9 月—1951 年 4 月在英国托奎举行，共有 39 个国家参加了谈判。在此次谈判期间又有 4 个国家加入关贸总协定。第三轮谈判共达成关税减让协议 150 项，涉及减税项目 8 700 个，使占进口值 11.7%的应税商品平均降低关税 26%。

（四）第四轮多边贸易谈判

第四轮多边贸易谈判于 1956 年 1—5 月在瑞士日内瓦举行，参加此次谈判的国家仅有 28 个。在此次谈判期间由于日本的加入，关贸总协定的缔约方达到了 33 个。第四轮谈判由于美国国会对美国政府的授权有限，使谈判受到严重影响，共达成 3 000 多项商品的关税减让，只涉及 25 亿美元的贸易额，只使占进口值 16%的应税商品平均降低关税 15%。

（五）第五轮"狄龙回合"多边贸易谈判

第五轮多边贸易谈判于 1960 年 9 月—1961 年 7 月在瑞士日内瓦举行，共有 45 个国家参加了谈判。根据《1958 年美国贸易协定法》，由于建议发动本轮谈判的是美国副国务卿道格拉斯·狄龙，故将此轮谈判命名为"狄龙回合"。第五轮谈判的主题还是关税减让，

达成了 4 400 多项商品的关税减让，涉及 49 亿美元的贸易额，使占进口值 20%的应税商品平均降低关税 20%。

（六）第六轮"肯尼迪回合"多边贸易谈判

第六轮多边贸易谈判于 1964 年 5 月—1967 年 6 月在瑞士日内瓦举行，共有 54 个国家参加了谈判，而实际缔约方在该轮谈判结束时已经达到 74 个。由于是当时美国总统肯尼迪根据《1962 年美国贸易扩大法》提议举行的本轮谈判，故将此轮谈判命名为"肯尼迪回合"。

第六轮谈判确定了削减关税采取一刀切的办法，在经合组织成员间工业品一律平均削减 35%的关税，涉及贸易额 400 多亿美元；对出口产品较集中、单一的国家，如加拿大、澳大利亚、新西兰等做出了特殊安排；对 17 个发展中国家根据特殊的、非互惠的优惠待遇原则，要求发达国家对其给予优惠关税待遇；对 41 个最不发达国家可以按最惠国待遇原则享受其他国家削减关税的待遇，但其本身不对其他国家降低关税。

进行这轮谈判时，发展中国家和最不发达国家缔约方占了大多数，因此，关贸总协定正式将给予发展中国家的优惠待遇纳入具体条款中，列在 1965 年总协定的第四部分，并将该部分命名为"贸易与发展"，旨在通过给予发展中国家一定的贸易优惠待遇而促进其贸易和经济的发展。

"肯尼迪回合"第一次涉及非关税措施的谈判。尽管谈判主要涉及美国的海关估价制度及各国的反倾销法，但毕竟在非关税措施方面迈出了第一步。在海关估价制度方面，美国承诺废除以美国国内市场最高价格作为标准征收关税的制度。在反倾销措施方面，在吸收各国反倾销立法的经验和教训的基础上，各国最终达成《反倾销协议》，并于 1968 年 7 月 1 日生效。美国、英国、日本等 21 个国家签署了该协议，为《关贸总协定》第六条反倾销规定的实施建立了坚实的基础。

（七）第七轮"东京回合"多边贸易谈判

第七轮多边贸易谈判 1973 年 9 月—1979 年 4 月在瑞士日内瓦举行，参加此次谈判的国家共有 99 个。因发动这轮贸易谈判的贸易部长会议是在日本东京举行的，故将此轮谈判命名为"东京回合"。

"东京回合"的主题内容和方式仍然是关税减让和非关税减让，谈判的结果是将世界 9 个主要工业品市场的关税平均削减 1/3，制成品的平均关税由总协定成立时的 40%左右降至 4.7%，数以千计的工业品和农产品的关税得以削减，削减的结果在 8 年内实施，减税范围从工业品扩大至部分农产品，并达成了一系列具体协议，包括使给予发展中国家之间的优惠关税和非关税措施待遇合法化，以及一系列关于非关税措施或具体产品的守则，包括涉及补贴与反补贴措施、贸易的技术性壁垒、政府采购、海关估价、进口许可证程序、修订"肯尼迪回合"反倾销守则等。另外，还达成了牛肉、奶制品、民用航空器等协议。这轮谈判通过"授权条款"，把发展中国家特别待遇和差别待遇写进了关贸总协定的条款之中。

关贸总协定经过这七轮多边贸易谈判，使 20 世纪 30 年代大萧条时期筑起的高关税措施大为削减。根据有关资料，前七轮谈判使关税平均降低 28%左右，涉及约 10 万项的商品税目，截止到前七轮多边贸易谈判达成的关税减让协议实施完毕，发达国家工业制成品的关税平均降至5%左右,为二战后国际贸易的迅速发展起到了至关重要的作用。

(八)第八轮"乌拉圭回合"多边贸易谈判

1986年9月,在乌拉圭的埃斯特角城举行了关贸总协定部长级会议,决定举行一场旨在全面改革多边贸易体制的新一轮谈判,故将此轮谈判命名为"乌拉圭回合"谈判。这次谈判历时7年多,于1993年12月15日在瑞士日内瓦完成,并于1994年4月15日在摩洛哥的马拉喀什举行会议,由参加"乌拉圭回合"的谈判方草签了近40个"乌拉圭回合"最后文件和建立世界贸易组织协议,宣告"乌拉圭回合"谈判正式结束。参加"乌拉圭回合"谈判的国家和地区从最初的103个,增加到1993年年底的117个,到1994年4月15日签署最终协议时是128个成员。

在"乌拉圭回合"部长宣言中,明确了谈判的主要目标包括以下几点。

一是为了所有缔约方的利益特别是欠发达缔约方的利益,通过减少和取消关税、数量限制和其他非关税措施,改善市场准入条件,进一步扩大世界贸易。

二是加强关税与贸易总协定的作用,改善建立在关税与总协定原则和规则基础上的多边体制,将更大范围的世界贸易置于统一的、有效的多边规则之下。

三是增加关税与总协定体制对不断演变的国际经济环境变化的适应能力。

四是促进国际合作,增强关税与贸易总协定同有关国际组织的联系,加强贸易政策和其他经济政策之间的协调。

三、关税与贸易总协定的作用

关贸总协定前后存续了47年,在其主持下,一百多个主权国家和单独关税区参加了关税与贸易总协定,进行了八轮多边贸易谈判,使其缔约方之间的关税和非关税壁垒大幅度减少,极大地促进了世界贸易自由化,为世界经济的发展做出了不可磨灭的重大贡献。47年间,关贸总协定的内容及活动领域不断扩大,其自身得到了世界各国越来越多的认同,缔约方不断增多,对国际贸易的影响日益加强,对于规范国际贸易行为、维护国际贸易秩序、促进国际贸易发展起到了积极作用。关贸总协定的作用具体表现在如下几个方面。

(一)促进了国际贸易发展和规模的不断扩大

在关贸总协定主持下,经过八轮贸易谈判,各缔约方的关税均有了较大幅度的降低。发达国家加权平均关税从1947年的35%下降至4%左右,发展中国家的平均关税则降至12%左右。在第七、八轮谈判中对一些非关税措施的逐步取消达成协议。这些为促进贸易自由化和国际贸易的发展做出了积极贡献,国际贸易规模从1950年的607亿美元,增加至1995年的43 700亿美元。

(二)建立了一套国际贸易政策规章体系

关贸总协定要求其缔约方在从事对外贸易,制定或修改其对外贸易政策措施,处理缔约方之间经贸关系时,均需遵守关贸总协定的基本原则及谈判达成的一系列协议,因此,成为各缔约方进行贸易的"交通规则"和主要法律依据。

（三）缓和了缔约方之间的贸易摩擦和矛盾

关贸总协定及其一系列协议是各缔约方之间谈判和相互妥协的产物，协议执行过程中产生的贸易纠纷可以通过协商、调解、仲裁方式解决，这对缓和或平息各缔约方的贸易矛盾起到了一定的积极作用。

（四）对维护发展中国家的利益起到了积极作用

最初，关贸总协定的有关条款基本上都是依据发达资本主义国家的意愿与旨意拟定的，但是，随着发展中国家的壮大和纷纷加入，关贸总协定成员方的构成发生了很大变化，发展中国家在成员方中所占的比例超过了3/4。通过谈判，关贸总协定增加了有利于发展中国家的条款，并为发达国家与发展中国家在贸易上提供了对话的场所，为发展中国家维护自身利益和促进其对外贸易发展起到了一定的作用。

四、关税与贸易总协定的局限性

随着国际经济贸易形势的发展，由于其产生背景的特殊性，关贸总协定本身难以克服的局限性日益增多，导致关贸总协定已不能适应国际贸易和世界经济的发展。这些局限性主要表现在以下几方面。

（一）关贸总协定在成立之初就是一个临时协定

在法律地位上，关贸总协定仅仅是根据《关贸总协定临时适用议定书》生效的临时协议，并不是正式生效的国际条约。从组织结构来看，根据联合国宪章，关贸总协定不是联合国的专门机构，只能算是一个政府间的"联系机构"，因此，关贸总协定所设组织机构的法律地位始终是暧昧不清的。

（二）管辖范围有限，不能适应形势要求

关贸总协定仅管辖货物贸易，并且农产品、纺织品和服装还不受关贸总协定自由化的约束。这与世界性产业结构向服务业、第三产业转变，国际服务贸易及投资的迅速发展不相适应，也与贸易有关的知识产权保护的要求不适应。

（三）关贸总协定的许多规则不严密，执行难度大

关贸总协定各缔约方同意临时接受关贸总协定的法律义务，并且还同意"在不违背国内现行立法的最大限度内临时适用总协定第二部分"（即关于国民待遇、取消数量限制等规定），这使得一些国家按照各自的利益理解协定条文。一些国家以此为理由，在贸易立法或政策制定中时常偏离关贸总协定的基本义务，削弱关贸总协定的权威性，而总协定又缺乏必要的核查和监督手段，导致规则执行难度大。

（四）关贸总协定中存在大量"灰色区域"

尽管关贸总协定在关税减让方面成绩显著，但由于总协定中存在着漏洞，许多缔约国便绕开关税采用非关税壁垒。尽管关贸总协定规定了一般取消数量限制，但由于存在例外情况，

数量限制仍是贸易保护主义的主要手段。由于关贸总协定原则的"例外"过多，致使许多原则不能得到很好的贯彻实施。一些国家利用"灰色区域"通过双边安排，强迫别国接受某些产品的出口限制的事屡见不鲜。例外过多和滥用例外，已侵害到关贸总协定的一些基本原则。

（五）解决纠纷常常无法议决，难以取得实效

关贸总协定的争端解决机制在做出决策时要求所有缔约方"完全协商一致"做出决策，即只要有一个缔约方不同意争端解决专家小组的仲裁结果，则该争端解决专家组的报告就不能通过。它解决国际经济贸易纠纷的主要手段是协商，最后是缔约方的联合行动，没有具有法律约束性的强制手段，这就使许多重大国际贸易争端无法解决。

作为各缔约方在经济贸易利益关系调整过程中妥协的产物，关贸总协定是由一些"原则"和一系列的"例外"所组成的。这种先天不足使各缔约方在援引例外条款时的"越轨行为"难以被约束，也使关贸总协定的诸多职能在实施中举步维艰，这就使一个正式的比较完善的国际组织的建立成为必然趋势。

第二节 世界贸易组织

世界贸易组织（World Trade Organization，WTO），简称世贸组织，它是根据"乌拉圭回合"谈判达成的《建立世界贸易组织协定》于1995年1月1日在瑞士日内瓦成立的，是以市场经济机制和多边贸易规则为基础，以"乌拉圭回合"达成的各项协定为法律框架，并具有国际法人地位的正式国际经济组织，其前身为关贸总协定。

一、世界贸易组织的产生

关贸总协定成立的四十多年来，在维护国际贸易秩序、推进贸易自由化和促进国际贸易的发展等方面做出了贡献。随着国际经济贸易形势的发展，由于关贸总协定的法律地位、职能范围、管辖内容和运行机制等方面的局限性，使它的作用难以进一步扩展。特别是"乌拉圭回合"谈判以来，由于此轮谈判所涉及的领域颇为广泛，其议题包括了货物贸易以外的问题，如知识产权保护、服务贸易以及与贸易有关的投资措施等，而这些非货物贸易的重要议题很难在总协定的旧框架内来谈判，因此，各缔约方普遍认为有必要在关贸总协定基础上建立一个正式的国际贸易组织来协调、监督、执行"乌拉圭回合"的成果。

1990年7月9日，按原议程应该结束"乌拉圭回合"谈判前，欧共体正式提出建立多边贸易组织的建议。在此之前，加拿大、瑞士与美国也分别提出过类似的提案。于是，经过磋商，1990年12月，在布鲁塞尔部长会议上，贸易谈判委员会提议起草一个组织性协议，为此，建立多边贸易组织协议成为"乌拉圭回合"谈判最终协议草案的一个重要组成部分。经过各方两年多的讨价还价后，于1993年11月，"乌拉圭回合"结束前，原则上形成了"建立多边贸易组织协议"。在美国代表的提议下，决定将"多边贸易组织"易名为"世界贸易组织"。1993年12月15日，"乌拉圭回合"结束。1994年4月15日，在摩洛哥的马拉喀什召开的总协定部长会议上，"乌拉圭回合"各项议题的协议均获得通过，并采取一揽子方式（无保

留例外）加以接受，经 104 个参加方政府代表签字，于 1995 年 1 月 1 日正式生效。至此，世界贸易组织正式成立。

二、世界贸易组织的宗旨、目标和职能

（一）世贸组织的宗旨和目标

在《建立世界贸易组织的协议》的序言部分阐述了世贸组织的宗旨和目标，不仅重申了关贸总协定的宗旨和目标，而且强调扩大服务贸易、保护和维护环境、确保成员方（包括发展中成员）在国际贸易增长中得到与其经济发展相适应的份额和承担相适应的义务。世贸组织的宗旨和目标具体可归纳为如下几点。

（1）提高生活水平，保证充分就业，大幅度稳步地提高实际收入和有效需求。

（2）扩大货物、服务的生产和贸易。

（3）坚持走可持续发展之路，各成员应促进对世界资源的最优利用、保护和维护环境，并以符合不同经济发展水平下各成员需要的方式，加强采取各种相应的措施。

（4）积极努力以确保发展中国家，尤其是最不发达国家，在国际贸易增长中获得与其经济发展水平相应的份额和利益。

为了有效地实现上述宗旨和目标，世贸组织强调协调管理贸易，规定了国际贸易的基本原则，以协调各成员间的贸易政策，共同管理全球贸易，把世贸组织建成一个完整的包括货物、服务、与贸易有关的投资及知识产权等更具活力、更持久的多边贸易体系，以体现关贸总协定贸易自由化成果和"乌拉圭回合"多边贸易谈判的所有成果。

（二）世贸组织的管辖范围和职能

世界贸易组织为其成员在处理有关世贸组织协定、协议而产生的贸易关系时，提供一个统一的制度框架。其管辖范围包括以下几方面内容。

（1）有关货物贸易的多边协议，具体包括《1994 年关贸总协定》《农业协议》《关于卫生和动植物检疫措施的协议》《纺织品与服装协议》《贸易的技术性壁垒协议》《与贸易有关的投资措施协议》《反倾销协议》《海关估价协议》《装船前检验协议》《原产地协议》《进口许可证协议》《补贴与反补贴协议》《保障措施协议》。

（2）《服务贸易总协定》及附件。

（3）《与贸易有关的知识产权协定》。

（4）《贸易争端解决程序与规则的谅解》，即关于贸易争端解决的有关协议及程序。

（5）《贸易政策审议机制》，即负责审议各成员的贸易政策和法规是否与世贸组织相关协议、条款规定的权利和义务相一致。

为了有效地实施对上述内容的管辖，实现世贸组织的目标，世贸组织履行如下几个职能。

（1）组织实施世贸组织负责管辖的各项贸易协定、协议，积极采取各种措施努力实现各项协定、协议的目标，并对所辖的不属于"一揽子"协议项下的诸边贸易协议，如《政府采购协议》《民用航空器贸易协议》等的执行管理和运作提供组织保障。

（2）为成员提供处理各协定、协议有关事务的谈判场所，并为世贸组织发动多边贸易谈

判提供场所、谈判准备和框架草案。

（3）解决各成员间发生的贸易争端。

（4）对各成员的贸易政策、法规进行定期审评。

（5）协调与国际货币基金组织和世界银行等国际经济组织的关系，以保障全球经济决策的凝聚力和一致性，避免政策冲突。

（6）为发展中成员方提供技术援助和培训。

三、世界贸易组织的原则

世贸组织适用的基本原则主要来自关税与贸易总协定、服务贸易总协定以及历次多边贸易谈判，特别是"乌拉圭回合"谈判达成的一系列协议。这些原则是各成员方必须自觉遵守的，否则将受到相应的制裁。其原则主要包括以下几项。

（一）非歧视原则

非歧视原则（Non-discrimination Principle）是世贸组织最基本的原则，构成了世贸组织的基石。这一原则规定：一成员不对另一成员采用任何对其他成员不适用的优惠性或限制性措施。非歧视原则主要是通过最惠国待遇、国民待遇和互惠待遇来体现的，前两种待遇尤为重要。

1. 最惠国待遇原则

最惠国待遇可分为无条件最惠国待遇和有条件最惠国待遇两种。前者指一成员现在或将来给予第三国的一切优惠，应无条件地、无补偿地、自动地适用于其他各成员。后者指一成员现在或将来给予第三国的优惠，其他各成员必须提供同样的补偿，才能享受。现在的国际贸易条约与协定普遍采用无条件的最惠国待遇原则，世贸组织的最惠国待遇是一种多边的、无条件的和稳定的最惠国待遇原则，它主要适用于对外国产品的进入适用于统一的关税税率，即采用最惠国税率。

最惠国待遇原则存在例外，主要有四种情况：一是以关税同盟和自由贸易区等形式出现的区域经济安排，在这些区域内部实行的是一种比最惠国待遇还要优惠的"优惠制"，区域外世界贸易组织成员无权享受；二是对发展中成员实行的特殊和差别待遇（如普惠制）；三是在边境贸易中，可对毗邻国家给予更多的贸易便利；四是在知识产权领域，允许成员方就一般司法协助国际协定中享有的权利等方面保留一些例外。

在服务贸易领域，WTO还允许各成员方在进行最初承诺的谈判中，将不符合最惠国待遇原则的措施列入最惠国待遇例外清单，附在各自承诺表之后，但这种例外不应超过10年。若一成员方日后要求增加新的不符合最惠国待遇原则的措施，则需得到WTO至少四分之三成员方的同意。

多边贸易体制下运用最惠国待遇的目的是为了消除WTO成员之间在贸易、关税等方面的歧视，使所有成员具有同等贸易机会和条件，平等地进行贸易竞争，促进成员间的贸易往来和经济发展，推动自由贸易的发展，从而有助于实现WTO的宗旨。

2. 国民待遇原则

国民待遇是指对其他成员方的产品、服务或服务提供者及知识产权所有者和持有者所提供的待遇，不低于本国同类产品、服务或服务提供者及知识产权所有者和持有者所享有的待遇。国民待遇原则同最惠国待遇原则一样，都是为了实现贸易自由和平等。国民待遇原则主要适用于进口产品在进口国国内纳税，以及涉及影响产品在国内市场上的买卖、运输、分销或使用的各项法律、法令及规章。其目的是平等对待进口产品和国内产品，不能对进口产品实行有别于国内产品的歧视待遇。

在世贸组织框架内，国民待遇原则在货物贸易中包括四个主要内容：第一，成员不能以任何直接或间接的方式对进口产品征收高于对本国相同产品所征收的国内税或其他费用。第二，在有关销售、购买、运输或使用的法规等方面，进口产品必须享受与同类国内产品相同的待遇。第三，任何成员不能以直接或间接方法对产品的混合、加工或使用有特定数量或比例的国内产品数量进行限制，或强制规定优先使用国内产品。国产化要求、进口替代要求均被视为直接或间接对外国产品构成歧视，违反国民待遇原则。第四，成员不得用国内税、其他国内费用或定量规定等方式，为国内工业提供保护。

在货物贸易中，世贸组织对国民待遇原则的实施也有例外规定：一是国民待遇义务不适用于政府采购。未参加《政府采购协议》的成员政府，在为自用或为公共目的采购货物时，可优先购置国内产品。二是国民待遇义务并不禁止单独支付给某种产品国内生产者的补贴。符合《补贴与反补贴措施协议》和《农业协议》规定的，只给予某种产品的国内生产者补贴。三是在服务贸易领域，成员没有做出开放承诺的服务贸易部门，不适用国民待遇原则。即便已经做出承诺的部门，也允许其对国民待遇原则采取某些限制。四是在知识产权协定中未做规定的，有关表演者、音像制品作者和广播组织的权利可不适用国民待遇原则，同时允许各成员在涉及工业产权的保护领域中，凡有关司法行政程序、司法管辖权问题的法律都可声明保留，不给予外国人以国民待遇，这也符合国际社会的通常做法。

3. 互惠待遇原则

互惠待遇原则也是多边贸易体制的基石之一，它要求一成员在得到另一成员的减让优惠时也要提供"相等"的减让优惠作为回报。因此，互惠原则有着两方面的意义：一方面，它不仅明确了各成员方在贸易谈判中彼此间应采取的基本立场，并且要求各成员方之间建立一种平等互利的贸易关系；另一方面，从以往 GATT 各轮谈判来看，互惠原则是贸易谈判的基础，GATT 推动贸易自由化的作用也正是在互惠互利的基础上实现的。

互惠待遇原则主要通过以下形式体现：第一，通过举行多边贸易谈判进行关税或非关税措施的削减，对等地向其他成员开放本国市场，以获得本国产品或服务进入其他成员市场的机会，即"投之以桃，报之以李"。第二，当新成员加入时，要求新成员必须按照世贸组织现行协定、协议的规定缴纳"入门费"——开放申请方商品和服务市场，作为享受其他缔约方给予的优惠的先决条件。

（二）自由贸易原则

在世界贸易组织框架下，自由贸易原则（Free Trade Principle）是指通过多边贸易谈判，实质性降低关税和减少其他贸易壁垒，扩大成员方之间的货物和服务贸易。

自由贸易原则包含五个要点：第一，以共同规则为基础。成员方根据世界贸易组织的协议有规则地实行贸易自由化。第二，以多边谈判为手段。成员方通过参加多边贸易谈判，并根据在谈判中做出的承诺，逐步推进贸易自由化，货物贸易方面体现在逐步削减关税和减少非关税贸易壁垒，服务贸易方面则更多地体现在不断增加开放的服务部门，减少对服务提供方式的限制。第三，以争端解决为保障。世界贸易组织的争端解决机制具有强制性，如某成员被诉违反承诺，并经争端解决机制裁决败诉，该成员方就应执行有关裁决，否则，世界贸易组织可以授权申诉方采取贸易报复措施。第四，以贸易救济措施为"安全阀"。成员方可通过援用有关例外条款或采取保障措施等贸易救济措施，消除或减轻贸易自由化带来的负面影响。第五，以过渡期方式体现差别待遇。世界贸易组织承认不同成员之间经济发展水平的差异，通常允许发展中成员履行义务有更长的过渡期。

自由贸易原则的目的是要限制和取消一切妨碍和阻止国际贸易顺利进行的障碍，包括法律、法规、政策和措施等，主要通过关税减让原则、互惠原则以及取消数量限制原则等体现出来。

（三）公平竞争原则

在世界贸易组织框架下，公平竞争原则（Fair Trade Principle）是指成员方应避免采取扭曲市场竞争的措施，纠正不公平贸易行为，在货物贸易、服务贸易和与贸易有关的知识产权领域，创造和维护公开、公平、公正的市场环境。

世贸组织认为，各国发展对外贸易是建立在比较利益基础上的，不应该采取不公正的贸易手段进行竞争，尤其是不能以倾销和补贴的方式销售本国商品。为此，世贸组织反对倾销和出口补贴等不公平贸易行为，并授权缔约方在其某项工业由于倾销或出口补贴受到重大损害或重大威胁时，可征收反倾销税或反补贴税予以抵制。

公平竞争原则包含三个要点：第一，公平竞争原则体现在货物贸易领域、服务贸易领域和与贸易有关的知识产权领域。第二，公平竞争原则既涉及成员方的政府行为，也涉及成员方的企业行为。第三，公平竞争原则要求成员维护产品、服务或服务提供者在本国市场的公平竞争，不论它们来自本国或其他任何成员方。

（四）透明度原则

透明度原则（Transparent Principle）是指成员方应公布所制定和实施的贸易措施及其变化情况（如修改、增补或废除等），不公布的不得实施，以便于各成员方政府和企业了解和熟悉，从而提高国际贸易的可预见性和稳定性，同时，还应将这些贸易措施及其变化情况通知世界贸易组织。成员方所参加的影响国际贸易政策的国际协议，也在公布和通知之列。

透明度原则的主要内容包括贸易措施的公布和贸易措施的通知两个方面。公布和通知的具体内容包括：产品的海关分类和海关估价等海关事务；对产品征收的关税税率、国内税税率和其他费用；对产品进出口所设立的禁止或限制等措施；对进出口支付转账所设立的禁止或限制等措施；影响进出口产品的销售、分销、运输、保险、仓储、检验、展览、加工、与国内产品混合使用或其他用途的要求；有关服务贸易的法律、法规、政策和措施；有关知识产权的法律、法规、司法判决和行政裁定，以及与世界贸易组织成员签署的其他影响国际贸易政策的协议等。

成员方还可以进行"反向通知"，监督有关成员履行其义务。反向通知是指其他成员方可以将某成员理应通知而没有通知的措施,通知世界贸易组织。

此外,为提高成员方贸易政策的透明度,世界贸易组织要求,所有成员的贸易政策都要定期接受审议。这已成为世界贸易组织的一种机制,即贸易政策审议机制。贸易政策审议的内容,一般为世界贸易组织成员最新的贸易政策,它可以从一个侧面反映出被审议成员履行世界贸易组织义务的情况。

(五) 市场准入原则

1. 市场准入原则

所谓市场准入原则(Principle of Market Access),是指一国允许外国的货物、劳务与资本参与国内市场的程度。市场准入原则旨在通过增强各国对外贸易体制的透明度,减少和取消关税、数量限制和其他各种强制性限制市场进入的非关税壁垒,以及通过各国对外开放本国服务业市场所做出的具体承诺,切实改善各缔约方市场准入的条件,使各国在一定期限内逐步放宽市场开放的领域,加深开放市场的程度,从而达到促进世界贸易的增长,保证各国的商品、资本和服务可以在世界市场上公平、自由竞争的目的。

2. 市场准入原则中的数量限制

服务的独特性决定了国际服务贸易的市场准入中几乎不存在关税壁垒,数量限制成为阻碍市场准入的主要措施。《服务贸易总协定》规定:任何成员方,对做出承诺义务的服务部门或分部门,除了在其承诺义务的计划表中列出外,对于其某一地区分部门或在整个国境内,不能维持或采用下述限制措施。

(1)采用数量配额、垄断、指定专营服务提供者或以要求测定经济需求的方式,来限制服务提供者的数量。

(2)采用数量配额或要求测定经济需求的方式,来限制服务交易或资产的总金额。

(3)采用配额或要求测定经济需求的方式,来限制服务交易的总数或以数量单位表示的服务提供的总产出量(但限制服务的投入量的措施是允许的)。

(4)采用数量配额或要求测定经济需求的方式,来限制某一服务部门或服务提供者为提供某一具体服务而需要雇佣的自然人的总数。

(5)要求服务提供者通过特定的法人实体或合营企业才可以提供服务的限制措施。

(6)对参加的外国资本限定其最高股权比例或对个人的或累计的外国资本投资额予以限制。

世贸组织要求各国在其做出了市场准入承诺的服务部门或分部门中,不能维持或采用以上列明的六项措施。

但是根据《服务贸易总协定》的规定,也存在几种数量限制措施的例外情况,如对发展中国家的数量限制可以放松;为维护公共道德、公共秩序的需要,为保护人类、动物或植物的生命健康、国家安全、个人隐私等,在无歧视的情况下,可以进行数量限制;为了保障收支平衡也可以进行数量限制等。

(六) 对发展中国家的特殊优惠待遇原则

世界贸易组织沿袭了关贸总协定关于发展中国家和最不发达国家优惠待遇的相关条款,

并在世贸组织的相关协定、协议或条款中加以完善。

世贸组织把发展中国家成员分为三类：第一类是最不发达国家和地区。其判断依据是联合国认定的最不发达国家和地区。按 1995 年世界银行的标准，最不发达国家和地区是指年人均 GNP 为 765 美元及其以下的国家，这样的国家有 49 个，其中 29 个是世贸组织成员。第二类是人均 GNP 低于 1 000 美元的国家。第三类是"其他发展中国家成员"，即不属于第一类和第二类的发展中国家成员。

世贸组织对最不发达国家几乎不要求其承担任何义务，但可享受世贸组织成员的一切权利。对发展中国家的优惠安排主要体现在以下五个方面。

（1）较低水平的义务，即与其经济发展水平相适应的义务。

（2）较灵活的实施时间表，即较长的过渡期安排。

（3）发达国家尽最大努力对发展中国家成员开放其货物和服务市场，如普惠制安排。

（4）对最不发达国家给予更优惠的待遇。

（5）提供技术援助和培训人力资本等。

四、世界贸易组织的组织机构及其职能

世贸组织作为一个正式的国际组织、常设组织，具有自己的组织机构，以履行世贸组织的相应职能。世界贸易组织的组织机构主要由部长会议、总理事会及其附属机构、多边委员会及其附属机构和秘书处构成，如图 9-1 所示。

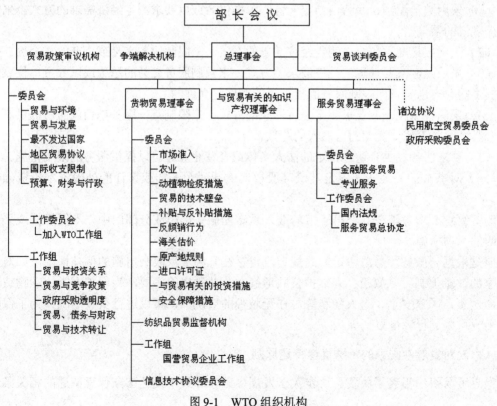

图 9-1　WTO 组织机构

(一) 部长会议

部长会议（Ministerial Conference）由各成员方主管外经贸的部长、副部长级官员或其全权代表组成，是世贸组织的最高权力机构。部长会议至少每两年举行一次。部长会议的职责是履行世界贸易组织的职能，并为此采取必要的行动。它有权对所有多边贸易协议的事项做出决定，并对成员方提出的特殊需要做出政策决定。部长会议的主要权力包括以下几项。

（1）立法权。从法律角度讲，只有部长会议才有权对世贸组织的协定、协议做出修改和权威性解释，其他任何机构都没有这种法律权力。

（2）准司法权。对其成员之间所发生的争议或其贸易政策是否与世贸组织相一致等问题做出最终裁决。

（3）批准非世贸组织成员提出的取得世贸组织观察员资格或成员资格的申请。

（4）豁免某个成员在特定情况下的义务。

2. 总理事会及其附属机构

总理事会（General Council）由各成员方的常驻代表组成，是世贸组织的执行机构，在部长会议休会期间代行其职责。总理事会平均每个月在日内瓦开会一次，并且可视情况需要随时开会，自行拟定议事规则及议程，经总理事会批准后执行。所有成员均可参加总理事会。

总理事会的主要职能为：审查和批准各分理事会的议事规则以及指导各分理事会的工作；促使世界贸易组织争端解决机构履行其职责；促使贸易政策审议机构履行其职责；安排贸易与发展委员会、收支平衡限制委员会和预算、财政与管理委员会的工作，并听取贸易与发展委员会关于执行多边贸易协定中对最不发达国家优惠条款的执行情况的报告，以及在一定情况下采取适当行动；了解诸边贸易协议执行机构的活动情况和听取该机构有关报告；同有关政府组织和非政府组织进行有效合作；批准世界贸易组织的年度预算和财务报告，制定有关成员方应缴纳会费的财务规则；对《世界贸易组织协定》和多边贸易协定进行解释。

总理事会下设以下三个专门理事会。

（1）货物贸易理事会。监督执行《1994年关贸总协定》、其他货物贸易协议及有关事项。

（2）服务贸易理事会。监督执行《服务贸易总协定》及其附件。

（3）知识产权理事会。监督执行与贸易有关的知识产权协议及相关事项。

总理事会同时又是争端解决机构和贸易政策审议机构，可随时开会以履行其解决贸易争端和审议各成员贸易政策的职责。

根据世贸组织争端解决机制，在成员之间发生贸易纠纷时，首先争取磋商、调解；如果磋商失败，可由其中一方提出起诉，要求任命专家小组，专家小组帮助争端解决机构做出裁决或提出建议；如果对专家小组的裁决不服，任何一方都可以向上诉法庭提出上诉，每一起上诉都由7名成员组成的常设上诉法庭中的3名成员审理，上诉法庭可以确认、修改或推翻专家小组的裁决；上诉法庭的上诉报告最后还要经过争端解决机构审议通过才能生效，争端解决机构除非以协商一致的原则否决了上诉报告，否则就只能接受上诉报告。在争端解决机构做出最终裁决后，败诉方必须遵守裁决的要求，否则将受到对方相应的制裁。

贸易政策审议机构执行对各成员的贸易政策、法规审议的职能。根据规定，贸易大国，如美国、欧盟、日本、加拿大，它们的贸易政策每隔两年审议一次，其他国家的贸易政策每隔四年或六年审议一次。

为了监督四个诸边协议的实施，总理事会还下设民用航空器委员会、政府采购委员会、国际奶制品委员会和国际牛肉理事会等四个诸边协议机构，其职能由诸边贸易协议赋予，在世界贸易组织体制框架内运作，并定期向总理事会通报其活动。

3. 委员会及其附属机构

部长会议下设贸易与环境委员会，贸易与发展委员会，国际收支限制委员会，预算、财政和行政委员会和区域贸易协议委员会等多边委员会（Committee），负责执行由世界贸易组织协议和各多边贸易协议赋予的职能，并执行总理会赋予的额外职能。1996 年 2 月，总理事会还决定设立区域贸易协议委员会，负责审查区域贸易协议，并考察这类协议对于多边贸易体制的系统影响。上述委员会的成员向所有成员方代表公开。

4. 秘书处

世贸组织设立一个由总干事领导的秘书处（The Secretariat），负责处理日常事务。世贸组织秘书处设在瑞士日内瓦，大约有工作人员 500 人。秘书处工作人员由总干事指派，并按部长会议通过的规则决定其职责和服务条件。

总干事由部长会议选定，并明确总干事的权力、职责、服务条件及任期。总干事和秘书处职员的职责具有排他的国际性，即他们在履行职责时不得寻求或接受任何政府或世界贸易组织之外的指示，并且作为国际官员不得做可能会对其职务产生任何不利影响的事情。同时，总干事和秘书处职员在履行职务时享有相应的特权和豁免权。总干事任期一般为四年，特殊情况另定。世贸组织总干事主要以下列身份参加世贸组织活动。

（1）世贸组织的捍卫者（监护人）。总干事可以最大限度地向各成员施加影响，要求它们遵守世贸组织规则。

（2）引导人。总干事要考虑和预见世贸组织的最佳发展方针。

（3）调停人。总干事的职责之一是帮助各成员解决它们之间所发生的争议。

（4）"经理"。总干事负责秘书处工作，管理预算及其他有关的行政事务。

（5）主持人。总干事主持协商和非正式谈判，避免争议的发生。

五、世界贸易组织与关贸总协定的区别

世界贸易组织是在关贸总协定的基础上建立的，并形成了一整套较为完备的国际法律规则，它与关贸总协定相比，主要具有以下几个特点。

（一）组织机构的正式性

世界贸易组织的成立改变了关贸总协定临时适用和非正式性的状况，根据其协定，建立起了一整套的组织机构，成为具有法人地位的正式国际经济组织。从法律地位上看，它与国际货币基金组织、世界银行具有同等地位，都是国际法主体，其组织机构及有关人员均享有外交特权和豁免权。

（二）组织协议的法律权威性

关贸总协定与世贸组织协议都是国际多边协定，但在法律程序和依据上有所不同。关贸总协定是通过行政程序，由有关国家的行政部门签订的一项临时性协定，并未经过其签字国

立法机构的批准，1947年23个创始国政府达成的《临时适用议定书》便是其法律依据。该议定书未经各国立法机构通过，是一种规格和权威性较低的外交文件。因此，关贸总协定作为国际多边协定，从法律的角度上看是不完整的，一般将其视为行政性协定，而非公约。

世界贸易组织协议则要求各国代表在草签后，还须通过立法程序，经本国立法机构批准才能生效。1994年4月15日，在马拉喀什会议上，有7个国家，包括美国、日本因国内立法程序的限制，不能当场草签，直到1994年年底美国等国家的议会通过后才生效，因而使世界贸易组织协议更具完整性和权威性。

（三）管辖内容的广泛性

关贸总协定的多边贸易体制及其所制定的一整套国际贸易规则只适用于货物贸易，且农产品和纺织品都是作为例外处理的。

世界贸易组织的多边贸易体制，不仅包括已有的和经"乌拉圭回合"修订的货物贸易规则，而且还包括服务贸易的国际规则、与贸易有关的知识产权保护的国际规则和与贸易有关的国际投资措施规则，这一整套国际规则涉及货物贸易、服务贸易、知识产权保护和投资措施等领域，表明世界贸易组织所管辖内容更为广泛。

（四）权利与义务的统一性

关贸总协定体制基本上是以关贸总协定文本为主的协议，对有关缔约方权利和义务方面做了规定和安排，但在1979年"东京回合"谈判中达成的9个协议以及多边纺织品协议却是选择性的，即这些协议可由关贸总协定缔约方和非缔约方自行选择签署参加，如果不参加便无须履行该协议的义务，因而缔约方在关贸总协定中的权利与义务就不尽平等。

世界贸易组织要求缔约方必须无选择地以"一揽子"方式签署"乌拉圭回合"达成的所有协议，因为《乌拉圭回合最后文件》包括了"东京回合"及其他有关协议的内容，因此，它们是完整的、不可选择的、不可分割的统一体，权利和义务的平衡是在所有协议的基础上达成的，从而加强了缔约方的权利和义务的统一性和约束性，维护了多边贸易体制的完整性。

（五）争端解决机制的有效性

关贸总协定原有的争端解决机制存在着一些缺陷，如争端解决的时间拖得很长，专家小组的权限很小，监督后续行动不力等，因此这种争端解决机制不甚健全。

世界贸易组织所实施的综合争端解决机制是一套较为完善的机制。自1995年1月1日世界贸易组织正式开始运转以来，争端解决机制已经经历了实践的检验。世界贸易组织的成员纷纷将其争端诉诸新的争端解决机制，以致争端解决机构成为世贸组织中最活跃的机构。截至2008年年底，世贸组织共对388起贸易争端适用了争端解决程序，平均每年处理约30起争端，而世界贸易组织的前身关贸总协定在近半个世纪的时间里才处理了约300起争端，平均每年仅处理6起争端。这些数据表明，世贸组织与关贸总协定在争端解决效率上形成了鲜明的对比。

（六）与有关的国际经济组织决策的一致性

作为世界贸易组织的职能之一，它应协调与国际货币基金组织、世界银行的关系，以保障全球经济决策的一致性。因此,它将与这两个国际组织在决策方面加强合作和协调,为国际经济和贸易的发展创造更为有利的条件。

第三节 中国与世界贸易组织

中国是世贸组织前身——关贸总协定的创始缔约方之一。为扩大开放、深化改革,中国政府于1986年7月向关贸总协定正式提出"复关"申请,从此踏上"复关"征途。1995年世贸组织建立后,中国由"复关"转变为"入世"谈判。历尽艰辛,2001年11月在卡塔尔首都多哈召开的第四次世贸组织部长会议上,终于通过了中国"入世"报告,12月11日,中国正式成为世界贸易组织的第143个成员。"入世"后享受的权利为中国经济发展带来机遇,但"入世"后应尽的义务也给中国经济带来挑战,如何把握机遇,迎接挑战,推动中国经济发展再上新台阶,是当前中国经济面临的新的重大课题。

一、中国和关税与贸易总协定

中国是关贸总协定的创始缔约方之一。在美、英等国筹备建立国际贸易组织时,当时的中国政府就参加了准备工作,1946年10月,在伦敦召开的联合国世界与就业第一次筹备会,中国就被推举为起草国际贸易组织宪章的委员会成员之一。1947年4月,当时的中国政府派员参加了在日内瓦召开的由联合国经社理事会组织的世界贸易与就业会议第二次筹备会及第一回合的多边关税及贸易谈判,并与美、英等国达成协议,中国对188个税号的商品承诺了关税减让。1947年10月30日,中国与其他22国签署了《关税与贸易总协定》。

1980年8月,中国代表出席了国际贸易组织临时委员会执委会会议。1981年,中国代表列席了关贸总协定纺织品委员会主持的第三个国际纺织品贸易协议的谈判。1982年9月,中国正式申请了在总协定中的观察员地位,11月中国获得关贸总协定观察员身份,从而能够出席缔约方的年度会议,并首次派团列席了总协定第38届缔约方大会。在这次会议上,中国代表团与总协定秘书处就中国恢复在总协定的缔约方地位等问题交换了意见。1984年4月,中国获得关贸总协定特别观察员地位,从而能够出席理事会会议。同年11月,关贸总协定理事会根据中国的要求,同意中国列席关贸总协定所有组织的会议,中国参加了此后的各项有关活动。

1986年7月,中国正式提出了恢复在关贸总协定中的缔约方地位的申请,同时阐明了"复关"三原则,即"以恢复方式参加关贸总协定,而非重新加入;以关税减让作为承诺条件,而非承担具体进口义务;以发展中国家地位享受相应待遇,并承担与我国经济和贸易发展水平相适应的义务。"1987年2月,中国政府向关贸总协定正式递交了《中国对外贸易制度备忘录》,表明:中国决心把经济改革和对外开放政策作为一项基本国策继续执行下去,中国要求恢复在关贸总协定中的缔约国地位,就是执行改革开放政策的一个步骤。同年6月,关贸总协定成立了"中国的缔约方地位工作组",开始进行恢复中国的关贸总协定缔约国地位的谈判。

但是,在此期间,国际经济与政治形势发生了剧烈变化,直至1994年12月举行的工作组第 19 次会议，仍未能达成关于中国"复关"的协议。

二、中国与世界贸易组织

1995 年 1 月 1 日，世界贸易组织正式成立，并在一年的过渡期后完全取代关贸总协定。同年 5 月，中断了近 5 个月的中国复关谈判在日内瓦恢复进行。7 月 11 日，世贸组织决定接纳中国为该组织的观察员。11 月，中国政府照会世贸组织总干事鲁杰罗，把中国复关工作组更名为中国"入世"工作组。中国"复关"谈判变成"入世"谈判，并于 1996 年 3 月开始正式谈判。

在谈判过程中，中国明确表示愿意在"乌拉圭回合"协议的基础上，根据中国自身的经济发展水平，按照权利与义务平衡的原则，本着灵活务实的态度，与各成员方进行认真的谈判，争取早日加入世界贸易组织。同时，强调中国是以发展中国家的身份加入世贸组织，因为"入世"不仅是中国改革开放的需要，也是中国进行经济体制改革和建立社会主义市场经济体制的需要。

我国克服种种困难，在平等互利的基础上与各成员进行了耐心的谈判，终于在 1999 年 11 月 15 日与美国就中国加入世界贸易组织问题达成了双边协议。中美谈判的结束，为中国加入世界贸易组织扫清了最大障碍，也为中国与其他主要贸易伙伴的谈判奠定了基础。2001 年 9 月 13 日，中国与墨西哥就我国加入世界贸易组织达成了双边协议，完成了中国加入世界贸易组织的第 37 份也是最后一份双边市场准入协议，从而结束了与世界贸易组织成员的所有双边市场准入谈判。

双边谈判解决了市场准入问题，从 2000 年 6 月开始，"入世"工作组将谈判重点转向多边，起草了中国加入世界贸易组织的法律文件——《中华人民共和国加入议定书》和《中国加入工作组报告书》。经过一年多的努力，2001 年 9 月 17 日，世界贸易组织中国工作组举行第 18 次会议，通过了中国加入世界贸易组织的所有法律文件，并决定将这些文件提交世界贸易组织总理事会审议。

2001 年 11 月，世界贸易组织在卡塔尔首都多哈举行第四次部长会议，讨论启动新一轮多边贸易谈判。11 月 10 日，会议审议并通过了中国入世议定书。30 天后，即 2001 年 12 月 11 日，中国正式加入世界贸易组织。

三、中国加入世界贸易组织后的权利和义务

根据中国加入世界贸易组织的相关法律文件以及世界贸易组织原则，"入世"后，中国可以享受一定的权利，同时也要承担世界贸易组织所要求承担的义务。

（一）加入世贸组织后中国享受的权利

1. 全面参与多边贸易体制

"入世"前，中国只能以观察员身份参与多边贸易体制，只有表态权，没有表决权，所能发挥的作用受到诸多限制，加入世贸组织后，中国将充分享受其正式成员的权利，其中包括：全面参与世贸组织各理事会和委员会的所有正式和非正式会议，维护中国的经济利益；

全面参与贸易政策审议,对美国、欧盟、日本、加拿大等重要贸易伙伴的贸易政策进行质询和监督,敦促其他世贸组织成员履行多边义务;在其他世贸组织成员对中国采取反倾销、反补贴和保障措施时,可以在多边框架体制下进行双边磋商,增加解决问题的渠道;充分利用世贸组织争端解决机制解决双边贸易争端,避免某些双边贸易机制对中国的不利影响;全面参与新一轮多边贸易谈判,参与制定多边贸易规则,维护中国的经济利益;对于现在或将来与中国有重要贸易关系的申请加入方,将要求与其进行双边谈判,并通过多边谈判解决一些双边贸易中的问题,包括督促其取消对中国产品实施的不符合世贸组织规则的贸易限制措施、扩大中国出口产品和服务的市场准入机会和创造更为优惠的投资环境等,从而为中国产品和服务扩大出口创造更多的机会。

2. 享受非歧视待遇

中国加入世贸组织后,将充分享受多边无条件的最惠国待遇和国民待遇,即非歧视待遇。现行双边贸易中受到的一些不公正的待遇将会被取消或逐步取消。例如,根据世贸组织《纺织品与服装协议》的规定,发达国家的纺织品配额于2005年1月1日取消,中国将充分享受世贸组织纺织品一体化的成果;美国、欧盟等在反倾销问题上对中国使用的"非市场经济国家"标准将在规定期限内(15年)取消。

3. 享受发展中国家权利

除一般世贸组织成员所能享受的权利外,中国作为发展中国家还将享受世贸组织各项协定规定的特殊和差别待遇,包括:中国经过谈判,获得了对农业提供占农业生产总值8.5%"黄箱补贴"的权利,补贴的基期采用相关年份,而不是固定年份,使中国今后的农业国内支持有继续增长的空间;在涉及补贴与反补贴措施、保障措施等问题时,享有协定规定的发展中国家待遇,包括在保障措施方面享受10年保障措施使用期、在补贴方面享受发展中国家的微量允许标准(即在该标准下其他成员要对我国采取反补贴措施);在争端解决中,有权要求世贸组织秘书处提供法律援助;在采用技术性贸易壁垒、采用国际标准方面,可以根据经济发展水平拥有一定的灵活性等;经过谈判,中国在市场开放和遵守规则方面获得了过渡期。

4. 保留国营贸易体制

经过谈判,中国保留了粮食、棉花、植物油、食糖、原油、成品油、化肥和烟草等八种关系国计民生的大宗产品的进口实行国营贸易管理(即由中国政府指定的少数公司专营)的权利,保留了对茶、大米、玉米、大豆、钨及钨制品、煤炭、原油、成品油、丝、棉花等的出口实行国营贸易管理的权利。同时,参照中国目前实际进出口情况,对非国营贸易企业进出口的比例做了规定。

5. 对国内产业提供必要的支持

对国内产业提供的支持包括:地方预算提供给某些亏损国有企业的补贴;经济特区的优惠政策;经济技术开发区的优惠政策;上海浦东经济特区的优惠政策;外资企业优惠政策;国家政策性银行贷款;用于扶贫的财政补贴;技术革新和研发基金;用于水利和防洪项目的基础设施基金;出口产品的关税和国内税退税;进口税减免;对特殊产业部门提供的低价投入物;对某些林业企业的补贴;高科技企业优惠所得税待遇;对废物利用企业优惠所得税待遇;贫困地区企业优惠所得税待遇;技术转让企业优惠所得税待遇;受灾企业优惠所得税待遇;为失业者提供就业机会的企业的优惠所得税待遇等补贴项目。

6. 维持国家定价

保留了对重要产品及服务实行政府定价和政府指导价的权利，包括：对烟草、食盐、药品等产品、民用煤气、自来水、电力、热力、灌溉用水等公用事业以及邮电、旅游景点门票、教育等服务保留政府定价的权利；对粮食、植物油、成品油、化肥、蚕茧、棉花等产品和运输、专业服务、服务代理、银行结算、清算和传输、住宅销售和租用、医疗服务等服务保留政府指导价的权利；在向世贸组织秘书处通报后，可增加政府定价和政府指导价的产品和服务。

7. 保留征收出口税的权利

保留对鳗鱼苗、铅、锌、锑、锰铁、铬铁、铜、镍等共84个税号的资源性产品征收出口税的权利。

（二）加入世贸组织后中国承担的义务

为了达到世贸组织成员的要求，中国在入世谈判中做出了一系列承诺，这些承诺体现在中国入世议定书和工作组报告等法律文件中，构成了"入世"后中国所应承担的义务。

1. 进一步降低贸易壁垒

中国承诺进一步开放国内市场，包括进一步削减进口关税和逐步取消若干非关税措施，为外国商品和投资进入中国提供更多的机会。

由于种种原因，"入世"前中国的平均关税税率高于发达国家甚至高于一些发展中国家，"入世"后，根据承诺，到2008年，中国的关税总水平由2000年的15.6%降至10%，并将最高关税约束在15%左右。同时，按照世贸组织要求，中国还需取消许多非关税措施，主要包括进口配额、投标资格、贸易经营权、国产化要求、技术转让要求、政府采购等。从2002年1月1日起，中国已取消了粮食、羊毛、棉花、腈纶、涤纶、聚酯切片、化肥、部分轮胎等产品的配额许可证管理。中国外经贸部根据世贸组织的《货物进出口管理条例》规定，制定了《进口配额管理细则》和《特定产品进口管理细则》。国家计委公布的《农产品进口关税配额管理办法》也已于2002年2月5日正式实施。

2. 取消被禁止的出口补贴

世贸组织规定："一成员方对某一出口产品给予补贴，可能对其他的进口和出口成员方造成有害的影响，对进行的正常贸易造成不适当的干扰，并且阻碍本协定目标的实现，因此，各成员方应力求避免对产品的输出实施补贴。"中国承诺遵照世贸组织《补贴与反补贴措施协议》的规定，取消协议禁止的出口补贴。

3. 增加贸易政策的透明度

世贸组织规定："成员方有效实施的关于海关对产品的分类或估价，关于税捐和其他费用的征收率，关于对进口货物及其支付转账的规定、限制和禁止，以及关于影响进出口货物的销售、分配、运输、保险、仓储、检验、展览、加工、混合或使用的法令、条例与法规和一般援用的司法判决及行政决定，都应迅速公布，以使各国政府及贸易商对它们熟悉。"此外，世贸组织还要求成员方经常提供国内经济贸易情况的报告，并定期接受审议。世贸组织建立了对各成员方贸易制度定期审查和通报的制度。中国以往除公开颁布一些重要法律、条例外，一般习惯于制定若干内部决定，因此被认为是缺乏透明度的国家。对此，中国政府已经承诺清理有关外贸管理的内部文件，需要执行的由经贸部统一公布，不再执行的也要宣布撤销，并声明今后凡涉及外贸管理方面的规章制度，将先由经贸部对外公布然后再实施，以履行透明度义务。

4. 开放服务贸易市场

《服务贸易总协定》要求世贸组织成员方对服务贸易执行与商品贸易同样的无条件的最惠国待遇、国民待遇、透明度原则和逐步地降低贸易壁垒。为促进贸易自由化，扩大服务贸易市场的开放程度已经成为世贸组织成员的义务。"入世"后，中国逐步地、不同程度地开放了服务业，包括银行、保险、分销、电信、法律、会计等在内的 10 余个服务部门、100 个分部门的对外开放程度已经达到了入世承诺的水平。服务业的对外开放，使中国服务业在面临市场被外国同行挤占的巨大压力的同时，也将极大地提高服务业的质量，增强我国服务业的竞争力。

5. 扩大对知识产权的保护范围

世贸组织实施管理的《与贸易有关的知识产权协定》要求成员方扩大对知识产权的保护范围。发达国家在先进科技、工艺专利、名牌商标、科技文化著作及计算机软件等方面有很大优势和利益，扩大知识产权的保护无疑是符合他们利益的。中国作为发展中国家在知识产权管理方面和法规的执行方面与发达国家水准尚有一段距离，因此，在知识产权上的争执时有发生。"入世"后中国将加强对知识产权的保护。

6. 放宽对外商投资的限制

世贸组织实施管理的《与贸易有关的投资协议》要求各成员方放宽对外商投资的限制。根据国民待遇原则，外贸企业享受与本国企业同等的待遇。中国自改革开放以来已颁布了有关引进外资的各种条例和法律，对外资引进实行各种鼓励和优惠。这些鼓励和优惠不是特定给予某一国家或地区的，而是对一切外国投资者的无差别待遇，这是符合世贸组织非歧视待遇原则的。但中国引进外资法规还不够完善，特别是在给予外国投资者"国民待遇"方面，一方面在税收等重要项目上给予外国投资者"超国民待遇"，使国内企业遭受不平等竞争；另一方面在若干国内收费上实行双重作价，引起外商抱怨，今后在这方面的政策应做重大调整。中国允许外商投资的范围还要进一步扩大，"硬件"和"软件"环境也需进一步改进。

此外，还要按比例缴纳世贸组织的活动费用。

不言而喻，"入世"后的权利给中国经济贸易发展提供了机遇，加入世贸组织有助于中国经济进一步开放、增加国际贸易额以及获得更多的外国直接投资；同时也有利于世界贸易组织的所有成员，有助于多边贸易体制的发展，获得中国和世界各国"双赢"的结果。同时，加入世贸组织也意味着中国在发展对外经济关系时必须遵守 WTO 的相关规则，履行相应义务，接受世贸组织新议题的考验，这必将对中国经济的各个方面带来一定的挑战。

阅读案例

引导行业打赢澳大利亚硝酸铵反倾销案

"在澳大利亚对华硝酸铵反倾销调查这一案件中，我们面对着极为不利的局面：一方面，中国与澳大利亚的关系一直处于低潮，澳大利亚继 2018 年 8 月率先响应美国，宣布将中国华为的 5G 设备排除在外之后，今年在稀土问题上也坚定地追随美国。另一方面，没有一家中企单独应诉。不过,中方仍然打赢了这一反倾销案,获得了几乎可以忽略不计的0.3%的税率。"中国贸促会法律事务部副巡视员李薇详细介绍了这次化不利为有利的艰难过程。

澳大利亚硝酸铵反倾销案源于2018年6月,应澳大利亚相关企业的申请,澳大利亚反倾销委员会决定对进口自中国、瑞典和泰国的硝酸铵启动反倾销立案调查。

"收到立案通知后,我们第一时间联系了中国氮肥工业协会,指导企业应诉。"李薇说。然而,令中国贸促会始料不及的是,竟然没有一家企业提出应诉。

"由于涉及商业秘密,初裁前我们未按要求填写提交调查问卷。"一家涉案企业负责人道出放弃应诉的苦衷。可是,若丢掉澳大利亚市场,企业也就垮了。

由于受该项贸易救济调查影响,在2018年和2019年上半年,河南晋开化工投资控股集团有限责任公司、山西天脊煤化工集团股份有限公司、陕西兴化集团有限责任公司3家企业出口额都严重下降。

2018年10月,澳大利亚对中国涉案产品的硝酸铵做出反倾销肯定性初裁,裁决向中国所有企业征收39.5%的高额惩罚性反倾销税。"这对于中国整个硝酸铵行业来说影响巨大,可以说基本上丧失了澳大利亚市场。"李薇表示,企业从收到立案通知到初次裁决,4个月里的不作为直接导致高额的惩罚性税率。且按照惯例,初裁后如果企业继续选择不抗辩,那么败诉概率几乎为百分之百。

值得关注的是,澳大利亚是我国硝酸铵的重要出口国。2017年,我国向澳大利亚出口硝酸铵2.8万吨,占当年我国硝酸铵出口总量的13.8%;2018年,我国对澳大利亚出口量为9.57万吨,占比更是达到了38.3%。

为了保护这一重要出口市场,中国贸促会扛起了挽救行业的大旗,积极协调和组织协会和出口企业进行行业无损害抗辩。一方面,帮助企业省略单独应诉填写问卷清单的步骤,打消了企业泄露商业秘密的顾虑;另一方面,对与此相似的俄罗斯硝酸铵反倾销调查案进行了详细研究,并在审理过程中引用这些案件中的论述和征税方式作为抗辩依据。

经过仔细调研,中方发现,澳方没有提供强有力的证据支持其国内行业正在遭受实质损害。相反,澳国内行业的发展良好,市场份额高达97%,利润率极高。但是由于澳国内产能过剩,产业之间互相压价导致价格略有下降。而中国出口的大部分硝酸铵由澳国内企业购买,即使澳国内产业遭受了实质损害,中国出口与澳实质损害之间也不可能存在因果关系。同时,澳调查机关在初裁中对倾销幅度的计算存在错误。

2018年12月,中国贸促会委派人员,提出中方的行业抗辩观点。随后,中方向澳大利亚提交了针对初裁的评论意见。

2019年2月,澳大利亚反倾销委员会公布了硝酸铵反倾销案件的终裁前事实披露,采纳了中方的部分抗辩意见,终裁披露降低了中国企业的倾销幅度,从初裁39.5%降至29.6%,是所有涉案国家中最低的。但是,澳调查机关仍然认定澳国内产业受到损害且与倾销进口之间存在因果关系。

贸促会继续积极争取,重新制定抗辩计划、收集意见、游说、面对面沟通……最终,澳大利亚反倾销调查委员会于2019年6月公布了终裁结果,中国企业获得0.3%可忽略不计的微量反倾销税率,大大低于瑞典和泰国等其他对澳出口竞争国家(14%左右)的反倾销税率。

澳大利亚硝酸铵反倾销案的圆满结束,不仅保住了澳大利亚这个硝酸铵出口大市场,更为我国类似的化工产品反倾销案积累了经验。"本案是澳大利亚近几年对中国反倾销案件中裁决的最低反倾销税率。"李藏告诉记者,虽然本案通过行业无损害抗辩取得理想结果,但对于企业自身而言必须提高倾销抗辩意识,在参加行业无损害抗辩的同时,也要积极进行单独的倾销抗辩。只有多方抗辩,才能增加企业最终的获胜概率。

资料来源:范丽敏,陈璐,钱颜.引导行业打赢澳硝酸铵反倾销案[N].中国贸易报,2019-09-26.

理论联系实际

WTO裁定韩国对日产空气压阀门征收反倾销税违规

【实际材料】

世界贸易组织(WTO)争端解决小组2018年4月12日发布裁定报告称,韩国对日本空气压阀门征收反倾销税的行为违反了WTO相关规定,韩国方面应尽快停止征税。

据《日本经济新闻》4月12日报道,这种空气压阀门主要用于汽车及半导体产品。韩国认为日本以低价向韩国倾销空气压阀门,对韩国本土厂商造成经济损失。因此,自2015年8月起,韩国对日产空气压阀门征收11.66%~22.77%的反倾销税。

据日本经济产业省数据,仅2017年,日本向韩国出口空气压阀门交易额便达到91亿日元(约合人民币5.33亿元),如此一来,日本空气压阀门厂商当年承担了7亿日元的追加关税。

2015年韩国开始征收反倾销税后,日本随即向WTO提起诉讼。2016年7月,WTO争端解决小组受理此次诉讼。经审理分析,WTO认为,日产空气压阀门性能优于韩国本土制造的阀门,韩国方面对日产空气压阀门如何损害己方企业利益的论述缺乏逻辑支撑,其征收防倾销税手续也缺乏透明性。

根据WTO规定,韩国方面若是对裁定结果持有异议,可在60日以内向WTO上级委员会上诉。

资料来源:WTO裁定韩国对日产空气压阀门征收反倾销税违规[EB/OL].(2018-04-13).http://news.sina.com.cn/w/2018-04-13/doc-ifyteqtq9404007.shtml.

【理论分析】

结合实际,谈谈我国如何合理利用WTO规则维护本国权益。

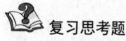

复习思考题

1. 关税与贸易总协定及世界贸易组织是如何产生的?
2. 简述关税与贸易总协定的历次谈判及其成果。
3. 简述世界贸易组织的宗旨、目标和原则。
4. 试述关贸总协定与世界贸易组织的联系和区别。
5. 简述中国加入WTO后享有的权利和应承担的义务。

第十章 区域经济一体化

 **引导案例**

亚洲经济一体化是破解贸易保护主义的利器

在逆全球化甚嚣尘上、贸易保护主义沉渣泛起、民粹主义盛行的大背景下,亚洲区域经济合作势头不减反增,一体化加速推进,呈现一派欣欣向荣、硕果累累的喜人景象,这无疑是世界瞩目的一大发展亮点。

区域经济一体化和经济全球化红利的诱惑力不仅具有经济学理论基础,也有坚实的实践基础。2017年,借助外部市场的拉动,亚洲区域经济一体化不断加速发展,呈现一些新的特点:亚洲命运共同体意识不断增强,中国继续成为重要引擎,"一带一路"红利成为重要拉动力,全域化和外溢化是其重要特点,自由贸易协定是其重要形式。经济一体化不仅拉紧了亚洲区域内经济体间的联系,还不断把亚洲区域外的经济体拉进亚洲的经济一体化进程中。

从亚洲的实践来看,与北美、欧洲的逆全球化发展势头不同,全球化并没有逆转,而是以区域经济一体化的形式在加速推进,并且亚洲区域经济一体化还在不断向域外拓展。这不仅使人们看到了亚洲统一大市场的美好前景,也使人们对全球化以新的表现形式、新的主导力量推进增长了信心。

当前,尽管亚洲经济转型升级曙光初现,但也面临着一些困难,例如,除个别发达经济体之外,大多数国家均处于欠发达状态,经济活力不足,发展潜力有限;各经济体普遍受到基础设施、社会发展和技术创新能力等短板的制约;亚洲经济复苏呈现不同步态势,有强者恒强,弱者依然较弱的迹象,各经济体竞争力强弱固化的格局恐将持续;经济转型困难叠加未完成的工业化、城镇化任务,加重了未来转型成功的难度。

亚洲各经济体要想摆脱这些困扰,避免陷入拉美经济的历史怪圈,必须要在以下五个方面达成共识并采取切实有效的一致行动:第一,建立亚洲命运共同体的意识和共识,通过迈向亚洲命运共同体,推动建设人类命运共同体;第二,搭乘中国高质量发展的顺风车,积极参与"一带一路"建设,一起实现共同发展;第三,继续坚持全球化和区域经济一体化,打破制约贸易投资的各种壁垒;第四,解决好收入分配及社会保障问题;第五,转型经济体仍需通过较为彻底的改革和开放,来打破国内一些行业存在的行政垄断,逐步降低外资准入门槛和壁垒,继续改善知识产权的相关商业环境。

资料来源:王军.亚洲经济一体化是破解贸易保护主义利器[N].上海证券报,2018-04-10.

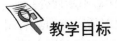 **教学目标**

通过本章的学习,了解区域经济一体化的概念,了解世界主要区域经济一体化组织的发

展情况,熟悉区域经济一体化的几种形式,掌握关税同盟的静态效应和动态效应。

第一节 区域经济一体化概述

一、区域经济一体化的概念及特征

(一)区域经济一体化的概念

国际经济学界对区域经济一体化(Regional Economic Integration)的概念存在着不同的见解。区域经济一体化的定义,最早由荷兰经济学家丁伯根(J. Tinbergen)在1954年提出,他认为:"经济一体化就是将有关阻碍经济有效运行的人为因素加以消除,通过相互协调与统一,创造最适宜的国际经济结构"。美国经济学家巴拉萨(B. Balassa)在1961年指出"经济一体化既是一个过程,又是一种状态。就过程而言,它包括旨在消除各国经济单位之间差别待遇的种种举措。就状态而言,则表现为各国间各种形式的差别待遇的消失"。林德特(P. H. Lindert)和金德尔伯格(C. P. Kindleberger)认为"区域经济一体化是指宏观经济政策的一体化和生产要素的自由流动以及成员方之间的自由贸易"。实现区域经济一体化的过程"是通过共同的商品市场、共同的生产要素市场,达到生产要素价格均等和自由流通,以及成员方之间的自由贸易"。还有些西方学者认为区域经济一体化的本质是分工的国际深化,途径是各国政府采取协调的政策和取消差别的措施,实现商品、服务、资本、劳动力等生产要素的充分流动,使参与国或地区的经济福利最大化,如邓宁(J. H. Dunning)认为"经济一体化是经济相互依存的一种形式,是所有成员国之间达成一种协议。对各成员国而言,该协议意味着放弃其部分国家主权,以建立跨国市场,或者建立一个代表所有成员国的超国家的权威机构"。

在以上有关区域经济一体化的定义中,巴拉萨的定义最具代表性。巴拉萨定义的区域经济一体化从"过程"和"结果"两个方面揭示了该种经济组织的本质属性。区域经济一体化的过程是"导向全面一体化的成员国间生产要素再配置"。区域经济一体化的结果是"一体化的国家间生产要素最佳配置"。它的本质则是"按国际劳动分工的要求来调整各国的经济结构"。

综合上述定义,可以将区域经济一体化概念描述为,区域经济一体化是指地理或经济制度上比较接近的两个或两个以上的国家、地区,通过签订双边、多边国际协定,共同制定和执行统一的经济贸易政策,建立起超国家的管理机构,促使货物、服务和要素在一定区域内自由流动并有效配置,进而达到市场开放化、统一化以及经济政策相协调的一种经济过程。

(二)区域经济一体化的特征

1. 成员资格的区域性

典型的区域经济一体化组织首先在相邻、相近国家或地区建立起来,然后不断向外拓展,后续加入的成员也多是同一地区地理临近或在贸易投资、经济体制、文化习俗等方面具有相似性的国家和地区。但近年来,随着"跨区域经济集团"和"跨区域双边自由贸易区"的涌现，以上特征已不甚鲜明。

2. 内部的开放性

各种区域经济一体化组织虽然在合作形式、合作规模、合作程度、合作范围、合作机制等方面存在着差异性，但总是推动相互间全面降低关税、取消非关税壁垒，实现商品的自由流通，并放宽内部的投资限制，促进地区的资本和其他生产要素的自由流动，从而达到改善资源配置、降低生产成本、互相得益的目的。

3. 对外的排斥性

区域经济一体化组织建立的目标是形成一个超国家的经济集团，以集团的力量进入国际市场。它们对内开放的同时，对外实行各种关税和非关税壁垒，并利用各种有利条件，实施种种显性和隐性的贸易保护主义措施来约束、限制与集团外非成员经济关系的发展。

4. 利益的放大性

区域经济一体化的根本出发点是谋求每一成员方能获得比单边主义更大的利益。对每一个成员而言，他们降低关税、削减非关税壁垒的目的不仅仅是顺应生产要素自由流动的内在要求，而且是按照比较优势、规模经济等原理，从最佳的国际生产分工出发，实现资源的优化配置，提高效率，增强与区域外国家或经济集团对抗的实力。

二、区域经济一体化的类型

按照区域经济一体化发展程度的高低，区域经济一体化组织可分为优惠贸易安排、自由贸易区、关税同盟、共同市场、经济联盟和完全的经济一体化六种类型。

（一）优惠贸易安排

优惠贸易安排（Preferential Trade Arrangements）是指在成员国之间通过签署优惠贸易协定或其他安排形式，对其全部贸易品或部分贸易品互相提供特别的关税优惠，对非成员国之间的贸易则设置较高贸易壁垒的一种区域经济安排。这是最松散的一种区域经济一体化组织形式。较典型的例子是英国与其自治领成员加拿大、澳大利亚等于1932年建立的英联邦优惠计划，印度尼西亚、马来西亚、菲律宾、新加坡和泰国等建立的东南亚国家联盟（ASEAN）从1977年起在成员国间实施的特惠贸易安排协议等。不过由于优惠贸易安排一体化的起点和发展程度很低，现在许多区域经济集团大多不以此种形式建立。

（二）自由贸易区

自由贸易区（Free Trade Area）是指两个或两个以上的国家或行政上独立的经济体之间通过达成某种协议，相互取消关税和与关税具有同等效力的其他措施而形成的区域经济一体化组织。

自由贸易区是一种较为松散的区域经济一体化组织。自由贸易区有两个基本特点：一是成员国之间取消了关税等商品贸易的障碍，成员经济体内的厂商可以将商品自由地输出和输入，真正实现了商品的自由贸易。但是它严格地将这种贸易待遇限定在参加国或成员国之间，从而形成了对内自由、对外差别保护的特点。二是成员经济体之间没有共同的对外关税，各成员经济体之间的自由贸易并不妨碍它们针对非自由贸易区成员设定关税及其他贸易壁垒。

为防止非成员经济体利用成员国关税税率的差别进入成员国市场,在自由贸易区内通常采取"原产地原则"。这一原则的基本内容是,只有产自成员国经济体内的商品才享受自由贸易区免征进口关税的待遇。从理论上来讲,所谓原产地产品,是指成品价值的50%以上是自由贸易区内各成员国生产的产品。有的自由贸易区组织对某些敏感产品的原产地的规定更加严格,要求产品价值的60%,甚至75%以上产自成员国时才符合原产地原则的规定。

(三) 关税同盟

关税同盟(Customs Union)是指在自由贸易区基础上,所有成员国对非成员国采取统一的进口关税或其他贸易措施。因此,关税同盟与自由贸易区的不同之处在于,成员国在相互取消进口关税的同时,采用统一的对外关税。成员经济体之间的产品流动时不再采取"原产地原则",不再需要附加"原产地证明书"。

作为一种较高层次的区域经济一体化组织,关税同盟规定成员国之间实行共同的对外关税,强调以整体的力量参与国际市场竞争,实际上是将关税的制定权让渡给区域经济一体化组织。关税同盟共同对外关税的制定,标志着各成员国放弃了自己对外关税的制定权,从而在排他性方面形成了统一的政策,构成了对非成员国在商品流入方面明显的差别待遇。因此,关税同盟对成员经济体的约束力比自由贸易区要大。

从区域经济一体化的角度看,关税同盟也具有某种局限性。随着成员国之间相互取消关税,各成员国的市场将完全暴露在其他成员国厂商的竞争之下。各成员国为保护本国的某些产业,需要采取更加隐蔽的措施,如非关税壁垒。尽管关税同盟成立之初,已经明确规定了取消非关税壁垒,然而非关税壁垒措施没有一个统一的判定标准,因此,关税同盟具有鼓励成员国增加非关税壁垒的倾向。同时,关税同盟只解决了成员之间关境上的商品流动自由化问题。当一成员国商品进入另一成员国境内后,各种国内贸易限制措施仍然构成自由贸易的障碍。

(四) 共同市场

共同市场(Common Market)是指两个或两个以上的国家或经济体通过达成某种协议,不仅实现自由贸易,建立了共同对外关税,还实现了服务、资本和劳动力等生产要素自由流动的经济一体化组织。可见,共同市场是比自由贸易区和关税同盟更高一级的区域经济一体化组织。

共同市场的特点是成员国在实现关税同盟目标的基础上,进一步实行服务、资本和劳动力等生产要素的自由流动。服务贸易自由化意味着成员国之间在相互提供通信、咨询、运输、信息、金融和其他服务方面实现了自由,没有人为的限制。资本的自由流动意味着成员国的资本可以在共同市场内部自由流出和流入。劳动力的自由流动意味着成员国公民可以在共同市场内的任何国家自由寻找工作。

为了实现服务和生产要素的自由流动,共同市场需要成员国出让多方面的权力,主要包括进口关税的制定权、非关税壁垒、特别是技术标准的制定权、国内间接税率的调整权、干预资本流动权等。这些权力的出让表明,一国政府干预经济的权力在削弱,而经济一体化组织干预经济的权力在增强。然而由于各成员国经济有差别,统一的干预政策难以奏效,所以这种超国家的一体化组织的干预能力也是有限的。

（五）经济联盟

经济联盟（Economic Union）是指成员国之间不但废除了贸易壁垒，建立了统一的对外贸易政策、进口关税制度，实现了商品、服务、生产要素的自由流动，而且在协调的基础上，各成员国还制定和执行了许多共同的经济政策，并采取某些统一的社会政策和政治纲领，从而将一体化的程度从商品交换扩展到生产、分配乃至整个国民经济的一种区域经济组织。

经济联盟的特点是，成员国之间在形成共同市场的基础上，进一步协调它们之间的财政政策、货币政策和汇率政策。当汇率政策的协调达到一定程度，以致建立了成员国共同使用的货币或统一货币时，这种经济联盟就成为经济货币联盟。

经济联盟各成员国政策的协调和统一给成员国带来的贸易便利几乎相当于在一国市场范围内销售商品，大大降低了交易成本。在成员国内部市场足够大的情况下，成员国之间经济贸易关系的加强，会导致它们对外部市场依赖性的减弱，从而会强化内部市场的封闭性。

经济联盟的建立需要各成员国不仅让渡建立共同市场所需要出让的权力，更重要的是成员国要让渡使用宏观经济政策干预本国经济运行的权力。这意味着成员国不仅丧失了干预内部经济的财政和货币政策以保持内部平衡的权力，同时也丧失了干预外部经济的汇率政策以维持外部平衡的权力。这些政策制定权的让渡对共同体内部形成自由的市场经济，发挥看不见的手的作用是非常有意义的。

（六）完全的经济一体化

完全的经济一体化（Perfectly Economic Integration）是指两个或两个以上的国家或经济体通过达成某种协议，在实现了经济联盟目标的基础上，进一步实现经济制度、政治制度和法律制度等方面的协调，甚至形成统一的国际经济一体化组织。如果说其他五种形态是区域经济一体化过程的中间阶段，那么完全的经济一体化就是区域经济一体化的最终阶段。

完全的经济一体化的特点是，就其过程而言，是逐步实现经济及其他方面制度的一体化。从结果上看，它是类似于一个国家的区域经济一体化组织。从完全经济一体化的形式看，主要有两种：一是邦联制，其特点是各成员国的权利大于超国家的经济一体化组织的权利；二是联邦制，其特点是超国家的经济一体化组织的权利大于各成员国的权利。联邦制的区域经济一体化组织类似于一个联邦制的国家。

优惠贸易安排、自由贸易区、关税同盟、共同市场、经济联盟和完全的经济一体化是处在不同层次上的区域经济一体化组织，根据它们让渡国家主权程度的不同，一体化组织也从低级向高级排列，但是并不存在低一级的经济一体化组织向高一级的经济一体化组织升级的必然性。各种区域经济一体化组织的特点如表10-1所示。

表10-1 区域经济一体化组织特征一览表

合 作 特 征	优惠贸易安排	自由贸易区	关 税 同 盟	共 同 市 场	经 济 联 盟	完全的经济一体化
全部取消关税	否	是	是	是	是	是
设立共同壁垒	否	否	是	是	是	是
不限制要素流动	否	否	否	是	是	是

续表

合 作 特 征	优惠贸易安排	自由贸易区	关 税 同 盟	共 同 市 场	经 济 联 盟	完全的经济一体化
统一经济政策	否	否	否	否	是	是
统一政治政策	否	否	否	否	否	是

资料来源：裴长洪．国际贸易学[M]．北京：中国社会科学出版社，2007：238．

三、区域经济一体化的兴起

（一）区域经济一体化兴起的原因

二战后，世界经济面貌和格局发生了较大的改变，相对和平和开放的环境，各国都面临着如何恢复和重建本国经济的问题，随着社会生产力和分工的进一步发展，国家间经济依赖程度不断加强。当全球经济一体化由于现实原因无法顺利推进时，区域经济一体化就成为一种次优选择而出现。具体来看，二战后区域经济一体化兴起的原因有以下几点。

首先，世界政治、经济发展不平衡和多极化格局的出现，促进了区域经济一体化的进程。二战后初期，美国凭借其强大的政治、经济、军事实力，确立了其在世界的霸主地位。但是20世纪50年代西欧的复兴与联合以及70年代日本经济的崛起，极大地动摇了美国的霸主地位。20世纪80年代亚太地区特别是东亚经济的迅速发展和90年代初期东欧的剧变，使世界政治、经济格局多极化开始逐步取代由美国占支配地位的世界旧的经济体系，相继出现更多的区域性经济组织，也促进了区域经济一体化的发展进程。

其次，科学技术的进步、社会生产力的发展、国际分工的深化及世界经济结构的变化，均从不同角度促进了区域经济一体化的发展。20世纪60年代第三次科技革命的兴起，不仅促进了世界社会生产力的大发展，而且改变了国际分工的格局，深刻地影响着世界经济结构的变化，越来越多的商品、资本、技术、劳动力和信息进入国际市场。所有这些都导致了各国生产活动的国际化、商品经济和市场机制的全球化，进而推动着区域经济一体化的发展。

最后，区域经济一体化组织给各成员国带来的经济效应，是促进区域经济一体化发展的重要原因。

（二）区域经济一体化的阶段性发展

最早的区域经济一体化集团可以追溯到1241年成立的普鲁士各城邦间的"汉萨同盟"。1834年，普鲁士等德国北部邦国又在此基础上成立了"德意志关税同盟"（Deutscher Zollverein），这一一体化组织为1871年德国的统一创造了经济基础和物质条件。1910年，当时的英国自治领或保护地南非、贝专纳兰（现博茨瓦纳）、巴苏陀兰（现莱索托）和斯威士兰签署了《1910年南部非洲关税同盟协议》，成为非洲大陆最早的区域经济一体化组织。为应付20世纪二三十年代的世界经济危机以及随之爆发的"货币战"和"关税战"，1921年，比利时和卢森堡建立了关税同盟，后来荷兰加入该同盟，组成比卢荷经济同盟（Benelux Union）。1932年8月，英联邦成员签订了《渥太华协定》，成立"英联邦特惠关税区"等。但区域经济一体化真正迅速发展，成为现代开放经济中一种重要的经济现象，则是在第二次世界大战以后。二战后,区域经济一体化的实践过程至今已经出现了三次高速发展的阶段。

第一阶段:20 世纪 50—70 年代。以 1956 年欧洲经济共同体的建立为开端,发展地区主要集中在欧洲、拉丁美洲。发展中国家一些著名的区域一体化组织,如东南亚国家联盟(ASEAN,1967)、西非国家经济共同体(ECWAS,1975)、拉丁美洲一体化协会(LAIA,1980)等都出现在这一时期。

第二阶段:20 世纪 80—90 年代初期。以欧洲和北美为发展的重点区域,标志性的事件有欧洲统一市场形成(1985)、亚太经济合作组织(APEC,1989)成立等。北美自由贸易区(NAFTA,1994)的成立标志着发达国家开始在世界范围内谋求与发展中国家之间建立新型的区域经济一体化合作模式。

第三阶段:20 世纪 90 年代末至今。各种不同层次的区域经济集团数量大量增加,根据世界贸易组织发布的《2018 年世界贸易统计报告》,截至 2017 年 12 月 31 日,世界贸易组织成员通报的区域贸易协定已达 669 个,其中正式生效的就有 455 个。一些区域集团的范围和规模不断扩大,区域经济集团的成员结构发生较大的变化,世界经济已经形成了以欧盟、北美自由贸易区、亚太经合组织等超大区域集团为中心的格局。区域经济集团之间跨区域经济合作日益频繁,出现了一些跨洲的双边、多边自由贸易区。

四、区域经济一体化的影响和作用

(一)对成员国内部经济贸易的影响和作用

当代区域经济一体化组织形式多种多样,一体化目标有高有低,结合范围有广有窄,但无论是何种情况的区域经济一体化组织,对成员国内部经济贸易的发展总体上都是有利的。

1. 促进集团内部贸易的增长

在不同层次的众多经济一体化集团中,通过削减关税与非关税壁垒,形成区域性的统一市场,使集团内国际分工向纵深发展,彼此间经济相互依赖程度加深,商品和资金往来频繁,成本降低,从而使区域经济一体化组织内成员国间的贸易额迅速增长,集团内部贸易在成员对外贸易总额中所占的比例明显提高。欧盟在 1958—1969 年建立关税同盟的过渡期中,对外贸易总额平均增长了 11.5%,其中,成员国间的内部贸易额年均增长 16.5%;20 世纪 70 年代,共同体内部贸易额占对外贸易总额的比重已提高到 50%。近年来,欧盟约 66.8% 的进出口贸易是在其内部市场完成的。其他区域性贸易集团的发展也不同程度地显示出内部贸易额增长迅速这一典型事实。

2. 促进成员国资源优化配置和产业结构调整

当代各国在经济发展水平、资源禀赋状态和产业结构等方面都存在着很大的差异,各国在经济上存在着很大的互补性。从资源优化配置的需要来看,组成经济一体化集团,有利于资源的自由流动,可以使资源得到更有效的配置。

现代产业发展的特点是新兴产业不断代替传统产业,劳动密集型产业逐步被资本、技术密集型产业取代,同时,信息业、服务业等不断发展壮大。集团成员国在地区内调整产业结构、进行新的产业布局,有利于发挥成员国比较优势,进行资源的优化配置,发挥各自的功能作用,形成集团整体优势。

3. 加强集团整体经济实力

区域经济一体化组织的建立和发展，对成员国的经济发展起了一定的促进作用，集团联合经济贸易实力大大增强。以欧盟为例，1958年建立关税同盟时，六个成员国工业生产总值不及美国的一半，黄金外汇储备仅为美国的55%，出口贸易额与美国相近。到1979年时，欧洲共同体九国国内生产总值已达23 800亿美元，超过同期美国的国内生产总值，出口贸易额是美国的两倍以上，黄金储备资产则是美国的五倍多。在关税与贸易总协定和世界贸易组织的多边贸易谈判中，欧盟以集团身份与其他缔约方或成员方谈判，不仅大大增强了自己的谈判实力，也敢于同任何一个大国或贸易集团抗衡，从而达到维护自己贸易利益的目的。

4. 加强集团内企业的竞争与融合

区域经济一体化使集团内部的市场统一，加剧了成员国企业的直接竞争。大型企业在市场扩大和竞争加强的刺激下，力求扩大生产规模，增强资本实力，资本集中和集聚程度趋于提高，它们结成或扩大为跨国企业，中小企业则受到强烈的冲击。各成员国政府为了加强本国企业的竞争能力，在资本供应、税收政策等方面提供优惠。

（二）对非成员国经济贸易的影响和作用

区域经济一体化对非成员国的经济贸易的发展也具有一定的积极作用。首先，区域集团内的国家由于贸易障碍的取消和区域内规模经济范围的扩大，其经济增长率的提高有可能增加与区域外国家的进出口贸易。其次，由于地区内贸易手续的简化和产品标准化范围的扩大，使区域内和区域外的交易成本降低，促进商品的交流。

区域经济一体化对非成员国的消极影响则体现在以下两个方面。

1. 区域外国家将面对更大集团的贸易保护主义

由于关税壁垒和贸易障碍的取消仅仅是对区域集团内部成员国而言的，因而从区域外国家输入产品的价格就会高于区域内，使区域外国家处于不利地位。因此，对区域经济一体化组织外的国家来说，将面临一个更大的贸易保护主义集团。

2. 发展中国家的贸易、投资环境更加恶化

区域经济一体化以对内自由贸易、对外保护为基本特征。区域内贸易的内向性加强，统一的技术、环境标准对外来商品形成了无形的壁垒，对区域外商品需求相对减弱。发展中国家由于资金、技术的短缺，出口商品档次低、质量差，在国际市场上本就缺乏竞争力，现在由于区域经济一体化组织的贸易限制，产品更难打入集团内部市场，这对于以外向型发展战略为指导的发展中国家来说，无疑恶化了它们的贸易环境。发达国家为绕过区域经济一体化组织所设置的种种壁垒，常常采取在集团成员国内部投资设厂、就地生产、就地销售的办法，打开集团的市场。发达国家向区域经济一体化组织投资的增加，必然导致它们向发展中国家投资的减少，从而恶化发展中国家吸引国际资本的环境。

第二节 关税同盟理论

关税同盟是区域经济一体化的典型形式。除自由贸易区外，其他形式的区域经济一体化都是以关税同盟为基础逐步扩大其领域或内涵而形成的，因此，关于区域经济一体化经济影

响效果的分析，在理论上大都以关税同盟理论为例。关税同盟理论最早由维纳在《论关税同盟问题》一文中提出，维纳认为组建关税同盟会产生贸易创造（Trade Creation）和贸易转移（Trade Diversion）两个静态效应。后来，利普西（R. G. Lipsey）提出了成立关税同盟导致福利变动的渠道。

人物简介 10-1

雅各布·维纳

雅各布·维纳（Viner. Jacob，1892—1970），1892 年生于加拿大蒙特利尔，1914 年从加拿大麦吉尔大学毕业后移居美国。维纳在哈佛大学师从著名国际经济与贸易学家陶西格（Frank W. Taussing），1922 年获哈佛大学博士学位。维纳是芝加哥自由主义学派的代表人物，是凯恩斯主义革命的反对者，被罗宾斯喻为"他所处时代最杰出的教授"。

维纳的研究领域包括国际经济与贸易理论、微观经济学、经济思想史等，在这些领域中他都做出了卓越的贡献。在微观经济学领域，维纳对成本理论和垄断竞争理论做出了突破性的研究，提出了包络曲线的概念。他对经济思想史的研究也有非凡的深度。维纳还是《政治经济学杂志》的主编之一。维纳的大部分著作都属于国际经济学领域，主要有：1923 年出版的《倾销：国际贸易中的一个问题》，该书对国际贸易中的倾销行为进行了最初的全面性和系统性的研究；1950 年发表的《关税同盟问题》第一次建立了关税同盟模型，并展开定量分析，提出了关税同盟的两种效应和关税同盟的福利效果，引发了其后经济学家对这一问题的广泛讨论；1951 年出版的《国际经济学》包括了该领域理论、思想史、政策等在内的各方面内容，并对关税同盟问题做了进一步分析。维纳的其他著作有《国际贸易与经济发展》（1952 年）、《长期和短期观点》（1958 年）等。

资料来源：[英]约翰·伊特韦尔，[美]默里·米尔盖特，彼得·纽曼．新帕尔格雷夫经济学大词典：第四卷[M]．北京：经济科学出版社，1996：877-879．

一、关税同盟的静态效应

关税同盟形成后具有两种静态效应：贸易创造效应和贸易转移效应。

（一）贸易创造效应和贸易转移效应的含义

贸易创造效应（Trade Creating Effect）是指缔结关税同盟后，成员国之间相互减免关税而带来的同盟内部贸易规模扩大、生产要素重新优化配置所形成的经济福利水平提高的效果。这种贸易创造表现为由于关税同盟内实行自由贸易后，产品从国内成本较高的企业生产转往成本较低的成员国生产，从而使进口增加，新的贸易得以"创造"。其效果是：第一，由于取消关税，每一成员国由原来生产并消费本国的高成本、高价格产品，转向购买其他成员国的低成本、低价格产品，使消费者节省开支，提高福利。第二，提高生产效率，降低生产成本。从每一成员国看，扩大的贸易取代了本国的低效率生产。从同盟整体看，生产从高成本的地方转向低成本的地方，同盟内部的资源得以重新优化配置，提高了要素的利用效率。

贸易转移效应（Trade Diverting Effect）是指缔结关税同盟后，由于对内消除贸易壁垒，对外实行贸易保护，而导致某成员国从世界成本最低的国家进口转向同盟内成本最低的国家进口所造成的整个社会财富和经济福利水平下降的效果。贸易转移表现为由于建立了关税同盟,成员国之间的相互贸易取代了成员国与非成员国之间的贸易,导致由从外部非成员国较低成本的进口,转向从成员国较高成本的进口,发生贸易的"转向"。其效果是:第一,由于关税同盟阻止从外部低成本进口,而以高成本的供给来源代替低成本的供给来源,使消费者由原来购买外部的较低价格商品转向购买成员国的较高价格商品,增加了开支,造成福利损失。第二,从全世界的角度看,这种生产资源的重新配置导致了生产效率的降低和生产成本的提高。

(二)贸易创造效应和贸易转移效应的福利分析

为了具体分析关税同盟的贸易创造效应和贸易转移效应及其福利水平变化,假设世界上有 A、B、C 三个国家,都生产某一相同商品,但三国的生产成本各不相同。现以 A 国为讨论对象,在图 10-1 中,P 和 Q 分别表示该商品的价格和数量,S_A 表示 A 国的供给曲线,D_A 表示 A 国的需求曲线,P_A 为 A 国封闭条件下的价格。假设 B、C 两国的生产成本是固定的,图 10-1 中 P_B、P_C 两条直线分别表示 B、C 两国封闭条件下的该商品价格,且 C 国价格低于 B 国。

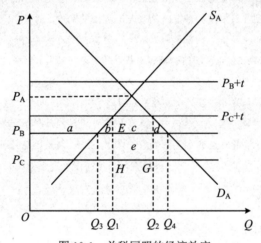

图 10-1 关税同盟的经济效应

在组成关税同盟之前,A 国对来自 B、C 两国的商品征收相同的关税 t。假设 A 国是一个小国,征收关税之后,B、C 两国的相同产品若在 A 国销售,价格分别为 P_B+t、P_C+t。显然,P_C+t 低于 A 国国内价格 P_A。而 B 国的产品价格要高于 C 国,故 A 国只会从 C 国进口,而不会从 B 国进口。此时,A 国国内该商品价格为 P_C+t,国内生产为 Q_1,国内消费为 Q_2,从 C 国进口为 Q_1Q_2。

假设 A 国与 B 国组成关税同盟,组成关税同盟后共同对外关税假设仍为 t,即组成关税同盟后,A 国对来自 B 国的进口不再征收关税,但对来自 C 国的进口仍征收关税 t。如图 10-1 所示,B 国产品在 A 国的销售价格现为 P_B,低于 P_C+t,因此,B 取代 C 国成为 A 国的供给者。由于价格的下降,A 国生产缩减至 Q_3,Q_3Q_1 是 A 国生产被 B 国生产所替代的部分,此为生产效应。另一方面,价格的下降引起 A 国消费的增加,消费由原来的 Q_2 升至 Q_4,消费的净增部分 Q_2Q_4 为关税同盟的消费效应。

组成关税同盟后,A 国的进口由原来的 Q_1Q_2 扩大到 Q_3Q_4,新增加的贸易即是贸易创造效应,如图 10-1 所示,贸易创造效应=生产效应+消费效应=$Q_3Q_1+Q_2Q_4$。除去贸易创造部分,剩

下的 Q_1Q_2 部分，原来是从同盟外 C 国进口的，但组成关税同盟后，则改由从同盟内成员 B 国进口，即贸易方向发生了转移，故贸易转移效应为 Q_1Q_2。

组成关税同盟后，A 国消费者福利改善，而生产者福利则降低，如图 10-1 所示，消费者剩余增加 $a+b+c+d$，生产者剩余减少 a。另外，原来从 C 国进口的关税收入 $c+e$ 现因改为从同盟国进口而丧失。综合起来，关税同盟对 A 国的净福利效应$=(a+b+c+d)-a-(c+e)=(b+d)-e$。

其中，$b+d$ 为贸易创造的福利效应；b 表示因同盟内成本低的生产替代了国内成本高的生产而导致的资源配置效率的改善；d 表示同盟内废除关税后进口价格下降、国内消费扩大而导致的消费者福利的净增加；e 则表示贸易转移的福利效应，因为贸易转移意味着同盟内成本高的生产替代了原来来自同盟外成本低的生产，故 e 表示这种替代所导致的资源配置扭曲，即贸易转移对 A 国的福利不利。这样，关税同盟对 A 国福利的净影响可表示成贸易创造的福利效应减去贸易转移的福利效应。加入关税同盟对 A 国究竟有利与否，取决于贸易创造的福利效应是否能抵消贸易转移的福利效应。

以上是关税同盟对 A 国福利的影响。对 B 国而言，组成关税同盟后，出口增加，生产扩张，所以对 B 国有利；对 C 国来说，在 A、B 组成关税同盟前，C 国是 A 国的供给者，但现在因贸易转移效应，其出口减少，因此，C 国福利必然因其贸易规模缩减而下降。

关税同盟的静态效应大小还取决于以下几个因素。

（1）同盟成立前关税水平越高，同盟成立后贸易创造效应越大。

（2）关税同盟成员国与非成员国产品成本差异越小，贸易转移的损失越小。

（3）关税同盟成员国的生产效率越高，贸易创造效应越大，关税同盟成立后社会福利水平越有可能提高。

（4）关税同盟成员国对非成员国产品的进口需求弹性越低，非成员国对关税同盟成员国出口供给弹性越低，则贸易转移的可能性越小。

（5）关税同盟成员国对外关税越低，贸易转移的可能性越小。

（6）参加关税同盟的国家越多，贸易转移的可能性越小，资源重新配置的利益越大。

（7）关税同盟成员国彼此间的贸易量越大，或与非成员国之间的贸易量越小，关税同盟成立后贸易转移的可能性越小，经济福利越可能提高。

（8）关税同盟成员国经济结构的竞争性越大，互补性越小，关税同盟成立后福利水平越有可能提高。

二、关税同盟的动态效应

（一）规模经济效应

对那些国内市场狭小或严重依赖对外贸易的国家而言，建立关税同盟最大的动态效应是它能带来规模经济效应。关税同盟建立以后，在排斥非成员国进口的同时，也为成员国相互之间增加商品出口创造了条件。所有成员国企业可以在扩大了的区域市场内增强自身对非成员国企业的竞争实力，并不断扩大生产规模，降低生产成本，获得规模经济效应。当然，未加入关税同盟的小国通过向世界其他国家出口商品，也能克服国内市场狭小的缺点，获得规模经济的好处，但绝不会像加入关税同盟这样获得全方位的好处。

（二）竞争效应

在关税同盟建立之前，生产者在高贸易壁垒的保护下缺乏动力去降低成本、提高效率，但当关税同盟形成以后，成员国之间消除了一切贸易壁垒，这使那些缺乏危机感的国内垄断企业不得不面对同盟内部更多生产者的竞争，保护壁垒的消除迫使它们改进技术、改善经营管理以提高生产效率，增强企业的竞争力。即使是在寡头垄断的市场结构中，在产品差异和规模经济存在的条件下，市场竞争也将限制或削弱寻租、串谋等滥用垄断力量所带来的高额成本，并将刺激寡头企业改善经营管理和促进技术升级。这种更大范围、更高水平的市场竞争，使同盟内资源向最有效率的厂商和国家集中，提高了资源配置的效率，加深了专业化程度，提高了成员国的经济福利。

（三）投资促进效应

关税同盟成立以后，成员国市场变成统一的大市场，具有如下刺激投资效应：首先，由于商品自由流通的范围得以扩大，大大加强了对成员国内部的投资者和非成员国投资者的吸引力，从而使企业投资增加，投资环境得到进一步的改善。其次，由于同行业竞争的加剧，为了提高竞争能力，厂商一方面必须扩大生产规模，增加产量，降低成本；另一方面必须增加投资，更新设备，提高装备水平，改进产品质量，并研制新产品，以改善自己的竞争地位。再次，由于研发固定成本将在更广的市场范围内加以分散，统一的市场还会提高创新的利润率，增加投资机会并促进规模经济的实现。最后，由于关税同盟成员国减少了从同盟外的进口，迫使非成员国为了避免贸易转移的消极影响，绕到同盟成员国内部直接进行投资设厂，建立所谓的关税工厂（Tariff Factories）。

（四）资源配置效应

关税同盟建立后，市场趋于统一，资本、劳动力、技术等生产要素可以在成员国间自由流动，提高了要素的流动性。资源的优化配置还能促使企业家精神在关税同盟成员国之间传播和发扬，导致管理创新和制度创新。这些都将使生产要素配置更加合理，提高要素利用率，降低要素闲置的可能性，从而实现同盟内高效率的资源配置效应。

（五）技术进步效应

关税同盟建立后，同盟内贸易和投资的便利，使体现于其中的知识、技术在同盟内发生扩散，推动了成员国的技术进步。同时，同盟内竞争的加剧又促使成员国增加自主技术研究与开发的投资，进行自主技术知识创新，这些都推动了关税同盟国整体的技术进步。

第三节 区域经济一体化的其他理论

一、大市场理论

共同市场与关税同盟有所不同，它的一体化程度比关税同盟更高。建立共同市场的目的就是要把那些被保护主义分割的狭小而又缺乏适度弹性的小市场统一起来，结成大市场，通过大市场内成员企业的激烈竞争,达到资源合理配置、实现大批量生产、获得规模经济,从而提高经济效益。大市场理论(Theory of Big Market)的提出者是西托夫斯基(T. Scitovsky)和德纽(F. Denian)。

大市场理论的核心包括以下两个方面。

(1)建立大市场的目的是通过扩大市场实现规模经济,从而获得经济利益。

(2)依靠因市场扩大化而竞争激烈化的经济条件,实现上述目的。

西托夫斯基认为一个封闭的国内市场会导致"小市场与保守企业家态度的恶性循环"。由于人们交往于狭隘的市场,竞争不激烈、市场停滞、新企业难以建立,并且由于垄断的存在,企业家比较容易获取高利润,从而失去进取的动力。企业不积极扩大生产、追求规模经济效应、降低生产成本,结果将形成一个不思进取,又能获得较高收益率的环境。长此以往,在狭小的市场范围内,国家会陷入高利润率、高价格、市场狭窄、低资本周转率这样一种恶性循环之中。能够打破这种恶性循环的办法是建立共同市场或贸易自由化条件下的激烈竞争。如果竞争激化,价格下降,就会迫使企业家停止旧式小规模生产,转向大规模生产。同时,随着要素所有者实际收入的增加,消费水平会不断提高,市场规模会进一步扩大。最终,在大市场激烈的竞争推动下,会出现一种积极扩张的良性循环。

德纽认为一定区域范围内的经济一体化有利于激化竞争、提高技术、扩大生产规模、实现规模经济、降低商品的价格,进而扩大对产品的需求,而只有这样,一国经济才能进入良性循环。他指出:"大市场导致机器的充分利用、大量生产、专业化、最新技术的应用、竞争的恢复,所有这些因素都会使生产成本和销售价格下降。取消关税也可能使价格下降一部分。这一切必将导致购买力的增加和实际生活水平的提高。购买某种商品的人数增加之后,又能使投资进一步增加",这样一来,"只有市场规模迅速扩大才能促进和刺激经济迅速扩张"。

大市场理论分析了区域经济一体化的意义和作用,但仍不十分完备,大市场理论的提出主要是以西欧作为研究对象的,在其适用性上有一定局限。同时,大市场理论强调的是扩大市场后出现的积累动态过程,并不一定要通过经济一体化的形态才能完成。只要企业家经营方式从保守的消极状态转变为积极进取的态度,大量引进先进技术,扩大生产规模,积极参与竞争,同样可以实现大市场的目的。另外,即使不组成区域性的经济贸易集团,只要有世界性的自由贸易,也可以取得大市场的各种利益。

人物简介 10-2

蒂博·西托夫斯基

蒂博·西托夫斯基(Tibor. Scitovsky,1910—2002)是匈牙利裔美国经济学家,1910年出生于布达佩斯,曾获得布达佩斯大学法学学位和伦敦经济学院经济学学位。1939年移民美国,他先后执教于斯坦福大学、加州大学(伯克利)分校、耶鲁大学、哈佛大学和伦敦经济学院。1966—1968年,西托夫斯基曾在经济合作与发展组织工作过。

西托夫斯基在福利经济学、国际贸易、经济发展和微观经济学等诸多领域做出了带有根本意义的和持久的贡献。在微观经济学领域,他强调动态的研究,强调消费效用和生产者的决策结果之间的相互依存,认为这是完全竞争经济的市场均衡中产生不同的社会优化选择的主要源泉。他的福利经济学著作指出,把政策分析和价值判断,即关于收入的最初和最终分配的优化问题隔离开来是不可能的。在贸易理论方面,西托夫斯基指出了关税和垄断对贸易的影响,认为市场力量从未导致或接近自由贸易,因为这种力量总会受到国际协定、狭隘民族私利等的制约。

资料来源:[英]约翰·伊特韦尔,[美]默里·米尔盖特,彼得·纽曼. 新帕尔格雷夫经济学大词典:第四卷[M]. 北京:经济科学出版社,1996:288.

二、协议性国际分工理论

日本学者小岛清在考察经济一体化组织内部分工的理论基础以后,在其著作《对外贸易论》中,提出了成本长期递减条件下的协议性国际分工理论(Theory of Voluntary and Cooperative Specialization)。他认为经济一体化组织内部如果仅仅依靠比较优势原理进行分工,不可能完全获得规模经济的好处,反而可能会导致各国企业的集中和垄断,影响经济一体化组织内部分工的发展和贸易的稳定。因此,必须实行协议性国际分工,使竞争性贸易的不稳定性尽可能被克服。

所谓协议性国际分工,是指一国放弃某种商品的生产并把国内市场提供给另一国,而另一国则放弃另外一种商品的生产并把国内市场提供给对方,即两国达成相互提供市场的协议,实行协议性国际分工。协议性分工不能依靠价格机制自动地实现,而必须通过当事国的某种协议加以实现,也就是通过经济一体化的制度把协议性分工组织化。

协议性国际分工的过程可以用图 10-2 来说明。在实行分工之前,甲国和乙国都分别生产 X、Y 两种产品,A、B 分别表示甲国和乙国生产 X 商品的成本,C、D 分别表示甲国和乙国生产 Y 商品的成本。由于两国国内市场有限,X 商品和 Y 商品的产量很小,导致生产成本很高。现在两国经过协商,实行协议性分工。假设 X 商品全由甲国生产,乙国把 X_2 数量的国内市场提供给甲国,如图 10-2(a)所示;同时,Y 商品全由乙国生产,甲国把 Y_1 数量的国内市场提供乙国,如图 10-2(d)所示。经过上述分工之后,由于每种产品市场规模扩大,如虚线所示,每种商品的生产成本均明显下降,达到了规模报酬递增的效果。这只是每种商品的产量与专业化前两国产量之和相同的情形,如果考虑随着成本、价格的下降两国需求会随着增加等情况,实际效果会更大。

尽管协议各国都享受到了规模经济的好处,但是要使协议性分工取得成功,必须满足以下三个条件。

(1) 实行协议性分工的两个或多个国家的要素比率没有多大差别,工业化水平、经济发展阶段大致相同,协议性分工对象的商品在各国都能进行生产。

(2) 作为协议性分工对象的商品,必须是能够获得规模经济效应的商品。

(3) 对于参与协议性分工的国家来说,生产任何一种协议性对象商品的成本差别都不大,否则就不容易达成协议。因此,成功的协议性分工必须在同等发展阶段的国家建立,而不能建立在工业国与初级产品生产国之间。同时,发达国家之间可进行协议性分工商品的范围较广,因而利益也较大。

小岛清的协议性国际分工理论的实质是国际经济关系中的妥协性行为,它并不反对自由贸易下的竞争,而是反对在现实情况中,各国以自由贸易之名,行保护贸易之实。为维护本国经济利益,在与各国的矛盾冲突中人为扭曲价格竞争,致使结果变形。协议性国际分工通过国际经济协调达成国际分工协议,相互提供市场从而实现专业化分工,其理论基础仍然是比较优势理论。

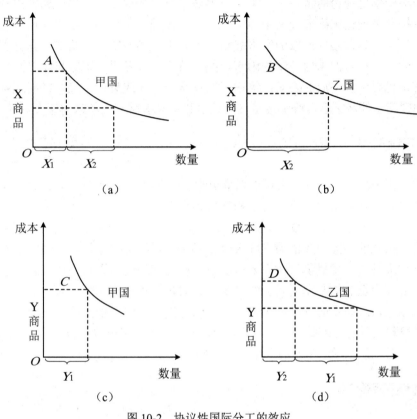

图 10-2　协议性国际分工的效应

三、综合发展战略理论

综合发展战略理论（Integrated Strategic Theory of Development）是与经济发展理论紧密联系,指导发展中国家经济一体化的理论。它是由鲍里斯·塞泽尔基在《南南合作的挑战》一书中提出来的。

综合发展战略理论认为,经济一体化是发展中国家的一种发展战略,要求由强有力的共同机构来保护较不发达国家的优势。因此,有效的政府干预对于经济一体化是很重要的,发展中国家的经济一体化是变革世界经济格局、建立国际经济新秩序的要素。

综合发展战略理论的原则包括以下几项。

（1）经济一体化是发展中国家的一种发展战略,它不限于市场的统一,也不必在一切情况下都寻求尽可能高的其他一体化形式。

（2）两极分化是伴随一体化出现的一种特征,只能通过强有力的共同机构和政治意志制定系统的政策来避免它。

（3）鉴于私营部门在发展中国家一体化进程中是导致其失败的重要原因之一，因此有效的政府干预对于经济一体化的成功至关重要。

（4）发展中国家的经济一体化是集体自力更生的手段和按新秩序逐渐改变世界经济格局的要素。

这种经济一体化理论的特点是：第一，突破了以往一体化理论的研究方法，放弃了用自由贸易和保护贸易理论来研究发展中国家一体化的过程，主张用与发展理论紧密联系的研究方法，把一体化作为发展中国家的发展战略，不限于市场的统一；第二，充分考虑了发展中国家实现一体化过程时的国内外制约因素，把一体化当作发展中国家集体自力更生的手段和按新秩序变革世界经济格局的要素；第三，在制定一体化政策时，综合发展战略理论主张必须综合考虑政治、经济因素，强调经济一体化过程必须有强有力的政府干预。

四、相互依赖理论

相互依赖指国际经济交往中各国经济相互制约、影响、互为前提的状态，相互依赖是社会生产力发展和国际分工的产物。关于相互依赖导致区域经济一体化的理论主要由美国国际关系学家卡尔·多伊奇（Carr Deutsch）在《国际关系分析》一书中提出。相互依赖具有正向或反向作用，很强的正向相互依赖将导致合作乃至区域经济一体化，很强的反向相互依赖则会助长矛盾冲突甚至引发战争。在许多情况下，相互依赖的结果具有双重意义。相互依赖不等于国与国之间力量的均衡和关系上的平等，有对称的相互依赖和不对称的相互依赖，也就是说，发生相互依赖关系的各国在实力上有量的差别。一国对别国的依赖或相互依赖有程度上的不同，表现出敏感性或脆弱性。区域经济一体化组织就在于协调各方面的相互依赖关系，使其在总体上对称，尽量避免发展至敏感性或脆弱性。

五、工业偏好理论

库珀（C. A. Cooper）、马赛尔（B. F. Massell）和约翰森（H. G. Johnson）等学者在修正维纳的关税同盟理论的过程中，提出了"偏好工业生产"的假设，并由此形成了"工业偏好理论"。该理论遵循传统比较优势的思路，从工业生产和工业品贸易的角度解释区域经济一体化。其内容包括以下两方面。

（1）世界上绝大多数的国家在经济发展过程中，都存在优先发展现代工业的偏好。对工业产业的偏好促使这些国家以关税或其他贸易政策来保护工业生产，如高关税、出口补贴等。偏好程度相近的几个国家结成关税同盟等区域经济一体化组织后，就可以形成地区间的国际专业化分工，并通过增加互惠贸易来扩大本国的工业生产规模。

（2）各国政府有意识地加速工业化进程。区域经济一体化成员国一旦享受到国际专业化分工的好处后就更有提高工业偏好的倾向，他们往往通过直接补贴、成员间关税减让及对外贸易保护措施引导资金向本国工业生产转移，使之获得更好的发展条件，从而进一步增加公共福利，使区域间的一体化程度越来越紧密。

按照工业偏好理论，如果两个工业偏好的国家结成关税同盟，关税同盟的对内自由、对外保护的特点，将排斥非成员国工业品的进口，贸易转移效应将增强，关税同盟将以牺牲非成员国的出口来提高和强化同盟的工业偏好。由此可见，这种区域经济一体化理论强调，一体化组织应该建立在同等工业生产成本水平、同等工业偏好、在世界市场上比较优势不明显的国家之间。

第四节 区域经济一体化的实践

一、发达国家之间的区域经济一体化组织

第二次世界大战后，发达国家之间的第一个国际经济一体化组织是比利时、荷兰和卢森堡通过达成协议建立的"比荷卢"联盟，三国商定建立共同的对外关税，协调经济政策，比利时和卢森堡还将它们的货币确定为等值，以便在双方国家流通。

发达国家之间的国际经济一体化组织发展程度最高的是欧洲联盟。

欧洲联盟的前身是欧洲共同体。1951年，法国、意大利、荷兰、比利时、卢森堡、联邦德国六国在巴黎签署条约，宣布成立欧洲煤钢共同体，以集中管理六国的煤炭和钢铁资源。通过促进成员国间煤钢自由贸易和对非成员国实行贸易保护，欧洲煤钢共同体使成员国受到战争打击的工业恢复了活力，正是这种成功推进了范围更广、程度更大的欧洲经济共同体的建立。1957年3月25日，六国在意大利首都罗马签订了《建立欧洲经济共同体条约》和《建立欧洲原子能共同体条约》，统称《罗马条约》，并于1958年1月1日正式生效。欧洲经济共同体的长期目标是建立欧洲经济和政治联盟。1965年4月，六国又签署了《布鲁塞尔条约》。1967年7月1日，欧洲煤钢共同体、欧洲原子能共同体、欧洲经济共同体的主要机构合并，统称"欧洲共同体"。1973年1月1日，英国、丹麦、爱尔兰加入欧洲共同体。1981年，希腊成为欧洲共同体的第十个成员国。1986年，西班牙和葡萄牙加入。1995年1月1日，又接纳了奥地利、芬兰和瑞典三国。至此，欧洲共同体共有15个成员国，成为一个从地理上把地中海国家和斯堪的纳维亚国家连为一体，包括欧洲主要工业国家的一体化组织。

在欧洲共同体运行的过程中，其贸易创造和贸易转移效应明显，并获得了一定程度的动态效应。1968年，欧洲共同体已建成了自由贸易区，取消了工业品的贸易限制。1968年7月，欧洲共同体初步建成关税同盟，到1970年，它已成为比较成熟的关税同盟，具有共同的对外关税体系。欧洲共同体内部在交通设备、机械、化学药品、燃料上的贸易创造效应非常明显，而在农产品、原材料上主要表现为贸易转移效应。但总的来看，贸易创造的效应比贸易转移的效应要大。同时，欧共体也获得了关税同盟的动态效应。另外，它也有利于促进成员国的国际分工和生产专业化，带来规模经济，加速投资增长，提高成员国产品在国际市场上的竞争能力，加深成员国之间彼此的依赖和影响，有利于提高西欧在世界经济中的地位。1979年，欧洲共同体经过多年的酝酿，建立了欧洲货币体系，实现成员国相互保持可调整的钉住汇率制度，建立共同干预基金和储备基金，对外则采取联合浮动汇率制度，从而使其经济一体化的程度向前迈进了一步。

1985年3月，欧洲共同体在布鲁塞尔召开欧洲理事会，集中讨论了在1992年建成欧洲单一内部市场的行动。1986年2月，欧共体各国签订了《单一欧洲法案》作为《罗马条约》的

补充,该法案于 1987 年 7 月生效。1992 年 2 月 7 日,欧洲共同体成员国在荷兰马斯特里赫特签订了一系列的条约,简称为《马斯特里赫特条约》,旨在将欧洲共同体一体化程度向前推进,经过一段时间的过渡,建立欧洲经济货币联盟和政治联盟。该条约由两部分组成:一个是《经济和货币联盟条约》,另一个是《政治联盟条约》。《马斯特里赫特条约》使欧洲共同体不再仅仅是经济组织,而是走向政治、经济和社会的全面联合。1993 年 11 月 1 日,《马斯特里赫特条约》生效,欧洲联盟(简称欧盟)正式成立。1998 年 5 月 2 日至 3 日,欧盟在布鲁塞尔举行了首脑会议,确定了首批实施单一货币的 11 个国家。从 1999 年 1 月 1 日起,欧洲统一货币——"欧元"以非现金的形式进行流通,2002 年 1 月 1 日开始发行欧元的硬币和纸币,并把各成员国原来流通的纸币和硬币兑换成欧元的纸币和硬币,2002 年 7 月 1 日,欧元成为欧洲货币联盟范围内唯一的法定货币。与此同时,欧洲中央银行于 1998 年 6 月 1 日建立,总部设在法兰克福。2004 年,10 个中东欧国家加入欧盟,欧盟完成历史上最大规模的扩张。2007 年,第六次扩大中罗马尼亚和保加利亚加入欧盟。2013 年,第七次扩大中克罗地亚加入欧盟。目前欧盟已成为一个涵盖 28 个国家、总人口超过 5 亿的当今世界上经济实力最强、一体化程度最高的国家联合体。

在欧洲,除了欧盟之外,也有其他的经济一体化组织。欧共体成立后,1960 年,以英国为首的 7 个国家为改变在欧洲独自奋战的处境,决定建立欧洲自由贸易联盟。当时的成员国有英国、丹麦、葡萄牙、瑞典、瑞士、挪威、奥地利。此后,芬兰、冰岛和列支敦士登也相继加入进来。欧洲自由贸易联盟的总部设在日内瓦,其目标是成员国之间相互取消关税和非关税壁垒,内部实行自由贸易,对外不建立共同关税。它不约束成员国对非成员国的贸易政策,不搞逐步升级,因而是水平较低的区域经济一体化组织。由于英国、丹麦于 1973 年,葡萄牙于 1986 年,奥地利、瑞典和芬兰于 1995 年加入当时的欧共体或欧盟,这些国家自动放弃了其在欧洲自由贸易联盟中的成员国地位。目前,欧洲自由贸易联盟成员国仅剩挪威、瑞士、冰岛和列支敦士登四国。

二、发展中国家之间的区域经济一体化组织

欧洲联盟的成功,激励许多发展中国家也采取一体化的方式来提高经济的发展速度,然而其中的大多数尝试仅获得了有限的成功或遭遇了失败。

早在 20 世纪 60 年代,发展中国家的国际经济一体化组织就已经产生了。1960 年,中美洲的哥斯达黎加、萨尔瓦多、危地马拉、洪都拉斯和尼加拉瓜等五国签署了《中美洲共同市场条约》。《中美洲共同市场条约》的基本目标是通过经济一体化平衡本地区经济发展,实现工业化。由于内部市场规模有限,合作领域较少,中美洲共同市场进展一直比较缓慢,并于 1969 年一度解散,1990 年重新恢复。1990 年 6 月,五国总统举行会晤并达成协议,决定设立一种地区支付手段,确定统一的对外贸易关税税率,简化本地区海关和移民手续,加强地区的经济合作。1990 年 8 月 5 日,五国又决定逐步取消关税壁垒。经过两年的过渡,1992 年中美洲建立了自由贸易区。显然,该一体化组织的进展是非常缓慢的。

《拉美自由贸易协定》由墨西哥和大多数南美洲国家于 1960 年建立,由于该一体化组织成员比较多,经济发展水平差异较大,因而在贸易自由化方面难以取得一致步调。1980 年,

《拉美自由贸易协定》被《拉美一体化协定》所取代。

安第斯集团于 1969 年 5 月成立，其创始国有玻利维亚、哥伦比亚、智利、厄瓜多尔和秘鲁，1973 年委内瑞拉加入，1976 年智利退出。该组织的基本宗旨是取消成员国之间的关税壁垒，组成共同市场，以充分利用本地区的经济资源，促进成员国经济的平衡发展。在其成立后的二十多年里，由于各国采取比较封闭的经济发展战略，一体化进程比较缓慢，经济一体化的成效并不明显。1989 年，成员国举行首脑会议，决定建立安第斯自由贸易区，并提出自 1990 年起，经过 5 年的过渡，成员国分阶段削减关税，此后又将建立自由贸易区的时间提前到 1991 年年底。

1991 年 3 月 26 日，阿根廷、巴西、乌拉圭和巴拉圭四国总统签订了《亚松森条约》，决定于 1994 年年底建立南方共同市场。《亚松森条约》规定在 1994 年 12 月 31 日以前的过渡期内，各成员国将相互取消关税和非关税壁垒，实现商品和服务的自由流动，确定共同的对外关税，制定共同的贸易政策，并且还要协调各国的宏观经济政策，以及税收、货币、汇率等方面的政策及有关的立法。目前该一体化组织的发展势头良好。

在亚洲比较成功的一体化组织的是东南亚国家联盟（简称东盟）。1967 年 8 月 8 日，印度尼西亚、马来西亚、菲律宾、新加坡和泰国五国的外交部长在曼谷签署了建立东盟的宣言，宣告作为地区性合作联盟——东南亚国家联盟的成立。其宗旨是在经济、社会、文化、技术、科学和行政管理的领域内促进共同积极合作和互助。然而在东盟成立的最初几年里，经济合作并未付诸行动。20 世纪 70 年代中期以后，东盟各国加强了相互间的经济合作，成立了一系列的促进经济合作的组织机构。20 世纪 80 年代中期以后，随着地区贸易保护主义的抬头，东盟各国意识到加强内部的经济合作，提高合作的层次和水平，扩大合作的领域的必要性。1992 年 1 月 28 日的东盟首脑会议发表了《1992 年新加坡宣言》《东盟加强经济合作的框架协议》和《有效普惠关税协议》，东盟决定在 15 年时间内建立自由贸易区。此后，这一过渡期几次提前。1994 年，东盟又提出在 5 年内建立自由贸易区的目标。不仅如此，由于近年来东盟各国经济发展较快，对外贸易迅速发展，因而其内部合作的扩大对周围国家构成较强的吸引力。文莱、越南、老挝、柬埔寨和缅甸等国相继加入，使该组织成为包括东南亚所有国家的区域经济一体化组织。

受欧共体的影响，许多非洲国家也组成了一些经济一体化组织，主要有马拉加斯经济联盟，该组织成立于 1974 年，其成员主要有喀麦隆、中非、乍得、刚果、贝宁、科特迪瓦、马里、毛里塔尼亚、尼日尔、多哥和布基纳法索；东非关税同盟成立于 1967 年，其成员有埃塞俄比亚、肯尼亚、苏丹、坦桑尼亚、乌干达和赞比亚；西非经济共同体成立于 1975 年，其成员有科特迪瓦、马里、尼日利亚、多哥和布基纳法索等国；此外，还有马格里布经济联盟等。尽管非洲各国之间签署了许多旨在发展地区经济合作的协议或条约，但进展较慢。

在阿拉伯国家之间，也有一些国际经济一体化组织。阿拉伯共同市场成立于 1964 年，其成员有埃及、伊拉克、科威特、约旦和叙利亚。该组织原计划经过 10 年的过渡，完全取消内部贸易障碍，对外共同关税也要在 20 世纪 80 年代建立，但由于多方面的原因，该目标未能实现。

发展中国家的区域经济一体化组织发展缓慢甚至失败的原因是多方面的，其中主要有以下三个方面：首先，成员国经济发展水平较低，因而缺乏进行贸易合作的物质基础。各国的经济发展水平均比较低，决定了它们经济结构相类似，因而难以形成产业内贸易。其次，一些国家参加某种经济一体化组织的目的是在封闭的市场内寻求经济的发展，然而当各成员国市场都比较狭小时，区域经济的一体化不会给各国带来足够的市场规模。最后，对于那些实行开放经济的国家，它们在参加区域经济一体化组织的同时，也倾向于与发达国家开展贸易，以促进经济发展。在此情况下，如果发达国家市场的吸引力超过了区域经济一体化组织的内部市场，那么该国的离心倾向是不可避免的，因此造成一体化组织内部凝聚力的减弱。

发展中国家之间区域经济一体化组织的存在与发展需要具备以下几个条件。

（1）各成员国经济需要有一定程度的发展，以便为经济一体化提供必要的条件。

（2）发展中国家经济一体化组织的前途有赖于内部市场的扩大和经济互补性的增强。

（3）发展中国家的经济一体化组织的建立不能脱离发展中国家的特点，一切组织模式的选择要有助于各国经济的工业化。

三、发达国家与发展中国家之间的区域经济一体化组织

最典型的发达国家与发展中国家之间的经济一体化组织是北美自由贸易区（North American Free Trade Area，NAFTA）。北美自由贸易区由美国、加拿大和墨西哥三国组成，是在美加自由贸易区的基础上延伸发展的。1985年9月，由加拿大总理提出，美国政府支持，建立双边自由贸易协定。双方经过三年多的谈判，于1988年1月2日签署了《美加自由贸易协定》，该协定从1989年1月1日起生效。该协定规定经过10年的过渡，取消两国一切进出口产品的关税，逐步减少贸易壁垒，同时在投资方面实现自由化。美加自由贸易协定名义上是一个贸易协定，实际上则包括进出口和投资、农产品及银行经营业务等多方面的内容，是一个综合协定，协定的签署促进了美国、加拿大双边贸易发展和经济的快速增长。

1990年，美国与墨西哥开始探索建立双边自由贸易协定后，美国、加拿大、墨西哥三国认识到订立一个三边协定更为有利。三国领导人于1991年在多伦多举行第一次会议，决定建立美加墨自由贸易区。经过一系列谈判，1992年8月12日，三国正式签订了《北美自由贸易协定》，1993年7月，又签订了建立北美自由贸易区的补充协定，1993年11月，三国议会正式批准了该协定，并于1994年1月1日起正式生效实施。

协定明确规定，经过15年的过渡，三国相互取消关税，实现商品和服务的自由流动。这一目标分三个阶段实施：第一阶段，首先在所列的9 000多种产品中立即取消约50%的关税；第二阶段，15%以上的产品关税将在5年内取消；第三阶段，剩余关税在第6～15年内取消。为防止来自第三国的转口贸易，三国详细开列了原产地原则的标准，规定在多数产品中，只有占全部价值62.5%的产品价值在其成员国生产时，才属于原产地产品。

北美自由贸易区开创了发达国家与发展中国家之间组建区域经济一体化组织的先例。无论是综合经济实力、科技实力，还是市场规模，北美自由贸易区在当时都超过了欧共体。它对于美洲经济的发展、资金的注入、就业的增加、人民生活水平的提高都产生了很大的积极作用，对世界经济格局也产生了重大深远的影响。

从北美自由贸易区建立和发展的实践看，发达国家与发展中国家之间的经济一体化组织可以而且能够给两类国家都带来经济利益。就发达国家而言，通过参加这种一体化组织，各

国可以充分利用发展中成员国廉价的劳动力和商品的销售市场,发达国家还可以利用区域经济一体化的便利重新配置资源,将资本投向能够最有效使用的地区;就发展中国家成员而言,它们也获得了较有保证的劳动密集型产品市场,增加了就业机会,在引进外资的竞争中也能取得一定的成效,从而有利于这些国家的经济发展。

四、经济一体化的新模式:开放的区域经济一体化

开放的区域经济一体化是一种新型的区域经济合作形式。开放性是指这类经济一体化没有专门的组织机构和机制化的贸易安排,成员间的所有优惠性措施或安排也适用于非成员经济体。这一点与传统的区域经济一体化组织的排他性有本质上的区别。这种区域经济一体化的典型形式是亚洲与太平洋地区经济合作组织,简称亚太经合组织(APEC)。

亚太经合组织是1989年11月在澳大利亚、日本、韩国三国的倡导下成立的。当时的成员有美国、加拿大、澳大利亚、新西兰、日本、韩国和东盟6国共12个国家,现已有成员21个,其中,发达国家成员有5个,发展中国家成员有16个。中国于1991年加入亚太经合组织。该组织是成员间经济差距最大的区域经济一体化组织。

成立之初,亚太经合组织类似于一个经济论坛。1993年,亚太经合组织发生了重要的变化。根据亚太经合组织的规定,1993年亚太经合组织部长级会议在美国的西雅图召开。当时美国提出,在召开部长级会议之后,召开成员经济体的非正式首脑会议。在成员经济体第一次首脑会议上,形成了亚太经合组织的基本目标,即在该地区实现贸易和投资的自由化,并确定这种自由化是非排他性的。1994年,亚太经合组织部长级会议和非正式首脑会议在印度尼西亚的茂物召开,在这次会议上,成员经济体一致同意,规定实现贸易和投资自由化的时间表。各国最后商定,亚太经合组织中发达的成员经济体最迟在2010年实现贸易投资自由化,发展中成员经济体最迟在2020年实现贸易投资自由化。1995年,亚太经合组织会议上成员经济体一致同意将加强相互经济技术合作作为该组织的另一个重要支柱。因此,亚太经合组织有两大支柱:一是贸易投资自由化;二是经济技术合作。

开放的区域经济一体化与GATT和WTO的基本原则——非歧视原则是一致的,它标志着区域经济一体化实践上的一次创新,同时也是对传统的区域经济一体化理论的一次挑战。开放的区域经济一体化实际上反映了经济全球化对区域经济一体化的一种积极影响。

此外,一些新型的区域间经济合作形式也在逐步发展,如1996年3月启动的亚欧经济合作在东盟、中日韩三国、欧盟的积极推动下,正处在探讨合作领域、加快合作步伐的阶段。全球范围内主要的区域经济一体化组织如表10-2所示。

表10-2 区域经济一体化主要组织一览

名称	建立时间	性质或类型
欧洲联盟(EU)	1993	经济与政治同盟
北美自由贸易区(NAFTA)	1989	自由贸易区
亚太经济合作组织(APEC)	1989	自由贸易区
中国—东盟自由贸易区(CAFTA)	2010	自由贸易区
欧洲自由贸易联盟(EFTA)	1960	自由贸易区

续表

名　　称	建 立 时 间	性质或类型
东南亚国家联盟（ASEAN）	1967	自由贸易区
海湾合作委员会（GCC）	1981	共同市场
澳、新加强经济联系贸易协议（ANZCERT）	1983	自由贸易区
南半球共同市场（MERCOSOL）	1991	共同市场
拉丁美洲一体化协会（LAIA）	1960	特惠关税区
阿拉伯海湾国家合作委员会（CCAGS）	1981	共同市场
安第斯条约集团（APO）	1969	共同市场
南部非洲关税联盟（SACV）	1969	关税同盟
西非国家经济共同体（ECOWAS）	1975	关税同盟
东部和南部非洲国家特惠贸易区（CPTA）	1981	特惠关税区
加勒比共同体和共同市场（CARICOM）	1973	共同市场
中非国家经济共同体（ECCAS）	1983	共同市场
中美洲共同市场（CACM）	1961	关税同盟
中非关税和经济联盟（CDEAC）	1964	关税同盟
马诺河联盟（MRV）	1973	关税同盟
东加勒比国家组织（COECS）	1981	关税同盟
比荷卢经济联盟（BEC）	1948	经济联盟
独立国家联合体（CIS）	1991	自由贸易区
加勒比国家联盟（ACS）	1994	共同市场

注：另有一些类似自由贸易区性质的经济"三角"小区域或小的经济带，如中美洲萨尔瓦多、洪都拉斯和危地马拉三国组成的"北三角"自由贸易区；新加坡、马来西亚和印度尼西亚交界的巴岑岛经济三角区等，未列入表中。

阅读案例

贸易创造和贸易转移：英国的失与得

1973 年是英国的生活水平发生变化的一年，当年农产品的价格急剧上涨，家庭在一日三餐上的花费大幅增加。价格的上升并非偶然，而是由于政府的一项决策。英国不再从它原来的殖民地——澳大利亚购买廉价的农产品，相反却增加了自己的农业产出，并向价格更昂贵的欧洲邻居购买农产品。英国为什么做出这样的决策？其收益能够抵消损失吗？

英国与澳大利亚的贸易关系是由大英帝国沿袭下来的。澳大利亚作为英国的殖民地一直向它的宗主国供应食品，销往英国的产品占 1950 年澳大利亚出口总量的 1/3。但在 1973 年，这种贸易传统被打破了。英国与它的邻邦签署了一项加入欧共体的协议。虽然英国国内普遍认为此举是正确的，但却不得不承受随之而来的经济后果。

澳大利亚的农民遭受了巨大打击。他们与英国的传统贸易几乎在一夜之间就画上了句号。加入欧盟后，英国不得不遵守欧盟的共同农业政策，这些政策给欧盟外的农产品生产者统一设置了贸易壁垒。关税和配额提高了非欧盟成员国的农产品在英国的销售价格。因此，澳大利亚在英国市场的优先进入权宣告终结。英国与成本更高的其他欧洲生产者进行贸易，而澳大利亚则被淘汰出局。加入欧盟以后，英国从澳大利亚进口的牛肉减少了75%以上，来自澳大利亚的80万吨小麦进口也几乎立即被封杀。

英国消费者为这一变化付出了高昂的代价。加入欧盟之前，由于澳大利亚的牛肉、小麦和其他农产品的生产效率很高，价格也相当便宜，因此，英国是整个欧洲食品支出最低的国家。而加入欧盟之后，由于欧洲进口的农产品价格昂贵，英国不仅食品价格平均上涨了25%，总通货膨胀率也上升了3%~4%。简单地说，因为英国的农产品贸易从低成本生产国转移到高成本生产国，购买农产品不得不花费更多的金钱，因而承受了损失。

但另一方面，随着英国加入欧盟并取消对欧洲其他国家进口产品的关税和配额，来自欧洲的工业制成品贸易大幅度上升。欧洲贸易伙伴的低价进口取代了英国生产的高价产品，因此提高了英国的福利。

评价英国加入欧盟究竟是好还是坏变成了一个经验问题。工业制成品的贸易创造增加的福利能否抵消农产品的贸易转移减少的福利？围绕这一问题的大量经验研究普遍得出的结论是：农业发生了大规模的贸易转移，而制造业则发生了大规模的贸易创造。贸易转移和贸易创造的总体效应仍然是存在争论的一个问题。

资料来源：RICHARD POMFRET. Unequal trade: the economics of discriminatory international trade policies[M]. New York: Blackwell Publishers, 1988.

理论联系实际

经济全球化下中国贸易和投资促进的措施

【实际材料】

中国已经和澳大利亚、瑞士、哥斯达黎加、新加坡、智利、韩国、冰岛、秘鲁、新西兰、巴基斯坦、马尔代夫、格鲁吉亚、东盟十国签署了双边自由贸易区协议。中国和海合会（阿联酋、阿曼、巴林、卡塔尔、科威特和沙特阿拉伯）、斯里兰卡、以色列、挪威、毛里求斯、摩尔多瓦、巴拿马、巴勒斯坦等的自由贸易区谈判正在进行中。另有一些双边自由贸易区谈判正在研究中，如中国和哥伦比亚、斐济、尼泊尔、加拿大、孟加拉国、蒙古国等。总体上，中国当前加入的自贸区谈判数量还较小，且主要限于发展中国家，因而在进一步推进自贸区建设上还有巨大空间。自由贸易区对中国贸易和投资的影响体现在以下方面。

在对外贸易方面，自由贸易区在进一步降低关税壁垒的同时，将显著降低成员间的非关税壁垒。在原关税与贸易总协定和世界贸易组织推动的贸易自由化后，关税壁垒对国际贸易的阻碍作用已经相对较小，而以技术性和临时性贸易壁垒为代表的非关税贸易壁垒的影响逐步凸显。非关税贸易壁垒包括价格控制、数量限制、反竞争和技术管制等方面的措施。随着中国出口规模的扩大，非关税贸易壁垒对中国贸易的影响越来越大。根据世界银行统计，中国是受非关税贸易壁垒影响最大的国家之一，针对中国的非关税贸易壁垒远高于中国发起的非关税贸易壁垒。此外，卫生和植物检疫、技术性贸易壁垒和反倾销是中国的贸易伙伴最常使用的非关税贸易壁垒。

在对外投资方面，双边和多边自贸区的合作措施，不仅包括货物和服务贸易的自由化，还包含投资、政府采购、知识产权保护、标准化等多方面内容。以中国—东盟自贸区为例,《中国—东盟自贸区投资协议》包括27个条款,涉及国民待遇、最惠国待遇、投资公平公正待遇和损失补偿等方面内容,力主逐步实现投资体制自由化,加强投资领域的合作,促进投资便利化和提高投资相关法律法规的透明度,并为双边投资提供保护,因而自贸区的建立对中国的国际投资发展也有重要意义。

资料来源:余淼杰,崔晓敏.经济全球化下中国贸易和投资促进的措施[J].国际经济评论,2017(3).

【理论分析】
1. 中国已经建成和正在商谈的自由贸易区有哪些?
2. 中国建立的自由贸易区对本国出口和投资产生了怎样的积极影响?

复习思考题

1. 区域经济一体化有哪些组织形式?各有什么特点?
2. 简述区域经济一体化兴起的原因。
3. 简述区域经济一体化对成员国和非成员国经济贸易的不同影响。
4. 做图分析关税同盟的"贸易创造效应"与"贸易转移效应"。
5. 简述大市场理论。

第十一章 国际资本流动、跨国公司与国际贸易

 引导案例

华为如何发展成为跨国公司

华为是全球领先的ICT（信息与通信）基础设施和智能终端提供商，致力于把数字世界带入每个人、每个家庭、每个组织，构建万物互联的智能世界。华为成立于1987年，是一家由员工持有全部股份的民营企业，目前有18万员工，业务遍及170多个国家和地区，在2017年《财富》杂志世界500强排名中，华为排名第83位。

华为最初成立时为一家生产用户交换机（PBX）的香港公司做销售代理，1990年，华为自主研发面向酒店与小企业的PBX技术并进行商用。1992—1995年，华为研发并推出农村数字交换解决方案，并主要面向农村市场，取得了15亿元人民币的良好销售业绩，在中国电子百强企业中排名第26位。1996年，华为将市场开拓到国内主要城市，并开始制定国际化发展战略。

华为国际化的早期阶段，克服外来者劣势是公司的首要任务。通常来说，与东道国本地的企业相比，外来者将面临更高的成本。这些成本来自文化差异、制度差异和市场差异，以及由于需要在跨国情境下协调各个子公司运营所产生的复杂的协调成本。华为正确的选择了与母国具有相似性的海外市场，走出了国际化发展的第一步，1996年进入俄罗斯市场，1997年进入拉丁美洲市场，1998年进入非洲市场，1999年在印度班加罗尔设立研发中心。由于这些国际市场和母国中国的市场在某些程度上十分相似，市场发展水平都不成熟，本地消费者在这样的市场中通常对价格十分敏感，同时消费者对产品的质量要求也不会像发达市场那样高，因此，华为能够很有效率地把中国市场的产品不需要做特别的调整和改动就能转移到这些市场。

华为国际化的第二阶段，注重核心技术创新，利用全球资源以获得协同效应。截至2005年，华为已经扩张到世界各地，建立了很多海外子公司，海外合同销售额首次超过国内合同销售额。通信产业一直被视为"富商俱乐部"，这意味着如果华为不能掌握一定的专利和核心技术，它就无法和西方公司展开直接的竞争。因此，华为投入大量精力建立全球研发网络。截至2014年，华为已经建立了16个全球研发中心、28个联合创新中心，以及200多个与大学的合作项目，承建全球186个400G核心路由器商用网络，在全球9个国家建立5G创新研究中心。华为对这些研发中心有着清晰的建设计划。除了一些研发中心要考虑靠近竞争者外（例如荷兰、芬兰和瑞典研发中心），海外研发中心最主要的职能就是支持华为技术的发展和提升，因此，研发中心地点选择的核心原则就是基于本地化的技术优势和人才。华为逐步培

养了充分利用母国优势和东道国优势的能力，从而取得全球运作的协同效率。

华为国际化的第三阶段，注重战略思维的转变，从行业追随者蜕变为行业领导者。截至2016年，华为已经支持全球170多个国家和地区的1 500多张网络的稳定运行，服务全球1/3的人口，在全球获得了170多个云化商用合同，数字业务云服务平台累计引入超过4 000家合作伙伴，并联合500多家合作伙伴为全球130多个国家和地区的客户提供云计算解决方案，部署超过200万台虚拟机和420个云数据中心，成为全球最大的通信设备和技术服务解决方案供应商，这标志着华为已经成为该行业的全球领导者。在追求行业领导地位的同时，华为努力与供应商、其他合作伙伴和竞争对手建立价值生态系统。通过利用外部资源和能力，华为努力为整个行业价值链创造最大化的价值。

资料来源：吴晓波，[德]约翰·彼得·穆尔曼. 华为管理变革[M]. 北京：中信出版社，2017.

教学目标

通过本章的学习，了解国际资本流动的定义和类型，了解跨国公司的定义和特征，熟悉国际资本流动的原因、原理及经济效应分析，熟悉国际资本流动、国际直接投资与国际贸易的关系，掌握跨国公司国际直接投资理论的内容。

第一节　国际资本流动概述

一、国际资本流动的定义、原因和类型

（一）国际资本流动的定义

国际资本流动是指资本从一个国家或地区向别的国家或地区转移，进行商品生产和金融服务等方面的投资活动，其目的是为了获得比国内更高的经济效益。国际资本流动表现为国际资本的流入和流出。资本流入（Capital Inflows），即本国对外国负债的增加和本国在外国资产的减少，或外国在本国资产的增加和外国对本国负债的减少。资本流出（Capital Outflows），即本国对外国负债的减少和本国在外国资产的增加，或外国在本国的资产减少和外国对本国负债的增加。

（二）国际资本流动的原因

1. 资本收益的差异

资本收益的差异是由资本要素禀赋差异所导致的资本供给与需求不均衡所决定的。从资本的供给方面看，发达国家的经济发展水平较高，资本积累的规模大，国内投资市场饱和、资本收益下降，因而出现了大量相对过剩资本的供给。从资本的需求方面看，大部分发展中国家或地区，由于经济发展落后，储蓄率较低，金融市场不成熟，国内资本短缺，资本收益过高，为了加速本国资本形成、技术进步，促进经济增长，产生了对国际相对过剩资本的大量需求。在资本供给与需求共同作用下，资本便从收益低的充裕国家流向收益高的稀缺国家。

2. 各国汇率的变动

汇率的变动会改变资本的相对价值，对国际资本流动产生较大的影响。如果一国的货币贬值，用该国货币表示的金融资产的价值就会下降；反之，货币升值，用该国货币表示的金融资产的价值就会上升。为了避免贬值造成的损失，或获取增值带来的收益，在汇率不稳定的情况下，投资者将根据自己对汇率的预期，把金融资产从一种货币形式转化为另一种货币形式，从而引起资本从一个国家转移到另一个国家。

3. 经济政策和风险防范

各国为了经济发展而实行的各种经济政策，是国际资本流动的原因之一。无论是发达国家，还是发展中国家，都会不同程度地通过不同的政策和方式来吸引外资，以达到一定的经济目的。另外，由于市场的缺陷和各种消极因素的存在，影响资本投资的各种风险随时都可能出现。为了规避和防范这些风险，大量的资本会从高风险的国家或地区转移到低风险的国家或地区，由此产生资本的国际流动。

4. 对国际资金流动管制的放松

二战后的相当长的一段时间内，各国对国际资本流动进行了非常严厉的管制。但随着各国经济的复苏与发展，20 世纪 70 年代以来，各国兴起了放松外汇管制、资本管制乃至金融管制的浪潮，逐步对外开放本国的银行信贷市场与证券市场，允许外国金融机构进入本国金融市场，允许非居民到本国金融市场筹资，放松对金融机构的控制。目前，绝大多数发达国家都放开了对国际资金流动的管制。同时，新兴市场经济体的资本管制放松也非常显著。这些政策的实施加速了资本的国际流动。

（三）国际资本流动的类型

国际资本流动可以从不同的角度分类。从流动时期的长短来看，可以分为长期资本流动和短期资本流动；从资本流动的方式来看，又可以分为国际直接投资和国际间接投资。

1. 长期资本流动与短期资本流动

长期资本流动是指期限为一年以上的资本流动，包括国际直接投资、一年期以上的证券投资和中长期贷款；短期资本流动则是指期限不超过一年的金融资产在国家或地区之间的转移，包括国际证券投资和短期贷款等。

2. 国际直接投资与国际间接投资

国际直接投资是指一国的投资者将资本用于他国的生产或经营，并掌握一定的经营控制权的投资行为，是资本要素国际流动的主要方式之一。对外直接投资通常采用三种基本方式：创办新企业、并购国外企业、利润再投资。

国际间接投资包括证券投资和借贷资本输出，其特点是投资者不直接参与所投资企业的经营管理。

二、国际资本流动的格局

尽管早在 14 世纪就已出现了资本的跨国流动，但作为一种稳定的经济现象，国际资本的大规模流动则是从 19 世纪后半叶开始的。从那时起，国际资本流动大体经历了四次高潮：第一次高潮发生在 19 世纪 70 年代至 20 世纪初;第二次高潮发生在两次世界大战之间;第三次高潮则出现在二战后至 1982 年;20 世纪 90 年代以来,国际资本流动结束了拉美债务危机后的长期停滞,出现了第四次高潮。

(一) 19 世纪 70 年代至 20 世纪初的国际资本流动格局

19 世纪 70 年代至 20 世纪初,资本主义由自由竞争走向垄断,主要资本主义国家为了开拓发展具有巨大利润来源的市场,搜寻廉价原料与劳动力,纷纷向其殖民地、附属国,或向其地缘接近的资源丰富的国家进行直接投资,购买私人企业发行的股票、债券,并进行长期贷款。英国、法国、德国是这一时期的主要资本输出国,其中,英国的资本输出占第一位,每年输出资本约占其国民生产总值的 5%~10%,占当时国际资本输出总额的 50%,其次为法国和德国,分别占国际资本输出总额的 20% 和 15%。资本输入国主要为北美和大洋洲诸国,其次为中国、埃及、印度、土耳其等国家,部分资本则投放于俄国、东欧和斯堪的纳维亚国家。

(二) 两次大战期间的国际资本流动格局

在此期间国际资本流动的基本格局发生了较大变化,美国从原来的债务国转变为债权国,其资本输出的流向以拉美和西欧国家为主。一战期间的巨额军费开支和战败国的赔款,使国际资本流动方式中的政府间国际贷款增长迅速。1929—1933 年间的世界性经济危机使多数国家采取严格外汇管制措施,对资本自由流动加以限制,这段时期世界范围内资本流动处于萎缩停滞状态。

(三) 二战后至 1982 年间的国际资本流动格局

这一时期,美国成为资本主义国家经济发展的领导者。利用战争期间获得的雄厚资本和由其主导的战后国际货币体系,美国开始积极进行国际资本输出,成为 20 世纪 50 年代世界上最大的债权国。从 1986 年起,美国沦为净债务国,而石油输出国、日本和德国迅速发展成为主要债权国。从资本流动的形式来看,这一时期,国际直接投资逐年迅速增长,随着欧洲货币市场的发展,国际银行信贷与证券投资量也急剧增长。从投资流向来看,国际资本由原来发达国家向发展中国家流动,演变成发达国家向发达国家和发展中国家向发达国家的双向流向。

(四) 20 世纪 90 年代后的国际资本流动格局

这一时期,国际资本流动在技术进步、主要工业化国家金融市场改革、发展中国家宏观经济转型的推动下,有了巨大的发展和变化。从规模来看,国际资本流动的规模不断扩大,即使在金融危机频繁爆发的情况下,国际资本流动的总量仍持续扩张,国际金融市场上债券和股票交易数量大幅增加;从结构来看,外国直接投资(FDI)和证券投资(FPI)已经取代商业银行贷款占据了国际资本流动的主导地位,短期资本流动加剧,特别是具有游资性质的短期资本流动增加、周转加快,给国际金融环境带来动荡和不安;从资本流向来看,发达国家仍然是国际资本市场上的主要融资者,发展中国家的份额呈上升趋势。

进入 21 世纪,特别是国际金融危机后,国际资本流动又出现了新变化。从规模上看,作为国际资本流动一个重要组成部分的跨国投资规模呈现下降趋势,跨国并购的速度已经放缓,外国直接投资的增长动力明显不足。从结构上看,国际资本增加了对传统产业的技术改造和对新兴产业投资方面的关注,技术资本投资呈现增长的趋势。从资本的流向看,流入发达国家的资本总量有所减少,更多的国际资本正在加速流向发展中国家和地区,尤其是亚洲一些市场容量和需求潜力较大的经济体。一部分新兴市场国家逐渐成为资本的净投出国。在发达国家内部,美国仍然是国际资本流动的主要目的地,但是资本流入速度放缓,欧盟对国际资本的吸引力大大增强,日本吸收外国直接投资的能力有所减弱。

三、国际资本流动的原理及效应分析

（一）国际资本流动的基本原理：费雪模型

20 世纪初,美国经济学家欧文·费雪按照李嘉图的比较优势理论,根据实际利率的比较优势,建立了资本流动的基本原理模型。

费雪认为,每个国家都拥有一定的资本数量,这些存量资本既可以用来生产现在商品,以满足人们的当前消费,也可以用来生产将来商品,以满足人们的将来消费。而后者就是投资行为,进行投资就是用当前的消费换取将来的消费。于是,国际投资便可以看作是一种国际交换——用现在的商品去交换将来的商品。

假设有 A、B 两个国家,它们各自有关现在商品和将来商品的生产可能性曲线与表示对这两种商品的偏好的社会无差异曲线如图 11-1 所示。

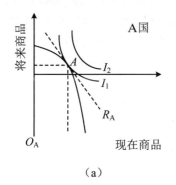
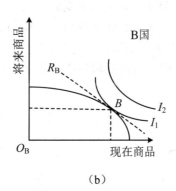

图 11-1　A、B 两国封闭条件下的均衡

图 11-1 中,横轴代表现在商品,纵轴代表将来商品。社会生产可能性曲线的形状反映了两国资本的生产特点。在没有资本流动的情况下,A 国和 B 国有关这两种商品的资本分配和生产分配分别由生产可能性曲线与社会无差异曲线相切的点 A 和 B 决定,这两点分别表示了资本和生产的最优配置点。过 A 点和 B 点切线的斜率分别是 R_A 和 R_B,表示 A 国和 B 国现在商品与将来商品相交换的比率,即现在商品与将来商品的相对价格,亦即用一定量的现在商品可以换得的将来商品的数量。如果用 r 表示实际利率,则将来商品价值与现在商品的价值之比 R 应该等于 $1+r$,因此,实际利率 r 等于 $R-1$。从图 11-1 中可以发现,两国的生产可能性曲线和社会无差异曲线的形状是不同的,这说明两国的资源禀赋、资本的生产特点和社会偏好是不同的,因此,由这些因素所决定的实际利率也是不相同的。图 11-1 中 A 国的利息率高于

B 国，这证明 A 国在生产将来商品方面具有比较优势，B 国则在生产现在商品方面具有比较优势。这两个国家之间就存在着上述两种商品相交换的比较优势，A 国愿意出口将来商品，进口现在商品，而 B 国恰恰相反，愿意出口现在商品，进口将来商品。

在封闭条件下，每个国家根据社会偏好来决定两种商品的生产比例，亦即决定了投资和储蓄的比例。但在开放条件下，每个国家都可以突破储蓄和投资的比例。根据图 11-1 可知，A 国实际利率要高于 B 国，具体如图 11-2 所示。

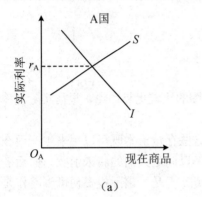 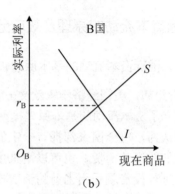

图 11-2　A、B 两国实际利率差异

对于 A 国来说，如果实际利率低于 r_A，便会出现储蓄小于投资的情况。对于 B 国来说，如果实际利率高于 r_B，便会出现储蓄大于投资的情况。由于 A 国在将来商品上具有比较优势，B 国在现在商品上具有比较优势，A 国将减少现在商品的生产而增加将来商品的生产，B 国则正好相反，减少将来商品的生产而增加现在商品的生产。如果不存在交易成本，不存在资本运动的管制，则交易过程将最终导致 A、B 两国现在商品和将来商品的相对价格，即实际利息率趋于一致，如图 11-3 所示，即实际利率等于 r。

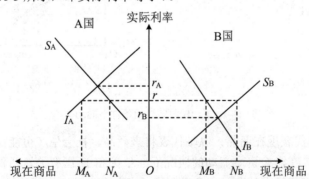

图 11-3　A、B 两国现在商品和将来商品的交换及实际利率趋同

通过交换，A 国购入 $N_A M_A$ 的现在商品，为此它要售出 $(1+r)N_A M_A$ 的将来商品，B 国购入 $(1+r)M_B N_B$ 的将来商品，用 $M_B N_B$ 的现在商品来支付。当然，A 国购入的现在商品 $N_A M_A$ 必须等于 B 国所售出的现在商品 $M_B N_B$。

A 国在售出将来商品时，实际上出售的不是别的，而是一种对将来商品的要求权，这些要求权通常以股票、债券等金融资产的形式存在，出售这些金融资产所获得的资金便可以弥补 A 国在储蓄和投资之间的差额，即 A 国出售将来商品的过程也就是它引进"国际资本"的过程。

A 国由于购入现在商品而造成的贸易逆差是由其资本账户的顺差来弥补的,它是商品的净购买者,同时也是证券的净出售者。B 国则相反,它用贸易账户的盈余弥补资本账户的赤字,或者说它用贸易顺差支持其资本输出。

人物简介 11-1

欧文·费雪

欧文·费雪（Irving Fisher，1867—1947），1867 年生于美国。费雪于 1890 年开始在耶鲁大学任数学教师，1898 年获哲学博士学位，同年转任经济学教授直到 1935 年。1929 年，费雪与 J. A. 熊彼特、J. 丁伯根等发起并成立计量经济学会，1931—1933 年任该学会会长。费雪的博士学位论文《价值与价格理论的数学研究》用定量分析研究效用理论,奠定了他作为美国第一位数理经济学家的地位。1930 年，费雪出版了代表作《利息理论》，1932 年出版了《繁荣与萧条》，1933 年出版了《大萧条的债务通货紧缩理论》，1935 年出版了《百分之百的货币》等著作。

费雪被认为是在美国生长成才的一位最伟大的经济学家,他在经济学科的广泛领域中做出了开创性的和持久的贡献,他对经济学的主要贡献是在货币理论方面阐明了利率如何决定和物价为何由货币数量来决定,提出了著名的费雪方程式。除此之外,费雪关于指数、指数理论与应用等方面的研究对后世统计学的发展起到了重要影响,他使经济学变成了一门更精密的科学。费雪还是经济计量学发展的领导者,加大了统计方法在经济理论中的应用。在经济学的其他领域,如一般均衡理论、数理经济学、物价指数编制、宏观经济学等,费雪都有重要贡献。

资料来源：[英]约翰·伊特韦尔，[美]默里·米尔盖特，彼得·纽曼. 新帕尔格雷夫经济学大词典：第二卷[M]. 北京：经济科学出版社，1996: 395-403.

（二）国际资本流动的福利增进效应：麦克道格尔模型

正如国际资本流动的基本理论所示,资本总是从报酬率低的国家流向报酬率高的国家。根据新古典经济理论,决定一种要素报酬的是这种生产要素的边际生产力。在资本丰裕国,资本边际生产力较低,而在资本稀缺国,资本的边际生产力却较高。这样,资本总是从边际生产力低的资本丰裕国流向边际生产力高的资本稀缺国。资本在各国间的自由流动又使资本的边际生产力在国际上趋于平均化,从而提高了世界资源的配置效率,增加了世界的财富总量,促进了世界经济的增长,增进了各国的福利。麦克道格尔（G. A. Macdougall）提出了国际资本流动对投资国和东道国经济增长及福利影响的理论模型,随后,肯普（M. C. Kemp）和琼斯（R. Jones）等人做了进一步的深入分析。

假定投资国和受资国都是完全竞争的经济,资本的报酬完全由资本的边际产量决定,同时,国际的资本流动不受任何限制。如图 11-4 所示，O_1 为投资国的原点，O_2 为受资国的原点。横轴表示两国的资本存量,纵轴表示各自的资本边际生产力。O_1O_2 的距离表示两国的总资本存量。图 11-4 中的 MN 曲线表示投资国的资本边际产量曲线,这条负斜率的曲线同时也代表这个国家的资本需求。mn 是受资国的资本边际产量曲线,它与 MN 具有同样的性质。在国际资本流动发生之前,投资国利用 O_1Q 量的资本生产 O_1MTQ 单位产量。受资国则利用 O_2Q 量的资本生产 O_2mUQ 单位的产量。投资国的资本边际产量为 QT,而受资国的资本边际产量为 QU,前者低于后者,由此引发资本从投资国向受资国的移动。当两国的资本边际产量达到相等时,资本流动过程便停止。这时有 SQ 资本从投资国流向受资国,两国的资本边际产量同为 $SP=O_1E=O_2e$。

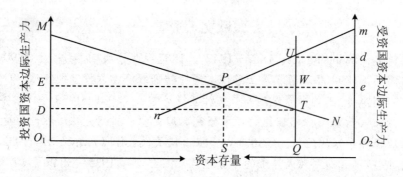

图 11-4　国际资本流动的福利增进效应

资本流动之后,投资国的产量为 O_1MPS,受资国的产量为 O_2mPS。与资本流动前两国总产量相比,国际资本流动使两国总产量净增加了 PUT。这说明,资本流动提高了资本要素的配置效率,即提高了资本的边际产量,从而增加了世界总产出水平。投资国的国内产量虽然减少,但其国民收入却增加了 $SPWQ$,大于其产值损失 $SPTQ$,同时,受资国的收入也净增加了 PWU。这说明通过资本流动的自由化,在世界总产量增加的同时,投资国和受资国也有机会分享这一净福利增量。

第二节　国际直接投资与国际贸易

国际直接投资与国际贸易作为开放经济条件下两种国际经济联系的方式,都能起到在世界范围内合理配置资源的作用。国际贸易可看作是以商品为载体的生产要素在国际上的间接流动,而国际直接投资就是生产要素在国际上的直接流动。从这个角度看,国际直接投资与国际贸易二者之间存在着非常紧密而复杂的关系。

一、国际资本流动与贸易的替代关系

国际经济学家蒙代尔在《国际贸易与要素流动》一文中沿用赫克歇尔—俄林贸易理论的分析逻辑,在两个国家、两种产品和两种要素的 2×2×2 模型的框架体系中阐述了国际直接投资与国际贸易之间的替代关系。

该模型假定:

(1) A 国是资本要素相对丰裕的国家,B 国是劳动力要素相对丰裕的国家;

(2) 现有 X、Y 两种商品,X 是资本密集型产品,Y 是劳动密集型产品,A 国在 X 产品上具有比较优势,B 国在 Y 产品上具有比较优势;

(3) A、B 两国的生产函数相同,即两国生产技术相同,而且生产要素边际收益递减,规模报酬不变;

(4) 劳动和资本可以在国内各部门间自由流动,各国要素禀赋的相对充裕排斥了完全专业化生产的可能。

根据要素禀赋理论和要素价格均等化定理,在没有贸易壁垒的情况下,A、B 两国可以通过商品贸易达到资源的最优配置,A、B 两国不存在要素流动的必要。如图 11-5 所示,横轴与纵轴分别表示商品 X 和商品 Y 的产量。弧线 $T_A T_A$、$T_B T_B$ 分别代表 A、B 两国的生产可能性边界。A 国的 X、Y 两种商品的最佳生产组合点为 P_A,A 国消费点为 C_A,因此,A 国出口 $P_A Q_A$ 量的 X 商品,进口 $C_A Q_A$ 量的 Y 商品;而 B 国的最佳生产组合点为 P_B,B 国消费点为 C_B,因此,B 国出口 $P_B Q_B$ 量的 Y 商品,进口 $C_B Q_B$ 量的 X 商品。如图 11-5 所示,A 国的三角形 $C_A Q_A P_A$ 与 B 国的三角形 $P_B Q_B C_B$ 全等。因此,A 国、B 国在 MM' 线表示的价格比率下,同时达到了贸易平衡,此时,两国的资源实现了最有效率的利用,并且两国的福利水平也达到了最大化,所以要素流动的动因并不存在。

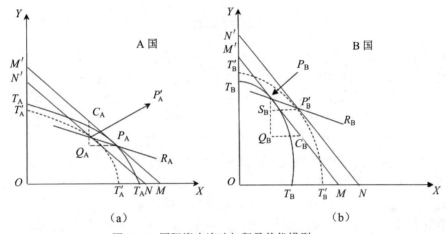

图 11-5 国际资本流动与贸易替代模型

假如此时出现贸易壁垒,要素流动将代替商品流动来实现上述同样的目的。例如,B 国对进口的 X 商品征收高关税,势必提高 A 国出口的 X 商品在 B 国的国内价格,从而刺激了 B 国 X 商品部门的生产扩张。伴随着 B 国 X 商品部门生产的扩大,B 国国内对原本就较稀缺的资本要素的需求上升,因而使 B 国资本的价格上升。此时,A 国的资本在高利润的驱使下,流向 B 国,扩大 B 国 X 商品的生产。由于 A 国资本流出,使得其生产可能性边界由原来的 $T_A T_A$ 缩小为 $T_A' T_A'$,而 B 国的生产可能性边界则由原来的 $T_B T_B$ 扩展为 $T_B' T_B'$。在 X、Y 两种商品的价格比率不变的条件下,即 MM' 线与 NN' 线平行,A 国的最佳生产组合点由 P_A 变为 P_A',B 国的最佳生产组合点由 P_B 移到 P_B'。图 11-5 中,A、B 两国的最佳生产组合点的连线 R_A 线和 R_B 线,被称为罗布津斯基线(Rybczynski Line)。最佳生产组合点的变化,意味着 A 国将减少 $Q_A P_A$ 量的出口商品 X 的生产,而增加 $P_A' Q_A$ 量的进口商品 Y 的生产;B 国则增加 $S_B P_B'$ 量的进口商品 X 的生产,而减少 $P_B S_B$ 量的出口商品 Y 的生产。由于 A 国三角形 $P_A' Q_A P_A$ 与 B 国三角形 $P_B S_B P_B'$ 全等,因此,A、B 两国的 X、Y 商品总产量与自由贸易条件下相比并没有发生变化,即 A 国 Y 商品产量的增量 $P_A' Q_A$ 等于 B 国 Y 商品产量的下降 $P_B S_B$,A 国 X 商品产

量的下降 $Q_A P_A$ 等于 B 国 X 商品产量的上升 $S_B P'_B$。因此，蒙代尔认为，国际资本流动与国际贸易是一种完全替代的关系，即国际资本流动取代了国际贸易，属于一种逆贸易倾向的投资。他进一步推断，对国际贸易的阻碍会促进要素的国际流动，而对要素流动的限制则会促进国际贸易。二者都能实现商品价格均等化和要素价格均等化。即使要素不能流动，自由贸易除了使商品价格均等化外，也能使要素价格均等化。同样，即使无法自由贸易，要素的自由流动除了使要素价格均等化外，也会使商品价格趋同。

需要指出的是，蒙代尔贸易与投资替代模型是在一系列严格假设条件下的精密理论推导。现实世界中，国际直接投资与国际贸易二者之间除了有较为明显的替代关系外，还存在着一定程度的互补和促进关系，如 20 世纪 60 年代以来，随着国际直接投资的迅速增加，国际商品贸易规模不但没有下降反而以更快的速度增长，国际直接投资进一步促进了商品贸易的增长。

人物简介 11-2

罗伯特·蒙代尔

罗伯特·蒙代尔（Robert A. Mundell，1932—），1932 年生于加拿大安大略省，曾就读于英属哥伦比亚大学和伦敦经济学院，1956 年于麻省理工学院（MIT）获得博士学位。1956—1957 年在芝加哥大学做政治经济学博士后研究。1961 年，蒙代尔任职于国际货币基金组织，在 IMF 的研究经历对他的学术思想起到了无可替代的重要作用，他的几篇最重要的论文都是在这期间发表的。1966—1971 年，蒙代尔担任芝加哥大学经济学教授和《政治经济期刊》的编辑，1974 年起执教于哥伦比亚大学。蒙代尔教授还曾担任联合国、世界银行、欧盟、联邦储备委员会和美国财政部等众多政府部门、国际组织和公司的顾问。1999 年，蒙代尔因在"对经济稳定政策和最优货币区域理论的贡献"获诺贝尔经济学奖。

蒙代尔教授在各类科技期刊发表了大量论文，撰写了大量著作。统一欧洲货币的第一批方案中就有一篇是他编写的，因此，他被誉为"最优货币区域理论"的奠基人、"欧元之父"；他在新古典国际贸易模型基础上，研究了国际直接投资与国际贸易二者之间的替代关系；他系统地描述了标准的国际宏观经济学模型，即蒙代尔—弗莱明模型，提出了有利于固定汇率制与浮动汇率制下经济稳定的货币——财政政策相结合理论框架；他提出的增长与通货膨胀理论是供给学派发展的先导，对于欧元的创立起了重要的作用。

资料来源：赵春明，焦军普. 国际贸易学[M]. 北京：石油工业出版社，2003: 206-207.

二、国际资本流动与贸易的互补关系

在国际资本流动与贸易的理论关系研究中，小岛清将国际直接投资与国际贸易二者统一于国际分工中，认为国际分工既能解释对外贸易，也能解释对外直接投资，并证明了国际资本流动已不再是对贸易的简单替代，二者之间还可能存在着互补关系。

小岛清放松了蒙代尔模型中两国的生产函数相同（即两国生产技术相同）的假设条件，并且提出了以下几个假定。

（1）国际直接投资不是单纯的资金流动，而是包括资本、技术、经营管理的总体转移。

（2）直接投资并非生产要素的一般流动，而是由投资国特定产业中的特定企业向受资国同一产业中的特定企业的要素转移。

（3）投资国 A 资本比较丰裕，而受资国 B 劳动力比较丰裕。只有当 A、B 两类国家的技术差距较小时，A 国的先进生产函数才能比较容易地转移到 B 国。

（4）X 商品、Y 商品分别是资本密集型和劳动密集型产品。A 国在生产 X、Y 两类商品时，均采用先进的生产函数。同 B 国相比，A 国与 B 国在资本密集型商品 X 上的技术差距更大，因此，A 国选择对 B 国的商品 X 进行直接投资。

由于小岛清假定直接投资的核心是先进生产技术的移植，而不考虑为数甚微的货币资本的流动，所以如图 11-6 所示，A 国的生产可能性边界在对 B 国 X 商品投资后，并没有发生变化，仍旧维持原来的 TT 水平。而 B 国在接受先进生产函数之后，其生产可能性边界由原来的 tt 线变为 tt' 线。流动后，A 国的交易条件由原来的 P 线变为 P' 线，表明 A 国在 Y 商品上的比较优势增强，而其原来在 X 商品上拥有的比较优势变为比较劣势。因此，A 国生产最佳组合点由原来的 Q 点变为 Q' 点，从而增大 Y 商品生产，减少 X 商品生产。假定 A 国消费无差异曲线在 C 点与其交易条件线 P' 相切，决定了 A 国 X、Y 两种商品的消费量。在对 B 国 X 种商品进行投资后，A 国出口 EQ' 量的 Y 商品，进口 CE 量的 X 商品。流动后，B 国的交易条件不变，生产最佳组合点位于 q' 点。假定 B 国消费无差异曲线在 c 点与交易条件线 P' 相切，从而决定了 B 国对 X、Y 两种商品的消费量。与 A 国一样，可以推知 B 国在接受 A 国投资后，出口 $q'e$ 量的 X 商品而进口 ec 量的 Y 商品。如图 11-6 所示，A 国三角形 CEQ' 与 B 国三角形 $q'ec$ 全等，因此，A、B 两国通过在 X、Y 两种商品生产、贸易和消费上的互补，同时达到了均衡，表明对外投资创造了贸易机会，即国际直接投资与国际贸易之间是互补的关系。

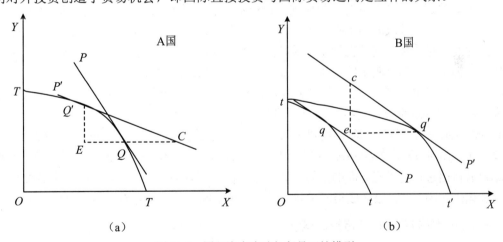

图 11-6　国际资本流动与贸易互补模型

从小岛清的国际资本流动与贸易互补模型以及世界经济发展的现实情况来看，国际资本流动在一定程度上是促进国际贸易发展的。其主要途径可以通过以下两条来实现：一是通过国际资本流动，促进了东道国的经济开发，利用了东道国潜在的经济资源，使东道国经济发展水平得以提高，购买力增大，市场扩展，从而促进国际贸易。二是在现实世界中，两国同一行业生产函数不同时，国际资本流动会通过投资带动技术、管理和人力资源的全球扩散，生产要素在国际范围内可以得到优化组合。这样,在总体来看,国际资本流动就会促进世界经济和国际分工的发展,也就必然带来国际贸易规模的扩大。

小岛清模型表明,国际资本流动可以产生"生产函数改变后的比较优势"。一方面,以投资国资本丰富为前提,接受投资国的投资行业所生产的商品越是劳动密集型,就越容易具有比较优势。另一方面,投资国和接受国的技术差距越小,技术就越容易移植、普及和固定下来。小岛清把国际资本流动看作是先进生产函数的转移和扩散,较准确把握了国际资本流动的本质。因为国际资本流动,尤其是国际直接投资较之与一般的货币资本流动的一个根本差异是,国际直接投资是包含了资本、技术、管理等"一揽子"资本的转移。与小岛清的观点相似,20世纪80年代初期,马库森(Markuson)和斯文森(Svensson)也认为在因贸易障碍产生投资的一般情况下,对外直接投资主要流入东道国进口替代部门。但若对外直接投资不是因为关税等贸易障碍引起的,而且对外直接投资主要流入东道国的出口部门时,则对外直接投资会导致国家间分工和专业化生产的进一步深化,从而扩大国际商品贸易,此时对外直接投资与贸易是一种互补关系。他们认为国际资本流动,尤其是对外直接投资形式的资本流动和国际商品贸易表现为替代性还是互补性,依赖于贸易要素和非贸易要素之间的关系。

三、《与贸易有关的投资措施协议》

国际直接投资无论是对国际贸易有替代作用还是互补作用,都会对国际贸易产生一定程度的影响,并且随着国际直接投资的迅速发展,其对国际贸易的影响也会越来越大。

第二次世界大战以后,生产和资本国际化趋势日益加强。特别是进入20世纪70年代以来,以跨国公司为主体的投资活动迅猛发展,对外投资数额不断扩大,对国际贸易和各国经济产生着重要的影响。与此同时,投资国、投资者与东道国之间围绕直接投资问题的矛盾与纠纷也不断增多,东道国政府为了把外国资本引入所需要投资的重点领域和重点地区,往往提供一些鼓励性的优惠措施,同时也规定了种种限制性条件,而这不同程度地对贸易产生了扭曲和限制作用。为了减少和克服矛盾与纠纷,促进国际投资活动的健康发展,国际社会曾为此做过积极的努力,起草和制定了一些规则和协议,这些规则和协议有的得到实施,有的并未付诸实施。在关税与贸易总协定"乌拉圭回合"谈判中,那些与贸易有关的投资措施(Trade-related Investment Measures)作为一项新议题进入了谈判范围,并最终达成了《与贸易有关的投资措施协议》(*Agreement on Trade-related Investment Measures*,TRIMs)。该协议列举了限制和扭曲国际贸易自由进行的投资方面的措施,要求成员在一定时期内将其取消。随着世界贸易组织的成立和运作,这一协议已在成员间生效,成为一项国际经济贸易方面的通行规则。

(一)与贸易有关的投资措施的概念

与贸易有关的投资措施并不是泛指所有的与贸易有关的投资措施,而是指对贸易具有限制作用或扭曲作用的投资措施。1990年5月,TRIMs谈判小组达成的框架协议草案中给TRIMs下的定义为:一项投资措施,如果是针对贸易的流向,即贸易本身的,引起了对贸易的限制或损害作用,且这种作用是与关税与贸易总协定有关规定不符的,就构成与贸易有关的投资措施。总括而言,与贸易有关的投资措施的概念有三个要点:第一,它是针对外国直接投资项目或企业所实施的措施;第二,它是直接或间接由东道国政府通过政策法令实施的;第三,用关贸总协定的条款来衡量，它限制或扭曲了贸易的自由化进程。

实施与贸易有关的投资措施，其目的在于使外国的投资者，特别是跨国公司在经济活动中符合东道国国家的发展目标与产业政策。因此，从实施主体来看，TRIMs 的制定和实施者是国际直接投资东道国，而不是投资母国政府和跨国公司；从实施对象来看，TRIMs 针对的是国际直接投资活动，而不是货物进出口本身；从实际作用来看，TRIMs 有限制性和鼓励性两大类，有的对贸易发生直接影响，有的则是间接影响。

（二）《与贸易有关的投资措施协议》的内容

关税与贸易总协定"乌拉圭回合"谈判中，各缔约方在 1991 年 12 月形成了 TRIMs 协议草案，1993 年 3 月底，TRIMs 协议正式获得通过。1995 年世界贸易组织成立后，该协议被世界贸易组织所管辖，并针对处于不同经济发展阶段的 WTO 成员开始逐步实施。TRIMs 包括两部分：一部分是正文，共有 9 个条款；另一部分是附件。TRIMs 协议的实质性内容主要包括以下六项。

1. 宗旨

《与贸易有关的投资措施协议》的宗旨是避免投资措施给贸易带来负面影响，促进国际贸易的发展和进一步的自由化，便于投资的跨国流动，以加速各国的经济增长。

2. 适用对象与原则

《与贸易有关的投资措施协议》仅适用于与货物贸易有关的投资措施。任何成员方不得采取与国民待遇和一般取消数量限制这两项基本原则不符的任何与贸易有关的投资措施。

3. 通知和过渡安排

世界贸易组织成员应在《建立世界贸易组织协议》生效后 90 天内向该组织的货物贸易理事会通告它们正在实施的与该协议不相符的所有与贸易有关的投资措施，不仅包括这些措施的基本特征，还包括具体实施情况。上述措施要限期取消，这个期限（即过渡期）是发达国家 2 年、发展中国家 5 年、最不发达国家 7 年。货物贸易理事会应发展中国家成员的要求，可以延长其过渡期，但要求对方必须证明在执行协议时确定存在特殊困难。

4. 禁止实施的 TRIMs

关于禁止实施的 TRIMs 被作为一个附件，列为例示清单，有两部分，第一部分是不符合国民待遇义务的，包括那些国内法或行政命令下的义务性或强制性执行措施，或为取得一项利益而必须遵守的措施，且该措施：要求企业购买或使用原产于国内或来自于任何国内来源的产品，无论是规定具体产品、产品的数量或价值，还是规定其当地生产在数量或价值上所占比例；或要求企业购买或使用的进口产品限制在与其出口的当地产品数量或价值相关的水平。第二部分是不符合一般取消数量限制义务的，包括那些国内法或行政命令下的义务性或强制性措施，或为取得一项利益而必须遵守的措施，且该措施：普遍限制企业进口用于当地生产或与当地生产相关的产品，或将进口限制在与其出口的当地产品数量或价值相关的水平；通过把企业获得的外汇与其外汇流入联系起来，以限制企业进口用于当地生产或与当地生产相关的产品；通过规定特定产品、产品数量、产品价值或是规定其在当地生产的数量或价值的比重，以限制企业出口或为出口销售产品。

从上述 TRIMs 中可以看出，被明令禁止的措施共有四项：当地成分要求、贸易平衡要求、进口用汇限制和国内销售要求。

5. 建立 TRIMs 委员会

TRIMs 委员会向所有成员开放。委员会应选举主席和副主席，每年至少召开一次会议。应任何缔约方的请求，可随时开会。

6. 其他规定

其他规定包括透明度原则、磋商与争端解决的实施等有关具体规定。

（三）《与贸易有关的投资措施协议》对贸易的影响

根据《与贸易有关的投资措施协议》，在 WTO 专门建立了与贸易有关的投资措施委员会监督此项规定的执行。该委员会每年向货物贸易理事会提交有关《与贸易有关的投资措施协议》运作与实施的年度报告，负责执行货物贸易理事会指派的其他职责。世界贸易组织争端解决机制负责管辖此协议项下争议的磋商和解决。

TRIMs 把与贸易有关的投资措施纳入到多边贸易体系之中，扩大了多边贸易体系的管辖范围，对国际投资和国际贸易的自由化发展起到了积极的推动作用。由于 TRIMs 构成了对与贸易有关的投资措施的有力约束和限制，所以东道国对国际投资的管制放松，政策法规的透明度提高，投资环境改善，因而为国际直接投资的发展提供了更大的空间。

在 TRIMs 积极推动国际投资和国际贸易自由化发展的同时，也暴露出了它本身存在的一些缺陷和不足，主要表现在以下几个方面。

（1）本协议仅适用于货物贸易，对服务贸易不适用，因而使服务贸易领域大量存在的与贸易有关的投资措施不受约束和限制。

（2）本协议所列举的仅是与货物贸易有关的投资措施中的一小部分，因此涵盖的范围有限。

（3）与贸易有关的投资措施可分为限制性和鼓励性措施两类，而本协议所涉及的投资措施都是对贸易产生副作用的限制性投资措施，而对鼓励性的投资措施未涉及，但鼓励性投资措施的实施也会影响到贸易。

（4）本协议不包括广大发展中国家所广泛关注的限制性商业惯例问题，而限制性商业惯例恰恰是多数与贸易有关的投资措施所针对的对象，不彻底解决限制性商业惯例问题，与贸易有关的投资措施也难以根除。

随着经济全球化的不断推进，国际直接投资活动空前活跃，对各国经济增长和发展所产生的影响也越来越大。伴随着国际投资活动的大量开展，涉及投资问题的矛盾和纠纷也不断增多。现行的《与贸易有关的投资措施协议》在国际投资领域的国际协调作用已不能满足现实的需要，因此必须在 WTO 的框架下制定和实施具有更广泛意义的国际投资规范制度——《多边投资协议》。

第三节 跨国公司与国际贸易

一、跨国公司的定义、类型、产生和发展及其经营特征

（一）跨国公司的定义

跨国公司（Transnational Corporation）又称多国公司（Multi-national Enterprise）、国际公

司（International Firm）、超国家公司（Supernational Enterprise）和宇宙公司（Cosmo-corporation）等。由于各国对从事跨国生产经营活动的这一企业实体称呼不一，20世纪70年代初，联合国经济及社会理事会成立了由知名人士参加的小组，较为全面地考察了跨国公司的各种准则和定义后，于1974年做出决议，决定联合国统一采用"跨国公司"这一标准名称。1974年，联合国统一跨国公司的称谓时，将跨国公司定义为："跨国公司是指在它们基地之外拥有或者控制着生产和服务设施的企业"，这一概念属于比较宽泛的概念。

联合国1977年做出的较为具体的跨国公司定义为："跨国公司是股份制的或非股份制的企业，包括母公司和它们的子公司。母公司定义为一家在母国以外的国家控制着其他实体的资产的企业，通常拥有一定的股本。股份制企业拥有10%或者更多的普通股或投票股权者，或者非股份制企业拥有等同的数量者，通常被认为是资产控制权的门槛。子公司是一家股份制的或非股份制的企业，在那里一个其他国家的居民的投资者对该企业管理拥有可获得持久利益的利害关系"。

根据1986年联合国《跨国公司行为守则》（UNCCTC）对跨国公司的定义，世界各国就跨国公司定义的三个基本要素取得了一致的意见：第一，是指在两个或两个以上国家从事生产经营活动的经济组织，母公司通过股权和其他方式对国外的实体进行控制；第二，这个组织有一个中央决策系统，组织内部各单元的活动都是为全球战略目标服务的；第三，组织内部各单元共享资源、信息等权利，共担责任和风险。

（二）跨国公司的类型

跨国公司可以从不同的角度划分，一般按其经营结构划分时，跨国公司可划分为横向型、垂直型和混合型三大类型。

1. 横向型跨国公司

横向型跨国公司主要从事单一产品的生产经营，母公司和子公司很少有专业化分工，但公司内部转移生产技术、销售技能和商标等无形资产的数额较大。

2. 垂直型跨国公司

垂直型跨国公司的母公司与子公司之间在经营内容上可以分为两种：一种是母公司和子公司生产和经营不同行业的但却相互有关的产品。它们是跨行业的公司，主要涉及原材料、初级产品生产和制造加工行业。另一种是母公司和子公司生产和经营同一行业不同加工程度或生产工艺阶段的产品。

3. 混合型跨国公司

混合型跨国公司经营多种产品和业务，母公司和子公司各生产不同的产品，经营不同的业务，且它们之间互不衔接，没有必然联系。

（三）跨国公司的产生和发展

跨国经营的雏形可以追溯到资本主义初期的15世纪左右。它的正式形成是在19世纪下半叶，在当时的西欧和北美一些资本主义国家中，由于第二次科技和工业革命的发展，先后出现了一批拥有先进生产技术、雄厚资金实力和管理能力的现代企业。这些企业出于各种动机，进行对外投资，在国外建立生产、加工、销售机构及原料生产基地，从而形成了最早的一批跨国公司。跨国公司的飞速发展则是在二战后经济全球化的过程中进行的。跨国公司的发展大体经历了以下三个阶段。

1. 第一阶段：19世纪中叶至20世纪初的初步发展阶段

19世纪中叶以后，许多大公司纷纷在国外进行投资和开办工厂的活动。这些企业在19世纪末期就具备了现代意义上的跨国公司雏形，如1865年德国的拜尔化学公司在美国纽约设厂、1867年美国胜家缝纫机公司在英国创办缝纫机装配厂等。20世纪初期，资本主义进入国家垄断资本主义时期，这时才诞生了具有现代特征的跨国公司。

2. 第二阶段：20世纪50—60年代的蓬勃发展阶段

二战后，跨国公司得到迅猛发展，表现在：第一，跨国公司及其在海外的子公司数量成倍增加；第二，私人对外直接投资迅速增长；第三，对外投资规模不断扩大。

3. 第三阶段：20世纪70年代至今的深化发展阶段

（1）跨国公司的数目猛增。20世纪70年代以来，跨国公司的数量不断增加。发达国家的大型企业不断扩大对外直接投资，一些中小型企业也积极进行跨国性经营活动，发展中国家跨国公司也骤然兴起。

（2）跨国公司的经营范围广泛。目前，跨国公司的经营范围几乎已触及一切工业领域及服务业领域。发达国家的跨国公司逐步减少采掘业等重化工业的投资比重，继续增加制造业等轻工业投资的同时，大幅度增加了对服务业的投资，银行、航空、电信、商业等服务型跨国公司获得了突飞猛进的发展。

（3）跨国公司的国籍和经济实力有所变化。在全球各国的跨国公司发展中，美国跨国公司的经济实力相对减弱，日本、德国的跨国公司的数量和实力增长显著。

纵观跨国公司产生与发展的轨迹，从跨国公司经营的内容看，它经历了"商品转移—资本转移—技术转移—人才转移"的过程；从投资经营的地域看，它经历了"殖民地—欧洲经济发达国家—经济发展后进国家—全球范围"的过程；从直接投资的行业看，它经历了"商品贸易业—采掘业—制造业—服务业"的过程。在这些过程中，随着跨国公司的发展，其贸易活动也逐步从"外部贸易"向"内部贸易"转变。

（四）跨国公司经营的特征

1. 跨国公司实行战略的全球性和管理的集中性

首先，跨国公司的战略是以整个世界市场为目标，总公司对整个公司的投资计划、生产安排、市场分布、利润分配、研制方向等重大的决策实行高度集中统一的管理，以实现整个公司在全球的利益最大化。其次，跨国公司内部各实体之间具有密切的联系性。公司在海外设立的大量子公司受控于母公司，在集中管理体制下进行分工协作，公司内部各单位的业务相互交融，相辅相成。

2. 跨国公司利用直接投资争夺世界市场

跨国公司对外扩张有两条途径：一是商品出口；二是海外投资和海外生产。为了扩大商品输出，初始时，跨国公司在国外设立销售公司，随着国际竞争的加剧，这种方式已满足不了跨国公司争夺世界市场的需要，跨国公司越来越多地采用海外直接投资的方式建立商品生产、加工工厂以代替直接的商品输出。

3. 跨国公司拥有先进技术，保持竞争优势

跨国公司以研究和开发新技术、新工艺和新产品为其经营的主要特征，并且影响所在国家有关的产业部门。科学技术的进步又加强了国际分工和协作，促进了跨国公司的发展。跨国公司十分重视研究与开发投资，据统计，世界五百强跨国公司中，研发费用约占它们年销售额的 5%～10%。

4. 跨国公司向综合型多种经营发展

20 世纪 70 年代以来，综合型多种经营的跨国公司迅猛发展，其业务经营范围几乎无所不包。通过综合型多种经营，跨国公司经济实力得以增强。

二、跨国公司内部贸易与转移价格

（一）跨国公司内部贸易

1. 跨国公司内部贸易的定义与原因

跨国公司的全球化战略和公司内部一体化战略，不仅促进了跨国公司与其他公司贸易的发展，而且促进了跨国公司内部贸易的迅速增长。

跨国公司内部贸易是指在跨国公司内部进行的产品、原材料、技术与服务的流动，主要表现为跨国公司的母公司与子公司之间、国外子公司之间在产品、技术和服务方面的交易活动。它既具有国际贸易的特征，又具有公司内部商品调拨的特征，因此，它是一种特殊形式下的国际贸易。在当代国际贸易中，跨国公司的内部贸易已占世界贸易额的 1/3 以上，随着跨国公司的发展，这种内部贸易在世界贸易中所占的比重将越来越大。

促成跨国公司内部贸易产生的原因主要包括以下几点。

（1）贸易内部化是技术进步和国际分工进一步发展的结果。随着国际分工和技术进步的不断深化，跨国公司将生产加工的不同阶段分设在不同国家，或者各个子公司专业化生产整个产品的某种特定部件，跨国公司不断扩大着公司的内部贸易。

（2）贸易内部化是跨国公司追求利润最大化的必然结果。公司内部贸易可以大幅度减少通过外部市场交易所支付的费用，节约交易成本，增加利润。公司还可借助于内部转移价格中的转移高价和转移低价谋取高额利润。

（3）贸易内部化可以防止技术优势的扩散。对技术的垄断是跨国公司的特有优势，也是其存在和发展的关键。通过知识、技术的内部贸易，跨国公司将知识、技术的外部性内部化，既节约交易成本，又规避了知识、技术的外溢。

（4）内部贸易可降低外部市场造成的经营不确定性风险。由于受市场自发力量的支配，企业经营活动面临着诸多的风险，如投入的供应数量不确定、质量不确定、价格不确定等，公司内部贸易可以大大降低上述各种经营不确定性的风险。

2. 跨国公司内部贸易的特点

（1）跨国公司内部贸易不存在商品所有权的外向转移。在跨国公司内部贸易中，商品所有权只是在公司内部各组成部分之间移动，而没有超出跨国公司的体系，因此，从公司的整体意义上讲，内部贸易不存在所有权的外向转移问题。

（2）跨国公司内部贸易实行计划性管理。公司内部贸易的计划性主要是指内部贸易的商

品数量、商品结构以及地理方向等要受公司长远发展战略计划、生产投资计划、市场营销计划和利润分配计划的控制和调节。公司实行内部贸易计划管理的目的是，调节公司内部的资源配置，使之不断适应公司发展战略和外部环境变化的要求，在激烈的竞争环境中立于不败之地。

（3）跨国公司内部贸易实行转移价格。由于海外子公司采取的是多样化股权形式，使得母公司与各个子公司之间形成多样化、多层次的经济体系，这种经济利益的差异性必然导致跨国公司的总体利益与各子公司的局部利益之间的冲突。跨国公司实行转移价格是克服这一矛盾的有效方法。转移价格使整个公司的经营活动在全球战略目标指导下实现内部交换，并在协调的基础上使各自的利益得到满足。

（二）跨国公司转移价格

1. 跨国公司转移价格的定义

跨国公司转移价格又称跨国公司内部贸易价格，即跨国公司总公司与子公司、子公司与子公司之间在进行商品和劳务交换中所实行的价格。转移价格在一定程度上不受市场供求关系的影响，因为它不是独立各方在公开市场上按"自由竞争"原则确定的价格，而是根据跨国公司的全球战略目标和谋求最大限度利润的目的，由总公司管理层制订。

2. 跨国公司转移价格的目的

（1）减轻税负。跨国公司的子公司分布在世界各地，其经营所得须向东道国政府缴纳所得税，同时，子公司的进出口贸易须向东道国缴纳关税。但各国所得税率和关税率高低差别较大，税则规定也不统一，跨国公司往往利用这一点，通过转移价格人为地调整母公司与子公司的利润和进出口数量与金额，以此来规避东道国的税收制度。

（2）调配资金。跨国公司从事对外直接投资，进行多国性经营，需要利用众多的资本市场，并实现资金的自由调拨与配置。但东道国往往对资金的调出加以限制，如限制汇回利润等。跨国公司可采取由各子公司分担研究与开发的开支、以高利贷名义将资金以利息方式调回等转移价格的形式，在跨国公司内部调配资金流向。

（3）调节利润。跨国公司利用高税区与低税区的差别，通过对转移价格的调高或调低来影响国外子公司的利润水平的高低。一般来说，发达国家处于高税区，发展中国家处于低税区，由高税区向低税区采用调低转移价格的做法，便可以达到调低子公司的进货成本、提高其利润的目的；反之，采用调高转移价格的做法，便可以达到提高高税区公司进货成本、降低其利润的目的。这种转移价格的方式，最终减少了整个公司的税负，增加了利润。

（4）规避风险。跨国公司从整体利益出发，出于对东道国投资环境、政策、外汇管理等诸多方面的考虑，往往利用转移价格，通过多种方式增加子公司的经营成本，从而将投资利润从东道国转移出去，保证其风险降至最低程度。

3. 跨国公司转移价格的商品种类和定价体系

跨国公司实行转移价格的商品可以分为两大类：一类是有形商品，如机器设备、半成品或零部件；另一类是无形商品，如出口技术、提供咨询服务等。这两大类商品在转移价格的确定原则上是不同的。作为有形商品的转移定价，基本可归纳为以内部成本为基础的定价体系和以外部市场为基础的定价体系两种。无形商品的转移价格，如专利费和管理费等，由于缺乏外部市场的可比性价格，没有可靠的定价基础，多根据需要，考虑相关因素酌情定价。

总之，转移价格是跨国公司弥补外部市场结构性和交易性缺陷的重要措施，已成为跨国公司建立内部市场的主要手段和跨国公司内部贸易的有力支撑点。转移价格在跨国公司全球经营活动中扮演了关键角色，为跨国公司获取高额利润和增强全球竞争力做出了重大贡献。

三、跨国公司国际直接投资理论

跨国公司是国际直接投资的主体，通过直接投资，跨国公司将资本从收益率低的国家或地区转移到收益率高的国家或地区，使资本在全球的配置更加有效率。跨国公司的投资渠道包括内外两个方面，内部投资主要是跨国公司总公司与子公司间的资金流动，外部投资涉及跨国公司总、子公司与外部金融市场间的资金流动。对跨国公司国际直接投资理论的研究，可以追溯到 20 世纪 60 年代，从那时起，先后出现了多种跨国公司对外投资理论。其中，有的以产品生产的动态变化为视角，有的以市场内部化动机为核心，也有的以产业组织为线索，对跨国公司对外投资的动机进行了分析。

（一）垄断优势理论

1960 年，美国学者海默在其博士论文《国内企业的国际经营：关于对外直接投资的研究》中，创造性地将产业组织理论中的垄断优势理论（Monopolistic Advantage Theory）运用于跨国公司的对外直接投资分析。这种方法后经其导师、国际经济学家金德尔伯格发展，成为西方对外直接投资理论的先导。

海默明确指出了直接投资与证券投资的根本区别。他认为直接投资最主要的特点是与控制权紧密相连。他强调拥有获得金融资本的有利条件不是直接投资的充分条件，跨国公司对外直接投资的根本原因是利用由于不完全竞争市场所产生的企业特定优势。因此，海默认为市场不完全竞争和以垄断资本集团独占为中心内容的垄断优势是战后国际直接投资急剧上升的关键所在。

根据垄断优势理论，跨国公司之所以存在是因为拥有垄断优势，包括对某种专门技术的控制、对原材料来源的垄断、对销售渠道的控制、规模经济优势、产品开发和更新能力优势等。具体地讲，作为对外直接投资的跨国公司，一般会有以下两个垄断优势。

1. 垄断技术优势

技术是一种广义的概念，包括专利技术、专有技术、企业无形资产、管理和组织才能、商标、信息等。这些技术优势是东道国企业所没有的，而跨国公司利用这些垄断优势来生产差异产品（Differentiated Products）。这些差异产品可能是由于新工艺技术而形成的物理上的不同，也可能是由于营销技术而形成的心理感受的不同，从而区别于其他当地的产品，形成跨国企业自己的竞争优势，以此来实施垄断的产品价格和产量，弥补自己在东道国和当地企业相比的劣势。

这种垄断的技术优势会造成跨国公司对海外的水平直接投资，即在海外的子公司生产和母公司同样的产品。这种水平直接投资更多地发生在知识密集型的产品上，如石油冶炼、医药、工业化学、农业机械、办公机械和运输设备等。除此之外，还有一些高度依赖营销的产品，如方便食品和化妆品。

2. 规模经济优势

传统规模经济理论强调的是企业通过大规模的生产，使单位产品成本递减从而产生价格竞争优势，使企业取得一种垄断势力。而在跨国公司的经营中，更注重非生产活动的规模经济性。这主要包括产品研究与开发的集中、大规模的销售网络、资金的统一运用和协调以及大规模的市场采购等，当企业在国际市场上进行多样化扩展后，最终形成当地竞争者没有的规模经济优势。

垄断优势理论突破了过去长期流行的完全竞争模型，用不完全竞争模型解释跨国公司的对外直接投资，开辟了国际直接投资研究领域的新局面，且对美国对外投资的现实有较好的解释，但该理论无法解释无垄断优势的跨国公司进行对外直接投资的行为。

人物简介 11-3

斯蒂文·海默

斯蒂文·海默（Steven H. Hymer，1934—1974），1934年生于加拿大蒙特利尔，曾就读于加拿大麦吉尔大学，1960年在麻省理工学院获得经济学哲学博士学位。20世纪60年代早期，海默在加纳工作多年，后回到美国，1964—1970年在耶鲁大学任教。

海默在经济学分析上的主要贡献来自他对跨国公司海外直接投资的分析，在他的博士毕业论文《国内企业的国际经营：关于对外直接投资的研究》中，海默把对外直接投资看作是跨国公司的特殊内部矛盾和它们竞相扩张领土的一个直接后果。20世纪60年代晚期，海默的研究转向了马克思主义学说，致力于表述一个现代的、复杂的、分析严密的马克思主义政治经济学理论体系。海默于1974年因车祸去世，其主要著作还有《跨国公司》（1979）。

资料来源：[英]约翰·伊特韦尔，[美]默里·米尔盖特，彼得·纽曼. 新帕尔格雷夫经济学大词典：第二卷[M]. 北京：经济科学出版社，1996：759.

（二）产品生命周期理论

美国哈佛大学教授弗农在20世纪60年代中期提出了利用产品生命周期的变更，来解释美国跨国公司对外直接投资的动机、时机和区位选择的理论。

产品生命周期是从营销学观点来说明产品在市场上竞争地位的兴衰。弗农把产品周期分为以下三个阶段。

1. 创新阶段

这个阶段，新产品集中在创新国国内生产，国外市场的需求主要是通过出口的方式得到满足。由于其他国家不能掌握生产新产品的技术，所以无法生产和竞争，创新国企业得以维持垄断或寡占优势。

2. 成熟阶段

这个阶段，由于产品定型，需求趋旺，在国内外都出现了模仿者，竞争对手的出现意味着技术优势的丧失，而成本、价格的因素在竞争中的作用趋强。在国内市场日趋饱和的情况下，企业必然要到国外去投资设厂，进一步取得竞争优势。创新国的企业将首先投资于其他资本、技术相接近的发达国家。

3. 标准化阶段

这个阶段，产品已完全标准化，公司的技术优势完全丧失，产品的竞争主要表现为价格竞争。为了降低成本，公司将产品的生产转移到工资水平较低的发展中国家和地区。

在这三个阶段，母国的生产和贸易行为分别是：在本国生产和销售—母国减少生产和出口—母国减少生产，改为海外进口。母国的投资行为分别是：在本国投资—到其他发达国家投资—到发展中国家投资。它基本上反映了20世纪五六十年代美国制造业的对外直接投资的情况。

（三）内部化理论

内部化理论（Internalization Theory）也称为市场内部化理论。该理论分别由英国经济学家巴克利（Peter J. Buckley）、卡森（Mark C. Casson）和加拿大学者拉格曼（A. M. Rugman）于1976年和1981年提出和发展。

内部化理论认为，由于市场不完全和交易成本上升，若将企业所拥有的特定的技术、知识等"中间产品"通过外部来组织交易，则难以保证企业获得最大限度的利润。如果将这种"中间产品"通过跨国公司一体化所形成的内部市场进行内部转让，以内部市场来代替原来的外部市场组织交易，就可能克服外部市场的某些不完全性所造成的风险和损失，使跨国公司取得最佳利润。因此，所谓内部化，是指由于市场不完全，造成"中间产品"交易效率低下，为了提高这种交易的效率，克服外部市场的失灵，跨国公司通过对外直接投资，把原本应在外部市场交易的业务转变为在公司所属企业之间进行，以此将外部市场内部化。正如拉格曼所说："所谓内部化，是指把市场建立在公司内部的过程，以内部市场取代原来固定的外部市场"。跨国公司的对外直接投资也就是跨国公司内部化超越国界的过程。

内部化产生的过程主要取决于以下四组因素。

（1）产业特定因素，如产品性质、外部市场结构和规模经济等。

（2）地区特定因素，如地理上的距离、文化差异和社会特点等。

（3）国家特定因素，如有关国家的政治与财政制度。

（4）公司物质因素，如不同企业组织内部市场管理能力方面的因素。

在这四组因素中，产业特定因素是内部化最关键的因素。

（四）国际生产折中理论

国际生产折中理论（Eclectic Theory of International Production）是由英国经济学家邓宁于1976年提出的。邓宁认为跨国公司的对外经营活动是由商品贸易、许可证安排和国际直接投资有机结合而成的，因而要阐明跨国公司国际直接投资的动因，就应该同对外经济活动的其他形式结合起来考察。邓宁综合各种直接投资理论的适用范围，用折中的方法，既综合考察了商品贸易、许可证安排和国际直接投资，又综合考察了决定国际直接投资的各种因素，提出了一个更加一般和具有广泛适用性的对外直接投资理论模式。因此，邓宁的国际生产折中理论也被称作国际生产综合理论。

国际生产折中理论认为跨国公司对外直接投资是由所有权优势、内部化优势和区位优势三者综合作用的结果。

1. 所有权优势

所有权优势（Ownership Specific Advantage）又称为"垄断优势""竞争优势""企业优势"，大致包括两个方面：一是由于独占无形资产，如技术、知识、商标等所产生的优势；二是企业规模经济所产生的优势。

2. 内部化优势

内部化优势（Internalization Advantage）是为了避免外部市场不完全对企业所具有垄断优势的技术类产品转让中利益受损，而将这种优势保持在跨国公司内部的能力。通过外部市场的内部化，使企业能更有效率地控制交易活动的各个环节，如果企业将其拥有的资产通过内部化所得利益比外部市场交易大得多，该企业就具有一定的内部化优势。

3. 区位优势

区位优势（Location Specific Advantage）主要是指东道国所拥有的在要素投入和市场分布方面的状况，即不同国别提供的有利条件和市场的完善程度等对跨国公司利润最大化构成影响的一切因素，包括东道国资源丰裕程度、人口密集程度、投资位置便利程度、基础设施状况、政策法规优惠性等。

跨国公司的对外直接投资行为，应该是由上述三种优势共同决定的。这三种优势的结合，不仅使对外直接投资成为可能，而且决定着对外直接投资的部门结构和地区结构。这三种优势中，所有权优势和内部化优势只是企业对外直接投资的必要条件，区位优势是企业对外直接投资的充分条件。若仅有所有权优势和内部化优势，而无区位优势，则缺乏有利的投资场所，只能将这些优势在国内运用，即生产产品然后出口。若只有所有权优势和区位优势，而无内部化优势，则企业拥有的无形资产优势难以在内部使用，只能采取许可证转让方式把专利、商标、专有技术转让给外国企业。只有同时兼具以上三种优势时，跨国公司才会对外直接投资。

人物简介 11-4

约翰·邓宁

约翰·邓宁（J. H. Dunning，1927—2009），英国著名经济学家，1957 年获英国南安普敦大学博士学位，博士论文为《美国在英国制造业中的投资》。邓宁除担任英国雷丁大学国际经营荣誉教授和美国新泽西罗杰斯大学荣誉教授外，还担任加利福尼亚大学伯克利分校、西安大略大学、波士顿大学和斯德哥尔摩经济学院等院校的客座教授以及联合国、世界银行和多家跨国公司的经济顾问。

约翰·邓宁自 20 世纪 50 年代以来一直致力于国际直接投资和跨国公司的经济学研究，是世界国际投资与跨国公司理论泰斗、著名的国际生产折中理论和"投资—发展路径"学说的创始人。在 1977 年出版的《贸易、经济活动的区位与多国企业：折中理论的探讨》一文中提出了"国际生产折中理论"。在产业经济学领域和区域经济学方面，邓宁也获得了卓越的研究成果。

资料来源：http://aib. msu. Edu/Fellow/21/John-H-Dunning.

（五）边际产业扩张理论

20 世纪 70 年代以前流行的国际直接投资理论，主要是以美国跨国公司为研究对象，这些不能解释日本跨国公司对外直接投资的动因。20 世纪 70 年代中期，日本学者小岛清教授根据日本对外直接投资的情况在其著作《对外直接投资论》中，提出了"边际产业扩张论"或称为"小岛清"模式。

小岛清运用比较优势原理，并根据对日本企业跨国投资经营的实况考察，提出了解释日本等发达国家对外直接投资的理论模式。这一理论的核心是，对外直接投资应该从投资国已经或即将处于比较劣势的产业部门，即边际产业部门依次进行，而这些产业又是东道国具有明显或潜在比较优势的部门，投资国对外直接投资就可以充分利用东道国的比较优势。日本的传统工业部门之所以能够比较容易地在海外找到有利投资场所，就是因为它们向具有比较优势的国家和地区进行投资。

（六）价值链理论

价值链理论（Theory of Value Chain）是美国学者迈克尔·波特于 1985 年提出的对外直接投资理论。波特将价值链描述成一个企业用以"设计、生产、销售、交货以及维护其产品"的内部过程或作业（Activity）。他将跨国企业的价值活动分为两类：基础活动和辅助活动。前者包括进货后勤、生产经营、出货后勤、市场营销、售后服务；后者包括采购、技术开发、人力资源管理、企业基础设施。跨国公司的价值链系统包括供应商价值链、经营单位价值链、销售渠道价值链和买方价值链等。跨国公司在国际范围配置价值链的各个环节，促进了产品、服务以及技术等在各区位间的流动。对跨国公司来说，价值链各环节在不同区域的配置直接影响到跨国公司的竞争优势，于是，跨国公司选择对外直接投资，在全球范围内拓展价值链。

阅读案例

双向直接投资与中国经济高质量发展

中国吸引外商直接投资从改革开放早期每年不到 100 亿美元发展到 2010—2018 年年度国际直接投资流入每年均超过 1 000 亿美元，并持续位列发展中国家国际直接投资流入首位和全球所有经济体国际直接投资年度流入前三位，牢固地奠定了中国国际直接投资流入的世界大国地位。

中国国际直接投资流入正在全行业和全区域展开，进入方式不断丰富。外商直接投资从改革开放初期大量进入到传统制造业正逐渐转到现代服务业与现代制造业并重；从东部沿海地区逐渐发展到东部、中部、西部地区并重；从合资合作进入为主发展到合资、独资进入方式并重并以独资方式为主。

中国利用外商直接投资正从改革开放早期的弥补资金缺口、外汇缺口、技术缺口等目标，转向以促进中国经济质量提升为目标，对利用外商直接投资正从规模管理转向数量和质量并重管理。从 2008 年内外资企业所得税并轨，到 2013 年上海自贸试验区设立，再到 2018 年对外商投资实施负面清单管理,至2019年《外商投资法》颁布,中国吸引外商直接投资政策正从外资超国民待遇转向内外资一视同仁的国民待遇,对所有企业实行政策普惠正成为共识。

中国对外直接投资在1985年以前比较少,20世纪90年代以后特别是2000年提出"走出去"战略之后,呈现出强劲的增长态势,美国金融危机以后增长尤其迅速。2012年,中国对外直接投资创下了840亿美元的历史纪录,有史以来首次成为仅次于美国和日本的世界第三大对外直接投资经济体。中国对外直接投资从2003年不足50亿美元发展到2008年超过500亿美元,进而在2013年超过1 000亿美元,并在2013年至2018年年度对外直接投资年年超过1 000亿美元,持续位于全球所有经济体国际直接投资年度流出前3位,在短短的10年时间迅速成长为全球范围内举足轻重的国际直接投资流出国家。

中国对外直接投资经历了从改革开放早期到2001年底加入世界贸易组织(WTO)期间的长期小规模试水阶段,在2003年特别是2008—2018年迅速增长,对外投资企业近四万家,投资地区遍及五大洲近两百个经济体,投资行业覆盖服务业、制造业、采矿业、农业等几乎所有行业门类,民营、国有、在华外资企业的对外直接投资齐头并进。中国对外直接投资政策经历了严格限制、谨慎鼓励、适度放宽、分类审批的变化过程,2013年"一带一路"倡议的提出使得中国对外直接投资发展空间更加广阔,2017年党的十九大强调"坚持引进来与走出去并重"使得中国对外直接投资发展步伐更加坚定。

党的十九大报告强调"实行高水平的贸易和投资自由化便利化政策、全面实行准入前国民待遇加负面清单管理制度,大幅度放宽市场准入,扩大服务业对外开放","创新对外投资方式、促进国际产能合作","加快培育国际经济合作和竞争新优势"。吸引外商直接投资和企业对外直接投资同时发展,是中国经济国际化的重要标志。随着经济全球化、区域经济一体化深入发展,引进来和走出去并重越来越成为中国参与国际分工和全球合作与竞争的不二选择,更是中国经济从数量扩张转型到高质量发展的重要途径。

资料来源:田素华,李筱妍,王璇.双向直接投资与中国经济高质量发展[J].上海经济研究,2019(8).

理论联系实际

推动形成对外直接投资发展新局面

【实际材料】

中共十八大以来,中国企业对外投资实现了量质齐升。对外投资结构日益优化,国际化空间不断拓展,企业综合实力显著增强,国际产能合作和境外经贸合作区建设取得积极进展,"一带一路"建设扎实推进。通过对外投资有效组合了全球生产、服务和创新要素,为推动中国经济保持中高速增长、迈向中高端水平发挥了战略支撑作用。

第一,中国已经成为推动世界跨国直接投资增长的主要动力。国际金融危机之后,发达国家陷入经济增速低迷、对外投资乏力的困境,全球跨国直接投资呈现大幅波动。中国对外投资却始终保持了强劲增长态势,成为拉动全球FDI增长的新引擎,由此改变了世界跨国直接投资一直由发达经济体主导的历史,开创了发达国家和发展中国家双轮驱动的新格局。2012年以来,中国连续5年成为全球跨国直接投资前3位的国家,也是对外投资最多的发展中国家，对全球FDI流量的贡献率达20%左右。

第二，逐步形成发展中国家与发达国家双向拓展的全球投资布局。截至2016年年底，中国共有2.44万家境内投资者在境外设立企业3.72万家，分布的国家和地区由179个增加到190个，全球覆盖率达81.2%。长期以来，中国对外投资以发展中国家为主，但近年来对发达国家投资增幅较大，反映出中国企业全球化布局的能力不断提高。2016年，中国流向发达经济体的投资总额达368.4亿美元，同比增长94%。我国在境外设立的企业也为促进东道国经济发展做出了积极贡献，成为当地的标杆企业。

第三，投资结构由资源获取型向技术引领型和构建全球价值链转变。企业通过对外投资正在加快形成面向全球的贸易、金融、生产、服务和创新网络。2016年，中国对外直接投资存量规模上千亿美元的五大主导行业包括租赁和商务服务、金融、批发和零售、采矿和制造业，占总量的比重分别为34.9%、13.1%、12.5%、11.2%和8%。2016年，租赁和商务服务业、信息传输/软件和信息服务业、科学研究和技术服务业对外投资分别增长81.4%、173.6%和26.7%，占总量的比重分别达33.5%、9.5%和2.2%。许多制造企业通过在国外设立研发设计中心、运营中心、物流中心等来构建全球价值链和供应链体系。

第四，对外投资对于拉动外贸出口、促进产业转型的作用越来越突出。随着国际产能合作和装备制造业合作稳步推进，对外直接投资有效实现了国内富余产能转移，同时带动了装备、零部件出口及国内先进技术、标准、服务、品牌走出去。2012—2016年，通过对外投资合作，中国累计实现境外销售收入7.2万亿美元，带动进出口1.9万亿美元。2012—2016年，中国制造业对外投资累计653.5亿美元，企业在境外建设了一批钢铁、水泥、有色金属、汽车、机械、纺织、化工等生产基地。

第五，"一带一路"和境外经贸合作区建设有力地拓展了国际化空间。2013—2016年，中国对"一带一路"沿线国家直接投资额超过600亿美元。目前中国建设的境外经贸合作区99家，分布在44个国家和地区，累计投资300多亿美元，入区企业近4 000家，为当地创造就业岗位近25万个。其中，分布在"一带一路"沿线国家的有56个，入区企业超过1 000家，总产值超过500亿美元，为当地创造就业岗位18万个。

资料来源：王晓红. 推动形成对外直接投资发展新局面[N]. 光明日报, 2018-01-30.

【理论分析】

1. 中国对外直接投资对母国经济产生了怎样的作用？
2. 中国对外直接投资对东道国经济产生了怎样的作用？

复习思考题

1. 简述国际资本流动的原因和类型。
2. 简述国际资本流动对流入国和流出国福利的影响。
3. 简述国际直接投资与国际贸易之间的关系。
4. 简述跨国公司内部贸易的原因和特点。
5. 简述跨国公司直接投资的国际生产折中理论。

第十二章 国际服务贸易

引导案例

服务贸易——中国对外贸易发展新引擎

近年来,尽管国际经济、金融形势严峻,全球服务贸易发展明显放缓,但是全球贸易重心从货物贸易向服务贸易领域快速转移的势头没有改变,服务贸易已成为推动全球自由贸易的重点。发展服务贸易也将成为中国推动外贸转型升级的重要支撑。

统计数据显示,2012—2015年,全球服务出口年均增速仅为2.2%,但中国服务贸易却保持了较好的发展势头,服务进出口规模稳居世界第二位。2013—2016年,服务进出口总额年均增长8.1%。2016年,中国服务贸易保持了较好发展势头,实现了服务贸易"十三五"的良好开局。从规模来看,中国服务贸易达到5.35万亿元人民币,首次突破5万亿元大关,世界排名将继续保持第二。服务贸易占外贸比重达到18%。从结构上看,广告服务、维修服务、金融服务等高附加值服务出口增幅分别达到47%、48%和50%。从市场来看,中国与美国服务贸易额突破1 000亿美元大关。与"一带一路"沿线经济体服务进出口额合计1 222亿美元,占比提高了3.4个百分点。

应该看到,中国虽然是服务贸易大国,但还不是服务贸易强国。中国服务贸易虽然增长较快,但发展水平还不够高,服务出口的总体竞争力还不够强,服务贸易逆差还比较大。中国对外开放的短板在服务业,对外贸易的短板在服务贸易。目前,中国服务业占国民经济的比重超过50%,与发达国家70%以上的占比尚有较大差距,发展潜力仍非常巨大,发展前景仍十分广阔。未来5~10年,中国服务贸易加快发展,不仅直接带动国内服务业市场开放,而且将对全球治理结构产生重要影响。中国服务贸易具有巨大增长潜力和空间,这不仅对中国经济转型升级有重大作用,还将推动新一轮全球发展的进程。

资料来源:梁达.服务贸易增速加快成为外贸发展新引擎[N].上海证券报,2017-08-15.

教学目标

通过本章的学习,了解国际服务贸易的产生和发展,了解《服务贸易总协定》的法律框架与作用,熟悉国际服务贸易相关理论,掌握国际服务贸易的内涵、分类与统计。

第一节　国际服务贸易的产生与发展

一、国际服务贸易的产生和发展阶段

服务是指以提供活劳动形式满足他人需要并获得报酬的活动。虽然服务作为一个传统的产业部门已经有数千年的发展史，但是"服务贸易"相对于历史悠久的货物贸易而言，其出现时间并不长。国际服务贸易是从一个国家内的服务经济基础上通过服务业的国际化和国际分工而发展起来的。服务业最初为本国居民和经济单位提供各类活劳动服务，随着经济生活的国际化和国际分工发展，各国经济活动的相互依赖性增强，彼此利益渗透，使得各国的服务业随同其他生产要素一道国际化，便产生了国际服务贸易。

（一）15—20世纪初期的国际服务贸易

早期国际服务贸易主要以依附于货物贸易的形式存在，如运输、仓储、运输器械维修、商业、饮食业等，这些服务贸易在国际贸易中所占的比重非常微小。具有一定规模的国际服务贸易交换始于15世纪，新大陆的发现使国际航运业兴起，美洲的开发又使"奴隶贸易"大规模出现，这一时期出现了带有很强的殖民色彩的国际劳务输出和输入。18世纪后期的工业革命使世界市场出现雏形，为之服务的金融和运输服务业得到进一步发展。到19世纪初，欧洲的金融和运输网络已初具规模，国际服务贸易交换的内容和形式更加丰富。产业革命改变了传统服务业的内容，铁路、海运、通信和教育等服务基础设施得到加强，使服务贸易变成了真正全球性的活动。19世纪末至20世纪初，资本主义进入垄断阶段，世界市场形成，批发零售业、金融业、保险业和房地产业等服务业部门迅速发展。同时，由于人们生活水平的提高，为个人及家庭服务的行业，如旅游业、汽车服务业、文化娱乐业及医疗保健业逐渐发展起来。由此，在整个自由竞争资本主义时期，随着国际商品贸易规模的日益扩大，为商品贸易服务的各种国际服务贸易也不断地发展。

（二）20世纪40年代后的国际服务贸易

二战以后，随着第三次科技革命的兴起和各国经济的发展，以及产业结构的调整，国际服务贸易在经济领域中占据了越来越重要的地位。在各国国民收入中服务贸易所占的比重越来越大，服务业从业人数也已超过了农业和工业而居三大产业之首。这一时期加上资本国际化与国际分工的更广泛和深入发展，国际服务贸易也有了进一步的发展。依据二战后国际服务贸易发展过程的不同特征，可将其发展分为以下三个阶段。

1. 作为货物贸易附属地位的服务贸易：20世纪70年代之前

这一时期，世界各国还未意识到服务贸易作为一个独立实体的存在，在国际贸易实践活动中，服务贸易基本上是以货物贸易附属的形式进行，如仓储、运输、保险等服务。因此，当时尽管事实上存在着服务贸易，但却独立存在于人们的意识之外，因此对服务贸易缺乏具体的数量统计。

2. 服务贸易快速增长阶段：1970—1994年

这一时期，服务贸易从货物贸易的附属地位逐渐开始独立出来并得到快速发展。服务贸易在这一阶段随人们重视程度的提高而快速发展。根据国际货币基金组织统计，1970—1980年间，国际服务贸易年均增长率为17.8%，与同期货物贸易的增长速度大体持平。服务贸易在20世纪80年代后，开始超过货物贸易的增长速度。1980—1990年，国际服务贸易年平均增长率为5.02%，高于同期货物贸易年平均增长率。

3. 服务贸易在规范中向自由化方向发展阶段：1994年至今

1994年4月，规范服务贸易的多边框架体系《服务贸易总协定》（GATS）签署后，服务贸易的发展进入了一个新的历史时期。服务贸易在高速发展的同时又有一些反复。1994—1995年，服务贸易的增长速度分别为8.03%、13.76%，比同期货物贸易的增长速度略低。但从1996年以来，服务贸易和货物贸易几乎处于同步增长并略高于货物贸易的增长速度，这反映了《服务贸易总协定》的签署不仅规范了服务贸易的发展，还大大促进了货物贸易的发展。《服务贸易总协定》使服务贸易成为国际贸易活动的三个组成部分之一，即货物贸易、服务贸易和技术贸易。

二、现代国际服务贸易发展的特点和原因

（一）现代国际服务贸易发展的特点

1. 国际服务贸易发展迅速

现代世界经济结构的重心逐步向服务业转变，服务业的发展必然推动国际服务贸易的增长，国际服务贸易成为世界经济新的增长点。世界贸易组织发布的《2018年世界贸易统计报告》显示，2005—2010年国际服务贸易出口年均增速8%，2017年国际服务贸易出口额达到52 790亿美元，进口额达到50 740亿美元。近年来，国际服务贸易在拉动金融危机后世界经济复苏中发挥了重要的作用。

在国际服务贸易的各个类别中，运输、旅游和其他商业服务是占比最大的三个类别，2006—2017年，国际服务贸易及其主要类别进出口金额如表12-1所示。

表12-1　2006—2017年国际服务贸易及其主要类别进出口额　　　单位：亿美元

	2006	2007	2008	2009	2010	2011	2012	2017
服务贸易出口	27 550	32 900	37 750	33 500	36 950	41 650	43 450	52 800
运输	6 300	7 500	8 900	7 000	7 850	8 600	8 900	9 310
旅游	7 450	8 550	9 500	8 700	9 400	10 650	11 100	13 100
其他商业服务	13 800	16 850	19 350	17 800	19 700	22 400	23 450	30 390
服务贸易进口	26 500	30 800	34 900	31 450	35 150	39 100	41 050	50 740
运输	7 500	8 900	10 450	8 350	9 600	11 000	11 450	11 030
旅游	6 950	7 750	8 500	7 900	8 500	9 500	9 950	12 880
其他商业服务	12 050	14 150	15 950	15 200	17 050	18 600	19 650	26 830

注：数据来源于世界贸易组织（WTO）发布的各年《国际贸易统计》。

服务贸易的迅速发展使其日益成为世界各国获取外汇收入、改善本国国际收支、实现经

济长期增长的重要手段,在很大程度上决定了一国国际贸易的发展状况和在国际市场上的竞争能力。

2. 国际服务贸易发展的不平衡性

国际服务贸易的发展与一国或地区的经济发展程度密切相关,经济发展的事实表明经济主体的市场经济发展越成熟,国际服务贸易的规模也越大。在国际服务贸易出口中,西欧和北美地区实力雄厚。随着经济体制的转型,近年来,亚洲地区的服务贸易也以较高的速度发展。其他地区,如中南美洲、非洲和中东地区国际服务贸易也有较高水平的发展。

3. 国际服务贸易以高新技术为核心、以技术进步为基础

高新技术的发展和应用,促进了世界经济发展中以服务生产为核心的新的国际分工格局,同时扩大了服务的领域,改变了传统的服务提供方式,在一定程度上增加了服务的可贸易性。科学技术的进步和应用,改变了国际服务贸易的内容、方式和构成。服务贸易的主要内容从运输、工程建筑等传统领域转向知识、技术和数据处理等不断涌现的新兴领域。现代科技的发展使得物质生产和服务生产中的知识、信息投入比重不断提高,推动了服务贸易结构的变化,以劳动密集为特征的传统服务贸易地位逐渐下降,以资本密集、技术密集和知识密集为特征的新兴服务贸易逐渐发展壮大。国际服务贸易竞争的重点将集中于新兴服务行业,以电子信息技术为主和以高科技为先导的一系列新兴服务贸易将成为未来各国国民经济发展的主要支柱和强大动力。

4. 服务贸易越来越成为各国发展经济的重点

随着世界新一轮产业结构的调整和贸易自由化进程的继续推进,服务业和服务贸易在各国经济中的地位还将不断上升,服务贸易发展整体趋于活跃。世界各国纷纷制订加快发展服务贸易的战略,欧美等经济发达国家利用服务贸易发展水平的领先优势,通过各种多边、双边的谈判,要求世界各国开放服务贸易市场,以此来扩大服务贸易的出口。在 WTO 新一轮谈判以及区域性经济合作谈判中,服务贸易都成为主要议题。世界服务贸易领域的利益格局将在各方博弈中重新形成。各国为顺应这一趋势不断调整国内经济政策,一方面,积极推动服务贸易的自由化,率先削减本国服务贸易壁垒;另一方面,变相提高国际服务贸易的保护程度。在内在需求和外来推动的双重因素下,加快发展服务贸易、增强服务贸易竞争力将成为各国长期关注的焦点。

(二)现代国际服务贸易发展的原因

当代国际服务贸易迅速发展的根本原因在于世界经济结构发生了历史性的变化,20 世纪 60 年代兴起的新科技革命加速了这种历史演变的进程,并导致世界贸易结构和人们社会生活方式的改变。具体来看,当代国际服务贸易的发展主要基于以下几个方面的原因。

1. 世界产业结构升级

按照发展经济学的经济增长阶段论,随着国家经济实力的增长,该国的产业结构将依次提升,逐步由农业经济过渡到工业经济,再由工业经济发展到服务经济。20 世纪 60 年代,主要西方国家都已完成了本国的工业化进程,开始步入后工业化的发展阶段,即国内经济重心向服务业偏移。由各国经济实力增长所带动的产业升级使得世界产业结构发生大规模的调整。在这一过程中所形成的新的世界经济结构不平衡,导致了对国际服务贸易的更大规模需求,使全球服务性产业的贸易总额有了高速增长的潜力。

2. 国际货物贸易和国际投资增长

二战后半个多世纪以来，国际货物贸易流量不断扩大。在货物贸易高速增长的带动下，同货物进出口直接关联的传统服务贸易项目，如国际运输服务、国际货物保险、国际结算服务等，都相应地在规模上、数量上成倍增长。国际投资的迅速扩大和向服务业倾斜，不仅带动了国际货物贸易的增长，而且带动了国际服务贸易的迅猛增长，特别是国际投资收益作为要素服务项目，其迅速扩张本身就构成海外服务贸易流量的扩大。

3. 新科技革命和技术进步

科技革命有力地推动了国际服务贸易的迅速发展。首先，高新技术广泛应用到了服务产业，使许多原先"不可贸易"的服务转化成"可贸易"的服务，从而使国际服务贸易的种类增加，范围扩大。信息技术和通信技术的发展，还促使银行、保险、商品零售等得以在全球范围内开展业务，为跨国界服务带来了机遇。其次，科学技术革命加快了劳动力和科技人员的国际流动，特别是促进了专业科技人员和高级管理人才向他国流动，推动国际服务贸易流量的扩大。最后，随着科技的进步，发达国家的产业结构逐渐向技术密集和资本密集的高科技产业转移，把劳动密集型产业转移到新兴工业化国家和部分发展中国家，使这些国家和地区能够利用本地区丰富廉价的劳动力资源，赚取外汇服务收入，形成大规模的境内服务输出。

4. 经济一体化过程中的国际竞争和合作

在当代全球经济一体化过程中，服务业已成为各国在世界市场竞争的主要手段和重要基础。随着产品市场竞争的加强，与产品贸易相伴的服务贸易成为众多生产者与消费者争夺的热点，从而为其迅速地扩大提供了重要的制度保障，而国家间多样化的经济技术合作方式，如承包外国各类工程、各种技术性服务出口、生产技术合作和海外咨询等，也为服务贸易的扩大提供了广阔的空间。

第二节　国际服务贸易的内涵、分类与统计

一、国际服务贸易的内涵

（一）国际服务贸易的定义

服务和服务贸易的复杂性、服务定义的多样性以及服务贸易和货物贸易相比的不同特点，使得理论界对于服务贸易难以形成一个权威一致的定义。"服务贸易"一词最早出现于文献中是经济合作与发展组织（OECD）在 1972 年提交的《高级专家对贸易和有关问题的报告》中，该报告用了一章内容专门讨论了服务贸易问题。美国《1974 年贸易法》第 301 条款中第一次提出"世界服务贸易"的概念。此后，随着关贸总协定"乌拉圭回合"谈判的开始和不断深入，各国学者围绕服务贸易的定义展开了认真的研究和激烈的争论。目前关于服务贸易比较有代表性的定义有以下四个。

1. 西方学者关于服务贸易的定义

西方学者对服务贸易的定义进行了广泛的讨论，提出了许多不同的定义，其中比较有代表性的是桑普森（G. Sampson）和斯内普（R. Snape）提出的服务贸易的定义，他们认为，服

务贸易是不同国家的居民之间发生的服务交易活动。他们还根据服务交易地点的不同，或者服务提供者和服务消费者的地理接近程度的不同，将服务贸易划分为以下四种类型。

（1）服务提供者和服务消费者均不移动的服务贸易，亦称为可分离性服务贸易或越境服务贸易，其特征是服务提供者和服务消费者不需要在地理上接近。

（2）服务提供者不移动而服务消费者移动的服务贸易，这类服务贸易要求服务消费者移动到服务提供者所在国、地区去接受服务。

（3）服务提供者移动而服务消费者不移动的服务贸易，即服务提供者到服务消费者所在国、地区提供服务，这种服务贸易的典型特点是必然伴随着生产要素的跨国界移动。

（4）服务提供者和服务消费者都移动的服务贸易，即"第三国服务贸易"，它是指服务提供者和服务消费者都移动到第三国进行的服务贸易。

2. 联合国贸易与发展会议的定义

联合国贸易与发展会议利用过境现象阐述了服务贸易，它将国际服务贸易定义为：货物的加工、装配、维修以及货币、人员、信息等生产要素为非本国居民提供服务并取得收入的活动，是一国与他国进行服务交换的行为。狭义的国际服务贸易是指有形的、发生在不同国家之间，并符合于严格的服务定义的直接服务输出与输入。广义的国际服务贸易既包括有形的服务输入和输出，也包括服务提供者与使用者在没有实体接触的情况下发生的无形的国际服务交换。

3.《美国和加拿大自由贸易协定》的定义

《美国和加拿大自由贸易协定》是世界上第一个在国家间贸易协议上正式定义服务贸易的法律文件，其对服务贸易定义的基本表述为：服务贸易是指由代表其他缔约方的一个人，在其境内或进入另一缔约方境内提供所指定的一项服务。这里的"指定"包括以下几个方面。

（1）生产、分配、销售、营销及传递一项所指定的服务及其进行的采购活动。其基本类型为农业和森林服务（Agriculture and Forestry Services）、矿业开采服务（Mining Services）、建筑服务（Construction Services）、分销贸易服务（Distributive Trade Services）、保险和不动产服务（Insurance and Real Estate Services）、商业性服务（Commercial Services）和其他服务（Other Services）。

（2）进入或利用国内的分配系统，即要受到缔约方国内分配制度的约束。

（3）形成或确定一个商业存在（Commercial Presence），为分配、营销、传递或促进一项指定服务，这里的商业存在，并非是一项投资，而是综合的过程。

（4）根据国际投资法的规定，任何为提供指定服务的投资及任何为提供指定服务的相关活动。例如，公司、分公司、代理机构、代表处和其他商业经营机构的组织、管理、保养和转让活动。

4.《服务贸易总协定》的定义

《服务贸易总协定》中，第一条就对服务贸易的定义从四个方面进行了规定，即服务贸易专指国际服务贸易而不包括国内服务贸易，指国家间服务输入或服务输出的贸易形式，包括国际服务交易的四种类型（Four Modes of International Service Transaction）。

（1）跨境提供（Cross-border Supply），从一成员方境内向任何其他成员境内提供服务。这种服务不构成人员、物质或资金的流动，而是通过电信、邮电、计算机网络实现的服务。

（2）境外消费（Consumption Abroad），在一成员境内向任何其他成员的服务消费者提供服务。这种服务提供方式的主要特点是消费者到境外去享用服务提供者提供的服务。

（3）商业存在（Commercial Presence），一成员的服务者在任何其他成员境内通过商业存在提供服务，即指允许一国的企业和经济实体到另一国开业，提供服务，包括投资设立合资、合作和独资企业。这种服务提供方式的特点是，服务的提供者和消费者在同一成员的领土内。服务提供者到消费者所在国的领土内采取了设立商业机构或专业机构的方式。商业存在是四种服务提供方式中最为重要的方式。

（4）自然人流动（Movement of Personnel），一成员的服务提供者在任何其他成员境内通过自然人存在提供的服务。

同时，《服务贸易总协定》对服务贸易的判别有四个标准，即服务和交付的过境移动性、目的具体性、交易连续性、时间有限性，从而可以较为有效地鉴别与理解服务贸易。

（二）国际服务贸易的特征

服务贸易作为非实物劳动成果的交易，与实物产品贸易进行对比，通常表现出如下几个特点。

1. 国际服务商品的不可感知性或贸易标的的无形性

这是服务贸易的最主要特征。由于服务要素所提供的服务产品很多都是无形的，即服务产品在被购买之前，不可能去品尝、感觉、触摸、观看、听见或嗅到"服务"，所以大部分服务产品属于不可感知性产品，消费者对它们的价值量很难评估，因为即使在消费或享用之后，顾客也无法根据消费经验感受到这种产品所带来的效用，只能是通过服务者提供的介绍和承诺，并期望该服务确实给自己带来好处。

2. 国际服务贸易的不可分离性

实物产品贸易从其生产、流通到消费的过程，一般要经过一系列的可分离的中间环节。而服务贸易与之不同，它具有不可分离的特征，即服务的生产过程与消费过程同时进行，服务发生交易的时间，也就是消费者消费服务的时刻，这两个过程同时存在，不可分割。顾客在消费服务产品时，必须或者只有加入到服务的生产过程中，才能最终消费到服务，而且这种服务特征随着科学技术的发展、全球一体化进程的加快，越来越显示出国际化的趋势。这种不可分离性特征是服务贸易的另外一个主要特征。

3. 国际服务贸易的差异性

国际服务贸易的差异性表现为服务生产者所生产的服务产品的质量水平不同。同样是一种服务，由于其生产者不同，提供给消费者的产品也就可能不同。即使是同一个服务的生产者，由于其不同的服务产品生产周期，也表现出不同质量水平的产品，而且这种服务产品的质量很难像有形产品一样用其质量标准进行规范，所以很难统一界定。

4. 国际服务贸易主体地位的重要性

服务的卖方就是服务产品的生产者，并以消费过程中的物质要素为载体提供相对应的服务。服务的买方则往往就是服务的消费者，并作为服务生产者的劳动对象直接参与服务产品的分享过程。

5. 国际服务贸易的不可储存性

由于消费者与生产者个体差别的存在，使得服务产品不可能像有形产品那样被储存起来，

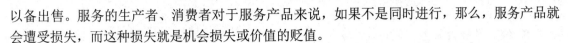

以备出售。服务的生产者、消费者对于服务产品来说，如果不是同时进行，那么，服务产品就会遭受损失，而这种损失就是机会损失或价值的贬值。

6. 国际服务贸易保护方式的隐蔽性

由于服务贸易标的物的特点，各国无法通过统一国际标准或关税进行保护，更多地是采用国内的政策、法令的改变进行限制和保护。例如，服务贸易参与国可以通过市场准入制度、非国民待遇等壁垒进行服务贸易的保护。

7. 国际服务贸易的难统计性

国际服务贸易的进出口尽管构成一国国际收支经常项目的主要部分，但国际服务贸易一般不经过海关，也不显示在海关统计上。

二、国际服务贸易的分类

（一）世界贸易组织的分类

"乌拉圭回合"服务贸易谈判小组在"乌拉圭回合"中期审评会议后加快了服务贸易谈判进程，并在对以商品为中心的服务贸易分类的基础上，结合服务贸易统计和服务贸易部门开放的要求，提出了以部门为中心的服务贸易分类方法，将服务贸易分为以下十二大类。

1. 商业性服务

商业性服务是指在商业活动中涉及的服务交换活动，其中既包括个人消费服务，也包括企业和政府消费服务，主要有六类：专业性（包括咨询）服务、计算机及相关服务、研究与开发服务、不动产服务、设备租赁服务和其他服务。

2. 通信服务

通信服务主要是指所有有关信息产品、操作、储存设备和软件功能等服务。通信服务由公共通信部门、信息服务部门、关系密切的企业集团和私人企业间进行信息转接和服务提供，主要包括邮电服务、电信服务、视听服务和其他电信服务等。

3. 建筑服务

建筑服务主要是指工程建筑从设计、选址到施工的整个服务过程，包括选址服务、国内工程建筑项目、建筑物的安装及装配工程、工程项目施工建筑、固定建筑物的维修服务、其他服务。

4. 销售服务

销售服务是指产品销售过程中的服务交换，主要包括商业销售、零售服务、与销售有关的代理费用及佣金等、特许经营服务、其他销售服务。

5. 教育服务

教育服务是指各国间在高等教育、中等教育、初等教育、学前教育、继续教育、特殊教育和其他教育中的服务交往。

6. 环境服务

环境服务是指污水处理服务、废物处理服务、卫生及相似服务等。

7. 金融服务

金融服务主要是指银行和保险业及相关的金融服务活动，包括银行及相关的服务、保险服务。

8. 健康及社会服务

健康及社会服务主要是指医疗服务、其他与人类健康相关的服务、社会服务等。

9. 旅游及相关服务

旅游及相关服务是指旅馆、饭店提供的住宿、餐饮及相关的服务和旅行社及导游服务。

10. 文化、娱乐及体育服务

文化、娱乐及体育服务是指不包括广播、电影、电视在内的一切文化、娱乐、新闻、图书馆、体育服务，如文化交流、文艺演出等。

11. 交通运输服务

交通运输服务主要包括货物运输服务、客运服务、船舶服务（包括船员雇佣）和附属于交通运输的服务。

12. 其他服务

（二）国际货币基金组织的分类

国际货币基金组织按照国际收支统计将服务贸易分为以下几类。

1. 民间服务（或称商业性服务）和收益

民间服务是指1997年国际货币基金组织编制的《国际收支手册》中的货运、其他运输、客运、港口服务、旅游以及其他民间服务和收益。

2. 投资收益

投资收益是指国与国之间因资本的借贷或投资等所产生的利息、股息、利润的汇出或汇回所产生的收入与支出。

3. 其他政府服务和收益

其他政府服务和收益是指不列入上述各项的涉及政府的服务和收益。

4. 不偿还的转移

不偿还的转移是指单方面的、不对等的收支，即意味着资金在国家间移动后，并不产生归还或偿还的问题，如单方面的汇款、年金、赠予等。

（三）其他分类方法

1. 以服务贸易与商品贸易、直接投资的密切程度为标准的分类

这种划分方法下的服务贸易主要有三类：第一类是同国际货物贸易直接相关的传统国际服务项目，如国际运输、国际维修和保养、国际金融服务、商品的批发和零售等；第二类是同国际直接投资密切相关的要素转移性质的国际服务项目，如股票、债券等形式的证券投资收益，经营管理的利润收益，建筑和工程承包等劳务输出，以及金融服务业的国际信贷等；第三类是相对独立于货物贸易和直接投资的国际服务贸易项目，如国际旅游业提供的服务、世界信息网络服务、与知识产权有关的服务等。

2. 以生产过程为标准的分类

根据服务与生产过程之间的内在联系，可以将服务贸易分为生产前服务、生产服务和生产后服务。

（1）生产前服务，主要涉及市场调研和可行性研究等，这类服务在生产过程开始前完成，对生产规模及制造过程均有重要影响。

（2）生产服务，主要指在产品生产或制造过程中为生产过程的顺利进行提供的服务，如企业内部质量管理、软件开发、人力资源管理、生产过程之间的各种服务等。

（3）生产后服务，这种服务是联结生产者与消费者之间的服务，如广告、营销服务、包装与运输服务等。通过这种服务，企业与市场进行接触，便于研究产品是否适销、设计是否需要改进、包装是否满足消费者需求等。

这种以"生产"为核心划分的国际服务贸易，其本质涉及应用高新技术提高生产力的问题，并为产品的生产者进行生产前和生产后的服务协调提供重要依据。这使生产者能够对国际市场的变化迅速做出反应，以便改进生产工艺，进行新的设计或引入新的服务，最终生产出消费者满意的产品或服务。因此，从提高生产力为中心对服务贸易进行的这种分类是有一定意义的。

3. 以要素密集度为标准的分类

按照服务贸易中对资本、技术、劳动力投入要素的密集程度，可以将服务贸易分为以下几类。

（1）资本密集型服务，这类服务包括空运、通信、工程建设服务等。

（2）技术与知识密集型服务，这类服务包括银行、金融、法律、会计、审计、信息服务等。

（3）劳动密集型服务，这类服务包括旅游、建筑、维修、消费服务等。

这种分类以生产要素密集程度为核心。发达国家资本雄厚，科技水平高，研究与开发能力强，它们主要从事资本密集型和技术、知识密集型服务贸易。这类服务附加值高、产出大，如金融、银行、保险、信息、工程建设、技术咨询等。相反，发展中国家资本短缺，技术开发能力差，技术水平低，一般只能从事劳动密集型服务贸易。这类服务附加值低、产出小，如旅游、种植业、建筑业及劳务输出等。

三、国际服务贸易的统计方法

服务贸易统计对于服务贸易的发展具有很重要的意义。由于服务产业本身复杂多样，定义起来比较困难，从而使服务贸易统计错综复杂。目前服务贸易有两种统计方法：一种是国际货币基金组织的国际收支统计（Balance of Payments Statistics，BOP），另一种是世界贸易组织的外国附属机构统计（Foreign Affiliates Trade in Services Statistics，FATS）。

国际收支统计（BOP）是以经济地理区域为中心进行服务贸易统计，反映的是一国居民与非居民之间的服务贸易。采用这种统计方法，各成员按照国际货币基金组织编写的《国际收支手册》的统计口径和项目分类进行服务贸易统计。BOP 统计的关键是确定居民和非居民。一般而言，一国的经济领土常被当作判断居民和非居民的相关地理区域。按照国际货币基金组织的规定，当机构单位在一国的经济领土中有一个经济利益中心时，它就是该国的一个居民单位。当一国居民和非居民发生服务贸易时，国际收支统计会记录交易发生的情况。

由于服务的性质，大部分的服务贸易仍然需要生产者和消费者直接接触，因此建立商业存在，即建立外国附属机构就成为服务贸易的先决条件。通过建立商业存在，服务的提供者和消费者之间的服务贸易往往是不需要跨境的，这样，BOP 统计不能反映这部分交易。而根据世界贸易组织的估计，通过建立商业存在完成的服务贸易在整个服务贸易中的比重超过了60%，显然采用 BOP 统计会低估服务贸易的规模。

外国附属机构统计（FATS）建立在《服务贸易总协定》对服务贸易的定义之上，是以所有权为中心进行的服务贸易统计，反映的是不同所有权单位之间的服务贸易。FATS 统计立足于生产要素所有权的角度，只要是所有权属于不同经济体，它们之间进行的服务交易都会被记录，而不论交易是否跨越边境。对于世界贸易组织规定的四种贸易形式，尤其是以商业存在形式完成的服务贸易，FATS 统计更加具有实用性。FATS 统计又分为内向和外向统计，外国在东道国附属机构的服务交易称为"内向 FATS"，又称为进口 FATS 统计，东道国在别国的附属机构的服务交易称为"外向 FATS"，又称为出口 FATS 统计。

虽然 FATS 统计可以更准确地反映服务贸易的规模、结构等各项指标，但是由于在统计对象、业务分类等方面存在很大的工作难度，使得 FATS 统计往往要落后于 BOP 统计一段时期才能公布，目前只有美国能够提供两种统计数据。在实际的应用中两种方法各有一定的适用范围。两种国际服务贸易统计的应用范围如表 12-2 所示。

表 12-2 国际服务贸易统计方法的应用范围

服务贸易模式	统计体系	统计范围
跨境提供	BOP 统计	运输、大部分通信服务、保险、金融服务、特许使用费和许可费、部分的计算机和信息服务、其他商业服务以及个人文化和娱乐服务
境外消费	BOP 统计	旅行、在外国港口修理船只、货物部分运输、在外国港口对船只进行支持和辅助服务
商业存在	FATS 统计	国外附属机构与东道国、他国间交易
自然人流动	BOP 统计	居住在国外一年以下的个人提供的商业活动

资料来源：裴长洪. 国际贸易学[M]. 北京：中国社会科学出版社，2007：191.

第三节 国际服务贸易理论

一、国际服务贸易理论研究的兴起及研究特点

20 世纪六七十年代以来，世界贸易发展呈现出欣欣向荣的局面，货物贸易随着关税和非关税减让谈判的进行得到了快速的发展，发达国家跨国公司海外投资与公司内贸易开始出现，全球服务贸易也开始迅速发展。西方发达国家的经济学家开始从理论上解释这一国际贸易发展的新局面，服务贸易理论研究由此开始。经过 20 世纪 80 年代的发展，服务贸易理论在 20 世纪 90 年代趋于完善和成熟。

20 世纪 60 年代以前，由于交通运输能力有限，通信技术落后，再加上各国政府对国内服务业市场严加保护，大多数服务被认为是不可贸易的。与此相对应，服务贸易总量偏小，规模有限，在国际贸易中居于次要地位，因此，长期以来服务贸易理论研究工作一直被经济学

家和贸易学者们所忽视。随着时间的推移，上述情况发生了根本性的改变，特别是第三次产业革命的爆发和服务贸易自由化国际性制度安排的推进，使影响服务商品不可贸易性的两个因素发生了重大变化，国际服务贸易得以快速发展。西方发达国家开始关注服务贸易对本国经济发展的重要作用，学者们开始对服务贸易的研究产生兴趣。

对服务贸易的理论研究主要涉及服务贸易的定义、统计；服务贸易的原因、格局和利得；传统国际贸易理论对服务贸易的适用性；服务贸易自由化和服务贸易壁垒；服务贸易与经济增长等方面。对服务贸易的分析则主要运用实证分析和规范分析方法。总体来说，对服务贸易理论的研究主要有以下两个特点。

1. 服务贸易理论研究的逻辑线索未脱离主流国际贸易理论的分析框架

国际服务贸易理论研究的演进路径基本上分为两个方向：一个方向是集中于传统比较优势理论在服务贸易领域的适用性分析，大部分经济学家认为服务贸易中存在比较优势，只不过决定比较优势的因素不同，需要修正比较优势模型；另一个方向是将新贸易理论和国家竞争优势理论引入服务贸易理论，认为规模经济和不完全竞争对服务贸易的解释力要强于货物贸易。服务贸易中适当的政府干预可以改变市场本身运行的次优状态，其结论是比较优势理论可能在一定程度上误导对服务贸易格局的判断，而不完全竞争理论更符合服务贸易模式的客观现实。服务贸易的发展不仅可以提高服务业专业化水平，获取规模经济效应，还可以推动服务业技术标准化和服务综合化；国家竞争优势理论也可以很好地解释服务业贸易竞争力的形成。

2. 服务贸易理论研究始终带有政治经济学分析的色彩

尽管主流国际贸易理论描述的是自由贸易的帕累托最优状态，但各国贸易政策的选择却与之背道而驰。许多经济学家将政治经济学分析方法引入国际贸易政策领域，用现实主义思维代替自由主义思维，把政治行为和经济行为结合起来研究贸易政策，大大增强了对现实的解释力。他们认为国内服务贸易政策是在国内政治经济等因素综合作用下，反映各利益集团的政治决策过程，国际服务贸易政策体系的形成，则是国家与国家之间政治经济等关系相互作用的结果。尽管"乌拉圭回合"达成了《服务贸易总协定》，但并不意味着服务贸易的完全自由化。由于服务业涉及一个国家宏观经济的方方面面，而且许多服务行业涉及国家安全和意识形态领域，因此各国都会进行不同程度的限制和保护，服务业市场开放是一个长期的过程，而且始终会受政治原则的支配。

二、国际服务贸易理论对传统贸易理论的修正

严格地说，国际服务贸易并未形成自己独立的理论体系，服务贸易理论的核心是要分析服务贸易产生的动因、格局及福利效应。围绕这一核心，如何构建相对完整的服务贸易理论体系，理论界存在两种选择：其一，依据国际服务贸易的实践和特点，借鉴相关学科领域的研究成果，发展出相对独立的服务贸易理论；其二，将传统的商品贸易理论加以延伸，扩展到服务贸易领域，用相应的逻辑和概念来阐述服务贸易，从而实现商品贸易理论和服务贸易理论的对接。

从已有国际贸易理论的产生和发展过程来看，自由资本主义经济制度建立后，工业化扩张的道路催生了古典贸易理论，在其后的两百多年不断探索中，才形成了今天具有完整体系

的国际贸易理论。服务贸易现象尽管有着比较悠久的历史，但服务贸易的大规模发展还只是20世纪60年代以来的事。服务贸易发展过程的短暂，给建立独立的服务贸易理论带来了困难，更为重要的是，当试图建立相对独立的服务贸易纯理论时，理论界无法处理其与传统的商品贸易理论的关系。于是，以服务贸易发展的现实为指导，在变化了的假设条件下，将传统商品贸易理论的有关原理运用于服务贸易，以此构建服务贸易理论体系，就成为理论界的现实选择。

但是，当运用传统贸易理论的相应概念和逻辑来阐述服务贸易时，服务贸易作为一种新兴的国际贸易方式，其产生的原因、福利的大小和政策的选择是否与传统贸易理论相一致，则成为一个颇具争议的问题。目前学术界存在三种观点：完全不适用的观点、完全适用的观点和不完全适用的修正论观点。

1. 传统贸易原理不适用于服务贸易

最早尝试从实证分析角度运用传统贸易理论来解释服务贸易现象的是迪克（R. Dick）和迪科（H. Dick），他们运用经济合作与发展组织（OECD）1973年"知识密集型"产品和服务的出口资料来验证传统贸易理论是否适用于服务贸易，认为比较优势理论和要素禀赋理论均无法解释OECD国家部门之间的服务贸易模式。他们认为"如果不考虑贸易扭曲，要素禀赋在服务贸易中没有重要的影响"。

美国经济学家菲克特库迪（G. Feketekuty）认为与商品贸易相比服务贸易具有以下三个特点。

（1）服务贸易是劳动活动和货币的交换，不是物品和货币的交换。

（2）服务的生产和消费同时发生，不能储存。

（3）服务贸易在各国海关进出口和国际收支表上没有体现。

这些特点决定了国际贸易原理不适用于服务贸易。同样，桑普森（G. Sampson）和斯内普（R. Snape）也坚持这一观点，他们认为生产要素不能在国际上流动，而服务贸易通常要求服务提供者与需求者在物理上接近，因此，传统的要素禀赋理论不足以解释国际服务贸易。

此外，"不适用论"的坚持者还从其他方面阐述了其观点，如安·赫尔曼（A. Hermann）认为，目前用于解释货物贸易的理论，如要素禀赋理论、规模经济假设、技术差距论、生命周期理论等是否适用于服务贸易有待进一步讨论，而决定服务业优势的因素尚不明确，因此，比较优势理论的建立缺乏基础。

2. 传统贸易原理完全适用于服务贸易

这一观点认为没有必要把服务贸易与一般国际贸易区别开来，比较优势理论的逻辑对服务贸易具有完全的适用性，没有必要把服务贸易同一般的商品贸易区分开来。

萨皮尔（A. Sapir）和鲁兹（Lutz）选择了部分发达国家和发展中国家1977年货运、客运服务、保险和再保险服务行业的贸易数据进行了实证研究，结果显示"服务贸易尽管受到保护主义影响，一系列经济数据确实显示了比较优势的决定性作用。比较优势原理不仅适用于货物贸易，同样也适用于服务贸易"。萨皮尔还进一步指出，服务贸易的比较优势是动态的，发展中国家逐渐成为服务出口的潜在主体，这对现实中的服务贸易有一定的解释作用。拉尔（Lall）对海运和技术服务贸易进行的实证研究，也表明比较优势原理适用于服务贸易。亨德利（Hindley）和史密斯（A. Smith）认为尽管服务与货物之间的重大差异值得认真注意，如政府出于各种目的对服务业实行特别管理、限制外资进入服务业、拒绝开放国内服务业市场，但是比较优势理论完全适用于服务贸易，比较优势理论的强大逻辑超越了这些差异。

3. 传统贸易原理不完全适用于服务贸易：修正论观点

该观点作为一种较为折中的观点，认为服务贸易作为国际贸易的一种形式，是可以将国际贸易的基本理论运用于服务贸易的。但是服务贸易有独特的实践特征，应该认识到具体商品贸易理论在解释服务贸易时存在缺陷，在运用以商品贸易为实践基础的传统国际贸易理论来解释服务贸易时，必须对传统理论进行适当修正或扩充。这种需要对传统贸易理论加以修正后才可以适用于服务贸易的观点，其理由来源于以下几个方面：第一，传统贸易理论在服务贸易领域应用的检验结果表明，服务贸易领域同样存在比较优势的合理内核，但服务贸易特征使传统比较优势的某些特征被扭曲或改变，如由于货物与服务的相互关系，使比较优势难以获得，更难以将之合理地与服务产出相关联；第二，与货物贸易相比，服务贸易比较优势具有明显的短暂性，这种短暂性表现为服务提供与消费的同时性带来的比较优势的短暂性，以及自然人移动中知识与技能服务的短暂性；第三，传统要素禀赋理论中假定生产要素在国家间不能自由流动，限制生产要素的跨国界移动，将限制服务的国际提供，尤其是自然人移动这种形式的服务贸易将根本无法展开。为此，已有研究认为可在以下几个方面对传统贸易理论进行修正，以使其对服务贸易具有更强的解释力度：第一，服务具有明显的异质性特征，在传统贸易理论中需加入更多的需求及供给面的异质性内容；第二，将传统贸易理论中的技术外生性修正为技术内生性，这样可以更好地解释知识、技术密集型服务贸易的动因、格局与利得；第三，将传统贸易理论中的静态比较优势修正为动态比较优势，以契合缺乏服务贸易比较优势的国家短期内通过教育、培训和医疗条件的改善，较快地获得比较优势的现实；第四，适当放松传统贸易理论中的要素不能流动假设。

美国经济学家迪尔多夫（A. Deardorff）曾建立了一个"一种商品、一种服务"的传统要素禀赋理论模型，分析了国际贸易理论适用于服务贸易时的局限性。他认为至少有三个特征可能会导致比较优势理论失灵：第一，一些服务的需求仅仅是货物贸易的派生需求，不存在贸易前价格；第二，许多服务涉及要素流动；第三，某些要素服务可以由国外提供。前两个特征不影响比较优势理论在服务贸易中的运用，但第三个特征会导致比较优势原则不成立。在改变标准 H-O 模型的个别约束条件后，迪尔多夫较成功地解释了国际服务贸易是如何遵循比较优势原则而运作的。塔克（Ken Tucher）和森德伯格（Mark Sundberg）也认为传统的比较优势原理不能充分解释服务贸易，但如果能根据服务贸易在市场结构和需求方面的特点，对其加以适当修正，比较优势理论将足以适用于服务贸易。他们主张在运用国际贸易原理来分析服务贸易时，需要更多地关注服务商品的市场结构和需求特征。伯格斯（Burgess）运用修正过的 H-O-S 模型，探讨了服务贸易、服务技术出口对于贸易双方的影响，认为服务贸易自由化和服务技术出口一般会提高出口国的经济福利水平。伯格斯指出国际贸易理论是可以用来解释服务贸易的，如果把标准的 H-O-S 模型做简单的修正，就可以得到解释服务贸易的一般模型。

总之，自 20 世纪 70 年代中后期以来，国外学者对传统国际贸易理论，特别是比较优势理论对服务贸易的适用性问题进行了相当数量的规范研究和实证研究，取得了丰富的成果，达成了较为一致的共识，即服务贸易作为国际贸易的一种形式，国际贸易理论是可以适用的。但是，由于服务贸易具有许多货物贸易所不具备的特征，在运用传统国际贸易理论来解释服务贸易时，必须对其进行适当的修正。这些成果一方面加深了人们对服务贸易的了解和认识，有助于推动双边、区域和多边的有关服务贸易议题的磋商和谈判，有力地推动了服务贸易的发展；另一方面，这些研究也从不同角度推动了国际贸易理论，特别是国际服务贸易理论体系研究的深化与发展。

4. 服务贸易与规模经济、市场结构

新贸易理论的一个基本特征是突破古典、新古典经济理论中关于完全竞争和规模报酬不变的不现实的假定，探讨在不完全竞争和规模经济条件下国际贸易的决定问题。由于服务贸易的市场结构具有很强的不完全性，很多服务行业存在规模报酬递增的现象。国际经济学界自 20 世纪 90 年代以来开始以新贸易理论为基础来探讨服务贸易模式、格局及利得的决定。

以新贸易理论为基础来分析服务贸易问题的研究已取得了较多的成果，其中较具代表性的理论模型有以下几个：美国经济学家马库森（James R. Markusen）用迪克西特—斯蒂格列茨（Dxit-Stiglitz）的差异性产品特征来定义服务投入的差异性，通过建立一个生产者服务贸易模型来对生产者服务部门的内部专业化及生产者服务贸易与最终产品贸易的互补性问题进行研究。他指出在服务贸易中，由于规模经济的作用，首先进入服务产业的厂商成本较低，可以阻止后来者的进入，导致其福利水平的下降，尤其使小国的福利损失严重。因此，政府应该给予生产性服务提供商以生产补贴和无代价的公共投入，以使福利最大化。弗朗索瓦（Joseph F. Francois）建立了一个研究生产性服务部门外部专业化的模型，强调了生产性服务在现代经济发展中的重要作用。他认为生产性服务可以满足与生产过程紧密联系的复杂的组织需求，实现规模经济，而服务贸易自由化会促进进出口双方企业的技术水平提升，进而可以提高生产过程的专业化水平并实现规模经济的好处。基尔兹克斯基（H. Hierzkowski）运用寡头垄断模型，解释了取消国内服务业管制的国际影响。与马库森的观点相反，他认为取消国内管制可以促使厂商为获取规模经济效益而进行国际竞争，因此，政府最好的政策是创造自由的国内市场。美国经济学家琼斯（R. Jones）等人提出和运用"服务链"的观念来探讨规模经济条件下服务贸易的作用。他们认为在规模经济的作用下，生产过程更加复杂，需要更多的"服务链"。由于比较优势的存在，"服务链"可以促进生产的国际化，从而服务贸易可以大大促进货物贸易。马库森（Markuson）在后来借助垄断竞争理论，对熟练劳动力的服务贸易问题进行了专门研究，提出了以下几个观点。

（1）即使单纯发挥要素禀赋的作用也能从贸易中获利。

（2）由于多种熟练劳动投入能够提高部门的最终产出，小国比大国获利更多。

（3）由于一些专业化受到限制，仅有货物贸易并不能实现生产的帕累托最优，而引入服务贸易则可以导致最大程度的专业化和帕累托最优。

（4）即使存在垄断力量，关税也不一定能提高一国的福利水平，而且因削弱了全球的专业化潜力而使福利水平降低。

三、服务贸易自由化理论

（一）服务贸易自由化的定义

所谓服务贸易自由化，是指各国以促进资源优化配置和维护国家利益为前提，通过多边谈判相互降低服务贸易壁垒，并形成公平、互利的多边贸易规则，促进服务产品和服务要素更加自由流动的一个过程。

服务贸易自由化是在经济全球化的基础上发展起来的，是贸易自由化在服务领域的具体表现。服务贸易自由化有其自身的一些特点，首先，服务贸易自由化的前提是优化资源配置和维护国家利益。实现资源优化配置，提高资源的利用效率，促进经济的增长和国民福利的提高，这是每个国家所要追求的目标。服务贸易自由化必须要能够帮助这一目标的实现，而不是相反。但服务贸易自由化涉及范围比货物贸易自由化更广，包括运输、旅游、教育、金融、通信等行业，由此可见，服务贸易自由化会涉及一国敏感性行业和意识形态领域，因此，在服务贸易自由化过程中强调国家利益是必需的。各国在参与服务贸易自由化时，不仅需要考虑到经济利益，更重要的是考虑到服务贸易自由化对国家安全、文化等方面的影响。其次，服务贸易具有开放性。对外开放本国的服务市场，提高服务贸易自由化程度是世界贸易组织提倡的原则，也是发展国际服务贸易必要的前提条件。由于在要素禀赋、管理制度、历史文化等方面的差异，各国在服务贸易上具有不同的比较优势，客观上存在相互交流的潜在利益，但大量存在的专门针对服务产品和服务要素的贸易壁垒限制了国际服务贸易的发展。因此，各国只有彼此开放国内市场才能更好地发挥各自服务行业的比较优势，实现服务要素的合理配置和服务产品供给效率的提高。最后，服务贸易自由化是一个过程，不能一蹴而就。服务贸易自由化水平提高依靠各国对服务贸易壁垒的减让程度增强，但是各国在服务贸易壁垒的减让范围、程度、速度以及对服务贸易自由化的利益分配等关键问题上存在着很大差异，因此造成服务贸易自由化只能逐步进行。

（二）服务贸易自由化的效应

1. 静态经济效应

服务贸易自由化的静态经济效应是指通过服务贸易自由化能为参与方带来交换的利益。服务贸易自由化的静态经济效应主要是通过服务产品的跨境贸易实现的。当一方降低服务贸易壁垒，外方的服务产品和服务要素的进口就会增加，这样可以增加服务产品的数量和种类，同时降低产品价格，从而使消费者福利增加。特别是作为中间投入品的生产者服务的质量和数量的增加会对下游产业的发展起到明显的促进作用，这会增加生产者的福利。通过对消费和生产的综合影响，一般情况下，服务贸易自由化都会增加参与国的经济福利。

2. 动态经济效应

（1）竞争效应。所谓竞争效应，是指由于服务贸易自由化，国内的服务业市场竞争加剧而产生的一种动态变化。无论是跨境服务产品贸易，还是通过商业存在、自然人流动完成的非跨境服务贸易，外国服务产品和服务贸易的参与必然会使国内的服务市场的供给量增加，竞争程度有所提高。对于国内的服务提供商来说，竞争效应有着两方面的含义：首先，竞争的促进作用。随着市场准入程度的提高，外来的产品和服务要素加入，逐渐打破了垄断的市场结构。在外来竞争的压力下，国内服务提供商不得不加快提高服务产品的质量和供给率，这对于国内服务商的竞争力提高是很有帮助的。其次，竞争的淘汰作用。由于外来的服务产品或者服务商的竞争力会比较强，在竞争中会大量挤占国内服务商的市场份额。国内的服务提供商面对着利润下降、市场份额被挤占的状态，不得不开辟新的经营领域，但由于自身控制风险的能力较低，往往造成更大经营困难，有些规模和实力比较小的服务商会直接退出市场。

(2) 技术外溢效应。服务贸易自由化会使更多的国外先进服务产品和服务企业进入国内，产生明显的技术外溢效应。外国服务企业的进入会带来先进的技术和管理，通过示范作用和人才流动，外国服务企业会产生明显的技术外溢效益。从技术外溢的效果来看，与制造业的直接投资相比，服务业投资带来的技术外溢效果会更大一些。由于服务的特殊性质，在服务产品生产中很难实现分解生产，因此，在服务业直接投资中，母公司与子公司之间属于水平分工或者只是单纯的资本联系。在多数服务业跨国投资中，母公司与子公司在技术水平上都是接近的，并且公司组织结构也相似。因此，服务业的直接投资所带来的技术外溢效果会更大，通过对外资服务企业的学习和模仿，东道国的企业能够降低学习成本，尽快地提高技术和经营管理水平。

(3) 制度创新效应。由于服务贸易自由化程度的提高，大量的外国服务产品和服务企业会进入国内的服务市场，不仅服务业与其他产业之间的关系会发生改变，而且服务业内部各行业之间的关系也会发生很大变化。因此，就要求参与国对本国的产业政策、竞争政策、国内管制制度等都要进行调整。

第四节 《服务贸易总协定》

一、《服务贸易总协定》的签署

(一)《服务贸易总协定》的产生背景

服务贸易的产生几乎是与货物贸易同时起步的，但在漫长的历史发展过程中，服务贸易作为货物贸易的辅助项目，没有能够形成一个独立的领域。直到第二次世界大战后，随着社会经济的发展，特别是科学技术的发展，服务贸易日渐崭露头角，在经济生活中发挥着重要的作用，成为与货物贸易并重的国际贸易不可或缺的部分。随着服务贸易的迅猛发展，多边贸易的谈判重点也不断从货物贸易转向服务贸易。1986年以前，在关贸总协定下进行的七轮多边贸易谈判中，货物贸易的大部分市场已经基本开放，剩下的领域各国在短期内很难取得进展，而服务贸易的自由化才刚刚开始，有着广阔的开放领域。因此，服务贸易的自由化成为多边贸易谈判的主要议题。

1. 发达国家积极倡导服务贸易自由化

在经历1979—1982年经济危机后，美国经济增长缓慢，在国际货物贸易中赤字日增，而在服务贸易领域却占据明显优势，连年顺差。作为世界最大的服务贸易出口国，美国急切地希望打开其他国家的服务贸易市场，通过大量的服务贸易出口来弥补货物贸易逆差，推动经济增长。各国对服务贸易的不同程度的限制却成为美国利益最大化的障碍。因此，美国积极倡导实行全球服务贸易自由化。

早在"东京回合"谈判中，美国政府根据《1974年贸易法》的授权，试图把服务贸易作为该回合谈判的议题之一。由于当时有更加迫切的问题需要解决，美国没有提出服务贸易的减让谈判，但在"东京回合"中所达成的海关估价、政府采购协议中写入了一些服务贸易的内容。美国国会在《1984年贸易与关税法》中授权政府就服务贸易等进行谈判,并授权对不在这些问题上妥协的国家进行报复。发展中国家和一些发达国家抵制美国的提议,欧盟起初对美国的提议持疑虑,但经过调查发现欧盟的服务贸易出口量要高于美国,转而坚决地支持美国。日本虽然是服务贸易的最大进口国,呈逆差形势,但由于在货物贸易中存在顺差,加之为调和与美国之间日益尖锐的贸易摩擦,也始终支持美国。

2. 发展中国家对服务贸易自由化由抵制到逐步接受

当美国开始提出服务贸易问题时,绝大多数发展中国家都坚决反对服务贸易自由化,主要因为服务业大多属于资本、技术密集型产业,在发展中国家现有的资源禀赋约束下尚未成熟地发展起来,不具备比较优势和竞争优势。随着发达国家在服务贸易谈判问题上的认识逐步统一,发展中国家坚决抵制的立场有所改变。首先,一些新兴的发展中国家和地区某些服务业发展已相对成熟,如韩国的建筑工程承包、新加坡的航空运输业等。这些国家希望通过谈判扩大本国优势服务的出口。其次,大部分发展中国家一方面迫于来自发达国家的压力;另一方面也认识到如果不积极地参与服务贸易的谈判,将会由发达国家制定服务贸易的规则,而自己只能成为被动的接受者,其利益将会受到更大的损害。因此,许多发展中国家也先后表示愿意参加服务贸易谈判。

1986年9月,埃斯特角部长宣言中将服务贸易作为三项新议题之一列入"乌拉圭回合"多边贸易谈判议程,拉开了服务贸易首次多边谈判的序幕。

(二)《服务贸易总协定》的谈判过程

"乌拉圭回合"服务贸易谈判大体可分为以下三个阶段。

第一阶段从1986年10月27日正式开始到1988年12月中期审议前为止。谈判的主要内容包括:服务贸易定义;适用服务贸易的一般原则、规则;服务贸易协定的范围;现行国际规则、协定的规定;服务贸易的发展及壁垒等。这一阶段各国的分歧很大,主要集中在对国际服务贸易如何界定问题上,发展中国家要求对国际服务贸易做比较狭窄的定义,将跨国公司内部交易和诸如金融、保险、咨询、法律规范服务等不必跨越国境的交易排除在外,而美国等发达国家主张较为广泛的定义,将所有涉及不同国民或国土的服务贸易归为国际服务贸易一类。多边谈判最终基本采取了欧洲共同体的折中意见,即不预先确定谈判的范围,根据谈判需要对国际服务贸易采取不同定义。

第二阶段从中期审议至1990年6月为止。在中期审议会上,谈判的重点集中在透明度、逐步自由化、国民待遇、最惠国待遇、市场准入、发展中国家更多参与、保障条款和例外等服务贸易的基本原则,此后的工作主要集中于通信、建筑、交通运输、旅游、金融和专业服务各具体部门的谈判。与此同时,各国代表同意采纳一套服务贸易的准则,以消除服务贸易中的诸多障碍。各国分别提出自己的方案,阐述了各自的立场和观点,1990年5月4日,包括中国在内的几个亚非国家向服务贸易谈判组联合提交了"服务贸易多边框架原则与规则"提案,对最惠国待遇、透明度、发展中国家更多参与等一般义务及市场准入、国民待遇等特定义务做了区分。《服务贸易总协定》的文本结构采纳了"亚非提案"的主张,并承认成员方发展水平的差异,对发展中国家做出了很多保留和例外,这在相当程度上反映了发展中国家的利益和要求。

第三阶段从 1990 年 7 月至 1993 年 12 月。由《服务贸易总协定》框架内容的基本明朗到最终达成《服务贸易总协定》。1990 年 12 月的布鲁塞尔部长级会议上,服务贸易谈判组修订了"服务贸易总协定多边框架协议草案"文本,其中包含海运、内陆水运、公路运输、空运、基础电信、通信、劳动力流动、视听、广播、录音、出版等部门的草案附件。但由于美国与欧洲共同体在农产品补贴问题上的重大分歧而没有能够最终结束谈判。经过各国的继续磋商谈判,根据各国的要求进一步修改后,1993 年 12 月 5 日,贸易谈判委员会在搁置了数项一时难以解决的具体服务部门谈判后,最终通过了《服务贸易总协定》(General Agreement on Trade in Service,GATS)。

1994 年 4 月 15 日,各成员方在马拉喀什正式签署《服务贸易总协定》,于 1995 年 1 月 1 日和世界贸易组织同时生效。至此,长达 8 年的"乌拉圭回合"谈判结束,虽然有几个具体服务部门的协议尚待进一步磋商谈判,但《服务贸易总协定》作为多边贸易体制下规范国际服务贸易的框架性法律文件,它的出现是服务贸易自由化进程中的一个里程碑。

二、《服务贸易总协定》的法律框架

《服务贸易总协定》由三大部分组成:一是协定条款本身,又称为框架协定;二是部门协议;三是各成员的市场准入承诺单。《服务贸易总协定》本身条款又由序言、六个部分、二十九个条款组成。前二十八条为框架协议,规定了服务贸易自由化的原则和规则,第二十九条为附件,主要内容包括范围和定义、一般义务和原则、具体承诺、逐步自由化、机构条款、最后条款等。其核心是最惠国待遇、国民待遇、市场准入、透明度及支付的款项和转拨的资金的自由流动。《服务贸易总协定》适用于各成员采取的影响服务贸易的各项政策措施,包括中央政府、地区或地方政府和当局及其授权行使权力的非政府机构所采取的政策措施。

《服务贸易总协定》的宗旨是"建立一个关于服务贸易原则和规则的多边框架,在透明和逐步自由化的条件下扩大服务贸易,以此作为促进所有贸易伙伴经济增长和发展中国家发展的手段"。协定考虑到各成员服务贸易发展的不平衡,允许各成员对服务贸易进行必要的管理,鼓励发展中国家成员通过提高其国内服务能力、效率和竞争力,更多地参与世界服务贸易。

(一)第一部分:范围和定义

本部分首先说明了《服务贸易总协定》适用于成员影响服务贸易的各种措施,并确定了《服务贸易总协定》的适用范围。其次,界定了服务贸易的内涵。最后,对"各国的措施"和"服务"做了解释性说明。

《服务贸易总协定》同世界贸易组织的其他协议一样,属于国际法的范畴。在国际法中,一般来说,只有主权国家、国际组织才能成为国际法的主体。GATS 并不直接管辖企业的经营行为,而是管辖各成员方政府或被授权行使政府权力的非政府机构所采取的措施。这些措施可以用法律、行政法规、规章、命令、程序等许多形式表现出来。这些措施也不必是直接管辖服务贸易的措施,只要对服务贸易产生影响,即可以被纳入服务贸易总协定的管辖范围。

《服务贸易总协定》第 1 条定义了"服务贸易"的概念。这一定义将服务贸易按提供方式分为四种形式：（1）跨境交付（Cross-border Supply）；（2）境外消费（Consumption Abroad）；（3）商业存在（Commercial Presence）；（4）自然人流动（Movement of Natural Persons）。为了谈判、统计等工作的需要，《服务贸易总协定》列出的服务行业包括以下12个部门：商业服务、通信服务、建筑及相关的工程服务、分销服务、教育服务、环境服务、金融服务、与医疗有关的服务与社会服务、旅游及与旅行有关的服务、娱乐文化和体育服务、运输服务、其他服务等。每个类别部门下又再分为若干分部门，共计155个分部门。

（二）第二部分：一般义务和原则

作为《服务贸易总协定》的核心部分，该部分规定了各成员必须遵守的普遍义务与原则，最主要的是两个一般义务原则以及它们的例外。这两个一般义务原则为最惠国待遇原则和透明度原则。

（1）最惠国待遇原则。《服务贸易总协定》第2条对最惠国待遇进行了规定："在本协定项下的任何措施方面，各成员应立即和无条件地给予任何其他成员的服务和服务提供者以不低于其给予任何其他国家相同的服务和服务提供者的待遇"。

与此同时，《服务贸易总协定》规定了最惠国待遇义务的豁免和一些例外：①在第2条第2款中，《服务贸易总协定》也允许世贸组织各成员对在起始阶段难以给予最惠国待遇的特定措施，可以列入附件以豁免最惠国待遇义务。这些豁免应该在五年后进行复审，并且不得超过十年。但是，如果在《服务贸易总协定》生效之后，或在新成员加入之后，某成员仍然希望得到新的豁免，它就必须根据《建立世界贸易组织的协议》第9条的程序，获得3/4的成员同意，才能得到豁免。②第2条、第3款规定，对于毗邻的边境地区进行当地生产和消费的服务的交换，可以作为例外。③第5条和第5条之二规定，基于经济一体化或劳动市场一体化的原因，在一定条件下，各成员可以获得例外。④第12条，保障国际收支平衡的限制。⑤第13条，政府采购尚不受第2条的约束。⑥第14条和第14条之二规定了一般例外和安全例外。

（2）透明度原则。透明度原则主要体现在第3条中。作为无条件义务的透明度义务要求，除非在紧急情况下，各成员应该迅速并最迟在其生效之时，公布所有普遍适用的有关或影响服务贸易总协定实施的措施。一成员为签字方的有关国际协定也应该予以公布。各成员还有义务对其他成员就这些措施提出的具体资料要求予以迅速答复；作为有条件义务的透明度义务要求，各成员应该立即或至少每年一次向服务贸易理事会通报其显著影响已作具体承诺部门的新的法律、规章或行政指示，或者有关任何修改。为了保证透明度，各成员有义务设立一个或几个咨询点，以便应要求向其他成员提供具体资料。

同时，服务贸易总协定并不要求各成员提供一旦公开则有悖法律实施、公共利益或有关合法商业利益的机密资料。

（三）第三部分：具体承诺

各成员对本国服务贸易的开放承诺主要是通过具体承诺表得以实施的。在具体承诺表中，各成员承诺的义务分为两部分：一部分叫作普遍承诺（Horizontal Commitments）；另一部分叫作具体部门承诺（Sector-specific Commitments）。

普遍承诺涉及所有在具体承诺表中列出的部门，其中做出的市场准入限制、国民待遇限制和附加承诺，对这些部门都有效。在普遍承诺中，各成员经常针对商业存在和自然人流动这两种方式做出一些限制。在具体部门承诺中，各成员按照统一的服务贸易分类目录的顺序，对自己开放的部门逐一列出。同时，分别针对四种不同的服务提供方式，对有关市场准入和国民待遇的限制以及附加承诺也一一列出。在第18条规定的附加承诺中，各国一般就有关资格认可、技术标准、许可规定等事项做出承诺。

（四）第四部分：逐步自由化

就进一步扩大服务贸易自由化的谈判原则、适用范围、具体承诺的细目表以及细目表的修改做出了规定。

（五）第五部分：机构条款

规定了《服务贸易总协定》的争端解决机制及组织机构。争端解决适用 WTO 关于争端解决机制的谅解。另外，这一部分还规定了在 WTO 框架下建立服务贸易理事会，负责协定的执行。

（六）第六部分：最后条款

规定一成员可对来自非成员或不予适用成员的服务拒绝给予服务贸易总协定下的利益。另外，还规定了有关名词的定义以及附件与协议的不可分割性。

（七）附件

声明《服务贸易总协定》的附件是本协定的有机组成部分。附件包括关于第 2 条最惠国待遇豁免的附件，以及自然人流动、空运服务、金融服务、海运、电信等方面的附件。这些附件还规定了各个领域的一些具体纪律以及进一步协商的内容。

三、《服务贸易总协定》的作用

《服务贸易总协定》的签署是世界贸易组织在国际服务贸易领域取得的重大成果，《服务贸易总协定》的实施已经并将对世界经济和贸易的发展产生巨大的推动作用。

（一）促进国际服务贸易迈向自由化

在《服务贸易总协定》制定之前，GATT 对于国际贸易自由化的推进主要集中在货物贸易领域。《服务贸易总协定》的诞生为服务贸易的逐步自由化提供了体制上的安排和保障，确立了通过不间断多边谈判的机制，促使各国服务贸易市场开放。

（二）促进各国在经济贸易方面的广泛合作和交流

《服务贸易总协定》作为国际服务贸易的行为准则，通过市场准入推动全球服务市场开放，为国际服务贸易的扩大和发展扫除了障碍。《服务贸易总协定》的生效使各成员方从服务市场的保护和对立转向逐步开放和对话，特别是通过透明度原则，使各成员方在服务贸易领域的信息交流和技术转让大为增加。另外，定期谈判制度为成员方提供了不断磋商和对话的机会，客观上促进了全球服务贸易的繁荣和发展。

（三）推动经济全球化的进程，促进全球经济增长

《服务贸易总协定》既是经济全球化的产物，又是经济全球化的催化剂。《服务贸易总协定》生效以来，服务贸易的初步自由化为投资者创造了良好的投资环境，随着技术创新和服务水平的提高，促进了服务消费的增加，推动了服务产业的快速成长和服务贸易的快速增长。同时，服务业的市场开放刺激与服务业相关的国际直接投资大量增加，服务业国际并购此起彼伏，推动了经济全球化过程和全球经济的增长。

（四）加快全球产业结构升级的速度

服务贸易的迅速扩大是产业进步的标志，是各国产业结构调整的必然结果。20 世纪 80 年代以来，世界产业结构已经开始向服务业倾斜。《服务贸易总协定》的诞生，正是这种产业结构倾斜发展的结果。今后发达国家将继续向发展中国家转移成熟产业和技术，投资重点将是金融、保险、证券等服务业和交通、电信等基础产业，发达国家的服务业投资无疑将带动发展中国家乃至全球产业结构的升级和变迁。

（五）推动服务贸易的规范化

《服务贸易总协定》规定各缔约方不得采取承诺表以外的措施阻碍其他成员服务提供者进入市场，对于各国不同的市场准入标准也纳入到了多边谈判的范畴。近年来，随着服务贸易国际监管方面多边合作的发展，国际服务贸易逐步走上较为规范化的发展道路。

但是应当看到，《服务贸易总协定》除了对世界经济贸易产生以上积极影响外，也会产生一些消极作用，如造成各国经济发展的非均衡性，加剧发达国家与发展中国家服务业和服务贸易发展的不平衡；加剧服务产业内部不同产业的发展不平衡；对发展中国家而言，如果在服务业方面的政策措施不当，《服务贸易总协定》的实施势必对其服务业产生较大冲击，尤其可能对发展中国家某些尚未成长起来的高新技术服务部门造成障碍或损害，还可能使发展中国家在服务贸易方面的逆差进一步恶化等。

阅读案例

服务贸易已成为全球价值链的重要组成部分

世界服务贸易的一个重要特征是大部分服务贸易是中间服务，亦即生产性服务的贸易。这些服务包括运输、电信、能源、金融服务以及各类商务服务，如法律、财会、设计、研发、管理咨询、信息技术及相关服务等。根据联合国贸易和发展会议（UNCTAD）的研究，仅运输、电信和金融服务就占世界服务出口的 32%，而经济合作与发展组织（OECD）的一份研究表明，这些服务连同其他中间服务在经合组织成员国之间的服务贸易中占 73%。

世界服务贸易的这一特征与全球价值链密不可分。从另外一个角度看，正是这些生产性服务贸易的发展促进了当今全球价值链的形成和发展。服务贸易已然是全球价值链不可或缺的组成部分，而这在很大程度上与制造业服务化也有密切联系。我国台湾著名商人施振荣发

明的"微笑曲线"很好地说明了一个产品的全球价值链构成。该曲线的两端全是生产性服务活动,它们是研发、设计、物流、金融、营销、分销和售后服务,只有处于曲线底部的,也是正中间的产品制造、加工才不属于"传统"意义上的服务。在同一产品价值链中的各项生产和服务活动还需要用到其他相关服务,如水电供应、电信和计算机服务以及相关的专业人员服务,如法律、会计、管理咨询等。

世界贸易组织(WTO)的数据显示2017年世界服务出口只占国际贸易总额的23.1%,但如果以贸易增加值来进行统计的话,这一数字将提高到超过 50%,这是因为很多被出口的服务成为产品制造过程中的投入品。服务贸易在发达国家产品出口增加值中的占比大大高于发展中国家,这一方面表明发达国家服务业的发展程度更高,另一方面也表明发达的服务业为发达国家提高了出口产品的附加值,从而为其产品向价值链高端演进做出了重要贡献。

资料来源:张丽萍. 服务业已成为全球价值链的重要组成部分[J]. 理论参考,2015(4).

 理论联系实际

服务贸易协定(TiSA)与中国

【实际材料】

世界贸易组织的《服务贸易总协定》(GATS)首次把服务贸易纳入了多边贸易体系,除了借鉴货物贸易相关规则外,其行业分类、模式分类、承诺方式都具有历史意义,被各类双边和区域贸易安排广泛借鉴。然而,自2001年多哈发展议程谈判启动以来,由于各方利益诉求不同,GATS 的继续推动面临重重阻力,进展缓慢。与此同时,服务业和服务贸易在各国和世界经济增长中的作用越来越突出,众多 WTO 成员关于服务贸易更高层次的诸边谈判逐渐被提上日程,起源于 GATS,并基于其上的服务贸易协定(Trade in Service Agreement,简称 TiSA)应运而生。

TiSA 是由美国于2011年12月发起,并由美国和欧盟、澳大利亚共同主导的 WTO 的次级团体。这一次级团体也被称作"服务业挚友俱乐部(Really Good Friends of Services)"。TiSA 旨在放开成员之间服务贸易,实现成员之间服务贸易自由化,为各国的政府、工人、农民、消费者争取更多合作的机会。如果 TiSA 谈判成功,成员之间的投资和服务贸易壁垒将大范围削减,形成统一的服务业市场准入标准,重塑国际服务贸易规则。

TiSA 成员是中国服务贸易的重要伙伴群。根据欧盟的统计,TiSA 成员之间的服务贸易总额覆盖了世界服务贸易总额的 70%。从中国与 TiSA 成员的服务出口贸易伙伴来看,TiSA 成员包含了欧盟、美国、韩国、加拿大等我国主要的服务贸易出口贸易伙伴。2013 年 9 月 30 日,中国政府正式宣布加入 TiSA 谈判,以争取主动权和话语权,在新一轮服务贸易发展中取得有利位置。

对于中国申请加入谈判,各方意见不一致,欧盟持欢迎态度,美国持谨慎态度。国内各界认为中国加入谈判利弊并存。有利方面主要表现为,中国加入 TiSA 谈判,能够为中国服务业创造更多的国际市场机会,推动国内服务业市场改革,促进国内服务业标准与国际市场标准接轨,与中国深化对外开放,构建开放型经济竞争新优势的要求相吻合,有助于中国实现贸易强国的目标。不利方面主要表现为，中国的服务业贸易发展滞后于发达国家，服务业出口贸易增长平稳，进口需求与日俱增，如果协调不好服务业国内发展和国际竞争的关系，加入 TiSA 谈判，有可能对国内服务业改革和发展带来较大冲击，服务贸易逆差加速扩大，复杂的国际服务经济及地缘政治环境还将给国内服务业乃至中国经济带来诸多不确定影响。

对此，中国对 TiSA 谈判应采取积极应对的态度。首先，及时关注 TiSA 谈判动向，跟踪 TiSA 谈判热点，做好多种谈判结局的应对预案；其次，以 TiSA 谈判为契机，推动国内服务业改革，既要关注服务业供给侧，也要关注服务业需求侧；再次，鼓励有竞争力的服务业企业参与国际竞争，优化中国服务业国际贸易结构；最后，积极推动"一带一路"倡议建设，发展与沿线国家的服务贸易。

资料来源：段子忠，林海. 服务贸易协定（TiSA）谈判追踪[J]. WTO 经贸导刊，2016（6）.

【理论分析】

1. 服务贸易协定（TiSA）与服务贸易总协定（GATS）有什么不同？
2. 中国为什么要加入服务贸易协定（TiSA）谈判？应如何积极应对？

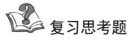 复习思考题

1. 简述国际服务贸易的产生与发展过程。
2. 简述现代国际服务贸易的特征。
3. 简述国际服务贸易的定义与分类。
4. 简述国际服务贸易理论研究的特点。
5. 简述《服务贸易总协定》的作用。

参 考 文 献

[1] [美]罗伯特·C. 芬斯特拉,艾伦·M. 泰勒. 国际贸易[M]. 张友仁,杨森林,译. 北京:中国人民大学出版社,2011.
[2] [美]保罗·克鲁格曼. 克鲁格曼国际贸易新理论[M]. 黄胜强,译. 北京:中国社会科学出版社,2001.
[3] [美]保罗·克鲁格曼,茅瑞斯·奥伯斯法尔德. 国际经济学[M]. 5版. 北京:中国人民大学出版社,2002.
[4] [英]亚当·斯密. 国民财富的性质和原因的研究[M]. 北京:商务印书馆,1979.
[5] [英]大卫·李嘉图. 政治经济学及赋税原理[M]. 郭大力,王亚南,译. 北京:商务印书馆,1976.
[6] [美]蒙代尔. 蒙代尔经济学文集:第一卷[M]. 向松祚,译. 北京:中国金融出版社,2003.
[7] [美]杰弗里·埃德蒙·柯里. 国际经济学[M]. 陆晓红,等,译. 北京:经济科学出版社,2002.
[8] [美]多米尼克·萨尔瓦多. 国际经济学基础:中文版[M]. 朱宝宪,译. 北京:清华大学出版社,2004.
[9] 卜伟. 国际贸易[M]. 北京:清华大学出版社,2005.
[10] 陈宪,张鸿. 国际贸易——理论、政策、案例[M]. 上海:上海财经大学出版社,2007.
[11] 陈宪,程大中. 国际服务贸易[M]. 2版. 上海:立信出版社,2008.
[12] 陈同仇,张锡嘏. 国际贸易[M]. 2版. 北京:对外经济贸易大学出版社,2005.
[13] 陈洁民,于岚. 国际贸易[M]. 北京:化学工业出版社,2008.
[14] 陈岩. 国际贸易理论与实务[M]. 北京:清华大学出版社,2007.
[15] 陈百助. 国际贸易理论、政策与应用[M]. 北京:高等教育出版社,2006.
[16] 邓力平,陈贺菁. 国际服务贸易理论与实践[M]. 北京:高等教育出版社,2005.
[17] 高成兴. 国际贸易教程[M]. 2版. 北京:中国人民大学出版社,2001.
[18] 高成兴. 国际贸易:理论与政策[M]. 北京:中国人民大学出版社,2014.
[19] 龚关. 国际贸易理论[M]. 武汉:武汉大学出版社,2000.
[20] 龚晓莹. 国际贸易理论与政策[M]. 北京:经济管理出版社,2008.
[21] 国彦兵. 西方国际贸易理论历史与发展[M]. 杭州:浙江大学出版社,2004.
[22] 海闻,林德特,王新奎. 国际贸易[M]. 上海:上海人民出版社,2003.
[23] 韩玉军. 国际服务贸易:理论模型与实证分析[M]. 青岛:青岛海洋大学出版社,1999.
[24] 胡俊文. 国际贸易[M]. 北京:清华大学出版社,2006.
[25] 江小涓,杨圣明. 中国对外经贸理论前沿Ⅱ[M]. 北京:社会科学文献出版社,2001.
[26] 康灿华. 国际贸易[M]. 武汉:武汉理工大学出版社,2005.
[27] 赖明勇. 出口贸易与经济增长:理论、模型与实证[M]. 上海:上海三联出版社,2003.
[28] 李丹,崔日明. 国际贸易概论[M]. 北京:中国人民大学出版社,2014.
[29] 李月娥,李永. 国际贸易理论与政策[M]. 上海:立信会计出版社,2005.
[30] 李坤望. 国际经济学[M]. 2版. 北京:高等教育出版社,2005.
[31] 李天德. 国际经济学[M]. 成都:四川大学出版社,2002.

[32] 李善同，侯永志. 加入WTO与中国服务贸易[M]. 北京：商务印书馆，2003.

[33] 李宏. 国际贸易理论与政策[M]. 北京：清华大学出版社，北京交通大学出版社，2009.

[34] 刘立平. 国际贸易[M]. 合肥：中国科学技术大学出版社，2002.

[35] 逯宇铎. 国际贸易[M]. 北京：清华大学出版社，北京交通大学出版社，2006.

[36] 裴长洪. 国际贸易学[M]. 北京：中国社会科学出版社，2007.

[37] 佟家栋. 国际贸易学[M]. 北京：高等教育出版社，2004.

[38] 盛洪昌. 国际贸易[M]. 2版. 北京：中国人民大学出版社，2007.

[39] 黄静波. 国际贸易理论与政策[M]. 北京：清华大学出版社，2007.

[40] 黄卫平，彭刚. 国际经济学教程[M]. 北京：中国人民大学出版社，2004.

[41] 王耀中，张亚斌. 国际贸易理论与实务[M]. 长沙：中南大学出版社，2003.

[42] 王俊宜，李权. 国际贸易[M]. 北京：中国发展出版社，2003.

[43] 王新奎. 世界贸易组织十周年回顾和前瞻[M]. 北京：人民出版社，2005.

[44] 徐盛华，章征文. 新编国际贸易学[M]. 北京：清华大学出版社，2006.

[45] 薛敬孝. 国际经济学[M]. 北京：高等教育出版社，2000.

[46] 薛荣久. 国际贸易[M]. 北京：对外经济贸易大学出版社，2005.

[47] 薛荣久. 世界贸易组织概论[M]. 北京：清华大学出版社，2007.

[48] 薛荣久，张汉林. 国际服务贸易[M]. 北京：中国大百科全书出版社，1995.

[49] 薛选登. 国际贸易[M]. 南京：南京大学出版社，2008.

[50] 杨凤祥. 国际贸易理论与实务[M]. 北京：科学出版社，2006.

[51] 闫国庆. 国际贸易理论与政策[M]. 北京：中国商务出版社，2006.

[52] 尹翔硕. 国际贸易教程[M]. 2版. 上海：复旦大学出版社，2001.

[53] 张二震，马野青. 国际贸易学[M]. 南京：南京大学出版社，1998.

[54] 张鸿，文娟. 国际贸易：原理、制度、案例[M]. 上海：上海交通大学出版社，2006.

[55] 张纪康. 跨国公司与直接投资[M]. 上海：复旦大学出版社，2004.

[56] 张碧琼. 国际资本流动与对外贸易竞争优势[M]. 北京：中国发展出版社，1999.

[57] 张曙霄，孙莉莉. 国际贸易学[M]. 北京：经济科学出版社，2008.

[58] 赵伟. 国际贸易：理论、政策与现实问题[M]. 大连：东北财经大学出版社，2008.

[59] 朱钟棣. 国际贸易学习题与案例集[M]. 上海：上海财经大学出版社，2005.

[60] 张炳达，李成军. 国际贸易[M]. 上海：上海财经大学出版社，2008.

[61] 毛军，黄静波. 应用国际贸易学[M]. 北京：机械工业出版社，2011.

[62] 周敏倩，竺杏月. 国际贸易理论、政策与案例[M]. 南京：东南大学出版社，2013.

[63] DENNIS R APPLEYARD，ALFRED J FIELD. JR International economics[M]. 3rd ed. Boston: Irwin, 1992.

[64] A DEARDORFF. Comparative advantage and international trade and investment in services[M]. Toronto: Ontario Economic Council, 1985.

[65] K TUCKER, M SUNBERY. International trade in service[M]. London: Rortledge, 1988.

[66] BELA BALASSA. The theory of economic integration[M]. Homewood: Richard D. Irwin, Inc, 1962.

[67] SCITOVSKY T. Economic theory and western european integration[M]. Stanford: Standford University Press, 1958.

[68] WILFRED J ETHIER. Modern international economics[M]. 3rd ed. New York: W. W. Norton & Company, Inc, 1995.

[69] G D A MACDOUGALL. British and American exports: a study suggested by the theory of comparative costs: Part I and II[J].The economic journal, 1951,61: 697-724.

[70] G FEKETEKUTY. International trade in service: an overview and blueprint for negotiation[M]. Cambridge, Mass: American enterprise Institute and Ballinger, 1988.

[71] G SAMPSON, R SNAPE. Identifying the issues in trade in services[J]. The world economy, 1985.

[72] B HINDLEY, A SMITH. Comparative advantage and trade in Service[J]. The world economy, 1984.

[73] D F BURGESS. Servieces as intermediate goods: the issues of trade liberalization[J]. Basil black well, 1990.

[74] TINBERGEN J. International economic integration[M]. Amsterdam: Elsevier Science, 1954.

[75] P A SAMUELSON. International factor-price equalization once again[J]. Economic journal, 1949.

[76] W E STOLPER, P A SAMUELSON. Protection and real wage[J]. Review of economic studies, 1941.